Inge Barth-Grözinger

Etwas bleibt

PIPER

Zu diesem Buch

Schleichend beginnt es. Damit, dass Erichs Lehrer von einem Tag auf den anderen mit brauner Uniform in der Schule erscheinen und dass in der Stadt Karikaturen von Juden ausgehängt werden. Unheimlich zumute wird Erich aber erst, als er sich mit seinem Cousin alleine in die erste Reihe setzen muss. Er kann machen, was er will: Auf einmal ist er einer, der nicht mehr dazugehört, ein Jude. Als sich sogar sein bester Freund Kurt von ihm abwendet, merkt Erich, dass er völlig alleine dasteht – wenn da nicht seine Familie wäre. Die versucht immer wieder, sich mit den Worten »Schlimmer kann es kaum noch kommen« Mut zu machen, doch müssen sie jedes Mal aufs Neue feststellen, dass es tatsächlich noch schlimmer kommen kann …

Inge Barth-Grözinger wurde 1950 in Bad Wildbad im Schwarzwald geboren. Bis zu ihrer Pensionierung war sie als Lehrerin für Deutsch und Geschichte tätig. Sie veröffentlichte mehrere sehr erfolgreiche Bücher, darunter »Etwas bleibt«, ein auf Tatsachen gestützter Roman über das Schicksal einer jüdischen Familie zur Zeit des Nationalsozialismus, und die Schwarzwald-Familiensaga »Beerensommer«.

Inge Barth-Grözinger

Etwas bleibt

Das Schicksal der Familie Levi

Roman

PIPER
München Berlin Zürich

Mehr über unsere Autoren und Bücher:
www.piper.de
Aktuelle Neuigkeiten finden Sie auch auf Facebook, Twitter und YouTube.

Von Inge Barth-Grözinger liegen im Piper Verlag vor:
Beerensommer
Stachelbeerjahre
Geliebte Berthe
Etwas bleibt

FSC
www.fsc.org
MIX
Papier aus verantwortungsvollen Quellen
FSC® C083411

Ungekürzte Taschenbuchausgabe
Piper Verlag GmbH, München/Berlin
November 2006 (TB 24489)
November 2016

Umschlaggestaltung: semper smile, München
Umschlagabbildung: Keystone-France, Gamma-Keystone/Getty Images (Junge); Elisabeth Schmitt (Dorf und Straße)
Satz: Kösel Media GmbH, Krugzell
Gesetzt aus der Stempel Garamond
Druck und Bindung: CPI books GmbH, Leck
Printed in Germany ISBN 978-3-492-30990-5

Für Jacob und Elena Levi,
Nina und Daniel Grözinger,
die nächste Generation,
in Liebe und Hoffnung.

»Das Beste, was man in der Welt haben kann,
ist daheim zu sein.«

Berthold Auerbach
(eigentlich Moses Baruch)
1812–1882
Jüdischer Heimatdichter

Prolog

Der alte Herr trägt ein dickes Packpapierbündel eng an sich gepresst. Meine Schüler haben mich auf ihn aufmerksam gemacht. Er wolle dringend mit mir reden, mehr aber noch mit unserem Gast, den wir alle aufgeregt erwarten. Es ist ein kalter Januartag und in der Aula unserer Schule stehen dicht gedrängt die Menschen.

Fast eineinhalb Jahre haben einundzwanzig Schülerinnen und Schüler an der Ausstellung gearbeitet, die heute Abend eröffnet wird.

»Spurensuche« haben wir sie genannt, kein besonders origineller Titel, fürchte ich, aber er drückt genau das aus, was wir unternommen haben. Wir haben die Spuren der letzten jüdischen Gemeinde in Ellwangen gesucht, vor allem aber Spuren der letzten jüdischen Schüler an unserem altehrwürdigen Gymnasium, das seit 345 Jahren besteht.

Auf einen Namen sind wir dabei immer wieder gestoßen – Erich Levi – und so haben wir unserem Projekt den Untertitel »Wer war Erich Levi?« gegeben.

Jetzt hat mich der alte Herr gesehen und schiebt sich durch die dicht gedrängten Menschentrauben. Erst verstehe ich gar nicht, was er will, aber dann schält er behutsam, ja fast zärtlich, aus den dicken Lagen des Packpapiers einen Gegenstand, den er mir stolz zeigt. Es ist ein Teller mit graublauer

Glasur. In seiner Mitte sind drei Gegenstände aufgemalt, zwei geflochtene Brote und ein reich verziertes Glas, am unteren äußeren Rand stehen hebräische Buchstaben, halbkreisförmig angeordnet. Der übrige Tellerrand ist mit seltsamen dreieckigen Symbolen verziert. Der Teller hat offensichtlich etwas mit der jüdischen Sabbat-Feier* zu tun, denn es handelt sich bei den Broten wohl um die traditionellen Challoth* und bei dem Glas um einen Kiddusch-Becher*.

Der alte Herr schaut mich erwartungsvoll an. »Solche Teller hatte meine Mutter im Sortiment für ihre jüdische Kundschaft«, erzählt er mir. »Sie besaß einen kleinen Geschirrladen. An die Familie Levi konnte sie sich noch gut erinnern. Die Frau Levi, die Mutter vom Erich, hat solch einen Teller besessen, davon hat mir meine Mutter oft erzählt.«

»Und wie sind Sie an den Teller gekommen?«, will ich wissen und der alte Herr erzählt dann weiter, er habe ihn im Nachlass seiner Mutter gefunden, sorgsam gehütet und aufbewahrt.

»Irgendetwas war besonders an diesem Teller«, meint er nachdenklich. »Und deshalb möchte ich ihn dem Herrn Levi schenken, dem Sohn vom Erich. Er kommt doch nachher? Meine Mutter hätte das bestimmt auch gewollt. Der Teller soll wieder einer jüdischen Familie gehören.«

Dieser Herr Levi, den mein Gesprächspartner erwähnt, ist Professor Dr. Michael Levi, ein Enkelsohn jener Melanie Levi, von der der alte Herr sprach.

Vor wenigen Tagen haben wir ihn nach langer Suche in New York ausfindig gemacht und obwohl er völlig überrascht und auch ein wenig misstrauisch die Anrufe aus der fernen und für ihn fast unbekannten Stadt in Deutschland entgegengenommen hat, erklärte er sich doch spontan bereit, zu uns zu kommen, um die Ausstellung zu eröffnen. Zum ersten Mal in seinem Leben würde er den Ort in Augenschein nehmen, der im wahrsten Sinne des Wortes seine Vaterstadt ist.

Wir haben ihn wohl neugierig gemacht, und auch wir sind neugierig auf ihn, den Professor aus Amerika, und auf die Geschichten, die er uns hoffentlich von seiner Familie und seinem Vater mitbringt. Denn dass Erich Levi schon lange nicht mehr am Leben war, erfuhren wir gleich beim ersten Telefonat.

»Zeigen Sie ihm doch den Teller und erklären Sie ihm, was es damit für eine Bewandtnis hat«, schlage ich an diesem Abend dem alten Herrn vor, der mich erwartungsvoll ansieht. Und so warten wir beide gespannt auf unseren Gast und sind glücklich, ihm zeigen zu können, dass etwas in dieser Stadt geblieben ist von seiner Familie, wenn es auch wenig genug ist, nur ein Teller und ein paar Erinnerungen …

Januar 1933

Der Junge öffnete vorsichtig das kleine Fenster und beugte sich kniend über das schmale Fensterbrett. Tief sog er die kalte Luft ein, die nach dem Rauch schmeckte, der in dünnen Fäden aus den Kaminen der gegenüberliegenden Häuser stieg. Über die schmutzig grauen Dächer hinweg sah er dunkle Wolkenberge, die ab und an ein kräftiger Windstoß auseinander trieb. Dann wurde die fahle Scheibe der Sonne sichtbar, die allmählich unter den unregelmäßigen Zacken der Dächer verschwand. Eine Weile schaute der Junge dem Spiel der Wolken zu und als die milchig graue Sonne endgültig hinter den Dächern untergetaucht war, setzte er sich seufzend hin, den Rücken gegen die schräge Wand gelehnt, und massierte gedankenverloren die schmerzenden Knie. Er fühlte sich geborgen in der Dunkelheit der niedrigen Dachkammer und der Zorn, der ihn vorher auf den Dachboden getrieben hatte, legte sich und wich einer leisen, vagen Trauer. Der Sabbat war nun zu Ende. Die Gedanken des Jungen schweiften hinunter in das Wohnzimmer, die gute Stube der Familie Levi. Die Mutter hatte sicher gerade die Kerzen an den silbernen Leuchtern* gelöscht und sie behutsam zurückgestellt auf die Kommode, die noch vom Großvater Elias stammte. Fanny räumte das Geschirr ab, das gute Geschirr, wie sie es nannte, mit dem Goldrand, das man ganz vorsichtig spülen und abtrocknen musste, und Vater saß nun wohl im großen braunen Ledersessel, ein Zigarillo in der Hand. Zwar musste der Viehhändler Julius Levi auch am Sabbat seinen Geschäften nachgehen, aber die Samstags-Zeitung zu lesen erlaubte er sich erst am Abend nach dem Ende des Sabbat, genauso wie das Rauchen seiner geliebten Zigarren. Später würde dann das Radio angeschaltet; unter den üblichen liebevollen Frotzeleien würde die Familie über das Radioprogramm diskutieren, denn der Vater hörte lieber lustige Sendungen und die Mutter mochte Opern, Wagner beispielsweise, den die übrige Familie ganz furchtbar fand.

Alles war wie immer, und doch war etwas anders an diesem letzten Sabbat im Januar des Jahres 1933. Und vor diesem »Anderen« war er geflüchtet, auf den staubigen Dachboden, weil er es nicht greifen und fassen konnte, weil *es* wie ein unsichtbares Tuch über seiner Familie lag, seit vielen Tagen schon, und sie unmerklich verändert hatte. Die Mutter lachte seit einiger Zeit nicht mehr so häufig und das verschmitzte Gesicht des Vaters schien plötzlich eingefallen und zwei tiefe Kerben zogen sich an den Mundwinkeln entlang. Der Junge wusste, dass es etwas mit der Zeitung zu tun hatte, von deren Titelseite seit einigen Tagen schon immer die gleichen Namen dick und fett ins Auge sprangen. Auch heute wieder standen sie da, er hatte zwar den ganzen Tag vorsichtig einen Bogen um die Samstagausgabe gemacht, die unberührt auf der Flurkommode lag, trotzdem zogen ihn die schwarzen Buchstaben magisch an. *Hindenburg* stand da, *Schleicher* und immer wieder *Hitler*. Der Junge konnte mit diesen Namen nicht viel anfangen. Hindenburg, so viel wusste er, war der Präsident, sein Bild hing in der Schule und in den Amtsstuben. Er sah so freundlich aus, ein gemütlicher Opa mit weißem Seehundsbart. Schleicher war der

Reichskanzler, das hatte ihm sein Vater erklärt. Diesen Hitler hatte er einige Male im Radio gehört, aber nur kurz, denn der Vater hatte jedes Mal ganz schnell ausgeschaltet und diese kreischende und sich überschlagende Stimme zum Schweigen gebracht.

Von seinem Platz aus konnte der Junge jetzt nur noch einen kleinen Ausschnitt des Abendhimmels sehen. Die Konturen waren ganz in der Dunkelheit aufgegangen. Der Junge lauschte. Aus der Wohnung hörte man das Klappern von Geschirr, Fanny hatte begonnen das Geschirr abzuwaschen. Einzelne Stimmen, die der Wind verzerrt nach oben durch das Dachfenster trug, kamen von Passanten, die wohl zum Dämmerschoppen in den »Roten Ochsen« gingen, der schräg gegenüber dem Wohnhaus der Levis lag. Jetzt erst bemerkte der Junge die beißende Kälte und er erhob sich und tappte vorsichtig in der nun ganz dunkel gewordenen Dachkammer zu der steilen Treppe. Von unten hörte er die Mutter »Erich!« rufen und dann noch einmal eindringlicher: »Erich, wo bist du?«

Er ließ erst einige Augenblicke verstreichen, bis er ziemlich unfreundlich antwortete: »Ich komme schon.« Eigentlich war er gar nicht traurig, sondern zornig, ja, sogar richtig wütend. Wütend auf diese Personen mit den nichts sagenden Namen, die die Ursache dieser merkwürdigen Stimmung waren, vor allem auch auf diesen Hitler, den die Eltern aus irgendeinem unerklärlichen Grund zu fürchten schienen. Und deshalb war er auch wütend auf die Eltern. Was ging die Familie des angesehenen und wohlhabenden Viehhändlers Julius Levi diese Sache in Berlin an? Was hatte einer wie sein Vater zu fürchten, vor dem alle in der Stadt den Hut zogen und von dem die Leute sagten, er sei ein guter Geschäftsmann und auch ein feiner Kerl. Und die Mutter erst! Kaum eine Frau in Ellwangen war so hübsch wie sie und so elegant gekleidet. Viele Frauen waren neidisch, das sah man an ihren Blicken, und die Verbeugungen der Männer fielen noch tiefer aus als gewöhnlich, wenn sie vor der Frau Levi standen. Erich war so stolz auf seine Eltern und er konnte einfach nicht begreifen, was sie so verändert hatte.

Deshalb zog er auch einen Flunsch, als die Mutter in leise tadelndem Ton sagte: »Erich, wo hast du bloß gesteckt? Es war ausgemacht, dass ihr heute Abend der Fanny helfen sollt, du und der Max. Ihr wisst, dass sie nachher freihat und zum Tanzen will.« Sie gab ihm einen liebevollen Stups auf die Nase und strich ihm sanft über die Haare. »Du bist ja ganz kalt. Und schau die Hose an, ganz staubig! Wo hast du bloß gesteckt? Marsch, hol den Max und dann ab in die Küche.«

Im Kinderzimmer lag Max, sein zwei Jahre jüngerer Bruder, bäuchlings auf dem Bett und las in einem Karl-May-Buch. Erich schlich auf Zehenspitzen zu ihm hin und riss dann ruckartig das Buch weg. Er studierte den Titel »Durchs wilde Kurdistan« und wehrte mit der Linken Max ab, der versuchte, ihn in die Seite zu boxen und sein Buch zurückzuergattern. Schließlich gab er Max einen Knuff, dass der auf das Bett zurückfiel. »Los, Kara Ben Nemsi, in die Küche zum Abwasch!«

Max drehte sich zur Wand. »Keine Lust.«

Erich war zum Kleiderschrank gegangen, holte eine Bürste heraus und bearbeitete seine Hose. Fanny hatte einmal zu ihm gesagt, er sei der eitelste Junge, den sie kenne. Mit einem Blick auf Max, der ungerührt liegen blieb, machte er sich seufzend in die Küche auf. »War ich mit zehn eigentlich auch so blöd?«

Fanny, die am Spülstein stand, lachte. »Noch viel blöder. Weißt du, dass du mich damals unbedingt heiraten wolltest?«

Jetzt musste Erich auch lachen, zum ersten Mal an diesem Tag. Er trat feierlich auf Fanny zu und sah ihr in die Augen. »Was heißt *wolltest* … Immer noch schlägt mein Herz nur für dich.«

Fannys Hände tauchten aus dem Seifenschaum auf und sie fuhr ihm lachend durch die Haare, bis sie nass und glänzend in alle Richtungen standen. »Erich Levi, ich schwöre, du bist der unmöglichste Junge auf der ganzen Welt. Wie viele Herzen wirst du wohl mit deinen großen braunen Augen brechen? Richtige Dackelaugen hast du. Ja, schau mich nicht so an, du Casanova. Dort drüben liegt das Handtuch.«

Eine Weile arbeiteten sie schweigend, dann deutete Fanny mit dem Kopf zur Wohnzimmertür, durch die man die Stimme des Vaters hörte. Er hatte mit seiner Zeitungslektüre begonnen und las Mutter die interessanten Stellen vor.

»Schlechte Stimmung«, flüsterte Fanny.

Erich nickte. »Ich versteh's nicht. Alles wegen dem Hitler.«

»Er soll Kanzler werden. Am Dienstag entscheidet sich's.«

»Ja und?«, fragte Erich wegwerfend.

Wieder flüsterte Fanny: »Er hasst deine Leut'.«

Mit *deine Leut'* meinte Fanny die Juden. Ein Jude zu sein bedeutete für Erich nichts Besonderes. Er wusste nicht einmal, wann ihm zum ersten Mal bewusst wurde, dass er jüdisch war und nicht katholisch oder evangelisch wie seine Freunde. Es war so normal und gehörte dazu wie das Aufstehen, das Waschen, das Essen und Trinken. Gut, sie feierten den Samstag, den Sabbat, und nicht den Sonntag, aber er und Max mussten trotzdem in die Schule und der Vater musste nach dem Vieh schauen und mit den Kunden verhandeln. Sie feierten Pessach* statt Ostern, aber die Mutter versteckte trotzdem Eier und Zuckerhasen für ihn und Max, und die Nachbarskinder durften von den frischen Mazzen* kosten. An Chanukka*, dem Lichterfest, das immer um die Weihnachtszeit herum stattfand, brannte auch bei der Familie Levi ein Christbaum. Der einzige Unterschied war eigentlich, dass sie nicht in die mächtige Basilika oder die Stadtkirche zum Gottesdienst gingen, sondern in ihren kleinen bescheidenen Betsaal in der Bergstraße. Und dass wir in unserer Kirche den Hut aufbehalten und ihn nicht abnehmen wie die Christen, dachte der Junge.

Zu Fanny sagte er: »Das ist doch Quatsch! Ich meine, das gab es im Mittelalter, dass wir verfolgt wurden, so hat es uns jedenfalls der Rabbi erzählt, wegen dem Geldverleih und so und weil sich viele anders gekleidet haben und andere Sitten und Bräuche hatten. Aber das ist doch heute nicht mehr so.«

Fanny zuckte mit den Achseln. »Ich find's ja auch blöd. Aber ich habe gehört, dass der Hitler sagt, die Juden wollten das deutsche Volk vernichten.«

Erich begann zu lachen. »Da siehst du, was das für ein Blödsinn ist. Wir sind doch Deutsche!« Er half Fanny das gute Geschirr hinüberzutragen in das Wohnzimmer.

»Geh schon, Fanny, ich sehe, dich juckt's in den Füßen, zum Tanzen zu kommen«, sagte die Mutter lächelnd und begann die Gläser und Teller in das Buffet zu räumen. Max, der klugerweise doch noch herübergekommen war, um seinen Anteil an der Hausarbeit zu leisten, half ihr dabei.

Erich setzte sich an den großen Esstisch unter die runde Porzellanlampe, die ein helles und warmes Licht verströmte.

Nur noch ein einzelner Teller befand sich auf dem Tisch, der Sabbat-Teller, wie die Kinder ihn nannten. Am Freitagabend holte die Mutter ihn von der Kommode, zusammen mit den Leuchtern, um die Challoth, die Weißbrote, auf ihm auszurichten, die dann unter einem weißen bestickten Tuch verborgen lagen, bis der Vater nach dem Gebet feierlich die Brote brach und jedem sein Stück reichte. Der Sabbat-Teller auf dem Tisch – das war das Zeichen für die Festlichkeit des Sabbat, es erinnerte an gutes Essen, an Länger-aufbleiben-Dürfen trotz der Samstagsschule und die Wärme und Geborgenheit des gemeinsamen Mahles. Erich nahm den Teller vorsichtig in die Hand.

Eigentlich ist er ja nichts Besonderes, dachte der Junge. Mit dieser grauen und blauen Farbe sieht er eher langweilig aus. In der Mitte war der Kiddusch-Becher abgebildet, daneben je ein geflochtenes Brot, die Challa, und auf dem äußeren Rand waren hebräische Buchstaben kreisförmig angeordnet, die Erich nach zwei Jahren Hebräischunterricht recht gut entziffern konnte: »Es wird Abend und es wird Morgen – der sechste Tag.«

Es war eben ein Allerweltsteller mit den typischen Symbolen des Sabbat, aber, so überlegte der Junge, für uns ist er wertvoll, weil es eben unser Sabbat-Teller ist. Mit ihm verbinden wir unsere Erinnerungen und er ist Teil unseres Lebens. Zärtlich strich er über die graublaue Glasur. Neben der hebräischen Inschrift waren kleine Symbole aufgemalt, merkwürdig geformte Dreiecke, von denen niemand sagen konnte, was sie bedeuteten. Plötzlich fiel ihm ein, was er als kleiner Junge in diesen Zeichen gesehen hatte. »Augen«, flüsterte er, »die Augen Gottes, die uns betrachten.«

Braune Uniformen

Erich nahm zwei Treppenstufen auf einmal, denn schon von unten konnte er den Duft riechen. Es gab Pfannkuchen. Dienstag war »Süßer Tag«, weil der Vater auf den Viehmärkten zu tun hatte und oft mit den Kunden aß. Fannys Süßspeisen waren bei den Jungen sehr beliebt, am besten aber schmeckten ihnen ihre Pfannkuchen. Sie stand am Herd mit erhitztem Gesicht und hielt gerade mit beiden Händen die schwere gusseiserne Pfanne, um den Teig mit vorsichtigen Kreisbewegungen zu verteilen. Am Küchentisch saß Max, der sich den Mund so voll gestopft hatte, dass ihm Pfannkuchenstücke vermischt mit Apfelmus auf beiden Seiten der Mundwinkel hervorquollen.

»Du isst wie ein Schwein«, sagte Erich und hielt Fanny seinen Teller hin, auf den sie den fettglänzenden Fladen gleiten ließ.

Nach einer Weile, als Max den Mund wieder leerer hatte, fragte er noch etwas undeutlich: »Du, sind bei euch heute auch manche Lehrer in Uniform gekommen? Der Bartle ist heute in seiner braunen Uniform* zu uns in die Klasse gegangen.« Erich kannte den Bartle vom Sehen. Er war Lehrer an der Volksschule, die Max besuchte. Er gehörte zu den Leuten hier am Ort, die sein Vater die »Hitlerbande« nannte. Es gab nicht viele davon in der Stadt und Erich hatte sie in Grüppchen immer wieder einmal in der Stadt wahrgenommen. Er fand sie irgendwie albern in ihren komischen ausgestellten Hosen und ihren scheußlichen braunen Hemden.

Fanny mischte sich ein. »Dürfen die das überhaupt? Ich meine, ihr Hitler ist ja jetzt Kanzler geworden, wir haben's vorhin im Radio gehört und in der Zeitung steht's auch. Aber trotzdem, in der Schule ...?«

Auch Erich hatte davon gehört, heute Morgen hatten sie darüber in der Schule gesprochen und sein Englischlehrer, Senftleben, hatte etwas von einer großen historischen Stunde gefaselt. Aber davon erzählte er nichts, er zuckte lediglich mit den Schultern. »Der Rektor wird es nicht gerne gesehen haben, aber wenn ihr Anführer gestern Kanzler geworden ist ...«

Max beugte sich zu Erich hinüber und plötzlich sah der Junge Furcht in den Augen des Bruders aufflackern. »Du, der Bartle hat mich heute die ganze Zeit drangenommen und als ich mir vom Willi einsagen ließ, hat er mich am Arm gepackt und gesagt: ›Für euch kommen jetzt andere Zeiten, Levi, merk dir das.‹ Wie meint er das bloß?«

Erich schlug ihm auf die Schulter. »Ach was! Das ist ein Angeber und Maulheld. Der glaubt, er kann jetzt eine große Klappe riskieren!« Aber Max sah nicht überzeugt aus und auch Fanny hielt den Kopf gesenkt und nestelte mechanisch an der Ecke ihrer Schürze. Erich fühlte plötzlich eine brennende Wut in sich aufsteigen. Was fiel diesem Kerl ein, seinem kleinen Bruder Angst zu machen, seinem kleinen Bruder Max, der ihn früher geärgert hatte, weil er manchmal auf ihn aufpassen musste und weil er mit Erichs Eisenbahn spielen wollte und dabei ständig die Züge entgleisen ließ. Max, der die abstehenden Ohren und die dunkelbraunen Augen der Levis geerbt hatte, der gerne Karl May las und stolz auf sein neues Fahrrad war, das ihm die Eltern zu seinem letzten Geburtstag geschenkt hatten. Max, der auch den Kaufmannsgeist seiner Familie geerbt hatte, denn eben dieses Fahrrad vermietete er gelegentlich für ein paar Pfennige an seine Freunde, damit sie ein paar Runden auf dem Marktplatz drehen konnten. Sein kleiner, stiller und träumerischer Bruder Max, der manchmal Kara Ben Nemsi war und manchmal Old Shatterhand. Das alles schoss Erich durch den Kopf, während er mechanisch seinen Pfannkuchen zerteilte.

Mit fester Stimme sagte er jedoch: »Glaub mir! Guck dir den Bartle doch mal an, eine Witzfigur ist das, mit seinen kurzen Säbelbeinen und dem Bauch, den er immer so komisch vorstreckt.« Und dabei sprang er auf und stolzierte durch die Küche, die Knie eingedrückt und den Oberkörper übertrieben nach hinten gebeugt. »Genau so läuft er herum, der Herr Bartle, wie ein Maikäfer auf zwei Beinen …«

Max musste laut loslachen und auch Fanny prustete hinter ihrer Schürze. Erich war der Schauspieler der Familie und er konnte die Leute wirklich gut nachmachen.

Er klopfte Max noch einmal auf die Schulter. »Siehst du, vor so einem brauchst du keine Angst zu haben. Und jetzt gib mir bitte noch einen Pfannkuchen, Fanny.« Aber er aß nur noch mechanisch weiter, denn der Pfannkuchen schmeckte plötzlich wie Pappe. Nach einer Weile fragte er nach seiner Mutter.

»Die sitzt im Wohnzimmer und schreibt einen Brief an deine Tante. Hat keinen rechten Appetit«, meinte Fanny.

Leise drückte Erich die Klinke zur Wohnzimmertür hinunter. Seine Mutter saß am großen Schreibtisch mit den schweren Silberbeschlägen, der an eines der Fenster gerückt war. Die Wolken hatten sich geteilt und ein paar Sonnenstrahlen drangen herein und spielten auf der polierten Fläche des Tisches. Die Mutter schrieb nicht mehr. Sie saß, die Hände im Schoß gefaltet, regungslos da und reagierte erst, als Erich vorsichtig neben sie getreten war und seinen Arm um sie legte.

»Ach, du bist's. Grüß dich, mein Junge. Verzeih, dass ich nicht gleich herübergekommen bin, aber ich habe ein bisschen Kopfweh und wollte auch noch den Brief an Tante Mina fertig schreiben.« Liebevoll umarmte sie ihn. »Erzähl, wie war's heute in der Schule?«

Erich schluckte. Er wusste nicht so recht, ob er ihr von Max berichten sollte. Und bei ihm in der Schule waren ja auch zwei Lehrer in der braunen Uniform aufgetaucht, das hatte er vorher Max und Fanny auch nicht erzählen wollen. Außerdem hatte der alte Professor Wagner, sein Deutschlehrer, heute sehr bedrückt gewirkt. Deutsch war sein Lieblingsfach und den alten Wagner mochte er sehr gerne, den feinen weißhaarigen Mann, der so schön vortragen konnte, Gedichte vor allem, und die ganze Klasse lauschte immer gebannt, wenn er zum Beispiel den »Erlkönig« rezitierte. Heute hatte er ihnen ein merkwürdiges Gedicht vorgelesen, von dem sich Erich den ersten Vers gemerkt hatte:

Deutschland auf weichem Pfühle,
mach dir den Kopf nicht schwer, im irdischen Gewühle,
schlafe, was willst du mehr!

So ganz hatte der Junge nicht verstanden, was das Gedicht bedeuten sollte, das von einem Georg Herwegh stammte, wie ihnen der alte Wagner erzählt hatte. Von diesem Dichter hatte er noch nie gehört, aber es hatte ihn und die Klasse sehr beeindruckt, dass dieser Herwegh im Jahr 1843 aus Deutschland auf Grund seiner politischen Einstellung fliehen musste. Auf jeden Fall hatte Erich beschlossen, sich diese erste Strophe zu merken, vor allem auch weil er nicht wusste, was »Pfühle« waren. Später wollte er einmal fragen, was das Wort zu bedeuten hatte, später, nicht jetzt. Nein, er wollte der Mutter jetzt lieber nichts von alldem erzählen, sonst würden womöglich die Kopfschmerzen schlimmer.

Deshalb drückte er seine Stirn in ihr dunkelbraunes Haar, das immer so gut nach Kölnisch Wasser roch, und flüsterte: »Ach, ganz gut. Wir haben auch nicht viel auf. Nur die e-Deklination müssen wir üben.«

Die Mutter drückte ihn an sich. »Fein. Und jetzt gehen wir hinüber zum Max und zur Fanny.«

Lange Schatten

Am Nachmittag kam der Vater zurück. Er sah müde aus, als er sich langsam aus dem dicken Überzieher aus dunkelbraunem Wollstoff schälte und den Filzhut an die Garderobe hängte. Nach den Markttagen war er meist müde, er musste ja dauernd reden und verhandeln und überlegen, schließlich hing viel von einem guten Kauf oder Verkauf ab. Die Geschäfte liefen seit einiger Zeit nicht besonders gut, das hatten die Kinder bei einigen Gesprächen der Eltern belauscht. Den Leuten ging es schlecht, viele hatten keine Arbeit und deshalb musste gespart werden. »Die Leute essen nicht mehr so viel Fleisch«, sagte der Vater immer. »Heutzutage sind andere Dinge wichtiger. Fleisch kommt zuletzt, das war schon immer so.«

Die Familie begrüßte ihn in der Küche, wo er sich die Hände über dem Herdfeuer rieb. Ohne auf Fragen zu warten, erzählte er, dass er zwei Kälber gekauft habe von einem Bauern aus Untergröningen, zwei schöne Tiere. »Prächtige Milchkühe werden das einmal, aber das Beste ist, ich habe die Blesse verkauft.«

Endlich eine gute Nachricht an diesem Tag, dachte Erich. Obwohl es ihm jedes Mal einen Stich gab, wenn eines der Tiere verkauft wurde. Die Blesse war eine wunderschöne Milchkuh, die Erich oft zwischen den Hörner gekrault hatte und die sein Liebling war, weil sie einen so besonders seelenvollen Blick hatte. »Sie guckt wie du«, hatte er oft zu Max gesagt, der ihn dann schimpfend mit Heu beworfen hatte.

»Aber«, hier wurde der Blick des Vaters düster, »einen besonders guten Preis habe ich nicht bekommen. Eigentlich war der Preis sogar schlecht, gerade einmal dreihundert Reichsmark, erst wollte ich sie dafür gar nicht verkaufen …« Der Vater sprach nicht zu Ende und der Satz hing bedrohlich im Raum, denn jeder wusste, warum der Vater verkaufen musste.

»Wer hat sie denn gekauft?«, fragte die Mutter ruhig und unterbrach damit das bedrückte Schweigen.

»Der Schlosser aus Gaildorf«, antwortete der Vater, »das ist ein feiner Kerl. Bei dem wird es die Blesse gut haben.« Dabei strich er Max tröstend über den Kopf, der traurig auf seinem Stuhl saß. »Die Kälber werden morgen gebracht, dann gehen wir sie uns gleich anschauen, einverstanden, Max?«

Leise verschwand Erich nach oben, um sich den Geheimnissen der e-Deklination hinzugeben. Nach einer Weile hörte er zwei Pfiffe kurz hintereinander. Unten auf der Straße standen Helmut und Kurt, seine besten Freunde. Beide trugen kurze schwarze Mäntel und halbhohe Schnürstiefel. Kurt hatte sich das Stirnband kess um den Hals geschlungen, denn es war nicht besonders kalt an diesem letzten Januartag.

»Bist du fertig?«, rief Helmut von unten und Erich brüllte zurück: »Eigentlich nicht, aber ich komm gleich.«

Hastig schloss er das Fenster, rannte zur Garderobe, zog sich seine Tweedjacke an und schlüpfte in die Stiefel. Im Vorüberrennen rief er Fanny durch die offene Küchentür zu, dass er mit Kurt und Helmut an die Jagst gehe, und schon die Treppe hinabpolternd hörte er noch ihr lautes »... pünktlich zurück sein«, dann war er schon durch die vordere Haustür geschlüpft. Er rannte auf die Schmiedstraße, wo Kurt und Helmut, an das Schaufenster des im Erdgeschoss gelegenen Geschäftes gelehnt, warteten.

Die Familie Levi bewohnte eine Etage in einem großen, zweigiebeligen Wohn- und Geschäftshaus, in dem sich ein Hausrat- und Geschirrwarenladen befand. Das Ganze gehörte den Fräulein Pfisterer, zwei etwas altjüngferlich wirkenden Damen, die mit fast pietistischer Strenge ihre Geschäfte führten und von allen sehr respektiert wurden.

»Na, großer Meister«, begrüßte ihn Kurt grinsend, »alles klar?«

»Alles bis auf die e-Deklination! Und bei euch?«

»Ich habe gar nicht erst angefangen.« Kurt knuffte Erich lachend in die Seite. »Was du heute kannst besorgen, verschieb getrost auf morgen.«

Die drei Jungen lachten. Einträchtig trabten sie zum Bahnübergang und warteten, bis die große schwarze Lokomotive mit den vielen Waggons vorbeigedonnert war.

»Die geht durch bis Prag«, bemerkte Kurt fachmännisch, als sich die Schranke quietschend hob. »Das möchte ich später mal machen, viel reisen, die Welt sehen und so, Amerika zum Beispiel, das wäre toll!«

»Dafür brauchst du aber Geld, und zwar ziemlich viel«, meinte Erich nachdenklich.

»Eben«, lachte Kurt, »ich werde mal Millionär. Und dafür braucht man kein Latein.«

Sie rannten bis zur Jagstbrücke, wo sie nach rechts abbogen. In einem großen gelbbraunen Haus lagen im Erdgeschoss die Stallungen der Levis. Die großen braunen Stalltüren standen weit offen, an einer lehnte Peter, der Stallknecht, mit einer Zigarettenkippe in der linken Hand und starrte missmutig in die grünlichen, gurgelnden Fluten der Jagst.

»Der Vater hat die Blesse verkauft!«, rief ihm Erich von weitem zu und Peter knurrte etwas, das wie »weiß schon« klang.

»Und einen ganz schlechten Preis hat er gekriegt, für unsere Blesse. Das habe ich dem Chef auch gesagt.«

Erich zuckte die Achseln. »Die Zeiten sind schlecht, meint der Vater.«

Peter begann mit der Gabel das Heu zu verteilen und aus der Dunkelheit des Stalles drangen die vertrauten Geräusche und der vertraute Geruch nach Mist und Heu. Eine Weile halfen die Jungen Peter, das Vieh zu füttern, dann wurde es ihnen zu langweilig und sie liefen jagstaufwärts, Steinchen über die Wasseroberfläche werfend. Sie stritten sich über Fußball, Kurt war Anhänger des 1. FC Kaiserslautern, Gott allein wusste, warum. Erich und Helmut sahen natürlich den VfB Stuttgart in der nächsten Saison als Meister. Dann kamen sie unweigerlich auf die Schule zu sprechen. Der Scheuerle hatte heute eine so unglaublich blöde Antwort in Biologie gegeben und der Senftleben war richtig fies gewesen mit seinem Vokabeltest. Plötzlich brach es aus Erich heraus: »Wie der aussah, mit seiner bescheuerten Uniform. Das müsste der Dr. Kaiser eigentlich verbieten ...!« Helmut kickte einen Stein mit dem Fuß gegen die Böschung.

»Ach, der Senftleben, der hat doch sowieso einen Knall. Wie der heute durch die Klasse marschiert ist ...« Helmut marschierte einige Schritte stramm vorwärts und imitierte dann mit zackig ausgestrecktem Arm den Hitlergruß. »Aber die haben jetzt Oberwasser, sagt mein Vater.«

»Meiner sagt, unter dem Hitler wird's uns jetzt besser

gehen«, merkte Kurt etwas zögernd an. Kurts Vater war ein kleiner Beamter am Landgericht, ein humorloser, hoch aufgeschossener Mann mit randloser Brille, über die er einen stets missbilligend musterte. Es war Erich völlig schleierhaft, wie ein so trister, freudloser Mensch zu einem so quirligen Sohn gekommen war.

Helmut antwortete gedehnt: »Und mein Vater sagt noch, wenn der Hitler an die Macht kommt, gibt's Krieg.« Die drei Jungen starrten sich an.

Erich fröstelte plötzlich. »Kommt, lasst uns nach Hause gehen.«

Schweigend verließen sie die Uferböschung und marschierten in Richtung Stadt. Die Schatten der Häuser waren schon sehr lang geworden und Erich schienen sie plötzlich besonders schwarz und kalt zu sein.

Der Abendbrottisch war in der Küche gedeckt, wie immer am Werktag. Fanny schenkte den Tee ein und Erich griff dankbar nach dem dampfenden Teller Suppe, den die Mutter ihm reichte. Der Vater erzählte, wen er auf dem Markt alles getroffen hatte, und sagte dann plötzlich: »Der Schlosser meint auch, es wird nicht lange gehen.«

»Was?«, fragte die Mutter mit einer leise warnenden Kopfbewegung in Richtung Max, wie Erich aus den Augenwinkeln registrierte.

»Die Regierung, die wir gestern bekommen haben«, antwortete der Vater knapp. »Ein paar Wochen höchstens, dann haben sie ausgeschrien.«

»Und wenn nicht?«, hörte sich Erich plötzlich sagen.

Die Mutter schaute ihn kurz an. »Der Ewige ist unser Gott«, sagte sie leise.

Schweigend aß die Familie weiter. Erich kannte die Worte.

Sie stammten aus dem »Schm'a Israel«, dem Gebet der Juden, das er im Bar-Mitzwah*-Unterricht hatte auswendig lernen müssen und das, wie in jüdischen Häusern üblich, auf einer kleinen Papierrolle geschrieben, an ihrem Hauseingang angebracht war. Er wusste auch, was die Mutter ihm damit sagen wollte, im Unterricht hatten sie lange darüber gesprochen. »Vertraue auf Gott«, sollte es heißen. Die Augen des Jungen wanderten hinüber ins Halbdunkel des Wohnzimmers, das man durch die geöffnete Tür schemenhaft erkennen konnte. Dort blinkten die Scheiben des Großvater-Elias-Schrankes und dahinter standen die Leuchter und der Sabbat-Teller. Gut, dachte der Junge, wenn man daran glauben kann. Ich kann's nicht. Und plötzlich schien ihm alles so zerbrechlich wie der Teller dort drüben mit den Augen Gottes.

Volksgemeinschaft

Ein Gewoge von schwarzen, braunen, grauen Jacken und Mänteln und Mützen mit verschiedenfarbigen Bändern erfüllte den Platz vor der mächtigen Silhouette der sandsteinfarbenen Stiftskirche. Immer noch spuckte das weit geschwungene Portal des danebenliegenden Gymnasiums größere und kleinere Gestalten aus, die teils gemessen wie die Primaner, teils übermütig zwei Stufen überspringend wie die quirligen Sextaner auf den Vorplatz des altehrwürdigen Gebäudes strömten. Erich stand mit seinen Klassenkameraden inmitten des Gewimmels und wartete auf den Klassenlehrer, Professor Wagner, mit dem sie zur nahe gelegenen Turnhalle marschieren sollten. Eine Feierstunde sollte es geben, hatte man den Schülern erzählt, und wahrscheinlich würden wie immer lange Reden gehalten, der Chor würde singen und irgendjemand mehr oder minder erfolgreich auf dem Klavier spielen. Aber egal, der Unterricht würde ausfallen und vor allem in den mittleren und hinteren Stuhlreihen ließ es sich wunderbar dösen. Trotzdem war Erich zwiespältig zumute, er wollte sich gerne freuen wie seine Kameraden, die sich übermütig gegenseitig schubsten und versuchten sich ein Bein zu stellen und sich halb totlachten, als der dicke Müller tatsächlich auf den gut gepolsterten Hosenboden fiel. Vor zwei Wochen hatte eine Wahl stattgefunden, und Erich hatte mitbekommen, wie Julius

Levi am Samstagmorgen mit grimmig entschlossener Miene, den Hut verwegen nach hinten aufgesetzt, mit der Mutter ins Rathaus gegangen war, um zu wählen.

»Jede Stimme gegen *die* ist wichtig«, hatte er gesagt, »obwohl es wahrscheinlich nicht viel nützen wird.« Und dann hatte er noch etwas von »undemokratisch« gemurmelt und »Einschüchterung«, so viel hatte der Junge verstanden. Aber er war mit der Mutter durch das Spalier der blutroten Fahnen, die jetzt von allen Häusern wehten, durch die Schmiedstraße in die Lange Straße gegangen, vorbei an Gruppen von braunen Uniformen, misstrauisch beäugt und manchmal auch angepöbelt.

»Jude Levi«, hatten sie gezischt, immer wieder »Jude Levi, Jude Levi«, er war nun nicht mehr der »Herr Levi«, wie all die Jahre zuvor, und darüber hatte er mit der Mutter nach dem Nachhausekommen bedrückt gesprochen. »Jetzt bin ich plötzlich kein Herr mehr, sondern nur noch der Jude.« In den letzten Wochen hatte es immer mehr solcher Fahnen in der Stadt gegeben und immer mehr von diesen braunen Gestalten, und in der Zeitung annoncierten viele Geschäfte, bei ihnen könne man jetzt eine Original-SA-Uniform kaufen.

»Eine Schande«, flüsterte der Vater dann jedes Mal und warf die Zeitung angewidert in die Ecke. Immer mehr Fahnen und immer mehr Uniformen, und viele Leute grüßten nicht mehr so freundlich und manche schauten sogar weg, wenn die Levis an ihnen vorbeigingen. Die Stimmen von Melanie und Julius Levi hatten natürlich nichts genützt und die Nazis waren nun wirklich stärkste Partei geworden.

»Aber in Ellwangen nicht«, hatten die Kinder am nächsten Tag erfahren. Die Ellwanger hatten gut katholisch gewählt, wie immer hatte die Zentrumspartei* eine klare

Mehrheit erzielt, über zweitausend Bürger hatten für sie gestimmt. Trotzdem gab es auch einige Stimmen für die Nationalsozialisten, über achthundert, so hatte es der Vater zornbebend erzählt. Und jetzt stand Erich mit seinen lärmenden und tobenden Schulkameraden auf dem Stiftsplatz und dachte erbittert, dass er trotz der ausgefallenen Schulstunden dieses Ereignis der für die Nazis gewonnenen Märzwahl nicht feiern konnte. Kurt knuffte ihn in die Seite.

»Was ist los, du guckst so trübe. Ich habe gerade zu Helmut gesagt, er soll sich mal die Weiber anschauen. Ganz stramme Exemplare dabei.« Mit den »Weibern« meinte er die wenigen Gymnasiastinnen, die es immerhin schon an der ursprünglich reinen Jungenschule gab, ein verlorenes Häuflein mit Zöpfen oder kurz geschnittenen Wellenfrisuren, wie man sie neuerdings trug. Besonderes Interesse erregte die hoch gewachsene und starkknochige Marga Fels, die Tochter des Gerichtspräsidenten, die dieses Jahr Abitur machen würde.

»Dass die Weiber das können, Abitur machen und vielleicht sogar studieren«, flüsterte Kurt nachdenklich, »na, trotzdem, mein Fall wär sie ja nicht.«

»Ja, ja du stehst ja mehr auf brünett.« Helmut klopfte dem Freund auf die Schulter, der daraufhin ganz rot wurde. Alle Umstehenden lachten, denn es war allgemein bekannt, dass Kurt für eine Schülerin der katholischen Realschule heftig schwärmte und sogar einen Umweg auf seinem sowieso langen Schulweg in Kauf nahm, nur um ab und zu einen Zipfel ihres Faltenrocks erhaschen zu können. Mechanisch lachte Erich mit. Er hielt Frauen für höchst verwirrende und faszinierende Wesen, aber er hätte sich lieber die Zunge abgebissen, als das seinen Freunden gegenüber zuzugeben. Stattdessen lieferte er lieber mit halbem Herzen fachmännische Kommentare über Kurts »Weiber«.

Auf der Treppe erschienen plötzlich die Lehrer, voran der Direktor, Dr. Kaiser, ein massiger hoch gewachsener Mann mit Kneifer, der »Rex«, wie ihn seine Pennäler nannten, die ihm im Übrigen sehr zugetan waren. Hinter ihm drängten sich die Lehrer und es fiel auf, dass einige braune Uniformen dazugekommen waren.

»Der Gumprecht ist jetzt auch bei den Nazis, schau ihn dir an mit seinem Kugelbauch, und da, der Eisele, der junge Schnösel. Na ja, der will noch was werden, sagt mein Vater«, flüsterte Helmut Erich ins Ohr.

Mit dem Erscheinen der Lehrer war schlagartig Ruhe eingekehrt. Eilig stellten sich die Schüler, nach Klassen geordnet, in Zweierreihen auf. Zu Erichs Überraschung kam Senftleben geradewegs auf sie zu, obwohl er doch gar nicht der Klassenlehrer der Obertertia war. Seine hagere Gestalt baute sich bedrohlich vor Erich auf, der schmächtig und klein für sein Alter gerade mal auf die Brust mit dem Parteiabzeichen starren konnte.

»Levi«, kam es von oben, »Levi, du wirst dich ganz hinten mit deinem Verwandten aufstellen. Mit ›ganz hinten‹ meine ich am Schluss, hinter den Sextanern.«

Erich spürte mehr, als dass er sah, wie Senftlebens Blick Erichs Cousin Erwin suchte, der zwei Reihen hinter ihm mit seinem Freund Rudi stand. Plötzlich schien ihm alles still zu sein, eine greifbare Stille, die sich wie Watte um Erich legte. Aus der Ferne hörte er Helmuts Stimme, brüchig, aber entschlossen.

»Verzeihen Sie, Herr Studienrat, aber Erich und ich gehen immer nebeneinander. Wir sind Freunde und sitzen ja auch zusammen.«

»Habe ich dich um deinen Beitrag gebeten, Noll? Also, wenn ich bitten darf«, schnarrte es von oben herab. Langsam drehte sich Erich um und spürte plötzlich ein Brennen hinter seinen Augäpfeln. Nicht weinen, bloß nicht weinen, nicht vor dem da ... Ihm schienen die Beine wie festgewachsen, so schwer fiel ihm der erste Schritt und immer noch war da die unerträgliche Stille.

»Was ist da los?«, hörte er hinter sich plötzlich die vertraute Stimme seines Klassenlehrers. Gott sei Dank, der alte Wagner. Jetzt wurde es wieder gut, alles wurde wieder gut.

»Erich und Erwin sollen ganz nach hinten ...« Helmuts Stimme, hoch und aufgeregt, kippte fast, als er berichtete.

»Herr Kollege, ich darf Sie bitten ...« Auch Wagners Stimme klang nun aufgeregt.

»Herr Kollege, ich darf Sie bitten sich nicht einzumischen. Dies geschieht in höherem Interesse. Sie stimmen mir sicher zu, dass wir im Sinne unserer neuen großen Ziele, zum Wohle unserer Volksgemeinschaft*, die fremden Elemente als solche kenntlich machen und aussondern müssen.« Er stieß die Worte hervor, als seien sie Messer.

So sagen Sie doch etwas, dachte Erich verzweifelt, guter, alter Wagner, sagen Sie doch etwas.

Aber es gab nur die Stille und dann plötzlich leise eine sehr müde Stimme: »Wie Sie wünschen, Herr Kollege.«

Mechanisch drehte Erich sich um. Er sah das Gesicht von Erwin, seinem Cousin, der immer noch wie erstarrt mit weit aufgerissenen Augen dastand. Sie mochten sich nicht so besonders, die beiden. Für Erich war Erwin zu brav und zu angepasst und ein natürlicher Konkurrent um die Zuneigung der Oma Babette, aber in diesem Moment gehörten sie plötzlich auf eine seltsame und für sie nachvollziehbare Art zusammen.

Einen Moment nur trafen sich ihre Augen, dann drehte sich auch Erwin um und langsam gingen die beiden nach hinten, ganz nach hinten. Augen, weit aufgerissen, begegneten ihnen und Augen senkten sich, wenn die Blicke aufeinander trafen. Dreihundert Augenpaare, so schien es Erich, folgten ihnen und senkten sich, bis alle blicklos zu Boden starrten.

Erst langsam wieder drangen zögerlich Gesprächsfetzen zu ihm vor, flüsternd und scheu wurde der Wall der Stille, der sich um ihn errichtet hatte, durchbrochen und der lange Zug der Gymnasiasten setzte sich in Bewegung. Erwin ging neben Erich. Die ganze Zeit redeten sie kein Wort. Erich kämpfte gegen das Brennen hinter den Augäpfeln an und achtete streng darauf, einen Fuß vor den anderen zu setzen, mechanisch, immer wieder einen Fuß vor den anderen. Wäre er stehen geblieben, hätte er nicht mehr weitergehen können.

»Fremde Elemente … Volksgemeinschaft«, dröhnte es unablässig in Erichs Kopf, auch während der so genannten Feierstunde, die wie erwartet aus Reden, Klaviermusik, Gedichtvorträgen und wieder Reden bestand. Auf Senftlebens Anordnung hin saßen sie auch hier abgesondert von den anderen in der hintersten Reihe. Nun hielt Dr. Kaiser seine Rede und Erich, der bis jetzt zusammengesunken auf seinem Stuhl gesessen hatte, richtete sich gespannt auf. Der Rex war streng, aber gerecht, das wusste er. Sicher hatte er noch nichts von dem Vorfall gehört, aber er musste ja nun trotzdem Stellung nehmen zu all dem, was um ihn herum geschah. Doch seltsam, auch der Rex gebrauchte diese Worte, die Erich nun schon so vertraut und so verhasst waren.

»Volksgemeinschaft … nationale Erhebung … Erneuerung unseres Volkes …«, dröhnte es unablässig und Erich wusste, dass damit die Nazis gemeint waren. Plötzlich redete der Direktor von der Schule und ihrer Aufgabe, und Erich hörte erneut mit wachsender Hoffnung zu. Jetzt, jetzt musste er doch etwas sagen zu den braunen Uniformen und Senftleben und den anderen und dem »Heil Hitler« jeden Morgen, statt dem bisher üblichen »Grüß Gott«. Aber der Rex redete von der »Stille der Schulräume« und von der Aufgabe der Schule, die nichts mit Politik zu schaffen habe, und Erich verstand gar nichts mehr. Aber die Senftlebens lässt er schalten und walten und dann behauptet er, dass seine Schule nichts mit Politik zu tun hat, dachte er bitter.

Am Schluss hämmerte ein Tertianer mit entschlossener Miene einen Marsch auf dem Klavier und alle erhoben sich, um das Deutschlandlied zu singen. Zu Erichs Verblüffung aber intonierte danach der alte Musikdirektor Immig eine Melodie, die ihm vertraut war, vom Vorbeimarsch der grölenden Braunhemden, die seit kurzem ständig Aufmärsche durch die Stadt veranstalteten. »Die Fahne hoch …«*, sangen erst zögernd ein paar wenige, dann aber stimmten alle kräftig mit ein, Schüler und Lehrer. Nur Erich und Erwin und ein paar andere sangen nicht mit. Nach einer kurzen Pause setzte sich Erich still auf seinen Platz, zögernd folgte ihm Erwin.

Und wenn Senftleben mich totschlägt, das Lied singe ich nie in meinem Leben, dachte Erich mit klopfendem Herzen.

Am Nachmittag trafen sie sich wieder an der Jagst oberhalb der Stelle, an der im Sommer die Männer und Jungen badeten. Hier war das Ufer flach und an einer sanften Biegung des Flusses hatte sich eine kleine Sandbank gebildet. Es war kälter geworden die letzten Tage und über dem Wasser lag eine eisige Haut.

»Wär ja komisch, wenn's jetzt noch gefrieren würde, wo wir den ganzen Winter noch kein Fitzelchen Schnee gesehen haben«, bemerkte Helmut und starrte ins Wasser. Erich, der auf einem Stein am Uferrand saß und mit einem Stecken geheimnisvolle Zeichen in den Sand malte, sagte nichts. Kurt stand etwas abseits, die Hände in den Taschen seiner Jacke vergraben und die Norwegermütze tief ins Gesicht gezogen. Eine Weile redete keiner der Jungen etwas.

Sie wissen nicht, was sie sagen sollen, dachte Erich und kam sich auf eine seltsame Art schuldig vor. Schließlich raffte er sich auf und schlug vor: »Lasst uns zur Höhle zum Rübezahlweg gehen und nach den Fledermäusen schauen.« Er erhob sich und blickte seine Freunde auffordernd an.

Abrupt drehte sich Helmut um. »Du, Erich, das war so scheiße, was der Senftleben heute gemacht hat, so scheiße. Ich hab's meinem Vater erzählt und er meint, dein Vater solle sich beim Rex beschweren. Dazu hatte er nicht das Recht, der Senftleben meine ich, du hast doch schließlich nichts getan.«

Erich zuckte mit den Achseln und wandte sich ab, damit der Freund die aufsteigenden Tränen nicht sehen konnte.

Helmut trat dicht hinter ihn. »Was hat denn dein Vater dazu gesagt?« Wieder zuckte Erich mit den Schultern.

»Du hast's ihm doch gesagt, oder?« Erich schüttelte wild den Kopf.

»Aber warum nicht?«

Erich schluckte die Tränen hinunter und setzte mehrere Male an, bis er sagen konnte: »Der hat gerade andere Sorgen.«

Jetzt trat Helmut vor ihn hin. »Aber wieso denn?«

»Viele Bauern kaufen nicht mehr bei ihm. Aus Angst vor den Nazis. Die drohen ja schon ganz offen, dass man nichts bei Juden kaufen darf. Einige Bauern tun es auch aus Überzeugung, sagt mein Vater. Die glauben plötzlich wirklich, dass wir Juden alle Halsabschneider sind. Obwohl sie schon jahrelang beim Vater gekauft haben.«

Helmut schwieg eine Weile, dann sagte er bestimmt: »Du musst es ihm aber trotzdem sagen.«

»Und was glaubst du, wird dann passieren? Du hast doch den Wagner erlebt heute. Ausgerechnet der Wagner mit seinem Gequatsche von Ehre und Aufrichtigkeit. Und der Rex hat heute auch nur blöd herumgeschwafelt.«

»Mein Vater meint, weil er auch Angst hat. Hätte er irgendetwas gegen die Nazis gesagt, wäre das doch sofort bekannt geworden.« Helmut schwieg eine Weile, dann sagte er leise: »Gestern haben sie in Aalen zwölf Leute verhaftet. Bloß weil sie gegen die Nazis sind. Vater sagt, sie kommen in den nächsten Tagen in ein Lager nach Ulm.«

Erich starrte ihn an. Helmuts Vater war ein sehr angesehener Rechtsanwalt, der lange Jahre im Stadtrat gesessen hatte. Er wusste sicher über viele Dinge Bescheid und Erich hatte keinen Zweifel, dass diese Nachricht stimmte. »Und da soll mein Vater zum Rex gehen und sich beschweren! Damit sie ihn vielleicht auch gleich verhaften?«

Helmut senkte den Kopf. »Aber wenn wir uns gar nicht wehren …?«

»Du und dein Vater, ihr könnt das vielleicht noch, ihr seid angesehene Leute, aber wir Levis …« Plötzlich brach Erich ab, weil ihm bewusst wurde, was er da gesagt hatte. Wir sind doch eigentlich auch angesehene Leute, dachte er bitter. Alle haben sie uns gegrüßt, vor dem Vater den Hut gezogen, der Mutter sogar manchmal die Hand geküsst. Aber jetzt sind wir bloß noch Juden. Gehören nicht mehr richtig dazu. Mutter sagt, manche drehen jetzt den Kopf weg, wenn sie vorbeigeht. Wir gehören einfach nicht mehr dazu. Eigentlich gehöre ich auch nicht mehr richtig zu Helmut und Kurt, bloß noch zu Erwin.

Laut sagte er: »Ich glaube, wir müssen uns vorsehen. Mein Onkel Süssel meint, das sei jetzt nur am Anfang so schlimm, bis sie sich ausgetobt haben. Die tun uns schon nichts. Aber jetzt müssen wir halt aufpassen.«

Helmut schwieg unentschlossen.

Kurt kam herüber. Sein Gesicht wirkte verkniffen und er schien verärgert. »Was ist jetzt? Ihr immer mit eurem Scheiß. Können wir jetzt vielleicht was machen? Los, auf geht's zur Höhle!« Ohne darauf zu achten, ob sie ihm folgten, stürmte er voraus, mit seinen hochgezogenen Schultern und dem vorgestreckten Oberkörper sah er aus wie ein junger Bulle.

»Was hat er denn?«, wunderte sich Erich.

»Ach, bloß schlechte Laune!« Helmut zog ihn am Ärmel. »Los, ihm nach! Wer schneller ist!« Sie rannten keuchend den Kugelberg hinauf, über die braunen Grasflächen bis zur Benzenruhe, einem kleinen Wäldchen auf einer Anhöhe, das im Sommer ihr Lieblingsspielplatz war. Wehmütig erinnerte sich Erich daran, wie sie hier letzten Sommer Räuber und Gendarm oder Verstecken gespielt hatten. Oft waren auch die anderen von der Klasse dabei gewesen und einmal war der kleine Lutz aus lauter Angeberei auf eine der alten Eichen geklettert und hatte sich dann nicht mehr heruntergetraut, sodass sie zum nächsten Bauern rennen mussten, um Hilfe zu holen. Der war dann mit einer Leiter gekommen und hatte dem Lutz eine solche Tracht Prügel verabreicht, dass der drei Tage nicht mehr richtig sitzen konnte.

Am schönsten war es im Frühsommer, wenn sich das Gras grün und fett wie ein Polster unter den Bäumen ausbreitete und man sich hineinfallen lassen konnte. Man konnte den würzigen Duft riechen und zwischen den Baumkronen die schneeweißen Wolken vorbeitreiben sehen. Wie schön war das immer gewesen! Jetzt war das Gras verdorrt, die Bäume streckten ihre kahlen Äste in einen grauen Winterhimmel, der Erich so trostlos vorkam, als sei er ein Spiegel seiner eigenen Stimmung. Aber er wollte sich nichts anmerken lassen und jagte mit Helmut hinter Kurt her, bis sie ihn fast eingeholt hatten.

Nach dem Hohlweg, der von der Benzenruhe zum Rübezahlweg führte, bogen sie links ab und rannten die letzte Anhöhe hinauf zu einer Höhle, die einer alten Sage nach direkt zum Schloss führte. In ihrer Fantasie waren schon Ritter, Piraten und Wegelagerer Bewohner der Höhle gewesen, hatten sich geheimnisvolle Abgesandte hier getroffen, um vertrauliche Botschaften ins Schloss zu befördern, um gefangene Prinzessinnen oder verschleppte Thronfolger zu befreien. Jetzt im Winter war die Höhle ein kaltes und glitschiges Loch und das Interessanteste waren die Fledermäuse, die reglos an der Decke hingen. Kurt hatte eine Taschenlampe dabei und sie kletterten über das nasse Geröll vorsichtig tiefer in das Innere der Höhle, als plötzlich das Licht ausging.

»Kurt, du Idiot«, schimpfte Helmut, der vorauslief, »mach sofort die Lampe wieder an.«

Stattdessen ertönte von hinten ein tiefes »Huhuu«. Es war einer von Kurts üblichen Späßen und Helmuts Geschimpfe und Kurts Geheul hätten Erich normalerweise zum Lachen gebracht. Aber plötzlich spürte er einen Druck in seiner Brust und unerklärlicherweise schnürte ihm etwas die Kehle zu, sodass er beinahe keine Luft mehr bekam. Er stützte sich vorsichtig hinten an dem nassen Fels ab und ließ sich an ihm heruntergleiten. Der Druck auf seiner Brust wurde immer stärker. Alle Ängste, die er bis jetzt niedergehalten hatte, fielen ihn an wie ein wildes Tier. Er sah Senftleben, die braune Uniform, hörte die schrille Stimme, sah wieder Erwins aufgerissene Augen, den Vater müde über die Geschäftsbücher gebeugt, Max und sein »Was meint er damit?«, die Mutter mit verweinten Augen, sah Häftlinge in langen Reihen und der Vater war dabei und …

»He Erich, Erich …!« Plötzlich hörte er das angstvolle Rufen von Helmut, die Taschenlampe war wieder da und irrte flackernd an den Wänden entlang, bis sie ihn gefunden hatte und sein Gesicht festhielt.

»He Erich, was ist los? Mach keinen Scheiß!« Helmut kniete sich neben ihn und rüttelte an ihm.

Kurt leuchtete ihn mit der Lampe von oben bis unten ab. »Alles in Ordnung?«

Erich nickte mühsam. Er rappelte sich mit ihrer Hilfe hoch und flüsterte: »Lasst uns hinausgehen, mir ist ein bisschen schlecht geworden.«

Im Gleichschritt

Am nächsten Morgen schlich Erich beklommen in die Schule. Ihm graute vor dem Zusammentreffen mit Senftleben und auch die Begegnung mit den Kameraden machte ihm Angst. Er konnte nicht einschätzen, wie sie mit der Situation umgehen würden. Es war aber dann doch einfacher als gedacht. Einige Mitschüler begrüßten ihn mit betonter Lässigkeit, andere waren ausgesprochen freundlich zu ihm. Der kleine Lutz klopfte ihm auf die Schulter und flüsterte ihm zu: »Mach dir nichts draus, der Senftleben ist ein Arsch.«

Allerdings bemerkte Erich auch, dass einige seiner Schulkameraden sich abgesondert hatten. Sie lehnten an einem der Fenster und betrachteten ihn hämisch. Ab und zu machte einer eine Bemerkung, dann lachten alle und schauten zu ihm hinüber. Bei Kampmann, einem hoch aufgeschossenen Jungen mit kurz geschnittenen Haaren, wunderte ihn das nicht. Kampmanns Vater war gleich im Februar nach der Machtergreifung in die Nazi-Partei eingetreten, wie ihm Helmut erzählt hatte. »Er verspricht sich davon einen Vorteil für sein Geschäft«, hatte er Erich erklärt. Kampmanns Vater war Besitzer einer Druckerei und Erich konnte sich zuerst nicht so richtig vorstellen, was er sich von den Nazis erhoffte. »Na, Flugblätter drucken und so«, hatte Kurt lapidar erklärt.

Gut, Kampmann, das war verständlich, aber dass auch Klaus, genannt Schluffi, und der dicke Müller dabei waren, irritierte ihn. Erich ging zu Erwin, der mit Rudi in der Ecke stand und den die drei ebenfalls aufs Korn genommen hatten. Erwin wirkte ängstlich und besorgt, deshalb flüsterte ihm Erich betont lässig zu: »Die können uns mal, wir lassen uns am besten nichts anmerken.«

Plötzlich stürzte Reger, der Klassensprecher, ins Zimmer. »Unterricht fällt aus! Der Wagner hat mir's gerade gesagt. Achtung!«

Die Jungen standen stramm rechts und links von ihren Bänken, als der alte Wagner hereinkam, etwas müder und gebeugter als sonst. Er ließ seinen Blick kurz über die Quarta schweifen und schaute für einen Moment länger zu Erich hin, so schien es ihm wenigstens, dann sagte er: »Der Unterricht fällt heute im ganzen Land aus, der Anlass ist der Zusammentritt des neu gewählten deutschen Reichstags. Ihr sollt nach Hause gehen und die Rundfunkübertragung hören. Wer kein Radio hat, kann ausnahmsweise in eine Gaststätte gehen.«

Die Jungen packten johlend ihre Taschen zusammen, Mützen flogen in die Luft und alle stürmten zum Ausgang. Erich atmete tief durch. Kein Englisch bei Senftleben! Wie sehr hatte er sich vor diesem Wiedersehen gefürchtet.

Kurt packte ihn am Ärmel. »Komm, wir gehen in den ›Kronenkeller‹. Ich versuch der Marie ein Bier abzuluchsen.«

Erich nickte zustimmend. Ihm war alles egal. Am liebsten hätte er Luftsprünge gemacht! Er rannte nach Hause, warf den Ranzen in hohem Bogen in den Flur und rief, schon wieder die Treppe hinabstürzend: »Wir haben schulfrei heute! Bin zum Mittagessen zurück.« Am Ausgang traf er auf Max, der sich gerade verdrossen gegen die Haustür stemmte.

»Was machst du denn für ein Gesicht? Schulfrei! Ist doch prima, oder?«

Aber Max schüttelte nur den Kopf und rannte nach oben. Für einen Moment schaute ihm Erich verdutzt nach, dann stürmte er nach draußen, wo die Freunde warteten. Vor der Turnhalle flatterten wieder die blutroten Fahnen mit dem Hakenkreuz wie überall in der Stadt und eine kleine Gruppe von Braunhemden stand vor dem Eingang herum. Kurt ging kess auf die Gruppe zu.

»Was ist heut los? Gibt's was umsonst?«

»Ja, Dresche, mein Junge!«, sagte einer der SA-Männer unter dem Gelächter der anderen. Aus der Gruppe löste sich ein mittelgroßer Mann mit einem kleinen Schnauzbärtchen, wie es der Hitler trug, und ging auf die drei zu.

»Kommt rein, Jungs. Übertragung der Führerrede mit Großlautsprecher. Es gibt auch eine Limo.«

»Für ein Bier lass ich mit mir reden«, rief Kurt, schon einen gewissen Sicherheitsabstand einhaltend. Einer der SA-ler tat, als ob er ihn fangen wollte, und die Jungs gaben Fersengeld, vom johlenden Gelächter der Braunhemden begleitet. Im »Kronenkeller« waren trotz der frühen Stunde schon fast alle Plätze besetzt. Marie, die Bedienung, drall und vollbusig, hatte alle Hände voll zu tun, während Gustl, der Wirt, verzweifelt an den Knöpfen des Volksempfängers drehte, aus dem bislang nur Knacken und Rauschen zu hören war. Die Jungen setzten sich an eine freie Ecke des Stammtischs und Kurt rief gebieterisch: »Marie, ein Bier!«

»Kriegst gleich was anderes«, lachte Marie, stellte aber trotzdem ein großes Glas vor den dreien ab. Kurt genoss das Vorrecht des ersten Schlucks, genießerisch trank er in langen Zügen und wischte sich den Schaum mit dem Handrücken ab. Die Übrigen am Tisch, meist Bauern aus den umliegenden Dörfern, gaben dazu launige Kommentare ab und einer meinte, man müsste dem Rotzlöffel den Hintern versohlen. Einer der Männer, ein hoch gewachsener Mann mit grauem Schnurrbart, der bedächtig an seiner Zigarre zog, wandte sich plötzlich Erich zu: »Bist du nicht der Sohn von Julius Levi?«

Der Junge merkte, wie sich jede Faser seines Körpers anspannte. Statt einer Antwort nickte er nur.

Der Alte schaute blinzelnd hinter seinen Rauchschwaden vor. »Sag deinem Vater einen schönen Gruß. Vom Schremser-Albert.« Erich entspannte sich wieder.

Was ist bloß los mit mir?, dachte er. Er bemerkte aber auch, dass sich einige Männer in der hinteren Ecke des Tisches anstießen und mit den Köpfen zu ihm hindeuteten und flüsterten. Vom Bier trank er in vorsichtigen kleinen Schlucken, er mochte das bittere Zeug nicht. Eigentlich trank er es nur Kurt zuliebe, er wollte kein Spielverderber sein. Jetzt aber merkte er, wie sich eine wohlige Wärme und eine angenehme Schläfrigkeit in ihm ausbreiteten. Entspannt ließ er sich in seinem Stuhl zurückfallen und stellte verwundert fest, dass der Lärm, die Gespräche, der Alkoholdunst und das Gelächter nur noch von ferne zu ihm drangen.

Gustl, von dessen Stirn kleine Schweißbäche über die Schläfen rannen, hatte in der Zwischenzeit seine Bemühungen aufgegeben. Fluchend stand er neben seinem Volksempfänger und wischte sich mit der blauen Schürze das Gesicht ab, als ein schlanker, modisch gekleideter junger Mann sich erbarmte und die Sache in die Hand nahm. Erich kannte ihn. Er war ein Vertreter für Tierfutter und auch öfters schon bei ihnen in der Wohnung gewesen, wo er verwegen mit Fanny herumgeschäkert hatte. Auf einmal fiel dröhnend eine Stimme in den Raum.

»Achtung, Achtung, hier ist Berlin!«

Erich fuhr auf, schlagartig wurde es still. Der Junge verstand die Worte »Führer und Reichskanzler«, und da war sie auch schon, diese schnarrende Stimme, zunächst noch ruhig, dann immer schneller, lauter werdend, geifernd und sich überschlagend. Erich schaute die Gesichter ringsum an. Einige schauten ernst und nachdenklich wie der Bauer, der ihm Grüße aufgetragen hatte, der eine oder andere wirkte eher amüsiert oder auch gelangweilt wie der junge Vertreter, der sich lieber mit Marie beschäftigte, viele aber auch schienen gebannt und manche hörten sogar mit offenem Mund und achtlos qualmender Zigarette zu.

»Der hat ein großes Maul«, hörte Erich einen der neben ihm sitzenden Männer plötzlich anerkennend flüstern und sein Nachbar pflichtete ihm bei: »Ja, reden kann er, der Hitler.« Aus dem Radio dröhnte immer noch die Stimme, kreischte heiser und füllte den ganzen Raum.

»... in der die Millionen, die uns heute verfluchen, hinter uns stehen und mit uns begrüßen werden dann das gemeinsam geschaffene, mühsam erkämpfte, bitter erworbene neue Deutsche Reich der Größe und der Ehre und der Kraft und der Herrlichkeit und der Gerechtigkeit. – Amen!«

Auf einmal wurde Erich schlecht. Er rang krampfhaft nach Luft und rannte hinaus, die Hand vor den Mund gepresst. Hinter dem Haus erbrach er sich würgend und lehnte sich dann schwer atmend gegen die Hauswand. Plötzlich stand Helmut neben ihm und reichte ihm schweigend sein Taschentuch.

»Geht' s wieder?«, fragte er und Erich nickte erschöpft. Er schämte sich so.

»Du, Helmut«, flüsterte er, »das war nicht nur wegen dem Bier.«

Helmut nickte. »Das habe ich mir schon gedacht.«

Am Abend saß die Familie schweigend am Tisch. Erich trank nur etwas Tee, weil er seinem Magen noch nicht recht traute. Auch die anderen schienen keinen Appetit zu haben. Von der Ferne drangen Fetzen von Blasmusik und Stimmengewirr zu ihnen herauf. Es sollte einen großen Umzug geben, hatte Fanny erzählt und anschließend eine Kundgebung in der Turnhalle, weil doch der Hitler jetzt Reichskanzler sei.

»Ja, und morgen werden sie ein Gesetz beschließen, das ihnen dieses Land endgültig ausliefert«, hatte Julius Levi müde hinzugefügt. »Und der gute alte Hindenburg gibt seinen Segen dazu und alle anderen auch, die Preußen und die Konservativen und die Katholiken und alle ehrbaren Bürger.«

Erich hatte davon nur verstanden, dass der Hitler jetzt endgültig an der Macht und Onkel Süssels optimistische Einschätzung endgültig für die Katz war. Er wollte seinen Vater fragen, was denn das nun für sie bedeute, aber er traute sich nicht. Hier in Ellwangen kann es eigentlich nicht so schlimm kommen, tröstete sich der Junge. Der Vater sagt ja immer, hier sind sie gut katholisch, da haben die Nazis wenig zu melden. Gut, es gibt den Senftleben, der wird mir das Leben weiter schwer machen, vielleicht jetzt auch noch der Kampmann mit seinen Freunden und es gibt die Orts-Nazis mit diesem Kolbe, dem Ober-Brüller, wie ihn der Vater immer nennt, und viele, denen es egal ist oder die feige sind, wie die, die jetzt die Mutter nicht mehr grüßen. Aber es gibt ja auch noch viele andere. Und schließlich haben wir ja auch nichts getan. Immer wieder sagte er sich diese Sätze vor und klammerte sich an ihnen fest. Im dunklen Fenster, das matt von der Straßenlaterne erhellt wurde, tanzten plötzlich Schneeflocken, die zu einem dichten Schneegestöber wurden.

»Schnee!«, rief Max ganz aufgeregt. Der Schnee, auf den sie dieses Jahr vergeblich gewartet hatten und den sie so sehr herbeigesehnt hatten, jetzt war er da, ausgerechnet in den ersten Frühlingstagen! Natürlich würde er nicht liegen bleiben, dafür war der Boden zu warm. Trotzdem lief Max freudestrahlend zum Fenster und presste die Nase gegen die Scheibe. Von unten schwoll plötzlich der Lärm an und Max fuhr zusammen, als plötzlich das martialische Tschingderassabum einer Blaskapelle ertönte. Die ganze Familie lief zum Fenster. Da kamen sie unten vorbeimarschiert, die Braunhemden mit ihren Fahnen, die Blaskapelle, Jungen, auch aus der Schule, seit neuestem in der Uniform der HJ*, die Fackeln trugen, die Polizei, der Turnverein, der Frontkämpferverband und viele andere. Und sie marschierten im Gleichschritt, ihre Schritte auf dem Asphalt drangen dumpf herauf zum Fenster, wo die vier Levis standen. Sie hatten sich instinktiv in die Arme genommen und blickten schweigend hinunter.

Menschen drängelten sich am Straßenrand, gafften, tuschelten, einige waren wie erschrocken zurückgewichen und drängten sich an die Häuserwände, aber andere standen vorne, die Hand stramm emporgereckt zum Hitlergruß. Sie alle blickten auf diesen schier endlosen Zug, der sich wie eine Schlange um die Häuserreihen wand. Und lautlos fiel Schnee herunter, als wolle er das alles zudecken.

Boykott

Nein, Max, schau mal. Hier musst du doch malnehmen.« Erich seufzte. Seinem kleinen Bruder die Geheimnisse der Mathematik beizubringen, war ein hartes Brot. Übermorgen war die Aufnahmeprüfung für die Realschule, auf die Max überwechseln sollte.

»Das Gymnasium kommt für Max nicht in Frage«, hatten Vater und Mutter entschieden, »das ist für unseren Tagträumer zu schwer.« Max, der lieber durch die Wüste schweifte oder an der Seite von Winnetou gegen feindliche Indianer kämpfte, tat sich mit der Schule viel schwerer als Erich, dem alles nur so zuzufallen schien. Erich wusste, dass sein Vater trotzdem insgeheim daran dachte, dass Max eines Tages das elterliche Geschäft übernehmen sollte, während er für Erich von einer akademischen Karriere träumte.

»Lernt, lernt, Jungs!«, mahnte Julius stets. »Denkt daran, was ihr in euren Köpfen habt, das kann euch keiner nehmen. Keiner weiß das besser als wir Juden.« Seine Söhne hatten über diesen Spruch stets gelächelt und ihn auch nicht recht verstanden. Sie fühlten aber unbewusst, dass ihre Eltern von ihnen erwarteten, dass sie ihr Bestes gaben, als sei das für einen Levi selbstverständlich. Und nun mühte sich Max um eine geheimnisvolle und komplizierte Aufgabe, in der man berechnen musste, was fünf Brötchen kosten, wenn man den Preis von drei Brötchen wusste.

Nach einer Weile ließ er den Kopf hängen und begann zu weinen. Tröstend legte Erich den Arm um ihn. »Komm, so schwer ist das doch nicht.« Bei sich dachte er, dass Max in letzter Zeit oft weinte. Irgendetwas musste an jenem Tag vorgefallen sein, an dem Erich mit seinen Freunden im »Kronenkeller« die Hitlerrede gehört hatte. Max hatte ihm am Abend anvertraut, dass jemand ein »böses Wort« zu ihm gesagt hatte. Was das für ein Wort gewesen war, ließ er sich nicht entlocken. Sie hatten beide in den Betten gelegen und auf das Stimmengewirr gelauscht, das von der Straße zu ihnen heraufdrang. Die Kundgebung war zu Ende gewesen und die Leute strömten nach Hause.

»Du, Erich, warum mögen die uns nicht?«, hatte Max gefragt und Erich, der genau wusste, wer »die« waren, hatte seufzend in die Dunkelheit gesagt: »Wenn ich das wüsste, Max. Aber schau, es gibt doch viele, die gar nichts gegen uns haben, die sogar unsere Freunde sind.«

»Aber früher war's nicht so«, hatte Max eigensinnig beharrt.

»Es ist halt wegen dem Hitler.«

»Und die machen alles, was der sagt?«

»Nun ja, er ist ja auch ihr Führer.«

»Aber ich kann doch nicht plötzlich zu jemandem, den ich kenne, böse werden. Der Bartle war früher immer so freundlich zu dem Papa und vor der Mama hat er immer den Hut gezogen. Und jetzt ...« Stockend berichtete Max von weiteren Schikanen. »Immer wenn der Willi schwätzt, werde ich bestraft. Und schon dreimal habe ich einen Tadel bekommen, obwohl ich gar nichts gemacht habe!« Und dann habe ein Mitschüler dieses »böse Wort« gesagt und der Bartle sei dabeigestanden und habe nur gelacht. Nein, das Wort wolle er nicht sagen.

»Solche Idioten gibt es immer«, hatte Erich gesagt, »und solche wie der Bartle haben jetzt Oberwasser, weil ihr Hitler an der Macht ist. Wenn der wieder weg ist, dann wirst du schon sehen ...«

»Glaubst du, dass der wieder wegkommt? Fanny sagt, gegen den kann jetzt keiner mehr was machen.«

»Ach was, irgendwann wird der wieder abgewählt!« Erich versuchte selbst fest an das zu glauben, was er gerade gesagt hatte. »Streng dich an, dann kommst du in die Realschule und siehst den Bartle nie wieder.« Und fällst dabei dem Senftleben in die Hände, dachte er noch bei sich.

Nun saß er am Tisch und schaute auf den gesenkten Kopf des Bruders und die krampfhaft zuckenden Schultern. In gespielt lockerem Ton versuchte er Max aufzumuntern. »Na, na, ein Indianer kennt keinen Schmerz, also noch mal von vorn.«

In diesem Moment betrat der Vater das Zimmer. Julius Levi blieb kurz in der Tür stehen und betrachtete seine Söhne. »Max, du gehst jetzt ein Weilchen zum Spielen. Musst dir zwischendurch auch mal den Kopf lüften. Erich, kommst du mit? Ich will zum Stall, nach dem Rechten sehen. Das eine Kalb macht mir seit gestern Sorgen ...«

Max war schon wie der Blitz zur Tür hinausgeschossen und Erich holte eilig seine Jacke. Gemeinsam marschierte er mit dem Vater zu den Stallungen an die Jagst hinunter. Eine blasse Frühlingssonne wärmte sein Gesicht und er ließ die Jacke offen, als könne er so die laue Luft besser einsaugen.

Der Vater war eine Weile schweigend neben ihm hergegangen, bis er unvermittelt sagte: »Max macht mir Sorgen.«

»Ach was, er muss sich bloß besser konzentrieren.«

»Das meine ich nicht. Er weint in letzter Zeit viel und

Mutter meint, dass er manchmal nur dasitzt und Löcher in die Luft starrt.«

»Aber das tut er doch oft.«

»Ja, aber er wirkt so traurig dabei. Ich sage dir ganz offen, Erich, Mutter und ich, wir haben Angst, dass er in der Schule schikaniert wird.« Auffordernd sah Julius Levi seinen Ältesten von der Seite an. Stockend berichtete Erich, was Max ihm anvertraut hatte. Eine Weile sagte Julius Levi nichts. Er hatte die Lippen fest zusammengepresst und war etwas bleich geworden.

»Und du, Erich? Was ist mit dir? Mir ist da etwas zu Ohren gekommen …«

Hastig fiel Erich seinem Vater ins Wort. »Das ist ja nur der Senftleben. Genauso ein Idiot wie der Bartle. Die darf man gar nicht ernst nehmen.« Er merkte, wie er rot wurde, und plötzlich fühlte er, dass er seinem Vater die Wahrheit um keinen Preis sagen konnte. Er wollte ihm die Scham ersparen, die ihn seit diesem Tag umtrieb und in ihm brannte wie ein Feuer, das er nicht löschen konnte. Es war die Scham, vor anderen gedemütigt zu werden. Denn damit würde ich auch den Namen Levi beschämen und den Vater und die Mutter, dachte der Junge, und das darf um Himmels willen nicht sein.

»Ich fürchte sehr, dass man die jetzt sehr ernst nehmen muss«, entgegnete sein Vater mit melancholischem Lächeln. »Schau, Erich, ich habe mich immer als Deutscher und als Jude gefühlt, das ›Deutsch‹ habe ich bewusst an den Anfang gestellt und ausgeschlossen hat sich beides nicht, im Gegenteil. Wir sind Juden, wir befolgen die Gesetze, ehren den Sabbat und die Feiertage, wie die Christen die ihren, aber in erster Linie sind wir auch Deutsche und respektieren die Gesetze dieses Staates, dessen Bürger wir sind. Dein Onkel

Ludwig, der Bruder deiner Mutter, hat sogar im letzten Krieg mitgekämpft und ihr Vetter ist an der Front gefallen, und ein anderer Vorfahre aus der Süssel-Verwandtschaft stand in der 1848er-Revolution auf den Barrikaden! Und jetzt will man uns das Deutschsein plötzlich absprechen. Aber das lassen wir uns nicht nehmen! Hast du gehört, Erich, unsere Ehre und unsere Würde lassen wir uns nicht nehmen!« Julius Levi war stehen geblieben und legte seinen Arm um die mageren Schultern seines Jungen.

Erich blickte in das vertraute Gesicht des Vaters, dieses verschmitzte, liebenswerte Gesicht mit den abstehenden Ohren der Levis, das nun ungewöhnlich ernst war. Alt ist der Vater in den letzten Wochen geworden, dachte der Junge wieder, richtige Sorgenfalten hat er bekommen. Laut sagte er: »Ja, Vater, da bin ich ganz deiner Meinung.«

»Gut, Erich, und deshalb gehe ich zum Rektor der Volksschule und auch zu Dr. Kaiser. Schikanieren lasse ich meine Kinder nicht.«

Im Stall wartete Peter auf sie mit schlechten Nachrichten. Dem Kälbchen ging es nicht gut, apathisch und mit entzündeten Augen stand es in einer Ecke des Stalls. Erich kraulte mitleidig die Stelle zwischen den Ohren, an der sich kleine Löckchen kringelten.

»Also, wenn Sie mich fragen, Chef«, meinte Peter lakonisch, »da haben Sie sich einen richtigen Micker andrehen lassen.«

Julius blickte eine Weile unentschlossen, dann befahl er kurz und bündig: »Schlachten. Gleich morgen bringst du es fort!«

»Aber Vater«, Erich war ganz erschrocken, »willst du nicht den Tierarzt ...?«

»Das lohnt sich nicht mehr, Erich. Schau, das Kalb ist

wirklich sehr krank. Ein reines Verlustgeschäft! Ausgerechnet jetzt, wo es sowieso nicht gut läuft.«

Natürlich, der Vater musste ja so denken, dachte Erich bitter. Traurig ging er noch einmal zum Kälbchen und streichelte es. Die Welt der Erwachsenen war so schwierig: Geschäft, Geld und immer wieder die Politik.

Als sie in der Abenddämmerung wieder nach Hause zurückkehrten, empfing sie die Mutter aufgeregt im Flur. Ohne darauf zu achten, dass Erich ja alles mithören konnte, begann sie atemlos zu berichten: »Mein Bruder hat gerade angerufen. Er hat gehört, dass in den nächsten Tagen irgendetwas geplant ist. Eine Aktion gegen jüdische Geschäfte oder so etwas Ähnliches. Er hat es von einem Geschäftsfreund aus Berlin.«

Beschwichtigend legte Julius den Arm um sie. Mit einem leichten Kopfnicken in Richtung Erich führte er die Mutter sanft ins Wohnzimmer. Von dort hörte Erich noch eine ganze Weile die nervöse Stimme der Mutter und dazwischen die ruhigere des Vaters. Seufzend ging er in sein Zimmer. Was war das nun wieder? Heute Mittag hatte er sich so getröstet gefühlt, als sein Vater mit ihm gesprochen hatte.

Am Abendbrottisch verkündete der Vater ruhig, dass der Onkel Ludwig angerufen habe. »Es wird, scheint's, in den nächsten Tagen eine größere Aktion der Nazis geben. Gegen die jüdischen Geschäftsleute. Aber ihr braucht keine Angst zu haben. Hier in Ellwangen wird es ruhig bleiben. Es gibt ja nur den Onkel Sigmund und mich, und wir sind als seriöse und anständige Kaufleute bekannt. Onkel Ludwig meint auch, dass der Hitler am Anfang forsch loslegt, um seine Anhänger zufrieden zu stellen. Das wird sich schon wieder beruhigen.«

Am Mittwochmorgen warf Erich einen Blick auf die Zeitung, die Fanny gerade auf den Küchentisch gelegt hatte.

»Papa, was ist ein Boykott?«, wollte er wissen, nachdem er die Schlagzeile studiert hatte. Julius kam aus dem Badezimmer herüber, eine Gesichtshälfte mit Seifenschaum bedeckt.

»Das ist ein Aufruf, in bestimmten Geschäften oder bei bestimmten Firmen nichts zu kaufen«, sagte der Vater und griff nach der Zeitung. »Aha, daher weht der Wind. Sie fordern die Leute auf, am ersten April nicht in jüdischen Geschäften zu kaufen.«

»Und was wollen die Nazis damit erreichen?«

Julius zuckte mit den Achseln. »Es ist eine besondere Form der Schikane. Und natürlich will man die Leute damit aufhetzen. Uns Juden sagt man schon seit jeher nach, wir seien Blutsauger und Ausbeuter. Aber das ist natürlich Blödsinn. Bei uns gibt es genauso viele Lumpen wie bei den christlichen Geschäftsleuten und genauso viele anständige Leute. Ich bin sicher, viele wissen gar nicht, dass sie bisher in einem jüdischen Geschäft eingekauft haben.«

Der Boykott sollte an einem Samstag stattfinden und Erich überlegte, dass das für den Vater ja nicht so schlimm war. Am Sabbat tätigte Julius sowieso nur in Ausnahmefällen einen Handel und so konnte ihn die Aktion gar nicht treffen. Das Gleiche galt auch für Onkel Sigmund, der wie der Vater mit Vieh handelte. Mit dem hatte sich Julius gestern Abend noch nach dem Anruf seines Schwagers Ludwig beraten und der war der gleichen Auffassung.

Zeugnis

In der Schule hatten sie ganz andere Sorgen. Am Freitag sollte die Schlussfeier stattfinden, das Schuljahr ging nun zu Ende, aber das Wichtigste war, dass die Zeugnisse verteilt wurden und es Ferien gab. Vor der Zeugnisausgabe hatte Erich keine Angst, im Gegenteil, er fühlte die Tage davor nur eine Art Spannung, ein angenehmes Prickeln der Vorfreude, denn sein Zeugnis, das wusste er, würde auch in diesem Jahr gut ausfallen. Die Frage war dabei nur, ob es in Latein dieses Jahr auch zu einem »Vorzüglich« reichen würde und welche Note er in Rechnen bekommen würde, dem Fach, das Erich nicht besonders mochte. Und dann Englisch! Wie würde sich der Senftleben in diesem Jahr verhalten? Im letzten Zeugnis hatte er nur ein »Befriedigend« gehabt, wegen seiner nicht zufrieden stellenden mündlichen Leistungen, wie der Senftleben mit hochgezogenen Augenbrauen gesagt hatte. Erich hatte neben der Bank gestanden und der Senftleben hatte ihn lange angeschaut, dabei mit dem Stift in rhythmischem Stakkato gegen das gefährliche schwarze Büchlein klopfend.

»Deine mündlichen Leistungen sind nicht genügend, du bist maulfaul und uninteressiert.« Dabei hatte er den Jungen durchdringend fixiert, bis Erich beschämt den Blick senkte und wieder in seine Bank zurückschlüpfte. Und es stimmte ja auch gar nicht. Er war mindestens so gut wie Helmut, und der hatte letztes Jahr ein »Gut« bekommen. Außerdem meldete er sich dauernd, aber nie nahm ihn der Senftleben dran. Er übersah ihn geflissentlich und registrierte nur in bestimmten Momenten die Existenz des Schülers Erich Levi. Aber ich lass mir das nicht mehr gefallen, dachte der Junge ergrimmt, und das nächste Mal gucke ich so lange zurück, bis er den Blick senkt. Immerhin hat der Vater mit Dr. Kaiser gesprochen!

Die Schikanen waren tatsächlich seit der Gedenkfeier weitgehend ausgeblieben. Erich führte das auf eine Ermahnung des Direktors zurück, mit dem der Vater wie versprochen ein Gespräch geführt hatte. An jenem Nachmittag war es ihm leichter ums Herz geworden, denn der Vater hatte ihm beim Nachhausekommen kurz über den Kopf gestrichen und bemerkt: »Ich will dir nur sagen, dass alles in Ordnung ist. Dr. Kaiser meint auch, es seien halt unruhige Zeiten, aber die gingen auch wieder vorbei. Der Senftleben wird dir nichts mehr tun.«

Der letzte Schultag des altes Schuljahres war herangekommen. Auf dem großen Platz vor der Stiftskirche tummelten sich in bunten Gruppen die Schüler. An den Farben der Bänder, die die Pennälermützen zierten, konnte man die einzelnen Klassenstufen ausmachen. Dort stand die weiße Gruppe der Primaner beisammen, die heute feierlich verabschiedet werden sollten und die schon sehr erwachsen taten. Sie kümmerten sich wenig um die herumspringenden Quintaner, die sich unter lautem Kreischen versuchten zu fangen. Dort stand die Gruppe mit den grünen Bändern, das waren die Tertianer, zu denen er gehörte. Er sah Helmut und Kurt, die ihm zuwinkten, daneben stand Erwin mit seinem Freund Rudi.

Ich gehöre dazu, dachte Erich glücklich, und irgendwann stehe ich mit Helmut und den anderen da drüben, wo jetzt die Primaner stehen, habe das Abitur in der Tasche und dann ... vielleicht Tübingen oder Heidelberg, zusammen mit Helmut. Oder später auch weiter weg, vielleicht nach Leipzig oder Berlin. Jura wollte er studieren, das wusste der Junge nun ganz genau, Jura, so wie Helmut, der später einmal die väterliche Kanzlei übernehmen sollte. Aber Erich wollte Richter werden, einer, der das letzte Sagen hatte und der Sache der Gerechtigkeit zum Durchbruch verhelfen konnte. Er hatte Helmuts Vater ein ums andere Mal klagen hören, man könne sich seine Mandanten leider nicht aussuchen. Aber als Richter, da stand man über den Dingen, und als Richter würde er auch nicht mehr zulassen, dass man unschuldige Leute schikanieren oder sie gar einsperren konnte. Daran dachte der Junge, als er hinüberrannte zu seinen Kameraden.

Helmut empfing ihn sichtlich aufgeregt: »Weißt du schon die Nachricht des Tages?«

Erich schüttelte den Kopf. »Woher auch?«

»Der Senftleben wird versetzt, nach Stuttgart.«

»Ist das sicher? Woher weißt du das?«

»Der Kampmann hat's vorhin erzählt. Er weiß es von seinem Vater. Gestern Abend war Versammlung bei denen. Und da ist Parteigenosse Senftleben mit allen Ehren verabschiedet worden. Macht, so scheint's, Karriere im Ministerium.«

Erich atmete tief durch. Senftleben ging weg, das war in der Tat die beste Nachricht seit langem. Seit der Märzwahl waren neben Senftleben und Bönninger, ihrem Mathematiklehrer, auch noch zwei der jüngeren Lehrer den Nazis beigetreten, die seitdem in ihren neuen Uniformen bei allen möglichen Gelegenheiten umherstolzierten, aber der Senftleben war eben doch mit Abstand der Schlimmste.

Keine Angst mehr vor Schikanen und nächstes Jahr in Englisch eine Zwei, dachte er erleichtert und leichten Herzens betrat er das Klassenzimmer, um sein Zeugnis in Empfang zu nehmen. Was kümmerte es ihn, dass neben Englisch dieses Mal ein dickes, fettes »Noch Genügend« stand. Diese letzte kleine, billige Rache würde ihm die Freude an seinem Zeugnis nicht verderben.

Auch Helmut strahlte, nur Kurt zog eine bedenkliche Miene. »Wenn mein Alter die Lateinnote sieht, auweia! Ich fürchte, die Ferien sind gelaufen.«

In der Nische am Fenster hatte sich eine Gruppe um Kampmann versammelt. Er hatte Zulauf bekommen in der letzten Zeit. Auch der kleine Lutz und noch ein paar andere, mit denen Erich früher viel gespielt hatte, erschienen jetzt zu besonderen Anlässen in der Uniform des Jungvolks. Helmut hatte Erich erzählt, dass der alte Kaplan Merz darüber sehr bekümmert sei, denn zu den Treffen der katholischen Jugend erschienen deutlich weniger junge Leute. Plötzlich löste sich Kampmann aus der Gruppe, die ihn flüsternd umstanden hatte. Er überragte Erich fast um einen Kopf und als er sich vor ihm aufbaute, konnte der Junge schon blonden Flaum an der Oberlippe erkennen.

»Na, Levi, lass mal dein Zeugnis sehen«, und bevor Erich reagieren konnte, hatte ihm Kampmann das Heft schon aus der Hand gerissen. »Erstaunlich, dass ein Judenbengel so ein gutes Zeugnis haben kann. Allerdings, blöd seid ihr ja nicht ...« Er wollte sich schon zu Erwin umdrehen, der sich instinktiv hinter Rudis Rücken duckte, da vertrat ihm Helmut den Weg.

»Was soll das, Kampmann? Lass die Levis in Ruhe! Sie haben dir nichts getan.«

Kampmann fixierte sein Gegenüber mit dem überheblichen Blick desjenigen, der sich seiner Sache absolut sicher ist. »Was das soll? Das wirst du schon noch sehen. Überhaupt solltest du deinen Mund nicht zu voll nehmen. Mein Vater sagt, auch solchen wie euch geht's bald an den Kragen. Dein feiner Herr Erzeuger ...« Weiter kam er nicht.

Helmut hatte ihn blitzschnell gepackt und umklammerte ihn, während sich Kampmann durch Treten und Winden zu befreien suchte. Die anderen standen wie gelähmt. Erichs Zeugnis war heruntergefallen, aber er achtete nicht darauf. Kampmann und Helmut stürzten zu Boden, und es war bald klar, dass der kräftigere Kampmann die Oberhand gewinnen würde. Er lag auf Helmut und hieb ihm mit kräftigen Faustschlägen in die Seiten.

Erich konnte sich kaum halten, er wollte dem Freund zu Hilfe kommen, aus dessen Nase Blut schoss, wollte den starken Kerl von ihm herunterzerren, aber das durfte er nicht. Zwei gegen einen wäre ungerecht gewesen und der Ehrenkodex der Jungen verlangte, dass Helmut die Sache allein austragen musste.

Plötzlich flog die Tür zum Klassenzimmer auf und im Türrahmen stand der alte Wagner. Die Jungen stoben auseinander und gaben den Blick frei auf die zwei Kämpfer, die immer noch verbissen ringend am Boden lagen.

»Kampmann, Noll, auseinander!«

Der Lehrer kam näher und die beiden am Boden liegenden Jungen, die sich jetzt erst seiner Gegenwart bewusst wurden, ließen voneinander ab. Mühsam erhoben sie sich. Helmut wischte sich mit einem Taschentuch das Blut ab und klopfte sich den Staub von den Kleidern. Auf der anderen

Seite stand Kampmann, noch schwer atmend, und ließ sich schulterklopfend beglückwünschen.

Ohne gefragt zu werden, drängelte sich der dicke Müller vor. »Der Noll hat angefangen, Herr Professor. Und der Levi ist schuld!«

Der Lehrer fixierte den Sprecher eine Weile mit undefinierbarem Gesichtsausdruck, bis Müller mit gesenktem Kopf wieder ins Glied zurücktrat.

»Ich erinnere mich nicht, dich gefragt zu haben, Müller. Ich schlage vor, ihr geht jetzt nach draußen und stellt euch zum gemeinsamen Kirchgang auf.« Damit drehte er sich um und ging gemessenen Schrittes zur Tür, während die Kampmann-Gruppe erregt zu tuscheln anfing. Erich konnte einzelne Wortfetzen aufschnappen: »... unerhört ... Meldung machen ... sag ich meinem Vater ...«

Vorsichtig nahm er sein Zeugnis vom Boden. Es war leicht zerknittert und am rechten unteren Rand sah man den Abdruck eines Stiefels. Er wischte das Heft vorsichtig ab und steckte es in den Ranzen, dann ging er mit Helmut und den anderen hinaus auf den Stiftsplatz. Keiner sagte etwas.

Der Besuch der Schulgottesdienste war ihm und Erwin freigestellt. Manchmal begleiteten sie ihre Freunde zur Messe in die Stiftskirche. Erich liebte die feierlichen Gottesdienste und auch das Innere der Kirche begeisterte ihn immer wieder. Was für ein Unterschied zum kahlen und schmucklosen Betsaal der jüdischen Gemeinde! Er liebte vor allem die prachtvollen, farbigen Deckengemälde mit ihren plastischen Figuren, die aufgeregt zeigend, deutend, sich drehend fortwährend in Bewegung schienen und dabei immer neue Geschichten erzählten. Und er liebte die prächtigen Gewänder der Priester, den Weihrauch, das Murmeln der großen Gemeinde, die jubelnde Orgelmusik und das

Sonnenlicht, das die vergoldeten Stuckaturen aufleuchten ließ. Aber heute schüttelte er den Kopf, als ihn Helmut mit einer fragenden Kopfbewegung in Richtung Kirche einlud mitzukommen.

»Komm, Erich, gerade zum Trotz, der Kampmann wird es nicht wagen, dich in der Kirche anzupöbeln.«

»Lass gut sein, Helmut. Ich habe heute keine Lust.«

Achselzuckend wandte sein Freund sich ab, und Erich setzte sich auf die Stufen vor dem Eingang zur Schule und blickte seinen Kameraden nach, die in wohl geordneten Gruppen durch die weit geöffneten Flügeltüren der Kirche einzogen. Plötzlich stellte er zu seiner Verblüffung fest, dass Erwin neben ihm saß. Auf seine unausgesprochene Frage hin flüsterte sein Vetter: »Ich habe mich heute nicht hineingetraut.«

Erich nickte. »Ja, und es wäre auch irgendwie nicht recht, wenn wir heute mitgingen. Irgendwie wäre es nicht richtig.« Und der Junge konnte sich selbst nicht erklären, warum er sich plötzlich nach dem kleinen Betsaal sehnte und warum ihm die mächtige Orgelmusik und das anschwellende Singen heute so misstönend in den Ohren klangen.

Fanny

Am Nachmittag begann die Mutter mit den Vorbereitungen für das Sabbat-Mahl. Es sollte heute ein besonders festliches Sabbat-Essen geben, zu Ehren »unserer beiden Schriftgelehrten«, wie der Vater scherzend gesagt hatte. Max hatte die Aufnahmeprüfung für die Realschule sogar in Mathematik tadellos bestanden und Erichs Zeugnis erfüllte die Eltern mit Stolz. Sie hatten ihn beide liebevoll gedrückt und die schlechte Note in Englisch wurde nicht erwähnt. Auch die Knitterfalten und der noch schwach sichtbare Stiefelabdruck wurden nicht angesprochen, wenngleich die Mutter Julius einen bedeutsamen Blick zuwarf.

Aber jetzt hing der Duft frisch gebackenen Brotes in der Luft, auf dem Sabbat-Teller, sorgsam unter dem gestickten Deckchen verborgen, lagen die Challoth. Die Mutter war gerade dabei, die auf dem Tisch liegenden Tauben mit der berühmten Füllung aus Weißbrot, Pilzen und Ei für den Backofen fertig zu machen, als Fanny, mit zwei Taschen beladen, die Treppe heraufstolperte. Sie wirkte bedrückt und einsilbig und begann mechanisch die Taschen auszupacken.

»Überall in der Stadt stehen die Braunhemden und verteilen Zettel.«

»Und was steht da drauf?«, fragte die Mutter leise.

Fanny zuckte mit den Schultern. »Nichts Besonderes. Man soll den Mittelstand schützen und in der Heimatstadt kaufen. Solche Sachen halt.« Fahrig begann sie die eingekauften Sachen einzuräumen.

»Fanny, was hast du denn? Ist irgendetwas passiert?«, fragte Erich erschrocken.

Fanny schüttelte wild den Kopf.

»Komm, Fanny, erzähl! Wir kennen dich doch. Was bedrückt dich denn?« Liebevoll legte Melanie Levi den Arm um ihr Dienstmädchen und führte es zum Tisch. Erschrocken sah Erich, dass Fanny verweinte Augen hatte.

»Erich, hol Fanny ein Glas Wein. Jetzt ganz ruhig, Fanny.«

Erich sprang zur Anrichte im Wohnzimmer, wo die Rotweinflasche für das Abendessen schon geöffnet dastand. Normalerweise gehörte der erste Schluck am Sabbat-Anfang dem Vater, aber das zählte jetzt nicht.

Nachdem Fanny vorsichtig einige Schlucke getrunken hatte, beruhigte sie sich etwas und begann stockend zu erzählen. Beim Bäcker Heeb sei sie gewesen, um die Torte abzuholen, die die Mutter zur Feier des Tages bestellt hatte. Der ganze Laden sei voll gewesen. Und da habe die Frau Bäckermeister Heeb mit ihrem gemeinen Lachen gesagt: »Ach, da ist ja auch die Juden-Fanny.« Mit einem ganz gemeinen, dicken, fetten Lachen habe sie das gesagt und alle im Laden hätten gelacht. Nun ja, nicht alle, einige hätten auch betreten geschaut und geschwiegen, aber die meisten eben doch gelacht. Und dann habe die Heeb noch gesagt, ob sie sich nicht schäme, für Juden zu arbeiten, sie, ein ordentliches, christliches Mädchen. Sie habe es aber der dicken Heeb gegeben: »Zehnmal lieber arbeite ich für die Levis als für so manche christliche Familie hier am Ort«, habe sie gesagt. Da sei der alte Schuster, ihr Nachbar von schräg gegenüber, auf sie zugetreten und habe streng zu ihr gemeint, solche Sachen dürfe sie nicht mehr sagen, sonst gehe es ihr an den Kragen. »Und keiner hat ihm widersprochen. Eine Schande ist das, eine solche Schande«, flüsterte Fanny und drückte krampfhaft ihr Taschentuch in der rechten Hand.

Die Mutter streichelte mechanisch Fannys Arm. »Arme Fanny, dass du da jetzt auch hineingezogen wirst. Es tut mir so Leid.«

Erich lehnte sich an den Tisch und nahm Fannys andere Hand. Max drückte sich an den Küchenschrank, er war kalkweiß. Eine Weile herrschte Schweigen, das nur von Fannys leiser werdendem Schluchzen durchbrochen wurde.

Plötzlich ging die Tür auf und der Vater betrat die Küche. Er blieb für einen kurzen Moment in der Tür stehen und überblickte die Szenerie, die sich ihm darbot, dann polterte er los: »Das ist ja eine fröhliche Gesellschaft!«

Erich merkte, dass der Vater die Situation überspielen wollte, und antwortete in gespielt munterem Ton: »Da kommst du ja gerade recht.« Er ging dem Vater entgegen, der ein Päckchen in der Hand hielt. »Was hast du da?«

»Eine Überraschung! Von der Pirmasenser Verwandtschaft. Aber ausgepackt wird erst am Pessach-Fest.« Er zauste Erich liebevoll das Haar. »Und das Beste kommt noch. Ich habe heute einen Brief von Tante Mina und Onkel Louis bekommen. Sie werden uns an Pessach besuchen.«

»Hurra!« Erich begann in die Hände zu klatschen und auch Max kam näher und begann aufgeregt das Päckchen in Augenschein zu nehmen. Wie von Zauberhand war die bedrückte Stimmung plötzlich weggeweht. Fanny schnäuzte sich kräftig und machte sich dann am Herd zu schaffen und Frau Levi begann das gute Geschirr in das Wohnzimmer zu tragen. Erich strahlte. Das war wirklich eine gute Nachricht. Tante Mina war Vaters älteste Schwester. Sie war um einige Jahre älter als Julius und hatte schon erwachsene Kinder. Für Erich und Max war sie die Lieblingstante und in fast jeden Sommerferien gehörte ein längerer Besuch bei ihr und dem Onkel zum festen Programm. Für diesen Moment waren die Kümmernisse verschwunden und als sich die Familie am Abend an den festlich geschmückten Sabbat-Tisch setzte, hatte der Junge wieder Mut geschöpft, fast als sei der Besuch von Onkel und Tante so etwas wie ein gutes Omen.

Vielleicht ist ja das Schlimmste schon vorbei, dachte Erich. Vielleicht ist es wirklich so, wie der Onkel Ludwig sagt. Damals im Januar war's fast schlimmer, weil man gar nicht wusste, was auf einen zukommt. Aber jetzt geht der Senftleben nach Stuttgart in sein Ministerium und das Geschäft vom Vater wird auch bald wieder besser laufen. Und der Kampmann und die Heeb und die anderen … Dummköpfe gibt's überall, sagt der Onkel Louis immer. Und es war ihm sehr feierlich zumute, als er dieses Mal das Brot vom Teller mit den Augen Gottes nahm und er sprach sogar leise den Haussegen mit, den der Vater am Kopfende des Tisches vorbetete.

»Gelobt seist du, Ewiger, unser Gott, König der Welt,
der du die Frucht des Weinstocks erschaffen.
Gelobt seist du, Ewiger, unser Gott, König der Welt,
der du uns geheiligt durch deine Gebote, uns erwählt hast
und deinen heiligen Sabbat in Liebe und Wohlgefallen
uns zum Anteil gegeben hast …«

Pessach

Die Ferientage flossen langsam ineinander über. Erich vermisste seine Freunde. Kurt war zu seiner Patentante ins Oberschwäbische gefahren und Helmut machte mit seiner Familie Urlaub in Meran. Max lag entweder auf dem Bett und verschlang seine Abenteuerbücher oder rannte mit Willi zur Jagst, wo sie mit selbst gebastelten Angeln versuchten Fische zu fangen. Es war ein ungemütlicher April mit viel Nieselregen, nur ab und zu rissen die Wolken auf und die Frühlingssonne schickte ein paar wärmende Strahlen auf die Erde. Erich hielt sich oft auf dem Dachboden auf, um durch die Luke dem Spiel der Wolken zuzusehen.

Die Mutter hatte mit Fanny den alljährlichen Hausputz begonnen, der traditionell vor Pessach stattfand, um die Wohnung gründlich zu reinigen. Es war sehr ungemütlich in einer Wohnung, in der es ständig vor Putzwasser troff, man über aufgerollte Teppiche stolperte und keinen Stuhl zum Sitzen fand, weil alle umgedreht auf die Tische gepackt waren. Zudem gab es »schmale Küche«, wie Fanny es nannte, weil auch das ganze Geschirr gereinigt werden musste. Max verabscheute nichts so sehr wie die gebrannten Suppen, die es in der Woche vor Pessach gab, und hielt sich deshalb ausschließlich bei seinem Freund Willi auf. Die Mutter beklagte ein ums andere Mal, er äße doch bestimmt wieder Sachen, die »… für uns verboten sind«.

»Es wird ihm schon nicht schaden«, meinte Erich dann grinsend, weil er es damit auch nicht so genau nahm. Gelegentlich ließ er sich gerne ein Stück Salami oder Schinken schmecken, wenn er zu Familie Bieg ins »Goldene Kreuz« ging, um das bestellte Fleisch abzuholen. Aber zu Hause, das war eben etwas anderes, und Erich überlegte oft, dass man so eigentlich ganz gut leben konnte und dass es der Allmächtige hoffentlich auch nicht so genau nahm.

Öfter kam jetzt auch Erwin auf einen Sprung vorbei, um Erich zum Spielen abzuholen. Sie waren sich nicht unbedingt sympathischer geworden, aber die Ereignisse der letzten Zeit hatten die Jungen auf eine Art zusammengebracht, über die sie sich selbst nicht ganz im Klaren waren. Sie spielten Halma oder Mühle oder Mensch-ärgere-dich-nicht bäuchlings auf dem Boden im Kinderzimmer liegend und unterhielten sich über alles Mögliche, über ihre Bar-Mitzwah beispielsweise, die im Oktober stattfinden sollte, oder über ihren Religionslehrer, den Herrn Silbermann, der extra ihretwegen aus Crailsheim herüberkam. Der Unterricht bei ihm war sehr anstrengend, denn der alte Silbermann war ein zäher und unermüdlicher Antreiber.

»Da haben es die anderen besser«, meinte Erwin. »Der Rudi hat mir erzählt, nirgends habe er so schön dösen können wie beim Kommunionsunterricht.«

Die *anderen*, dachte Erich bitter, wir und die *anderen*. Nie hatte er es so empfunden, aber Erwin hatte ja Recht. Es waren die anderen, trotz Helmut und Kurt. Aber sie sprachen nie über diese Gefühle und auch nicht über die Geschehnisse der letzten Wochen.

Endlich war er da, der Tag des Pessach-Beginns, der Tag des Seder-Abends*. In der Frühe brachte Franziska, das Lehrmädchen aus der Konditorei im Nachbarhaus, die von

Frau Levi bestellten Mazze-Brote. Sie war ein hoch aufgeschossenes, sommersprossiges Mädchen und ungefähr ein Jahr älter als Erich. Als Erich noch etwas verschlafen die Küche betrat, stand Franziska bei Frau Levi, die ihr ein Geldstück und ein kleines Geschenk in die Hand drückte. Es war ein besticktes Taschentuch, wie Erich vom Küchentisch aus sah, wo er sich zum Frühstück niedergesetzt hatte. Franziska war rot geworden, als er hereingekommen war, und das erfüllte ihn mit nicht unbeträchtlichem Stolz. Verwirrt nahm sie ihren Korb und steckte Taschentuch und Münze sorgfältig ein.

»Und danke schön auch, Frau Levi, und ein schönes Fest!« Sie knickste und mit einem scheuen Seitenblick auf Erich, der sich grinsend sein Butterbrot schmierte, stürzte sie zur Tür hinaus.

»Musst du noch viel besorgen, Franzi?«, rief die Mutter ihr nach und Erich hörte sie im Hinunterspringen zurückrufen: »Nur noch zu den anderen Levis und zu Heinrichs, dann bin ich fertig!«

»Ein nettes Mädchen«, sagte die Mutter und setzte sich zu Erich an den Tisch. »Und fleißig ist sie. Sie muss schon fest mithelfen.«

»Ja, *einen* Vorzug muss sie ja haben«, meinte Erich herzlos und biss in sein Butterbrot. »Sie ist doch einfach grottenhässlich.«

»Pfui, Erich!« Melanie Levi war empört. »So etwas will ich nicht gehört haben. Ich mag die Franzi gern.«

»Zu dir kommt sie ja auch besonders gern. Wie viele andere auch. Bist ja auch immer sehr großzügig.«

»Das gehört sich auch so«, sagte die Mutter kurz angebunden.

»Eine Freundin hat mir einmal in das Poesiealbum geschrieben: ›Und die Freude, die wir geben, kehrt ins eigene Herz zurück.‹ Lach nicht, Erich! Ich hoffe, du wirst mich später einmal verstehen. Und jetzt marsch, du musst das Fleisch holen.«

Seufzend erhob sich Erich und marschierte die paar Schritte hinüber zum »Goldenen Kreuz«. In der Gaststube saß sein Vater, der vor dem häuslichen Trubel geflüchtet war, bei einem Viertel Wein mit dem Kreuz-Wirt zusammen. Sie hatten die Köpfe zusammengesteckt und diskutierten eifrig, die Wirtsstube war bereits voll von den bläulichen Rauchschwaden ihrer Zigarren, die sie bedächtig zum Munde führten.

»Ach, der Erich«, begrüßte ihn der Kreuz-Wirt freundlich. »Wirst ja richtig groß. Hast bald einen erwachsenen Sohn, Julius.«

Erich strahlte. Sein schmächtiger Wuchs war immer seine geheime Sorge gewesen, aber in letzter Zeit hatte er sich gestreckt und die Mutter hatte schon ein Stück Saum an den Hosen herausgelassen und gemeint, bald bräuchte er neue Kleidung. Und wenn es jetzt die Leute auch schon bemerkten!

»So, Erich, du willst die Sachen für die Mutter holen, setz dich geschwind her, im Laden vorne ist's ganz voll, aber die Lore wird's dir bringen.« Er ging zur Tür neben der Theke und brüllte nach hinten: »Lore, Lore, die Sachen für die Levis. Der Erich wartet!«

Erich setzte sich zum Vater, der gedankenverloren den bläulichen Kringeln nachsah, die von seiner Zigarre aufstiegen. »Magst was, Bub?«

Erich schüttelte den Kopf. »Ich muss gleich wieder gehen, die Mutter wartet. Du weißt ja, was heute los ist.«

Julius Levi verzog das Gesicht. »Diese Feiertage sind ja

ganz schön, aber ...« Er vollendete den Satz nicht und beide Levis zwinkerten sich verschwörerisch zu. In diesem Moment kam die kleine Lore und schleppte ein riesiges Paket mit sich.

»Das ist ja größer als du selber«, lachte Erich. »Gib her. Komm nachher zu uns, es gibt frische Mazzen.« Lore nickte heftig und Erich musste lächeln. Seit er zurückdenken konnte, waren die Mazzen der Familie Levi die Attraktion der Nachbarskinder und Freunde gewesen. Frau Levi verteilte sie immer reichlich, und es war fast schon eine stehende Tradition geworden, zum Mazzen-Holen zu Levis zu gehen. Obwohl das Zeug ja scheußlich schmeckt, dachte Erich. Bereits am zweiten Tag kann es keiner von uns mehr sehen. Aber es war halt etwas Besonderes für die christlichen Nachbarn.

»Erich, magst du eine Salami?«, fragte der Kreuz-Wirt verschmitzt und Erich warf einen fragenden Seitenblick auf seinen Vater, der lachte und mit dem Kopf nickte. Gleich darauf biss er herzhaft in das große Stück Wurst, das ihm der Kreuz-Wirt schmunzelnd vor die Nase gehalten hatte. Seit Jahren war das Teil eines Spiels, an dem die beiden Levis mindestens den gleichen Spaß hatten wie der Kreuz-Wirt. Nur die Mutter durfte es nicht wissen, denn sie hielt streng an den Speisevorschriften fest, und Schweinefleisch war nun einmal für Juden verboten.

Am Nachmittag nahm Julius Levi den Leiterwagen und fragte Max und Erich, ob sie zum Bahnhof mitkommen wollten, um Tante Mina und Onkel Louis abzuholen. Die Brüder jubelten. Das war natürlich Ehrensache. Beim Hinausgehen warf Erich einen forschenden Blick auf seine Mutter zurück. Melanie Levi wirkte bedrückt. Es waren außer der kleinen Lore nur noch wenige Kinder gekommen an diesem Tag, um ihre Mazze-Brote abzuholen.

»Die Leute haben halt Angst«, hatte Julius kurz und bündig bemerkt, als sie am Mittagstisch leise eine Bemerkung darüber gemacht hatte. »Schau in die Zeitung, dann wundert's dich nicht.« Erich hätte den Vater gern gefragt, was denn speziell darüber in der Zeitung stehe, aber mit Rücksicht auf die Mutter und Max ließ er es lieber bleiben. Er würde mit dem Vater in einem geeigneten Moment darüber sprechen.

Die schwarze Dampflok fuhr schnaufend in den kleinen Ellwanger Bahnhof ein und blieb ächzend nach einem lang gezogenen Pfiff stehen. Erich kniff die Augen zusammen und ließ den Blick suchend am Bahnsteig auf- und abgehen. Und richtig, da kletterte Onkel Louis aus dem Abteil, er erkannte die dunkel gekleidete, gedrungene Gestalt schon von weitem und rannte auf ihn zu. Der Onkel half Tante Mina beim Aussteigen, dann aber fühlte sich Erich heftig gedrückt.

»Holla, bist ja ein richtig Großer geworden!« Der Onkel hielt Erich in einigem Abstand von sich an den Schultern und musterte ihn forschend. »Nächstens muss ich ja Sie zu dir sagen!« Dann landete Erich an Tante Minas ausladendem Busen und fühlte sich nochmals heftig gedrückt. Das Gepäck wurde auf den Leiterwagen gehoben und wie im Triumphzug führten die Levis ihre Verwandten die wenigen Schritte hinüber zum Wohnhaus.

Erich ging neben Tante Mina und erzählte ihr von der Schule und seinem guten Zeugnis. Früher hätte er sie bei der Hand genommen oder sich eingehakt, aber das ging ja jetzt nicht mehr. Schließlich war er ja jetzt fast erwachsen, Onkel Louis hatte es eben auch bestätigt. Max saß rittlings auf dem großen Koffer und ließ sich von Vater und Onkel ziehen, die in ein lebhaftes Gespräch vertieft waren. Onkel Louis war ebenfalls Viehhändler wie der Vater und die Männer tauschten natürlich bei den gegenseitigen Besuchen ihre Erfahrungen aus. Schräg gegenüber vom Haus der Levis hing seit neuestem ein großer Holzkasten. Der alte Schuster hatte zugestimmt, dass der Kasten von der Nazi-Ortsgruppe an seinem Haus angebracht wurde, hatte der Vater vorgestern Abend erzählt. »Besser, ihr schaut da nicht rein.«

Prompt hatte natürlich Max am nächsten Morgen genau den Kasten gemustert und auch Erich konnte sich einen Blick nicht verkneifen. »Da hängt bloß eine komische Zeitung* drin«, hatte Max Erich anvertraut, »mit so komischen Bildern. Ich weiß gar nicht, was der Papa hat.« Erich wusste es besser. Es hat mit uns zu tun, hatte er bitter gedacht, als er die Zeichnungen der Männer mit den übergroßen gebogenen Nasen studierte. Vom »ewigen Juden« war auch etwas dagestanden, dick und fett gedruckt. Gott sei Dank hatte das Max nicht kapiert. Dummes Zeug sei das, hatte er dann mit der ganzen Autorität des älteren Bruders zu Max gesagt. »Wenn ich dich noch einmal vor dem Kasten erwische, gibt's Dresche«, hatte er am Abend im Kinderzimmer zum kleinen Bruder hinübergezischt und Max war schmollend unter der Bettdecke verschwunden.

Jetzt bemerkte Louis Straus im Vorbeigehen den Kasten und deutete mit einer winzigen Kopfbewegung darauf.

Julius zuckte mit den Schultern. »Und bei euch?«

»Es geht so. In den Städten ist es schlimmer. Ilse hat am ersten April schlimme Nachrichten aus Heilbronn gebracht.« Ilse war die jüngste Tochter von Onkel Louis und Tante Mina, das jüngste von insgesamt fünf Kindern. Sie arbeitete als Laborantin in Heilbronn in einer Likör- und

Branntweinfabrik. Der Inhaber des Geschäftes war ebenfalls Jude und Onkel Louis erzählte dem Vater mit gesenkter Stimme von eingeschlagenen Fensterscheiben und einem großen Davidstern, der auf die Tür der Verkaufsstelle aufgemalt worden sei. Herr Löwenstein, der Inhaber, sei unter die Menge der Leute gegangen, die sich vor dem Eingang seiner Firma zusammengerottet hatte, und dabei sei er angepöbelt, bespuckt und sogar geschlagen worden. Ilse habe sich nur mit Mühe einen Weg nach draußen bahnen können und am Nachmittag sei sie völlig verstört und weinend nach Hause gekommen.

All das hörte Erich, der die Ohren gespitzt hatte, obwohl er wusste, dass das Gespräch nicht für ihn bestimmt war. Er dachte an Ilse mit den braunen Locken und den lustigen Augen, die ihn als kleinen Buben immer hochgehoben und übermütig herumgeschwenkt hatte, bis es ihn im Bauch gekitzelt und er atemlos vor Lachen »Ilse, aufhören!« gerufen hatte. Er konnte sich seine Kusine gar nicht weinend vorstellen. Auch an diesen Herrn Löwenstein musste er denken, den er nicht kannte, und er stellte sich vor, wie der Herr Löwenstein verzweifelt versuchte, die Leute zu beruhigen. Vielleicht waren sogar Menschen darunter gewesen, die er kannte und die ihn geachtet und respektiert hatten. Und Erich dachte daran, wie schlimm es für Herrn Löwenstein sein musste, dass diese Leute jetzt seine Feinde waren, obwohl er ihnen doch gar nichts getan hatte. Uns grüßen auch nicht mehr so viele Leute, dachte der Junge, aber wenigstens schlagen sie uns nicht die Scheiben ein.

Aber über diese Dinge wurde nicht geredet am Seder-Abend. Der festlich geschmückte Tisch blinkte und glänzte und Erich wurde ganz feierlich zumute. Die Mutter und Fanny hatten den Tisch mit der alten Damastdecke gedeckt, die an den Stellen, an denen sie zusammengefaltet wurde, schon ganz brüchig war. Weintrauben und Laub rankten sich an ihrem Saum, sie wurde nur zu ganz besonderen Gelegenheiten hervorgeholt, denn sie war ein altes Erbstück, schon über hundert Jahre alt, wie die Mutter immer erzählte, und sie hatte sie von ihrer Urgroßmutter geerbt. Das gute Geschirr und das Silberbesteck glänzten im Schein der Kerzen, vor Vaters Platz stand der reich verzierte Kiddusch-Becher und in die Mitte der Tafel stellte die Mutter den Sabbat-Teller, auf dem unter einem Tuch verborgen die Mazzoth lagen, und die kleinen Schüsselchen mit den Seder-Speisen.

Der Platz neben dem Vater blieb wie immer frei, ein Silberbecher, Teller und Besteck standen darauf und Erich wusste, dass dieser Platz nur symbolisch gedeckt war. Er war reserviert für den Propheten Elias, der das Kommen des Messias verkündet hatte. Früher, als kleiner Junge, hatte er tatsächlich geglaubt, ein weiterer Gast würde erwartet, und hatte ungeduldig auf sein Erscheinen gehofft, und Max hatte sich jedes Mal gefürchtet vor diesem geheimnisvollen Unbekannten, der dann doch nie erschienen war.

Nach und nach kamen die Gäste, Onkel Sigmund und Tante Lea und Erwin, sie brachten die Großmutter mit, Babette, die hoch aufgerichtet in ihrem schwarzseidenen Kleid und in akkurat hochgesteckten weißen Haaren stolz auf ihre Familie blickte, die sich um die Tafel versammelt hatte. Nur Betti fehlte, ihre jüngere Tochter, die in Ulm verheiratet war. Aber an sie würde man in den Gebeten besonders denken. Als kleiner Junge hatte Erich dieses Ritual des Seder-Abends jedes Mal staunend verfolgt. Es kam ihm wie eine Abfolge geheimnisvoller Handlungen vor, deren Sinn er zwar nicht erfassen konnte, die aber irgendeinen Zauber zu enthalten schienen, der das Ganze zusammenfügte. Nun kannte er den Sinn der einzelnen Vorgänge, wusste um die Bedeutung der Speisen, aber trotzdem empfand er wieder diesen besonderen Zauber und er bemerkte erstaunt, wie tröstlich dieses Zusammensein am Seder-Tisch war und welche Kraft hinter den Worten steckte, deren Hersagen ihm im letzten Jahr als langweilige Pflichtübung erschienen war.

Wenn der Vater mit der Haggada* begann und die Worte sprach: »Dieses Jahr hier – das nächste Jahr im Lande Israel, dieses Jahr Knechte – das nächste Jahr freie Menschen«, dann hatte das plötzlich eine ganz besondere Bedeutung. Und wenn Max als Jüngster am Tisch die traditionelle Frage stellte: »Warum unterscheidet sich diese Nacht von allen Nächten?«, steckte darin etwas von der tröstlichen Gewissheit einer gemeinsamen unzerstörbaren Hoffnung.

Gremm

Das Pessach-Fest war vorbei, die Ferien gingen zu Ende und Onkel und Tante waren abgereist. Zum Abschied hatte Onkel Louis Erich um die Schultern gefasst und gesagt: »Also dann bis zum Sommer! Ich werd der Ilse erzählen, dass dieses Jahr ein junger Mann zu uns kommt und kein Bub mehr, der ihre neuen Schuhe versteckt und zur Freude der Tante das ganze Haus mit Dreckspuren überzieht, weil er am Fluss unten Dämme gebaut hat. Oder bist du am Ende jetzt so erwachsen und vornehm, dass du deinen alten Onkel und die Tante gar nicht mehr besuchen willst in den Sommerferien?« Das hatte Erich lachend abgewehrt. Ein Sommer ohne Aufenthalt in Oedheim, das war undenkbar.

»Und sag der Ilse einen Gruß. Ich werd sie jetzt nicht mehr ärgern. Allerdings, unten am Fluss Dämme bauen, das mache ich nach wie vor. Aber ich putz mir hinterher die Füße ab.«

Der Onkel hatte gelacht. »Braver Junge. Und lass den Kopf nicht hängen, Erich. Es sind gerade schlechte Zeiten für uns. Aber denke daran, es kommen auch wieder bessere.« Erich hatte innerlich geseufzt. Sicher hatte der Vater von Senftleben erzählt und von Max, der das »schlimme Wort« immer noch nicht sagen wollte. Julius und der Onkel hatten eng die Köpfe zusammengesteckt und viel geredet, und auch die Mutter und die Tante hatten ihn meistens aus der Küche verbannt, wenn sie das Geschirr wuschen oder das Essen zubereiteten, und ebenfalls viel geflüstert und getuschelt. Erich konnte sich denken, worum es gegangen war. Auch beim Onkel Louis gingen die Geschäfte schlechter und ein ums andere Mal hatte er zum Vater grummelnd gesagt, dass er es nicht verstehen könne, dass die Leute so auf die Nazis hereinfielen.

»Kauft nicht beim Juden, heißt es, und dabei bin ich als ehrlicher und reeller Geschäftsmann bekannt. Aber meine Bauern tun plötzlich so, als hätte ich die Krätze.«

Der Vater hatte dann jedes Mal den Kopf geschüttelt. »Die Leute haben Angst, Louis, einfach Angst. Jetzt wird auch schon unser Dienstmädchen angepöbelt, bloß weil sie bei Juden arbeitet, und überall munkelt man von Verhaftungen. Leute werden von der Straße weg verhaftet, bloß weil sie eine andere Meinung haben. Schutzhaft nennen sie es sinnigerweise. Nein, die Leute haben Angst, das ist es.«

In der Woche darauf kam Fanny zurück, sie war über Ostern bei ihrer Familie in Neunheim gewesen. Erich schien sie ernster und bedrückter als sonst, aber auf seine Fragen lachte sie nur und wischte sie mit einer abwehrenden Handbewegung weg.

Eigentlich hätte die Schule am Donnerstag beginnen sollen, aber es gab gleich schulfrei, »bloß weil der Lump Geburtstag hat«, wie Julius Levi verächtlich sagte. Erich überlegte, dass er zum ersten Mal in seinem Leben Grund hatte, diesem Hitler dankbar zu sein, denn immerhin bescherte er ihm einen zusätzlichen Ferientag. An diesem Donnerstag war die ganze Stadt beflaggt, immer mehr blutrote Fahnen mit dem schwarzen Symbol des Hakenkreuzes hingen aus den Fenstern und gegen Abend drangen vom Stiftsplatz her

Marschklänge in die Levi'sche Wohnung. Erich konnte das Tschingderassa, das jetzt fast an jedem Wochenende ertönte, nicht mehr hören. Die Mutter schloss alle Fenster, obwohl die Aprilsonne schon recht warm die Wohnung durchflutete, trotzdem drangen die Töne durch die Ritzen und Türspalten und hingen wie ein zäher Schleim in den Räumen. Es gab vor diesen Tönen kein Entkommen, auch nicht vor der Stimme Kolbes, des Ober-Nazis am Ort, die die Lautsprecher blechern in die Wohnung trug. Erich hatte ihn ein paar Mal von weitem gesehen, eine mittelgroße schlanke Gestalt mit eckigen Bewegungen, das hagere Gesicht zierte ein kleines Schnauzbärtchen, wie es in diesen Kreisen jetzt wohl Mode war. Vor dieser hallenden Stimme flüchtete Erich jedes Mal auf den Dachboden, den Kopf zwischen die Hände vergraben, bis die Abenddämmerung hereinzog und wieder die vertrauten Alltagsgeräusche von der Straße heraufdrangen.

Er freute sich auf den ersten Schultag, auf das Wiedersehen mit Helmut und Kurt. Stolz trug er jetzt die Mütze der Quarta, als er mit seinem Schulranzen die wenigen Schritte vom Elternhaus zur Schule hinaufeilte. An der Ecke des Landgerichtsgebäudes warteten die Freunde schon, Kurt, gut gelaunt und mindestens ein Kilo schwerer, und Helmut, braun gebrannt und voll mit Neuigkeiten. Drei neue Lehrer seien gekommen, so berichtete er, ein Studienrat aus Stuttgart und zwei Assessoren. Die Freunde tuschelten aufgeregt. Junge Lehrer waren eigentlich immer gut, obwohl man sich auch nicht unbedingt darauf verlassen konnte.

»Und wie ist er so, der Studienrat aus Stuttgart?« Erich und Kurt richteten ihren Blick fragend auf Helmut, der durch seinen Vater als allwissende Instanz in allen öffentlichen Angelegenheiten galt.

»Keine Ahnung. Wir waren ja nicht da. Der Krumm hat meinem Vater gestern Abend nur erzählt, der Neue habe sich im Krieger- und Veteranenverein vorgestellt und einen sehr intelligenten und korrekten Eindruck gemacht.«

Erich seufzte. Korrekt und intelligent – was besagte das schon. Immerhin war er im Veteranenverein und das war eine furchtbar langweilige und, wie Erich fand, auch leicht vertrottelte Versammlung angesehener Ellwanger Bürger. Gemeinsam stürmte er mit seinen Freunden die Treppen hoch zum neuen Klassenzimmer. Als Quartaner waren sie jetzt in den ersten Stock aufgerückt. Kampmann und seine Freunde warteten schon oben, sie trugen zur Feier des Tages ihre HJ- oder Jungvolk-Uniformen. Beim Gebalge um die Schulbänke fürchtete Erich wieder eine anzügliche Bemerkung aus dieser Ecke zu hören, aber Kampmann maß ihn nur kurz mit dem Blick von oben nach unten und bezog dann mit seinen Freunden die hinteren Bänke. Das aufgeregte Getuschel der Jungen verstummte jäh, als die Tür aufflog und ein schlanker, hoch aufgerichteter Mann das Klassenzimmer betrat.

Die Jungen sprangen auf und hinten schnellten die Hände der Kampmann-Gruppe zum Hitlergruß empor. Der Mann stand soldatisch stramm und nach einem kurzen Moment hob auch er die Hand, die hinteren Bänke mit einem kurzen Kopfnicken begrüßend. Helmut entfuhr ein tiefer Seufzer und Erich spürte den Blick des Freundes von der Seite verstohlen auf sich gerichtet. Und dafür haben wir den Senftleben eingetauscht, dachte der Junge und spürte ein merkwürdiges Gefühl in sich aufsteigen – Enttäuschung gepaart mit einer Empfindung, die er sich nicht erklären konnte.

Während der Mann die Klasse in knappen Worten begrüßte und sich als neuer Klassenlehrer vorstellte, hatte

Erich Gelegenheit, ihn näher zu betrachten. Er hatte ein schmales, kantiges Gesicht, das dunkelblonde, glatte Haar war straff zurückgekämmt und der Scheitel wirkte wie mit dem Messer gezogen. Als ob man sich an ihm schneiden könnte, dachte der Junge und zuckte zusammen, als er plötzlich seinen Namen hörte. Erschrocken sprang er auf. Der neue Lehrer hatte begonnen, die Klassenliste vorzulesen, und war während Erichs Betrachtungen schon bei »L« angelangt.

»Levi, Erich«, wiederholte er und trat auf ihn zu. Der Junge stotterte ein Ja und blieb unschlüssig stehen, denn immer noch befand sich der neue Lehrer dicht vor ihm. Erich bemerkte, dass er die anderen Schüler musterte und den Blick auf Erwin richtete, der schräg hinter Erich saß.

»Levi, Erwin«, hörte Erich und bemerkte am scharrenden Geräusch, dass auch Erwin aufsprang. »Ihr seid verwandt?«, fragte die Stimme dicht vor Erich und er antwortete nach mehrmaligem Räuspern: »Wir sind Vettern, Herr Studienrat.«

»Ah, ja, und augenscheinlich mosaischen Glaubens.« Durch die Kampmann-Gruppe lief ein leises Kichern. Erich blieb stehen und auch von Erwin war kein Wort zu vernehmen. Plötzlich ahnte der Junge, dass jetzt etwas passieren würde. Diese merkwürdige Empfindung von eben, das war Angst gewesen und diese Angst kroch jetzt in ihm hoch wie ein Tier, das sich in ihm festfraß.

»Levi und Levi, da ihr ja offensichtlich zusammengehört, solltet ihr auch zusammensitzen. Ihr werdet hier vorne in der ersten Reihe Platz nehmen. Und das gilt nicht nur für die Deutschstunden bei mir, sondern auch für die Stunden bei den anderen Kollegen. Habt ihr mich verstanden?« Jedes Wort wurde scharf betont, alles klang so endgültig, so klar, dass es kein Nachfragen, keinen Widerspruch geben konnte. Erich merkte, wie Helmut neben ihm zwar den Mund öffnete, aber nur, um scharf die Luft auszustoßen. Plötzlich erschien es ihm selbst auf eine absurde Art und Weise logisch, dass er gemeinsam mit Erwin ganz allein in der vordersten Bank sitzen sollte, gerade so, als habe der neue Lehrer nur ein Urteil ausgesprochen, das schon lange über ihn verhängt war.

Er packte seinen Ranzen und begab sich nach vorne, dabei sah er zu seinem Schrecken, dass Erwin die Tränen in den Augen standen. Die Kampmann-Truppe verfolgte das Schauspiel feixend. Erich konnte aber auch erkennen, dass einige seiner Mitschüler, wie zum Beispiel der kleine Lutz, ernst und betroffen dasaßen, und als sich ihre Blicke begegneten, sah er Furcht in ihren Augen und die Köpfe senkten sich. Kurt spielte mit dem Blechdeckel des Tintengefäßes, als wollte er es herausreißen, aber der neue Lehrer ermahnte ihn nicht. Er begann vielmehr mit dem Unterricht, als bemerke er die angespannte Atmosphäre in der Klasse nicht. Erich hörte nicht zu. Er mühte sich verzweifelt, auf den Namen zu kommen, den der Lehrer vorher genannt hatte, etwas mit »G« war es, ein kurzer und hart klingender Name, richtig, Gremm hieß er, Dr. Gremm. Er trat heftig gegen den Fuß von Erwin, von dem ab und zu ein schluchzender Seufzer zu hören war, und dachte an die wasserblauen Augen, die ihn so kalt gemustert hatten, und daran, dass dieser Mann sein Feind war. Dieser Mann, den er noch nie zuvor gesehen hatte, war auf eine unerklärliche Art und Weise sein Feind.

In der Pause schien es, als sei ein unsichtbarer Kreis um ihn und Erwin gezogen worden. Nur Helmut blieb trotzig bei ihnen und biss zornig in sein Brot. Die anderen standen flüsternd und tuschelnd abseits, die meisten aus der Kampmann-Gruppe unverhohlen triumphierend, manche deuteten mit den Fingern auf sie und lachten, andere tuschelten mit Schülern aus den oberen Klassen, die sie neugierig betrachteten. Als ob wir exotische Tiere im Zoo wären, dachte Erich und bemühte sich verzweifelt, mit Helmut so etwas wie ein normales Gespräch zu führen. Erwin stand neben ihnen und ließ seine Blicke über die Schülertrauben schweifen. Erich wusste, dass er nach Rudi suchte, aber der hatte sich gemeinsam mit Kurt auf die Toilette verdrückt.

Irgendwie ging der Vormittag vorbei, quälend und zäh. Fast jede Stunde barg am Anfang neue Schrecken. Wie würden die anderen Lehrer reagieren? Einige kannte Erich aus den früheren Klassen, andere waren neu für ihn und seine Mitschüler. Würde es noch mehr hämische Kommentare geben, süffisante Bemerkungen über ihre jüdische Herkunft beim Durchsehen der Klassenlisten? Würden die älteren Lehrer, die sie und ihre Freunde ja kannten, etwas zur neuen Sitzordnung sagen? Aber nichts geschah. Wenn Erich doch gehofft hatte, dass einer seiner früheren Lehrer ihn oder Erwin zumindest befragen würde, so wurde er enttäuscht. Es wurde über den zu behandelnden Stoff gesprochen, über Klassenarbeiten, Arbeitshefte, es wurde gemahnt, gedroht, auch Mut gemacht oder gelobt, aber keiner stellte eine Frage oder machte eine Bemerkung über die beiden Levis, die ganz vorne im Klassenzimmer saßen, da, wo normalerweise die schwachen Schüler sitzen mussten.

Nach der Schule rannte Erich benommen die wenigen Schritte vom Gymnasium zu seinem Elternhaus, ohne auf Helmut oder Erwin zu warten. Er drückte so leise wie möglich die Tür auf und huschte in sein Zimmer, ohne Fanny »Guten Tag« zu sagen, und warf sich dort auf sein Bett, den

Kopf in das Kissen vergraben. Von draußen vernahm er die vertrauten Geräusche, das Töpfe-Klappern von Fanny, die ruhige Stimme der Mutter, die mit ihr etwas besprach, Max' Poltern auf der Treppe und sein atemloses »Hallo, was gibt es heute zu essen?«. Wenig später hörte er die festen Schritte des Vaters, bemerkte das Quietschen der Wohnzimmertür und lauschte der murmelnden Unterhaltung der Eltern. Durch die Tür drang der Duft der frisch gebackenen Challoth, richtig, heute war ja Sabbat-Anfang. Es war ein Freitag wie jeder andere, und doch war heute etwas Außergewöhnliches passiert. Es war schlimmer als Senftlebens Schikanen oder Kampmanns provozierende Bemerkungen, schlimmer als die abgewandten Gesichter, wenn Levis vorbeigingen, und auch schlimmer als das sorgenvolle Gesicht des Vaters, wenn er über seinen Rechnungsbüchern saß. Es war viel schlimmer, und der Junge konnte nicht sagen, warum. Er wusste nur eines: In ihn hatte sich diese Angst hineingefressen, dieses Tier, das er nicht mehr abschütteln konnte.

Plötzlich hörte er ein Klingeln an der Wohnungstür und den verwunderten Ausruf der Mutter: »... jetzt um die Mittagszeit?« Schritte gingen zur Tür und von ferne erkannte er, hoch und erregt, die Stimme von Tante Lea. Er drehte sich atemlos um und blieb halb aufgerichtet sitzen. Tante Lea und Onkel Sigmund waren gekommen, zweifellos um mit Vater und Mutter über den Vorfall zu sprechen. Stimmen näherten sich, um dann hinter der sich schließenden Wohnzimmertür verschluckt zu werden. Dann kam es – Schritte, die unerbittlich auf seine Tür zugingen, das Herabdrücken der Klinke und dann die Stimme des Vaters, um Ruhe und Festigkeit bemüht.

»Erich? Kommst du bitte ins Wohnzimmer? Tante Lea und Onkel Sigmund sind da und wir wollen etwas mit dir besprechen.« Erich schwang die Beine aus dem Bett und trottete hinter dem Vater her. Auf dem braunen Ledersofa saß Tante Lea. Sie hatte verweinte Augen und zwei kreisrunde rote Flecken auf den Wangen. In ihren Händen zerknüllte sie ein Taschentuch. Neben ihr hatte die Mutter Platz genommen, die, wie Erich zu seinem Schrecken erkannte, ebenfalls weinte. Sie drückte Tante Leas Arm und hielt den Kopf gesenkt, aber das Zucken der Schultern verriet sie. Im Sessel kauerte Onkel Sigmund, ganz in sich zusammengesunken. Als Erich eintrat, richtete er sich aber auf und begrüßte ihn mit einem freundlichen »Erich, mein Junge, komm her und setz dich zu uns«.

Erich schüttelte unmerklich den Kopf, er musste jetzt stehen und sich bewegen können und registrierte dankbar, dass sein Vater neben ihm stehen blieb, den Arm fest um seine Schulter gelegt.

»Erwin hat seinen Eltern erzählt, was heute Morgen in der Schule passiert ist. Warum hast du uns nichts davon gesagt?«

Erich schluckte. Wie sollte er das den Eltern erklären? Dass neben dieser namenlosen Angst seit einiger Zeit dieses andere Gefühl in ihm wühlte, dieses Gefühl, ähnlich der Scham, wenn er etwas angestellt hatte oder etwas Unrechtes getan hatte. Es war die Scham darüber, was mit ihnen passierte. Obwohl wir doch dafür gar nichts können, dachte der Junge verzweifelt, trotzdem schäme ich mich für uns und das ist irgendwie auch nicht recht. Aber das konnte er nicht sagen, stattdessen zuckte er mit den Schultern und senkte den Blick. Der Vater forderte ihn nochmals ruhig auf zu erzählen, und Erich schüttelte den Kopf. Um keinen Preis wollte er diese Situation noch einmal schildern, denn er fühlte, dass er im Erzählen wieder alles neu erleben musste.

Der Vater lockerte den Griff an seiner Schulter. »Nun, wie du willst. Die Situation ist sowieso klar. Noch heute Mittag gehen Onkel Sigmund und ich zu Dr. Kaiser. Unrecht muss man sich nicht gefallen lassen. Ich denke, das hätten wir dir beigebracht, Erich. Du kannst wieder auf dein Zimmer gehen.« Der Vater hatte am Schluss mit strenger Stimme gesprochen und Erich merkte, dass er über seinen Sohn enttäuscht war.

Er hätte gerne zu Vater und Mutter irgendetwas gesagt, beispielsweise: »Es liegt doch nicht daran, dass ich kein Vertrauen zu euch habe oder dass ich feige bin. Aber ich wusste nicht, wie ich es euch sagen sollte. Ich will euch doch nicht belasten. Es geht doch gar nicht mehr um ein Unrecht, gegen das man protestieren kann, es ist mehr, viel mehr, und ich weiß nicht, was es ist, und es macht mir Angst.« Aber all das sagte er nicht, er trottete in sein Zimmer zurück, in der halb offenen Küchentür von Max beobachtet, der ihm mit weit aufgerissenen Augen hinterhersah, bis ihn Fanny mit sanftem Druck in die Küche zog und leise die Tür schloss. Erich wäre gerne nach oben auf den Dachboden geflüchtet, aber wahrscheinlich würde man gleich nach ihm suchen.

Und richtig, nach einer kurzen Weile kam die Mutter herein und setzte sich auf die Bettkante. Liebevoll strich sie ihm über die Wange. »Nimm nicht so schwer, was der Vater vorhin gesagt hat, Erich. Er meint es nicht so. Er war halt furchtbar aufgebracht. Und dann noch Tante Lea … du weißt ja, wie sie ihm auf die Nerven geht.«

Erich musste lächeln. Dass Julius auf seine Schwägerin manchmal sehr ungehalten reagierte, war in der Familie zum stehenden Witz geworden. Er warf ihr vor, sie verziehe und verweichliche ihren einzigen Sohn, den sie abgöttisch liebte. Jede der Familien Levi hielt natürlich auf ihre Sprössllinge und die Eifersüchteleien hatten irgendwann auch auf die Kinder abgefärbt. Und jetzt hängen wir auf Gedeih und Verderb zusammen, dachte Erich. Was für ein Witz! Die Mutter drückte ihn fester an sich und gab ihm einen Kuss, obwohl Erich das nicht mehr wollte, wie sie wohl wusste. Aber in dieser Situation tat es gut.

»Mama, ich mag nichts essen. Darf ich auf dem Zimmer bleiben?«, fragte er und die Mutter sah ihn forschend an.

»Nun gut, hol dir später bei Fanny etwas. Ich sehe zu, dass ich dir Max heute Mittag vom Leib halte.« Dankbar drückte Erich die Hand seiner Mutter, die leise in die Küche hinüberging. Wieder hörte Erich die murmelnden Stimmen und das Klappern von Geschirr. Unmerklich fiel er in einen tiefen, traumlosen Schlaf. Er wachte erst wieder auf, als er Schritte im Flur vernahm. Für einen Moment wusste er nicht genau, wo er war, dann rieb er sich die Augen und sah die Strahlen der Nachmittagssonne schräg in das Zimmer fallen. Die Tür öffnete sich und der Vater betrat das Zimmer. Eine Weile blieb er am Fenster stehen, mit dem Rücken Erich zugewandt, und starrte hinunter auf die Schmiedstraße.

»Ich war gerade eben mit Onkel Sigmund beim Direktor. Er hat dann diesen Dr. Gremm zu sich gerufen, damit er die Maßnahme, wie er es genannt hat, in unserem Beisein erklären soll.«

Abrupt drehte sich der Vater um und sah Erich ins Gesicht. Der Junge erschrak. Wieder wurde Erich bewusst, wie sehr der Vater in der letzten Zeit gealtert war. Die zwei Linien an den Mundwinkeln waren womöglich noch ausgeprägter als sonst und ließen das verschmitzte Gesicht bitter erscheinen.

»Weißt du, was dieser Dr. Gremm gesagt hat? Es sei eine

Maßnahme zu eurem eigenen Schutz gewesen. Man müsse euch von den anderen separieren, wie er es nannte, um euch vor Übergriffen zu schützen. Es habe auch Beschwerden gegeben. Manche Eltern wollten nicht, dass ihre Kinder gemeinsam mit Juden in eine Klasse gingen. Auch Klassenkameraden hätten sich beschwert. Außerdem würdet ihr beide, du und Erwin, ständig die anderen stören. Auch deshalb, zum Schutz der anderen, habe er euch wegsetzen müssen.«

Erich konnte es nicht fassen. »Und der Direktor?«

»Der saß nur schweigend dabei. Am Schluss sagte er noch: ›Sie sehen, meine Herren, ich kann nichts für Sie tun!‹ Ich hatte schon den Eindruck, dass ihm das Ganze nicht recht war. Aber er hatte Angst!«

»Angst …? Angst vor dem Gremm? Aber er ist doch der Rex!«

Julius Levi zuckte mit den Schultern. »Der Gremm ist ein ganz Gefährlicher. Den darf man nicht unterschätzen. Ein hochintelligenter Bursche, aalglatt. Und ein überzeugter Nazi noch dazu.«

Erich konnte den Vater nur anstarren. Müde und mit hängenden Schultern schlurfte Julius aus dem Zimmer. Entgeistert sah ihm Erich nach.

»Aber du glaubst doch nicht im Ernst, was der Gremm gesagt hat? Dass wir die anderen stören … du weißt doch, dass ich ein guter Schüler bin!« Aber der Vater war schon weg. Entsetzt wurde Erich bewusst, dass genau das geschehen war, was er um jeden Preis hatte vermeiden wollen: … den eigenen Vater so hilflos zu sehen! Das Unrecht hatte sich breit gemacht, und auch ein Julius Levi konnte nichts dagegen tun. Im Gegenteil, ein Julius Levi schon gar nicht.

Allein

Die Sitzordnung blieb bestehen und unmerklich veränderte sich in den darauf folgenden Tagen das Verhalten der Klasse. Erich merkte, dass er und Erwin gemieden wurden. Es geschah nicht gleich und offensichtlich, aber es gab doch Veränderungen. Verlegenes Schweigen, wenn er in der Pause zu einer Gruppe von Mitschülern trat, offene Häme von Kampmann und Co., und auch von Kurt, das schmerzte am meisten. Kurt, der immer wieder neue Entschuldigungen brachte, wenn es darum ging, sich für den Nachmittag zu verabreden, Kurt, der sich in den Pausen verdrückte, wenn Erich auf ihn zuging, Kurt, der ihm nicht mehr in die Augen sehen konnte. Nur Helmut hielt zu ihm, unverbrüchlich, auch wenn er einiges an Spott und unverhohlenen Drohungen von der Kampmann-Gruppe abbekam.

Es war am letzten Aprilsonntag, als Erich gedankenverloren jagstabwärts lief, um mit seiner selbst gebastelten Angel auf der Höhe des Männerbades Fische zu fangen. Helmut war mit seinen Eltern auf einem Verwandtenbesuch und Max steckte wieder hinter seinen Abenteuerbüchern. Erich hatte sich gerade an der Uferböschung niedergelassen und die Angel vorsichtig ausgeworfen, als auf dem schmalen Uferweg ein Fahrrad entlangholperte und auf ihn zufuhr. Er beschattete die Augen mit der Hand und erkannte den kleinen Lutz. Abrupt drehte er sich wieder um in der Erwartung, dass Lutz wort- und grußlos an ihm vorbeifahren würde, aber zu seiner Verblüffung hielt das Fahrrad und Schritte kamen näher. Es war tatsächlich der kleine Lutz, der zunächst noch unschlüssig hinter ihm stehen blieb und sich dann zu Erichs Erstaunen neben ihn setzte.

»Hallo, Erich, beißen sie?« Erich nickte kurz mit dem Kopf und gab ein unwirsches »Bis jetzt noch nicht« von sich. Eine Weile saßen sie schweigend nebeneinander. Der kleine Lutz zupfte Grashalme und zerpflückte sie mechanisch. Erich musterte ihn aus den Augenwinkeln. Lutz trug seine Jungvolkuniform, braunes Hemd und schwarze Hose.

»Bist du im Dienst?«, fragte Erich schließlich, weil er das Schweigen nicht mehr länger ertrug.

»Ja«, antwortete Lutz sichtlich erleichtert. »Wir schmücken die Turnhalle nachher. Am Montag ist ja die Feier zum ersten Mai und da ist abends große Kundgebung. Und vormittags ist unsere Schule dran mit der großen Feier.« Auch eine Sache, für die man dem Hitler dankbar sein muss, dachte Erich bitter. Immerhin ein zusätzlicher Feiertag, obwohl ich mir darunter gar nichts vorstellen kann. »Tag der Arbeit« und das feiern sie mit Nichtstun.

Laut sagte er: »Gefällt's dir bei denen?«

Der kleine Lutz nickte eifrig. »Und wie! Wir unternehmen tolle Sachen da. Letzte Woche haben wir Geländespiele gemacht und gelernt, mit dem Kompass umzugehen. Und am Montagabend gibt's ein großes Lagerfeuer mit Würstlebraten auf dem Schönenberg. Im Sommer gehen wir in ein großes Zeltlager zum Parteitag in Nürnberg. Ach Erich, es ist richtig schade, dass du nicht dabei sein kannst. Es würde dir auch gefallen!«

Erich grinste ihn von der Seite schief an. »Mal ganz abgesehen davon, dass sie mich wohl nicht nehmen würden, glaubst du im Ernst, ich würde zu einem solchen Sauhaufen gehen?«

Der kleine Lutz wurde ein bisschen rot. »Ach, der Kampmann und seine Leute. Der spinnt halt. Ich meine, mir macht das überhaupt nichts aus, dass du Jude bist. Genau genommen habe ich es bis vor kurzem gar nicht richtig gewusst. Ich weiß auch nicht, was sie gegen euch haben. Mein Vater sagt immer, das sind rechtschaffene Leute, ihr und die Heinrichs und die Neuburgers. Letzte Woche hat der Kampmann bei uns einen Vortrag gehalten und gesagt, dass alle Juden aus Deutschland rausmüssen, weil sie unser Unglück sind. Hinterher habe ich zu ihm gesagt, dass ich das nicht kapiere, weil ihr doch schon so lange hier seid.« Treuherzig sah er Erich an. »Da ist der Kampmann mordsmäßig sauer geworden und hat gebrüllt: ›Ich schmeiß dich gleich raus!‹ Aber glaub mir, ich hab nichts gegen euch.«

Nein, du hältst bloß deinen Mund und siehst weg, wenn der Kampmann und die anderen mich schikanieren, dachte Erich. Du und die anderen, die nichts gegen uns haben. Plötzlich hielt er es nicht mehr aus. Er stand auf und holte seine Angel ein. »Irgendwie beißen sie heute nicht«, sagte er über die Schulter hinweg.

Auch der kleine Lutz erhob sich und klopfte seine Hose ab. »Kommst du mit bis zur Turnhalle?«

»Ich glaube kaum, dass das deine Anführer gerne sehen würden.«

»Fähnleinführer heißt das. Und das wär mir jetzt scheißegal. Schließlich sind wir alte Freunde.« Er sah Erich trotzig an.

Der schaute ironisch zurück und sagte dann langsam: »Ich möchte dich wirklich nicht in Schwierigkeiten bringen. Außerdem gehe ich in die andere Richtung. Aber trotzdem, danke.«

Der kleine Lutz drehte sich mit gesenktem Kopf um und hob sein Fahrrad auf. »Ade, Erich«, rief er im Aufsitzen, aber Erich antwortete nicht. Er starrte ihm eine Weile blicklos nach und machte sich dann auf, um in Richtung Kugelberg zu gehen. Ob sich der kleine Lutz wirklich mit ihm gezeigt hätte? Wie weit würde denn der plötzlich aufflackernde Heldenmut gehen? Wahrscheinlich bis zu Kampmanns nächstem Anschiss, dachte Erich und war böse mit sich selbst, weil er sich trotz allem gefreut hatte. Schließlich bin ich doch kein Bettler, dem man ein Almosen zustecken muss, überlegte er und kam keuchend oben in der Benzenruhe an. Er war den ganzen Weg gerannt, als ob er seine Wut herausschwitzen müsste. Dort auf der knorrigen Eiche hatte der kleine Lutz gehockt und jämmerlich gerufen: »Ich trau mich nicht mehr runter!« Was hatten sie gelacht damals und wie hatten sie ihn danach gehänselt!

Erich trat an den Rand des Wäldchens und schaute auf die Stadt hinab. Unten erhob sich die mächtige Silhouette der Stiftskirche und die Häuser umgaben sie wie die Schafe ihren Hirten. Und da leben die Menschen wie zuvor und tun so, als sei nichts geschehen, so wie der kleine Lutz, und dabei ändert sich gerade so vieles, dachte Erich und musste plötzlich an das Gedicht denken, das sie mit ihrem alten Professor in der Deutschstunde gelesen hatten, das Gedicht vom schlafenden Deutschland.

Die Feiern zum ersten Mai waren als großes Spektakel inszeniert worden. Erich war gemeinsam mit Erwin wie selbstverständlich am Ende des langen Schülerzugs gegangen, der sich zur Turnhalle wälzte. Dort hatten sie sich hinten an die Wand gedrängt, obwohl Helmut wütend darauf bestanden hatte, dass sie bei der Klasse sitzen sollten. »Die haben gerade was anderes zu tun, als dich anzupöbeln«, meinte er und beobachtete dabei Kampmann, der hin- und herrannte, um seine Schar zu dirigieren, die sich mit Fahnen rings um das Rednerpult aufgestellt hatte. Auch Gremm wirkte sehr beschäftigt und er versammelte die Quinta um sich, die wohl nachher etwas vortragen musste.

Trotzdem hatte Erich Helmuts Vorschlag abgelehnt. »Bei so etwas möchte ich gar nicht mitmachen«, flüsterte er Erwin ins Ohr, der ihn verständnislos ansah. Er schaute sehnsüchtig zu Rudi, der einige Reihen vor ihnen mit Kurt saß und offensichtlich mit ihm irgendwelche Witze austauschte. Plötzlich war es dann still geworden und die hellen Stimmen der Quintaner, sichtlich bemüht im Takt zu bleiben, hatten die Halle durchdrungen:

»Du sollst an Deutschlands Ehrfurcht glauben, an dieses Volkes Auferstehung, lass diesen Glauben dir nicht rauben, trotz allem, allem, was geschehen ...«

Ob die kapieren, was sie da reden?, überlegte Erich und beobachtete die hoch aufgerichtete Gestalt Gremms, der unauffällig den Sprechchor dirigierte. Deutschlands Ehrfurcht, was das wohl heißt, für Helmut, für Kurt, den kleinen Lutz, Kampmann, für ihn ...? Seine Augen blieben an Gremm hängen und ihm schien plötzlich, als würde über die ganze Entfernung hinweg sein Blick erwidert und unerbittlich festgehalten von diesen wasserblauen Augen.

»Da haben wir ja noch mal Glück gehabt!«, rief der Vater am Mittagstisch und knüllte die Zeitung zusammen.

»Warum Glück?«, fragte die Mutter und reichte Fanny die zusammengestellten Teller. Sie waren gerade mit dem Essen fertig und Julius hatte schon zur mittäglichen Zigarre und zur Zeitung gegriffen.

»Na, seit gestern wohnen wir in der Hindenburgstraße. Der Gemeinderat hat gestern beschlossen, die wichtigsten Straßen in Ellwangen umzubenennen. Und falls wir in der Langen Straße wohnen würden, müsstet ihr jetzt als Absender Adolf-Hitler-Straße angeben. So aber ist es der gute alte Hindenburg für uns geworden. Das geht ja gerade noch. Und die Haller Straße heißt jetzt Bismarckstraße, das wäre noch besser gewesen. Na ja, deine Großmutter wird sich für ihre neue Adresse bedanken.«

»Und warum machen die das?«, wollte Max wissen.

»Im neuen Gemeinderat haben jetzt die Nazis das Sagen«, erklärte der Vater. »Da müssen sie natürlich auftrumpfen. Ellwangens wichtigste Straße als Adolf-Hitler-Straße ... wenn mir das einer vor ein paar Monaten gesagt hätte ...«

Er zog so heftig an seiner Zigarre, dass dicker blauer Qualm aufstieg und die Mutter hastig die Fenster öffnete.

»Aber darüber wollte ich eigentlich gar nicht reden. Max, du gehst auf dein Zimmer, Schularbeiten machen. Erich, du kommst mit deiner Mutter und mir ins Wohnzimmer, wir haben etwas zu besprechen.« Alle erhoben sich und Max drückte sich schmollend zur Küchentür hinaus, gefolgt vom Rest der Familie. Fanny schloss leise dir Tür hinter ihnen und begann mit dem Abwasch. Im Wohnzimmer ließ sich Erich in einen der tiefen Ledersessel fallen und sah den Vater gespannt an. Julius hatte mit der Mutter auf dem Sofa Platz genommen. Seit dem Tag, als Julius mit Sigmund beim Direktor gewesen war und sie unverrichteter Dinge zurückgekommen waren, hatte Erich mit dem Vater nur Belangloses geredet.

»Erich«, Julius räusperte sich, »es geht um deine Bar-Mitzwah. Wir waren gestern bei Onkel Sigmund und Tante

Lea und haben über das Fest gesprochen. Schließlich feiert dein Vetter am gleichen Sabbat, wie du ja weißt.«

Erich nickte. Es war in der Familie immer als besondere Fügung angesehen worden, dass sein Vetter nur zwei Tage nach ihm geboren worden war, und der alte Herr Neuburger, der nächstes Jahr neunzig werden würde, hatte immer wieder betont, was es für das winzige Häuflein der Ellwanger Juden bedeutet, wenn an einem Sabbat gleich zwei junge Männer vollwertige Mitglieder der Gemeinde würden.

»Nächste Woche gehst du zum alten Kugler und lässt dir deinen Anzug anmessen. Ich habe auch meinen ersten geschneiderten Anzug zur Bar-Mitzwah bekommen. Ich weiß noch, wie stolz dein Großvater Elias damals war. Und wie stolz werde ich sein, wenn ich meinen ältesten Sohn zum ersten Mal im Anzug sehe.« Julius Levi räusperte sich. »Aber das war es nicht allein, was wir dir sagen wollten. Tatsache ist, dass die Geschäfte momentan immer schlechter gehen. Über die Gründe brauchen wir ja nicht zu reden. Nun, wir werden die Bar-Mitzwah also hier bei uns zu Hause feiern und nicht wie ursprünglich geplant im ›Kreuz‹. Mutter und Tante Lea werden ein schönes Fest ausrichten. Das Gasthaus ist einfach zu teuer und außerdem können wir auch nicht so viele Leute einladen, wie wir ursprünglich geplant hatten. Aber natürlich darfst du deine besten Freunde zum Fest bitten. Ich hoffe, du verstehst unsere Entscheidung, Erich.«

Der Junge musste mehrere Male schlucken, bis er ein heiseres »Natürlich, Vater« herausbekam. Wie hatten er und die Familie sich auf diese Bar-Mitzwah gefreut. Ein großes Fest sollte es werden, hatte der Vater immer gesagt, und bei den Treffen mit den Verwandten war Erich immer wieder damit geneckt worden.

»Vor deiner Bar-Mitzwah werde ich drei Tage lang nichts mehr essen«, hatte Onkel Louis ein ums andere Mal gesagt und verschmitzt hinzugefügt: »Und ich bin mal gespannt, wie du dann dein erstes Viertel Wein verträgst.« Und die Freunde hatte er einladen wollen, alle, um mit ihnen anzustoßen mit dem ersten Viertel Wein seines Lebens und sie stolz der Familie vorzustellen: »Seht her, das sind meine Freunde vom Gymnasium ...«

Erich rief sich zur Ordnung und schluckte den Kloß im Hals hinunter. Es würde ja trotzdem schön werden. Die engste Familie würde da sein, wenn auch die Tafel im Haus Levi etwas kleiner und wahrscheinlich weniger üppig ausfallen würde. Die Brüder der Mutter, Karl und Ludwig, würden mit ihren Frauen da sein. Tante Betti und Onkel Samson, die Großmutter und Tante Mina mit Ilse und natürlich Onkel Louis, in dessen Gegenwart ja kein trauriger Gedanke aufkam. Und die Freunde ...? Erich hörte sich sagen: »Es wird bestimmt sehr schön und ich freue mich darauf. Aber von meinen Freunden möchte ich niemanden einladen.«

Melanie Levi sah ihren Sohn forschend an. »Auch Helmut nicht?«

Erich schüttelte den Kopf. »Auch Helmut nicht!« Er konnte selbst nicht genau sagen, warum er nicht einmal seinen besten Freund dabeihaben wollte. Trotzdem bekräftigte er: »Nur die Verwandten sollen dabei sein. Das genügt.«

Julius klopfte im Aufstehen seinem Sohn auf die Schulter. »Wirst schon sehen, es wird ein großartiges Fest. Wir feiern, den schlechten Zeiten zum Trotz. Ich kann es noch gar nicht fassen, dass ich im Oktober dann einen jungen Mann zum Sohn habe. Und wie wird es erst den Rabbi freuen! Vielleicht kriegen wir ja dann irgendwann in der Gemeinde einen Minjan* ohne fremde Hilfe zustande.«

Abends lag Erich lange schlaflos im Bett und lauschte auf Max' regelmäßige Atemzüge. Dem Bruder gefiel es auf der Realschule und die schlimmsten Lehrer waren ihm bis jetzt erspart worden. Das »böse Wort« hatte er immer noch nicht gesagt und Erich drang nicht weiter in ihn. Er war froh, dass Max nichts von seinen eigenen Problemen mitbekam. Von ferne hörte er eine Tür gehen, Fanny kam von den Lichtspielen zurück.

Zurzeit lief ein Film mit Willy Fritsch, für den Fanny sehr schwärmte, »Die drei von der Tankstelle«, sie hatte ihn jetzt insgesamt dreimal gesehen. Alle Mädchen rannten anscheinend gerade ins Kino und versuchten ihre Haare genau so zu frisieren wie die Hauptdarstellerin, die – wie Erich fand – leicht schwachsinnig vom Plakat lächelte. Sie hieß Lilian Harvey, das hatte ihm jedenfalls Fanny erzählt, die den ganzen Tag in der Küche die neuesten Schlager aus dem Film trällerte. Der Vater hatte einmal verstohlen zur Mutter gesagt, er wünsche sich bei diesen Gelegenheiten den guten alten Stummfilm zurück, und Max hatte so lachen müssen, dass er beinahe sein Hühnerbein verschluckte und minutenlang hustete.

Am nächsten Tag zog sich Erich nach dem Mittagessen gleich in sein Zimmer zurück und er war froh, dass Max augenscheinlich das Feld geräumt hatte, denn sein Englischbuch und das Hausheft lagen unberührt auf dem Tisch. Die Sache mit der Bar-Mitzwah ging ihm nicht aus dem Kopf. Warum will ich eigentlich meine Freunde nicht dabeihaben, vor allem Helmut nicht, grübelte Erich. Gab es, außer Helmut, überhaupt noch Freunde? Viele ehemalige Spielkameraden waren jetzt in der HJ organisiert und verbrachten ihre

Freizeit dort. Und die anderen, auch Kurt, hatten mehrere Verabredungen in der letzten Zeit unter fadenscheinigen Begründungen abgesagt. Gerade Kurt, das schmerzte am meisten, mit dem er doch durch dick und dünn gegangen war, hielt sich auffällig zurück. Erich konnte das Gesicht des Freundes vor sich sehen, wie er mit eingezogener Unterlippe ein hastiges »Heute geht's nicht, wirklich, Erich« hervorstieß. »Ich hab gerade Ärger mit meinem Alten.«

»Das stimmt sogar«, berichtete ihm Helmut tags darauf, als sie die jetzige Adolf-Hitler-Straße entlangschlenderten und Erich sich bei dieser Gelegenheit über Kurt beklagte. Erich musste seiner Großmutter von Melanies selbst gebackenem Marmorkuchen vorbeibringen und ein Dutzend von den Eiern, die der Vater von einem befreundeten Händler am letzten Markttag geschenkt bekommen hatte. Er hatte Kurt zufällig auf dem Weg getroffen und dieser hatte erklärt, ihn ein Stück zu begleiten.

»Er kriegt wirklich Ärger, wenn er mit dir zusammen ist. Sein Alter ist ja jetzt in die Partei eingetreten, ein ›Märzgefallener‹, wie mein Vater sagt. Und am liebsten wäre ihm, der Herr Sohn würde stolzes Mitglied der Hitlerjugend werden. Gestatten, mein Filius – ein strammer Nazi. Karriere vorprogrammiert. Eins muss man Kurt lassen, bisher hat er sich erfolgreich gewehrt, vor allem, weil ihm Kampmann und Konsorten so auf die Nerven gehen, aber wie lange noch …«

Helmut hatte den Satz nicht beendet, aber Erich wusste auch so, was er sagen wollte. Wie lange konnte Kurt dem Druck des Elternhauses noch standhalten? »Da ist es natürlich unmöglich, mit einem Juden befreundet zu sein«, stieß er hervor und umklammerte den Henkelkorb so fest, dass das Weidengeflecht schmerzhaft in seine Hand schnitt.

»Eben«, antwortete Helmut lakonisch. Was für eine Antwort hatte er denn erwartet? Helmut war wenigstens ehrlich. Wie lange würde er noch einen Juden als besten Freund haben wollen? Vielleicht würde irgendwann sein Vater zu ihm sagen, dass es nicht gut für die Kanzlei sei, mit Juden befreundet zu sein. Einzelne Mandanten hatten vielleicht schon etwas angedeutet, möglicherweise gab es auch mehr oder weniger deutliche Hinweise von der örtlichen Parteiführung. Helmut selbst hatte ihm erzählt, dass Kollegen des Vaters in anderen Städten massiv bedroht worden waren, weil sie die Interessen von jüdischen Mandanten wahrnahmen oder Leute vertraten, die den Nazis kritisch gegenüberstanden. Vor einem solchen Moment fürchtete der Junge sich insgeheim.

Und er gehört ja gar nicht richtig dazu, nicht am Tag meiner Bar-Mitzwah, dachte er am Abend trotzig, den Kopf in sein Kissen eingewühlt. Er stellte sich Helmuts Gesicht vor, wenn er die Einladung aussprechen würde. Vielleicht würde der Freund verlegen werden, sich herzlich bedanken, aber dann nach einer Entschuldigung suchen: »... furchtbar nett, Erich, und ich würde auch wirklich gerne kommen, aber ...«, und dann käme irgendeine Begründung, ein Verwandtschaftsbesuch, wichtige auswärtige Gäste ... Und sie beide würden wissen, dass das nur Ausreden waren, und sie beide würden sich dabei nicht anschauen können. Das könnte ich nicht ertragen, dachte Erich. Und die Wahrheit könnte ich auch nicht ertragen, und deshalb lade ich ihn gar nicht erst ein. Und über diesen Gedanken schlief er endlich ein, während ein blasser Mond einen schmalen Streifen Licht durch die sich im Wind leicht blähende Spalte des Vorhangs warf.

Deine Rasse

In den nächsten Wochen spürten Erich und Max eine weitere, fast unmerkliche Veränderung. Der Gang des Vaters wurde schleppender, die Haare ergrauten zusehends und das einst stets lächelnde und verschmitzte Gesicht wirkte noch eingefallener. Oft schloss er sich mit der Mutter im Wohnzimmer ein. Erich konnte dann stundenlang ihr Murmeln durch die Tür vernehmen. Er wusste, dass der Vater immer mehr geschäftliche Sorgen hatte, und seine Vermutungen wurden durch Peter bestätigt, der immer mürrischer seinen Dienst verrichtete.

»Das Geschäft läuft überhaupt nicht mehr«, vertraute er Erich an, der ihm eines Nachmittags beim Stallausmisten half. Peter stieß die Mistgabel wütend in einen dampfenden Haufen und zog heftig an seiner Zigarette. »Wenn das so weitergeht, sitze ich bald auf der Straße. Der Chef wird auch immer komischer. Man kann gar nicht mehr mit ihm reden.«

»Aber die früheren Kunden vom Vater? Die waren doch immer zufrieden und der Vater hat ja deshalb auch viele Stammkunden gehabt.«

»Bleiben alle weg. Schiss haben die. Bei der letzten Bauernversammlung hat der Kolbe gesprochen. Man soll nicht beim Juden kaufen, hat er gesagt, und die es weiter tun, bräuchten sich nicht zu wundern. Die würden alle registriert. Außerdem glauben manche wirklich das dumme Geschwätz von den Nazis. Juden seien Blutsauger und so. Da redest du gegen eine Wand.«

»Ist es wirklich so schlimm, Peter?«

»Na ja, bin halt wütend.« Peter schob sich die Mütze in den Nacken und kratzte sich an der Stirn. »Es gibt ja auch noch ein paar Anständige. Der Schlosser kommt nächste Woche vorbei und schaut sich die Kälber an. Dann kommt vielleicht wieder Geld in die Kasse.« Erich lehnte die Heugabel an die Wand und strich im Vorbeigehen den Kälbern über die Köpfe.

»Ade, Peter. Ich schau morgen wieder vorbei.«

»Dank dir schön fürs Helfen, Erich. Und nichts für ungut. Es kommen auch wieder andere Zeiten.«

Erich ging die wenigen Schritte bis zur Jagst hinunter und schaute eine Weile dem träge dahinfließenden Wasser zu. Es tat weh, die blühende Frühlingslandschaft zu sehen und selber nur schwarze Bedrückung zu fühlen. Noch im letzten Jahr hatte er mit seinen Freunden in der Benzenruhe Indianer gespielt oder Fangen in der Rübezahlhöhle. Was hatten sie gelacht, wenn der alte Köberle, der von Wind und Wetter gegerbte Feldjäger, plötzlich aufgetaucht war und mit seiner Taschenlampe die Wände abgesucht und dabei gebrüllt hatte: »Ihr Saukerle, kommt sofort raus! Ihr wisst genau, dass das verboten ist!« Sie hatten sich ganz am Ende der Höhle hinter Felsbrocken versteckt und beobachteten leise kichernd, wie er unter Schimpfen und Brummeln wieder abzog, denn der Köberle war ein Hasenfuß, der sich nie weit in die Höhle hineintraute. Vor allem Kampmann war schuld daran, dass die alten Freunde ihn immer mehr mieden. Erich hatte ihn schon ein paar Mal dabei beobachtet, wie er heftig auf Mitschüler, die mit Erwin oder ihm geredet hatten, einsprach. Nur an Helmut traute er sich seit der

Sache mit dem Zeugnis nicht mehr heran und auch Kurt hatte neuerdings Ruhe vor ihm, seit er ihm vor ein paar Tagen wütend die geballte Faust vors Gesicht gehalten hatte. Trotzdem war das Band zwischen ihm und Kurt zerrissen und Erich dachte oft über das nach, was ihm Helmut erzählt hatte.

Angenommen, mein Vater würde mir verbieten, mit bestimmten Leuten befreundet zu sein, überlegte Erich manchmal. Angenommen, ich dürfte nur Umgang mit den Katholiken haben und zu den Evangelischen müsste ich den Kontakt abbrechen, wie würde ich mich wohl verhalten? Kurt war evangelisch und seit Erich denken konnte, hatte die Frage, in welche Kirche sie gingen, nie eine Rolle gespielt. Immer wieder dachte der Junge darüber nach, ob es möglich war, so fest an etwas zu glauben, dass man bereit war, die dümmsten und auch ungerechtesten Sachen dafür zu tun. Ein Mann wie der Gremm beispielsweise, der so blitzgescheit war und so viel wusste, warum war der so verbohrt? Ewig hätte Erich ihm zuhören können, wenn er im Unterricht über das Nibelungenlied sprach. Die Kameraden maulten über den »alten Scheiß«, aber Erich tauchte mit Begeisterung ein in diese Welt und sinnierte stundenlang über Siegfrieds Verrat und Brünhildes Rache, über Hagen von Tronje und die schöne Kriemhild und den Untergang der Burgunder. Vom Geld, das er von den Verwandten zum Pessach-Fest bekommen hatte, kaufte er sich in der Buchhandlung gegenüber eine Ausgabe der germanischen Götter- und Heldensagen und versenkte sich nachmittagelang in diese faszinierenden Geschichten.

Aber dann, nachdem sie schon einige Stunden über das Nibelungenlied gesprochen hatten, gab es Hinweise, dass ihm auch diese Freude vergiftet werden sollte. Es kamen beispielsweise flüchtig hingeworfene Bemerkungen von Gremm über die »Tatkraft der nordischen Rasse«, die sich im Nibelungenlied zeige, dann folgte in einer anderen Stunde ein langer Monolog über die »Rassenverhältnisse unserer eigenen Heimat«, den Gremm, dabei immer dicht bei Erwin und Erich stehend, in seiner ihm eigenen schleppenden und dabei markant jedes Wort betonenden Sprechweise hielt. Es gab bei einigen feixende Gesichter, wenn solche Bemerkungen fielen, und es gab auch leise getuschelte hämische Kommentare, ohne dass Erich genau verstanden hätte, was eigentlich damit gemeint war. Aber er hielt dagegen, meldete sich tapfer, ständig war seine Hand oben, meist von Gremm geflissentlich übersehen. Doch er gab nicht auf, er wollte es ihm zeigen, schließlich war er beim alten Wagner der Beste in Deutsch gewesen und Gremm musste doch eines Tages anerkennen, dass sein Urteil über ihn falsch war.

In einer Stunde an einem sehr warmen und sonnigen Montag, als der Duft der blühenden Kastanienbäume vom Stiftsplatz durch die weit geöffneten Fenster der Quarta drang, sprach Gremm über Hagen von Tronjes Entscheidung, Siegfried zu töten. Er richtete an die Klasse die Frage, ob seine Entscheidung zwingend vorgegeben und unausweichlich war. Die Schüler schwiegen verlegen, manche schauten betont interessiert, in der Hoffnung, so nicht aufgerufen zu werden, einige blickten sehnsüchtig zum Fenster hinaus und dachten wohl darüber nach, wann es warm genug sei, dass man endlich in der Jagst baden könne. Den Blick schräg nach hinten gerichtet, konnte Erich Helmut beobachten, dessen gesenkter Kopf und seine sich unablässig bewegende rechte Hand zeigten, dass er dabei war, irgendwelche sinnlosen Kritzeleien auf den Heftumschlag zu malen. Das tat er immer, wenn er sich langweilte. Aber

Erich hatte die Frage elektrisiert. Darüber hatte er nämlich auch schon oft nachgegrübelt, immer wieder, wenn er abends mit verschränkten Armen hinter dem Kopf im Bett lag und die Schatten der Dämmerung das schmale Viereck des Fensters verdunkelten. Mitten in das anhaltende Schweigen hinein schnellte seine Hand in die Höhe und zu seinem Erstaunen hörte er seinen Namen. Gremm hatte ihn tatsächlich aufgerufen!

Etwas stotternd begann er, aber dann gewann seine Stimme an Festigkeit und er redete immer schneller und merkte selbst verblüfft, wie die Worte aus ihm herausdrangen. Er glaube sehr wohl, dass es andere Möglichkeiten gegeben hätte, warum hatte Hagen Siegfried beispielsweise nicht zur Rede gestellt? Und warum hatte er ihm keinen Zweikampf angeboten, von Mann zu Mann, in ehrlichem Kampf hätte die Sache entschieden werden können. So sei das Vorgehen Hagens heimtückisch gewesen und letztlich habe wohl auch der Schatz eine Rolle gespielt, den er dann im Rhein versenkt habe. Neidisch sei er gewesen, Hagen von Tronje, neidisch und hinterlistig. Abrupt brach Erich ab, plötzlich fühlte er alle Blicke auf sich gerichtet. In der Ecke stand Gremm, an die Wand gelehnt, die Beine übereinander geschlagen. Nach einem kurzen Moment schwenkten die Blicke der Schüler auf ihn. Gremm schwieg und betrachtete scheinbar mit ungeteiltem Interesse seine Schuhe. Dann aber hob er plötzlich den Kopf und ein schmales Lächeln kräuselte seine Lippen. Dann trat er auf Erich zu und richtete den wasserblauen Blick fest auf ihn.

»Eine Antwort, wie ich sie von einem Angehörigen deiner Rasse erwartet habe.«

Da war es also, das Wort, das er immer wieder im Unterricht gebraucht hatte.

Diesmal aber benützte er es anders: »*Deine* Rasse ...«

Und dann kamen die Sätze, kurz und schneidend. Vom völligen Unverständnis des germanischen Treuebegriffs war die Rede, dass Hagen den Schatz im Rhein versenkt habe, sei geradezu ein Symbol für die reine Gesinnung des Recken, dem der undeutsche, raffende, profitgierige Geist einer bestimmten anderen Rasse völlig fremd gewesen sei. Dann zückte Gremm das gefürchtete schwarze Büchlein und zeichnete in betonter Langsamkeit eine Ziffer hinein.

»Dieser besondere Beitrag, Levi, wird mit einer besonderen Note gewürdigt. Ich fürchte, es wird die schlechteste Note sein, denn dein Beitrag zeugt von einem völligen Unverständnis der germanischen Kultur. Dennoch bin ich dir dankbar! Du hast uns allen gezeigt, wie wichtig es ist, unsere völkische Entwicklung in betonter Abgrenzung und Abwehr des fremdrassigen Blutes zu vollziehen. Setz dich, Levi!«

Automatenhaft gehorchte Erich. Er merkte erst im Sitzen, wie seine Knie zitterten. Was Gremm gemeint hatte, war ihm nicht genau verständlich. Nur eines hatte er herausgehört: Er war schlecht, er verstand nichts, weil er ein Jude war. Die Juden waren schlecht. Eine fremde Rasse ... *deine* Rasse ... Und die anderen hatten es auch so verstanden, das merkte er wieder einmal an den hämischen Gesichtern und dem Getuschel und Geflüster. Aber er hatte trotzdem Recht. Was hatte es denn mit Treue und Ehre zu tun, wenn man einen wehrlosen Menschen totschlug? Und zumindest Helmut dachte das auch, da war er sich sicher. Aber Helmut sagte nichts, er hatte den Kopf auf die Hände gestützt und sah zum Fenster hinaus. Und Kurt saß mit über der Brust verschränkten Armen finster da und der kleine Lutz blickte unsicher immer wieder von ihm zu Gremm und sah aus, als ob er am liebsten heulen würde. Verstohlen sah Erich seinen Vetter von der Seite an. Erwin war weiß um die Nase und saß starr auf seinem Platz.

Dann aber beugte er sich zu Erich vor und zischte ihm ins Ohr: »Halt doch in Zukunft deinen Mund. Der will uns doch bloß fertig machen und du gibst ihm auch noch Gelegenheit dazu.«

Erich schluckte. Vielleicht hatte der Vetter ja Recht. Vielleicht war es besser, unterzutauchen, sich tot zu stellen, irgendwie zu hoffen, dass es irgendwann einfach vorbei sein würde. Aber ich habe trotzdem Recht, dachte der Junge trotzig, da kann der Gremm sagen, was er will.

Nach der Schule rannte er die wenigen Schritte über den Stiftsplatz nach Hause und schloss sich, ohne die Mutter oder Fanny zu begrüßen, in seinem Zimmer ein. Er holte das sorgsam gehütete Exemplar der Sagen, das er bislang nicht einmal Max ausgeliehen hatte, vom Nachttisch und begann das Buch systematisch zu zerreißen. Das war mühselig, denn das Buch war fest gebunden und den Einband musste er mit Schere und Papiermesser zerschneiden, aber Erich arbeitete verbissen und von einer nicht fassbaren Wut getrieben. Schließlich war der Boden übersät von großen und kleinen Papierschnipseln. Erich sank auf sein Bett und fühlte sich so müde und ausgebrannt wie nie zuvor. Nach einer Weile finsteren Brütens schlief er ein und erst das Klopfen und Rufen der Mutter weckte ihn.

Verwirrt und für einen Moment orientierungslos öffnete er die Tür und die Mutter kam rasch herein. Sie verlor kein Wort über den Anblick, der sich ihr bot, und sie stellte auch keine Fragen. Ihren Sohn fest an sich gedrückt saßen sie und Erich eine Weile auf dem Bettrand. Dann sah ihm die Mutter liebevoll in die Augen und sagte ruhig: »Räum das hier weg, Erich. Hol dir bei Fanny Schaufel und Besen. Und dann kommst du zum Essen.«

Leise verließ sie das Zimmer und Erich kauerte auf dem Boden, um die Papierschnipsel einzusammeln. Manchmal tauchten darauf Namen auf und er konnte sie den Geschichten zuordnen. Ohne recht zu wissen warum, suchte er plötzlich wie in einem Puzzlespiel die Papierfetzen zusammen und auf dem Teppich entstanden wieder die Geschichten, zumindest Teile davon. Versonnen las er über die schief zusammengelegten viertel oder halben Seiten. Da war zum Beispiel die Stelle, wo Beowulf mit dem Drachen kämpft, und da war die Sage von Walther und Hildegund, ein Teil der Episode, in der Walter an den Hof König Attilas gelangt. Dann fand er einige Schnipsel, die vom Anfang des Buches stammten, wo über die Götter und die Entstehung und das Ende der Welt erzählt wurde. Mühselig entzifferte er:

… vom Himmel stürzen die heiteren Sterne.
Rauch und Feuer rasen umher,
hohe Hitze …

Eine Weile starrte er auf diese mühsam rekonstruierten Zeilen und versuchte die fehlenden Papierfetzen zu finden, dann fegte er alles zusammen und warf es in den Papierkorb.

Der Betrug

In der darauf folgenden Woche kündigte Gremm an, die Klasse müsse am kommenden Freitag einen Aufsatz über das Nibelungenlied schreiben. In das allgemeine Stöhnen hinein sagte er leise und doch sehr bestimmt: »Ich erwarte, dass jeder von euch das Beste gibt, gerade bei diesem Thema. Ein deutscher Junge muss wissen, was es heißt, Treue und Opferbereitschaft über alle persönlichen Interessen zu stellen. Also, enttäuscht mich nicht.«

»Der Gremm und sein Geschwafel!«, schimpfte Helmut, als sie nach dem Unterricht über den Stiftsplatz gingen. Kurt folgte ihnen in einigem Abstand verdrossen, kleine Steinchen wütend vor sich her kickend.

»Was kümmern mich die alten Germanen! Also, ich bin komplett aufgeschmissen«, maulte er. »Ich hab das Zeug noch nicht mal richtig gelesen. Lass mich bloß abschreiben nächste Woche.«

Kurt hatte sich neulich neben Helmut gesetzt, weil sein seitheriger Banknachbar Kühnle, ein gedrungener, vierschrötiger Junge mit rundem Gesicht, jetzt ebenfalls zur Kampmann-Gruppe gewechselt war. Wie die anderen besuchte er begeistert die Treffen der HJ und trug auch bei bestimmten Gelegenheiten demonstrativ die Uniform. Weil er mit seinem missionarischen Gerede Kurt auf die Nerven gegangen war, hatte der sich von Gremm die Erlaubnis erbeten, neben Helmut sitzen zu dürfen, die ihm auch gnädig erteilt worden war. »Ungern«, hatte Gremm gesagt, »sehr ungern sogar«, und seinen Blick scharf auf Helmut gerichtet, »aber ich hoffe, du wirst dich bestimmten negativen Einflüssen entziehen können.« Jetzt saß Rudi, Erwins ehemaliger Nebensitzer, neben Kühnle, und er wurde heftig von Kampmann und seinen Leuten hofiert.

Die Jungen waren in der Zwischenzeit vor Helmuts Elternhaus angelangt und verabschiedeten sich von Kurt, der sich missmutig trollte, nachdem keiner auf seinen Einwurf geachtet hatte. Erich wollte sich ebenfalls auf den Weg nach Hause machen, blieb dann aber abrupt stehen und ging noch einmal auf den Freund zu.

»Du, Helmut«, sagte er zögernd, »dein Vater hat doch eine große Bibliothek. Meinst du, ich könnte mir mal ein Buch über das Nibelungenlied ausleihen?«

Helmut sah ihn misstrauisch von der Seite an. »Was hast du bloß mit dem alten Zeug? Aber gut. Komm gleich mit, ich werd ihn fragen.«

Gemeinsam betraten sie die große kühle Eingangshalle von Helmuts Elternhaus, das eines der stattlichsten Gebäude am Stiftsplatz war. Erich liebte vor allem die große geschwungene Treppe mit dem schmiedeeisernen Geländer und die prächtigen Stuckaturen an der Decke mit den rundgesichtigen Putten, die in regelmäßigen Abständen dem heraufkommenden Besucher zulächelten. Oben in der Wohnung informierte sie Kati, das Dienstmädchen, der Herr Doktor sei in einer wichtigen Besprechung und dürfe nicht gestört werden, aber die Frau Doktor befinde sich im Wohnzimmer.

»Gut, wir gehen Mutter fragen«, meinte Helmut und gab Erich einen aufmunternden Schubs. Sie betraten ein großes, rechteckiges Zimmer, dessen Fensterfront auf den Stiftsplatz hinausging. Durch das fein schimmernde Gewebe der Gardinen konnte man die Umrisse der Stiftskirche erkennen, die von hier aus so seltsam fremd und fern erschien. Erich war nicht oft im Haus des Freundes gewesen, denn Nolls und Levis verkehrten in unterschiedlichen gesellschaftlichen Kreisen. Aber die Atmosphäre dort liebte er sehr, diese kühle Vornehmheit und gewisse Entrücktheit hatten stets großen Eindruck auf ihn gemacht. So wollte er es später auch haben – ein Haus, in dem Bildung und Kultur vorherrschten und ein kultivierter Umgangston, wie er unter Nolls üblich war. Er bewunderte die Kirschbaummöbel und die geschwungenen Sesselchen mit den schiefen Beinen, die hohen Stühle im Esszimmer mit den zierlich durchbrochenen Lehnen und die vielen Gegenstände, die auf den Kommoden rings an der Wand verteilt waren – Kerzenleuchter, silberne Bilderrahmen, aus denen Helmuts Vorfahren und Verwandte starr lächelten, bunt bemalte Vasen, lauter Gegenstände, die er stets mit heiliger Scheu betrachtete.

Kurt teilte seine Vorliebe nicht, er behauptete immer, er habe dauernd Angst, sich in dieser Wohnung zu bewegen, weil man ja etwas kaputtmachen könnte. »Bei denen ist es wie im Museum«, sagte er immer.

Frau Noll, eine schlanke dünnlippige Frau mit sorgfältig onduliertem Haar begrüßte ihn freundlich, aber distanziert. Sie mochte es nicht, wenn Helmut seine Freunde nach Hause mitbrachte und ihren häuslichen Frieden störte, wie sie es nannte, das war auch einer der Gründe, warum die Jungen sehr selten kamen. Erich überlegte oft, womit sie eigentlich ihre Tage verbrachte, sie hatte schließlich mehrere Dienstboten und Helmut war ihr einziges Kind, aber er wollte den Freund lieber nicht fragen. Auf Helmuts Bitte entschied sie mit leiser Stimme, die sofort etwas Nervöses bekam, dass der Vater wohl nichts dagegen habe, wenn sie die Bibliothek benutzten. »Aber seid leise und bringt nichts durcheinander.«

»Versprochen«, antwortete Helmut und schnitt heftige Grimassen, als er den Freund aus dem Salon zog. Die Bibliothek hatte Erich erst einmal gesehen, als bei einem Besuch Helmuts Vater ihnen eine besonders wertvolle Erstausgabe eines Buches gezeigt hatte, an dessen Titel er sich allerdings nicht mehr erinnern konnte. Herr Noll hatte das Buch ersteigert und war sehr stolz gewesen, aber Helmut und ihn hatte sein Vortrag nur gelangweilt. Wie damals ließ er auch jetzt wieder seinen Blick staunend über die Wände mit den deckenhohen Bücherregalen gleiten. Helmut packte die hölzerne Leiter und stieg behände an einer Ecke hinauf. »Wollen mal sehen. Mein Vater und seine Ordnung! Da müsste doch gleich was zu finden sein ... Was willst du denn genau?«

Erich zuckte mit den Schultern. »Ich weiß nicht recht. Aufsätze über das Nibelungenlied oder so.«

Helmut verrückte die Leiter ein wenig. »Wir nehmen am besten eine Literaturgeschichte. Da steht todsicher etwas darüber drin. Hier, da haben wir schon etwas!« Er stieg mit zwei altehrwürdig aussehenden, dickleibigen Büchern wieder herunter, deren Lederrücken schon sehr abgegriffen aussahen. Erich las laut und etwas stockend die Titel: »Willmar: Geschichte der deutschen Nationalliteratur. Von der Hagen: Vorrede zur Nibelungenausgabe. – Das klingt ja richtig gut. Danke, Helmut.«

Er verstaute die Bücher sorgfältig in seinem Schulranzen, versprach noch einmal, gut auf sie aufzupassen, und verabschiedete sich hastig von seinem Freund, der oben an der

Treppe stehen blieb, um ihm noch einmal zuzuwinken. Beschwingt lief er den kurzen Weg zu seinem Elternhaus. Es war klar, dass Helmut sein Verhalten merkwürdig fand. Er hatte ihn auch mehrere Male verstohlen von der Seite angesehen und viele Fragen schienen ihm auf der Zunge zu liegen. Aber er hatte es gelassen und Erich war ihm dankbar dafür.

Das Mittagessen schlang er hastig hinunter, wobei ihm flüchtig durch den Kopf schoss, dass Fanny heute merkwürdig geschwollene Augen hatte und sehr einsilbig war. Auf Max' Fragen reagierte er kaum, und er war dankbar, als der Bruder ihm eröffnete, er ginge heute Nachmittag zu seinem Freund Willi. Auch Willi hatte kürzlich ein Fahrrad geschenkt bekommen und Frau Levi befürchtete, die beiden Freunde würden bei dieser Gelegenheit ein gefährliches Wettrennen die Alte Steige hinunter veranstalten, wo Willi wohnte, was Max aber heftig zurückwies.

So hatte Erich das Kinderzimmer am Nachmittag für sich allein und er vergrub sich förmlich in den beiden Büchern, in denen es in der Tat lange Abhandlungen über das Nibelungenlied gab. Ja, er wollte es dem Gremm zeigen. Er verstand etwas von der deutschen Kultur, auch wenn er Jude war. Den besten Aufsatz wollte er schreiben. Gremm sollte staunen. Er sah ihn schon vor sich, lässig an das Pult gelehnt, sein Heft aufgeschlagen in den Händen haltend. »Levi, du hast mich erstaunt«, würde er sagen, und dann musste er, Erich Levi, den Aufsatz vorlesen und die anderen würden ebenfalls staunen und selbst Kampmann müsste seinen Mund halten. Er sah es genau vor sich, als er verbissen die Aufsätze studierte. Vieles verstand er nicht, merkte aber nach einiger Zeit, dass genau die gleichen Begriffe, wie sie Gremm verwendete, hier auch auftauchten. Er schrieb einige Passagen ab und prägte sie sich ein. Es klang wirklich genau so wie bei Gremm: »Männertreue ... Freundschaft bis in den Tod ... Opferung ... Heldensinn ... Stolz auf Vaterland und Volk ...« Er las, schrieb, fügte zusammen und hatte dann so etwas wie den Rohentwurf eines Aufsatzes verfertigt.

Es klingt furchtbar geschwollen, aber irgendwie hört es sich nach Gremm an, dachte er zufrieden, und es sind alte Bücher, sicher von Autoritäten geschrieben, da kann Gremm erst recht nichts dagegen sagen. Den Zettel mit dem Aufsatz verwahrte er sorgfältig in der hintersten Ecke seiner Schreibtischschublade. In den nächsten Tagen prägte er sich die Sätze sorgfältig ein und fieberte dem Tag des Klassenaufsatzes entgegen.

Am Freitagmorgen betrat Gremm mit einem Stapel Arbeitshefte unter dem Arm das Klassenzimmer und begann in kunstvoll geschlungenen Buchstaben das Thema an die Tafel zu schreiben. Erich frohlockte innerlich, ein Wort war ihm sofort förmlich ins Auge gesprungen: »Nibelungentreue« – genau wie er es sich gedacht hatte. Was unter diesem Begriff zu verstehen sei, wollte Gremm wissen, unter Berücksichtigung der Personen und der Handlung. Zweiundzwanzig Köpfe beugten sich über die Hefte, es gab verdrossenes Stöhnen, leises Tuscheln, das Gremm sofort unterband.

Verstohlen blickte sich Erich um. Der kleine Lutz kratzte sich mit dem Federhalter im Ohr, Kurt malte Kringel auf sein Löschblatt und Erwin begann unschlüssig an seinen Nägeln zu kauen. Es wurde still und man hörte nur noch die Federkiele über das Papier kratzen. Erich beugte seinen Kopf tief über das Heft und begann, zunächst noch stockend, die eingeübten Sätze niederzuschreiben. Gremm, der durch die Klasse wanderte, blieb plötzlich neben ihm stehen und lehnte sich an die Bank, die Arme verschränkt, die Beine übereinander geschlagen. Erich schien es, als brenne sich sein Blick förmlich in seinen Nacken ein, und er fühlte plötzlich, wie Hitze seinen ganzen Körper überzog. Schweißperlen liefen den Hals hinab, und er krümmte sich über sein Heft zusammen, um das Geschriebene vor diesem Blick zu verbergen.

Plötzlich zog eine Hand seine Linke, die er krampfhaft über das Heft gelegt hatte, mit sanftem Druck weg und Gremm beugte sich über ihn und las mit gerunzelter Stirn. Der Junge blickte zu seinem Lehrer auf und seine linke Hand, die der Lehrer immer noch fest umfasst hielt, zitterte. Gremm zog die Lippen nach innen, für einen kurzen Moment nur, und dann bewegte er die Mundwinkel kaum merklich nach außen, sodass ein kleines und hässliches Lächeln zu sehen war. Er ließ Erich plötzlich los und schlug die Hände aneinander, als habe ihn diese Berührung schmutzig gemacht. Dann ging er wieder nach vorne zum Pult und setzte sich. Erich schrieb unablässig weiter, Schweiß tropfte immer noch am Hals herab, dann aber wurde er ruhiger, je mehr er schrieb. In seinem Kopf hämmerte es ununterbrochen: »Ich zeig's dir, warte nur, ich zeig's dir …«

Als er den letzten Satz beendet hatte, klappte er das Heft einfach zu, ohne den Aufsatz noch einmal durchzulesen, als hätte er Angst vor den Wörtern, die er da unablässig auf das Papier geschrieben hatte. Er war der Erste, der sein Heft abgab. Zögernd ging er nach vorne zum Pult, dann legte er sein Arbeitsheft vorsichtig auf die rechte äußere Kante und blickte scheu zu Gremm auf, der ihn aber nicht ansah, sondern ihm nur mit einem kaum merklichen Nicken seines Kopfes bedeutete, er könne gehen.

Draußen setzte sich der Junge auf die Stufen zum Eingangsportal und atmete tief durch. Ein paar wenige Passanten liefen über den Stiftsplatz, es war bald Mittagszeit und die Sonne stand schon hoch über den grün-goldenen Wipfeln der Kastanienbäume. An der abschüssigen Seite des Platzes vor dem Gymnasium standen in die Ecke gedrückt einige Pennäler, die verstohlen rauchten und dabei Bilder tauschten, die sie gegenseitig grinsend betrachteten. Rechts von Erich tauchte der Giebel des Elternhauses auf und ragte gräulich in den blauen Mittagshimmel. Rauchwölkchen stiegen aus dem Kamin auf. Fanny bereitete das Mittagessen vor. Gleich würde im Geviert des rechts von ihm liegenden Straßenausschnittes an der tiefsten Seite des Platzes die Gestalt des Vaters auftauchen, der von den Ställen kam. Mittelgroß und schmal, wie immer tadellos gekleidet, würde Julius Levi ab und zu freundlich den Hut ziehen und der entgegenkommende Passant würde verstohlen nicken oder angelegentlich den Kopf wegdrehen oder gar die Straßenseite wechseln. Immer weniger Leute grüßten jetzt die Levis.

Erwin hatte es ihm auch erzählt, flüsternd in einer der letzten Stunden, die Mutter habe so geweint, weil ihre beste Freundin sie gebeten habe, sie nicht mehr offen auf der Straße anzusprechen. Erwin konnte es sich gut vorstellen. Und dort weiter unten, von seinem Platz nicht mehr erkennbar, hing ja auch der schlimme Kasten, den er sich verbot anzuschauen, aber die anderen, die schauten ihn an.

Kübler, ein magerer Junge, der manchmal etwas stotterte und der sie auch gelegentlich zum Spielen begleitet hatte, war in der letzten Mathematikstunde ermahnt worden. Er solle lieber beim Vorrechnen an der Tafel aufpassen, hatte Bönninger, ihr Mathematiklehrer, ihn getadelt und dabei sein Heft weggenommen, in das er seit einiger Zeit gekritzelt hatte. Ohne weiteren Kommentar hatte er dann aber das Heft zurückgegeben und lange genug die ominöse Seite der Klasse gezeigt. Viele kicherten verstohlen, manche blickten betreten auf ihr Pult. Es zeigte, zwar ungeschickt ausgeführt, aber klar erkennbar, einen dickbäuchigen Mann, der breitbeinig auf einer Kugel saß und in den Händen einen Geldsack hielt. Die Nase war grotesk gekrümmt und die Lider hingen schwer über den Augen, ganz unverkennbar aber war der Davidstern über seinem Kopf.

Genau wie im Kasten, hatte Erich gedacht und empört die Fäuste geballt, als von Bönninger kein weiteres Wort kam. Er war eben auch einer von denen, die wussten, wo es langging, hatte Helmut einmal spöttisch gesagt. Aber jetzt habe ich es ihnen gezeigt, dachte Erich, jetzt bin ich gespannt, was der Gremm sagen wird.

Die nächsten Tage wartete er ungeduldig auf die Rückgabe der Aufsätze. Er hoffte auf eine Bemerkung Gremms, einen Hinweis, irgendein Zeichen. Aber Gremm behielt weiter seine eisige Höflichkeit bei, die so verletzend war, und ignorierte wie immer Erichs Meldungen. Am Tag nach der Klassenarbeit hatte er die Bücher in das Haus am Stiftsplatz zurückgebracht und Helmuts Vater hatte sie selbst entgegengenommen.

»Helmut ist gerade bei seiner Großmutter«, teilte ihm Herr Noll mit. »Aber komm ruhig herein, wir können ja trotzdem ein Plauderstündchen unter Männern abhalten.« Er führte Erich in den Salon, wo er ihm die Bücher abnahm. »Ich habe schon von deinem Interesse für die deutsche Literatur gehört. Dass du freiwillig solche Schwarten liest, alle Achtung, mein Junge!« Erich fühlte sich beschämt. Wenn Herr Noll den wahren Grund wüsste …

Der begann einige Anekdoten aus seiner eigenen Schulzeit zu erzählen und Erich lachte pflichtschuldig mit. Nach einer Weile aber kamen sie in ein Gespräch über ihre Lieblingsbücher und Herr Noll berichtete Erich, dass die alten Sagen in seinem, Erichs Alter, auch einen großen Reiz auf ihn ausgeübt hätten. Erich bekam ganz rote Ohren und redete sich heiß in seiner Begeisterung über die alten Heldengeschichten und Herr Noll hörte aufmerksam zu. Als der Junge vorsichtig andeutete, worüber er mit Gremm in Streit geraten war, sprang Herr Noll plötzlich auf und lief zur Kommode, um sich eine Zigarre zu holen. Erich meinte eine dicke Zornesader an seiner Schläfe zu sehen.

»Helmut hat mir von dem Disput erzählt. Das heißt, von einem Disput kann man ja wohl nicht reden. Pass mal auf, mein Junge, du liegst da ganz richtig. Lass dich durch dieses Geschwätz von nordischer Rasse und Heldenmut und altem Germanentum nicht davon abbringen. Die Geschichten von Siegfried und Hagen und Kriemhild sind wunderbare Geschichten. Da steckt alles drin – Liebe und Verrat und Mut und Tod, alles, was zum menschlichen Leben gehört. Und natürlich gibt es Alternativen zum Totschlagen, die gibt es immer. Und das zeigt ja gerade der Dichter, was passiert, wenn wir dem Bösen, der Gier und dem Neid nachgeben und wenn wir nicht den Mut zum Umkehren und zum Verzeihen haben … Lass dir nichts vormachen, von diesem Gebräu«, dabei schlug er mit der flachen Hand auf den Bücherstapel, den er vor sich auf ein zierliches Biedermeiertischchen abgelegt hatte, sodass kleine Staubwölkchen aufstiegen, »… diesem Gebräu, sage ich, das sie jetzt verzapfen und den Jungen um die Ohren schlagen. Lass dir das sagen, was ich immer zu Helmut sage: Ich pfeife auf eine Ehre und eine Treue, die darin besteht, dass ich andere totschlage oder mich nötigenfalls totschlagen lasse. Leben sollt ihr, und zwar anständig, und das heißt zunächst, dass ich meine Mitmenschen achte und sie gelten lasse!«

Erich wurde es ganz leicht ums Herz. Solange es Menschen wie Rechtsanwalt Noll gab, brauchte man sich eigentlich keine Sorgen zu machen. Wenn nur mehr Menschen so dächten wie er. Und er hatte ihm Recht gegeben, ihm, Erich Levi.

Auf dem Nachhauseweg aber wurde ihm das Herz wieder schwer. In blindem Übereifer hatte er ja seine Meinung verraten! Hatte er nicht auch ein solches Gebräu verzapft, und schlimmer noch, abgeschrieben und betrogen, sich die Gedanken anderer zu Eigen gemacht, an die er selbst nicht glaubte, nur um Gremm zu imponieren? Was hatte er denn damit zeigen wollen? Dass er, der jüdische Junge, auch so fühlen, denken, schreiben konnte, genauso falsch und genauso verlogen? Als er die knarrenden Stufen zur elterlichen Wohnung hochstieg, kam er sich vor wie ein Verräter, der nur noch nicht so genau wusste, an wem er den Verrat eigentlich begangen hatte.

Am nächsten Tag folgte dann die Katastrophe. In der letzten Stunde hatten sie Deutsch, und der kleine Lutz, der als Wachtposten an der Tür lauerte, meldete laut in die Klasse trompetend: »Gremm kommt! Und er hat die Hefte dabei!« Erwartungsvoll blieben die Jungen neben ihrem Pult stehen, als Gremm zur Tür hereinkam. Für einen Moment überflog sein Blick die Klasse, blieb für den Bruchteil einer Sekunde an Erich hängen, dann fuhr der rechte Arm ausgestreckt zum Gruß empor und er sagte knapp: »Heil Hitler! Setzen.«

Er legte den Stapel mit den Heften vorsichtig auf das Pult, nahm dann ein Heft nach dem anderen, um es mit einer knappen Bemerkung an den betreffenden Schüler auszuhändigen. Kurt hatte gerade noch ein »Genügend« bekommen, wobei Gremm ihm bloße Faulheit attestierte, auch einige andere zogen lange Gesichter. Sogar Kampmann hatte nicht besonders gut abgeschnitten, was die meisten verwunderte, denn schließlich hatte er sich gerade bei diesem Thema hervorgetan.

Noch merkwürdiger aber war, dass Gremm das vorletzte Heft an Helmut übergab mit der knappen Bemerkung: »Die beste Arbeit. Gut gemacht, Noll. Flüssig geschrieben und logisch argumentiert, wenn ich auch nicht mit allem einverstanden bin, was du geschrieben hast. Aber eigenständiges Denken wird bei mir immer honoriert.« Die Klasse tuschelte und viele waren erstaunt. Helmut gehörte zwar immer zu den Besten, aber dass er sich mit Gremm nicht besonders gut verstand, wusste jeder. Anerkennende Blicke flogen zu ihm herüber, die Helmut aber nicht zu bemerken schien, denn er steckte seelenruhig sein Heft in den Ranzen.

Währenddessen klopfte Erichs Herz immer stärker. Nur noch ein einziges Heft lag auf dem Pult, sein eigenes. Die beste Arbeit konnte es nicht sein, die hatte ja Helmut geschrieben, aber es war sicher kein Zufall, dass ihre beiden Arbeiten die letzten waren, die ausgeteilt wurden.

»Und nun zu dir, Levi!« Mit spitzen Fingern nahm Gremm das Heft und trat vor Erich. In der Klasse wurde es plötzlich mucksmäuschenstill. Alle starrten mit angehaltenem Atem zur vorderen Bank. Gremm hielt das Heft an einer Ecke zwischen Daumen und Zeigefinger geklemmt, als sei es etwas, das man nicht anfassen konnte. »Ich habe mir überlegt, ob ich einige Passagen aus diesem Machwerk vorlesen soll, damit die Klasse sich selber davon überzeugen kann, was du da zusammengeschrieben hast. Aber ich möchte das keinem von euch zumuten.« Dabei ließ er plötzlich das Heft los, sodass es auf Erichs Platz halb aufgeschlagen mit umgeknickten Seiten und herausgefallenem Löschblatt zu liegen kam. »Abgeschrieben hat er, der Herr Levi, ganze Teile aus Büchern, deren Kenntnis er mir wohl nicht zugetraut hat. Ein Irrtum! Und jämmerlich zusammengeschustert hat er das Ganze. Du hast die herkömmliche Meinung über deine Rasse heute schlagend bestätigt, mein Lieber. Unfähig, Eigenes zu schaffen, lügt und betrügt ihr. Es ist euch sozusagen zur zweiten Natur geworden, das Ausbeuten und Aussaugen. Aber damit hat es ja jetzt Gott sei Dank ein Ende. Die schlechteste Note, Levi, ist noch zu gut für dich.«

Wie betäubt hörte der Junge diese Worte, verstand nichts und verstand doch das Wesentliche. Gremm hatte den Betrug erkannt, denn es war ja tatsächlich einer gewesen. Und Gremm hatte wieder von der »Rasse« gesprochen. Hatte Fürchterliches über sie gesagt. Betrüger, Lügner, Ausbeuter. Immer wieder dröhnten diese Worte in seinen Ohren.

Den Rest der Stunde erlebte er wie im Fieber. Er bemerkte, dass Erwin ein Stück von ihm weggerückt war, hörte hinter sich immer wieder Geflüster und auf einmal traf ihn ein zusammengeknülltes Stück Papier im Nacken und dann noch eins und wieder eins. Er hielt den Kopf trotzdem krampfhaft über das Buch gesenkt, wagte nicht aufzuschauen, wagte kaum zu atmen. Gremm referierte ungerührt weiter, die Papierkanonade schien er nicht zu bemerken. Endlich kam das erlösende Klingeln, ein scheppernder, schriller Ton, der ihm wie ein Messer durch den Leib fuhr. Jetzt noch die unendliche Strecke vom Klassenzimmer über den Flur zum Ausgang und dann quer über den unteren Stiftsplatz bewältigen und dann nach Hause, in das schützende Dunkel des

Treppenhauses, wo es kühl und still war und die schwere Haustür alles abhielt, was von draußen kam. Langsam packte er seinen Ranzen, außer ihm waren nur noch wenige Jungen im Raum, die ihn scheu von der Seite betrachteten und dann schnell hinausgingen. Erwin hatte sich schon zur Tür hinausgedrückt und Kurt war einer der Ersten gewesen, die aus dem Klassenzimmer gestürzt waren. Aber das Schlimmste war, Helmut hatte nicht auf ihn gewartet!

Das böse Wort

Mit schweren Beinen ging er die Treppe hinunter zum großen Portal, und da standen sie, unten an der Treppe, in zwei Reihen, breitbeinig, die Hände an den Hüften oder in den Hosentaschen. Die Ranzen lagen in einem unordentlichen Haufen zwischen der Treppe und der Wand des Gymnasiums. Kampmann und Heidt, der dicke Müller und Kühnle, vierschrötig und x-beinig, Schluffi und Gabler, ehemalige Freunde aus der Volksschule, sogar der kleine Lutz war dabei, wenn auch etwas versteckt in der zweiten Reihe. Andere aus der Klasse standen unentschlossen links und rechts der Treppe.

Langsam ging Erich die wenigen Stufen hinunter. Von ganz ferne hörte man den Lärm der Marktleute, die ihre Stände abbauten und mit ihren Karren vorfuhren. Plötzlich fiel dem Jungen ein, dass der Vater ja heute auch auf dem Markt war und jede Minute um die Ecke biegen konnte. Dieser Gedanke trieb ihn vorwärts. Auf der vorletzten Stufe blieb er kurz stehen, atmete tief durch und versuchte sich dann an dem ganz vorne stehenden Kampmann vorbeizudrücken. Der trat einen Schritt nach links und versperrte so für Erich endgültig den Weg. Dann hob er plötzlich die rechte Hand und schlug Erich mit aller Kraft ins Gesicht. Merkwürdigerweise spürte er den Schlag zunächst gar nicht, sondern merkte nur, wie ihm etwas Warmes über den Mund lief. Er hob den Arm, um es wegzuwischen, und betrachtete erstaunt seinen Jackenärmel, der plötzlich ganz rot war. Kampmann ging einen Schritt zur Seite, Heidt trat vor und hieb ihm mit aller Wucht in den Magen. Erich taumelte vorwärts, die Hände gegen den Bauch gepresst, jemand trat ihn gegen das Schienbein, die Wade und plötzlich durchbrach einer die Stille, die über all dem gelastet hatte, und sagte laut und deutlich: »Judensau.«

Dann sagte es noch einer und noch einer, es wurde plötzlich ein ganzer Chor, und Erich rannte vorwärts, immer noch gekrümmt und blutend, sich den Bauch haltend und würgend, nach Luft schnappend. »Judensau, Judensau«, gellte es in seinen Ohren, einige Passanten blieben kopfschüttelnd stehen, manche lachten. Aus dem Haus der »Kreuz«-Metzgerei kam erschrocken Frau Bieg gelaufen und rief: »Erich, um Himmels willen, wie siehst du denn aus?« Aber Erich achtete nicht auf sie, er rannte weiter, bis er endlich die schwere Eisentür erreicht hatte, die zum Hintereingang des Hauses führte, und sie mit letzter Kraft aufdrückte. In der Wohnung schaffte er es gerade noch bis ins Badezimmer, wo er sich würgend in das Waschbecken erbrach. Er spürte dann, wie ihm etwas Kaltes in den Nacken gelegt wurde, jemand wischte ihm mit dem Waschlappen sanft über das Gesicht und führte ihn mit sanftem Druck in sein Zimmer, wo er vorsichtig zum Bett dirigiert wurde. Nach einer Weile hob er die verschwollenen Augenlider und sah Mutter und Fanny an seinem Bett stehen.

»Nicht sprechen, Erich«, sagte die Mutter und legte den Zeigefinger auf die Lippen. »Ruh dich erst einmal aus. Hast du große Schmerzen?« Erst jetzt bemerkte der Junge das höllische Brennen auf Wange und Mund und den dumpfen

Druck im Bauch. Auch die Beine taten ihm weh. Fanny legte vorsichtig eine kalte Kompresse auf seine geschwollene Gesichtshälfte. Er nickte ihr dankbar zu und presste dann ein »Es geht so« heraus.

Immer wieder erneuerte die Mutter die Kompresse und nach einer Weile waren die schlimmsten Schmerzen verschwunden. Fanny hatte ihm ein Glas Saft gebracht, Himbeersirup, verdünnt mit kaltem Wasser, das es nur zu besonderen Gelegenheiten gab. Kurz darauf kam auch der Vater nach Hause. Er war sehr erregt, das merkte Erich an der Art, wie er die Tür zum Kinderzimmer aufstieß. Julius betrachtete seinen Sohn einen Augenblick schweigend, dann fragte er sichtlich aufgebracht: »Was ist geschehen?«

Erich richtete sich halb auf, dabei rutschte die Kompresse auf sein Kopfkissen. »Halb so schlimm. Hab mich halt geprügelt.«

»Die Martha sagt, sie sind zu mehreren auf dich losgegangen.« Martha war Frau Bieg, die Kreuz-Wirtin, die Erich versucht hatte aufzuhalten.

»Dann hat sie halt nicht richtig hingesehen.«

»Sie sollen auch etwas gerufen haben. Ein Schimpfwort.« Julius sah seinem Sohn forschend ins Gesicht.

Erich senkte den Kopf. »Das stimmt. Ein ... ziemlich schlimmes Wort.«

»Was haben sie gerufen, Erich?« Die Frage kam von Max. Julius und Erich drehten sich um. Er war unbemerkt hereingekommen und stand jetzt in der Tür, den Bruder mit weit aufgerissenen Augen betrachtend.

»Geh, du Zwerg. Das geht dich nichts an«, sagte Erich.

»Ich will's aber wissen.«

Einen Moment herrschte Schweigen, dann sagte Julius Levi leise: »Sie haben ›Judensau‹ gerufen, Max. Wir müssen dir das sagen, denn es könnte sein, dass du auch einmal dieses Schimpfwort hörst.«

»Aber das kenne ich doch schon.« Max war näher getreten und umklammerte die Bettkante. »Das ist doch das böse Wort, das sie damals in der Volksschule gerufen haben. Ich wollte es euch bloß nicht sagen.«

Julius nahm seinen jüngeren Sohn in den Arm und setzte sich mit ihm auf Erichs Bettkante. »Das sind dumme Menschen, die so etwas rufen, merk dir das, Max. Sie sind dumm und einfältig.«

»Und auch böse? Von manchen hätte ich das gar nicht gedacht.«

Julius Levi zögerte. »Manche sind auch böse. Aber die meisten sind einfach nur dumm. Und jetzt erzähl, was passiert ist, Erich. Du bist doch regelrecht zusammengeschlagen worden.«

Erich ließ sich wieder nach hinten fallen und drückte die Kompresse auf das Gesicht, um Zeit zu gewinnen. Er war in der Zwickmühle. Um keinen Preis wollte er dem Vater die Geschichte mit dem Aufsatz erzählen. Aber wie sollte er ihm dann den Überfall der Kampmann-Gruppe erklären? Deshalb sagte er, sich um einen gelassenen Tonfall bemühend: »Es war wirklich nicht so schlimm, Papa. Es war halt eine Prügelei. Und ich hab den Kürzeren gezogen. Mach keine Geschichte daraus. Und das Wort … ich glaube, die wissen gar nicht, was sie da brüllen. Wie du gesagt hast, manche sind halt dumm.«

Julius Levi schien nicht überzeugt. Unentschlossen blieb er eine Weile bei Erich sitzen, dann nahm er Max an die Hand und sagte: »Komm, Max, wir lassen deinen Bruder jetzt in Ruhe. Versuch, nachher etwas zu essen, Erich.«

Das Mittagessen verlief in gedrückter Stimmung. Zwar

machte Julius ein paar Witze, um die bedrückte Atmosphäre zu überspielen. Er verglich Erich mit Max Schmeling, dem berühmten Boxer, und spekulierte über seine Erfolge bei den Frauen mit diesen Blessuren, worüber die Familie dann auch lachen musste, wenn auch mehr aus Höflichkeit gegenüber dem Vater. Erich spürte, wie dünn das Eis war, auf dem sie sich bewegten. Der Vater glaubte ihm nicht, das wusste er, auch die Mutter schien zu vermuten, dass mehr dahinter steckte, als er zugab. Nach dem Mittagessen verkroch er sich wieder in sein Zimmer, dankbar dafür, dass ihn die Familie in Ruhe ließ. Er setzte sich an den großen Tisch, an dem er und Max ihre Hausaufgaben machten, und versuchte sich auf eine Rechenaufgabe zu konzentrieren. Aber es gelang ihm nicht. Ruhelos wie ein Tiger im Käfig ging er im Zimmer auf und ab und starrte immer wieder hinunter auf die belebte Hindenburgstraße. Dort unten spielte sich der Alltag ab, wie er ihn kannte, Autos fuhren hupend an Passanten vorüber, die den Fahrweg kreuzten, Frauen mit Einkaufskörben hasteten vorbei, er erkannte Schüler des Gymnasiums, die in kleinen Grüppchen vom Nachmittagsunterricht kamen, und an der Buchhandlung schräg gegenüber befestigte das Lehrmädchen ein Plakat, auf dem wahrscheinlich zu einer der jetzt ständig stattfindenden Kundgebungen eingeladen wurde.

Dieses Haus hatte auch einmal einem Juden gehört, im letzten Jahrhundert war das, sein Vater hatte ihm davon erzählt. Ein feiner und angesehener Mann sei das gewesen, dieser Isaak Hess. Die Ellwanger hätten ihn am Anfang nicht haben wollen, als er von Lauchheim hierher gezogen sei, aber dann habe ihn sogar der württembergische König empfangen, weil er sich sehr für die armen Juden in Württemberg eingesetzt habe. Irgendwann hätten ihn die Ellwanger doch akzeptiert und die Familie habe dann ganz selbstverständlich dazugehört. Der Vater hatte noch berichtet, dass die Nachfahren jetzt alle in größeren Städten lebten, aber droben auf dem jüdischen Friedhof lag noch ein Sohn dieses Isaak Hess'. Erich war oft an seinem Grab vorbeigegangen, wenn sie Großvater Elias besuchten, wie Vater es nannte. Wie war es wohl diesem Moritz Hess hier ergangen, oder seinen Geschwistern? Hatten sie wirklich dazugehört oder hatte es auch bei ihnen hämische Bemerkungen, Sticheleien oder sogar Schlimmeres gegeben?

Mitten in seine Überlegungen hinein öffnete Fanny ohne anzuklopfen die Tür und rief: »Helmut ist da!« Erich fuhr herum und sah mit Herzklopfen den Freund im Türrahmen stehen.

Helmut kam näher. »Siehst ja großartig aus. Bös haben sie dich zugerichtet.«

»Woher weißt du's?«

»Die Kati hat's mir erzählt. Sie war zum Einkaufen im ›Kreuz‹. Die gute Martha Bieg hat sich furchtbar aufgeregt. So viele gegen einen, das ist ja auch eine Sauerei.«

Einen Moment schwiegen beide. Helmut knetete seine Mütze, die er beim Eintreten abgenommen hatte, und Erich, der noch immer am Fenster stand, blickte zu Boden. Dann aber platzte er mit der Frage heraus, die ihn noch mehr beschäftigte als die Prügelei vor der Schule. »Warum hast du nicht auf mich gewartet?«

Helmut sah ihn an, er hielt seinem Blick stand und sagte dann entschlossen: »Weil ich wütend war. Ehrlich, ich war richtig wütend auf dich!«

»Wegen meiner Abschreiberei aus euren Büchern?«

Helmut nickte. »Genau. Schließlich hast du uns auch hintergangen, meinen Vater und mich. Aber am meisten ärgert mich, dass du dich damit selbst so ins Abseits gestellt hast. Etwas Besseres hätte dem Gremm und dem Kampmann doch gar nicht passieren können. Natürlich ist es ein starkes Stück, dass sie dich verprügelt haben, aber ...« Helmut vollendete den Satz nicht, er hing im Raum und hallte nach und schien plötzlich die Entfernung zwischen den beiden Jungen zu vergrößern.

Erich formulierte für sich im Stillen den Satz zu Ende: »... aber du hast es dir selber zuzuschreiben.« Und das war noch viel schlimmer als die brennende Wange oder der schmerzende Bauch – das Unverständnis des Freundes, ja vielleicht sogar seine Verachtung.

Helmut schien die Kluft, die sich da zwischen ihnen aufgetan hatte, ebenfalls zu spüren, denn er kam näher und sagte fast flehend: »Warum hast du das gemacht? Erklär mir's bitte, Erich. Ich kenne dich doch. Du bist doch kein Streber oder so etwas. Ich würd's einfach gerne verstehen.«

Erich zuckte mit den Schultern. Wie sollte er etwas erklären, was er selbst nicht richtig verstand? Wie konnte er von seinen Erfahrungen reden, von den Verletzungen, die dem Freund völlig unbekannt waren und immer fremd bleiben würden? Wie konnte er den Wunsch erklären, wieder geliebt und respektiert zu werden? Und wie konnte er von der Scham reden, die nun Teil seines Lebens geworden war, und von dem Tier, der Angst, dass etwas mit ihnen passierte, über das sie keinerlei Macht mehr hatten? Er zuckte nur mit den Schultern und sagte leichthin: »Weiß ich auch nicht so genau. Aber so schlimm ist es doch auch wieder nicht. Andere schreiben ja auch ab.«

Helmut wirkte enttäuscht. »Ja, untereinander schreiben wir ab. Das ist Ehrensache. Bei dir ist es aber etwas anderes. Du hast das von langer Hand vorbereitet. Das ist in meinen

Augen Betrug, auch an uns anderen. Wenn's der Gremm nicht gemerkt und dir eine gute Note gegeben hätte, also irgendwie hätte ich das ungerecht gefunden.«

Erich starrte den Freund ungläubig an. »Ob ich beim Gremm jemals eine gute Note bekommen werde, bin ich mir seit heute überhaupt nicht mehr sicher. Vielmehr bin ich mir sogar ganz sicher! Du hast doch gehört, was er gesagt hat.«

»Ich hab doch auch das ›Vorzüglich‹ bekommen, obwohl ich überhaupt nichts von seinem Gesülze gebracht habe.«

»Ja, du!«

»Erich, es war trotzdem nicht in Ordnung. Gerade du musst doch besonders aufpassen!«

Erich wurde plötzlich ganz heiß und er fühlte Wut in sich hochsteigen, eine unbändige Wut. »Was soll das heißen, gerade ich muss aufpassen? Was willst du damit sagen? Soll ich besonders lieb und artig sein, bloß weil ich Jude bin? Nur nicht auffallen, das meinst du doch. Immer kuschen und sich ducken, oder?«

»Erich, du spinnst! Das habe ich doch gar nicht gemeint.«

»Was hast du dann gemeint?«

Helmut zögerte. »Du sollst halt aufpassen, weil der Gremm dich auf dem Kieker hat, das habe ich gemeint.«

»Und warum hat er mich auf dem Kieker? Weil ich Jude bin. Und du verteidigst ihn noch. Ihn und die anderen. Und eins sage ich dir, er hat dich heute gekauft, mit seiner guten Note. Von wegen ›andere Meinung gelten lassen‹. Du kapierst einfach nichts!«

»Ach Quatsch!« Heftig stülpte sich Helmut seine Mütze über. »Mit dir ist heute einfach nicht zu reden. Sag doch wenigstens, dass es dir Leid tut.«

»Es tut mir überhaupt nicht Leid. Vielleicht bin ich ja so!«

Helmut schaute ihn verblüfft an. »Was meinst du damit?«

»Vielleicht bin ich ja wirklich ein Betrüger. Gremm hat doch gesagt, dass es uns im Blut liegt. Hast du dir das schon einmal überlegt?«

Helmut blieb einen Moment wie erstarrt stehen, dann drehte er sich ruckartig um und verließ laut die Tür hinter sich zuschlagend das Zimmer.

Kurz darauf steckte Fanny den Kopf herein und fragte: »Was ist denn heute mit dem jungen Noll los? Sonst ist er doch die Höflichkeit in Person. Jetzt rennt er einfach ohne Gruß aus der Wohnung. Habt ihr euch gestritten?«

Erich antwortete nicht sofort. Er starrte hinaus auf die Straße, wo kurz darauf Helmut auftauchte. Die Hände in den Hosentaschen vergraben rannte er förmlich stadteinwärts. Erst als Fanny näher kam, sagte Erich über die Schulter: »Nichts Schlimmes. Vielleicht fühlt er sich einfach nicht mehr wohl bei uns.«

Fanny war völlig verblüfft. »Was soll denn das heißen? Er ist doch dein allerbester Freund. Was ist heute bloß los?«

Statt einer Antwort fragte Erich sie: »Fanny, du bist doch jetzt schon lange bei uns. Was hältst du von uns?«

Jetzt war Fanny perplex. »Was ist denn das für eine Frage? Ihr seid doch praktisch wie meine Familie.«

»Und wenn du uns mit den christlichen Familien vergleichst, die du kennst?«

»Also, Erich Levi, ich schwöre dir, dass ich in meinem Leben keine besseren Leute getroffen habe als deine Mutter und deinen Vater. Von dir und Max will ich ja gar nicht reden, obwohl ihr manchmal richtige Halunken seid ...«

Erstaunt bemerkte Erich, dass Fanny zu weinen angefangen hatte. Ihre letzten Worte wurden immer wieder von Schluchzen unterbrochen. Sie hockte sich auf die Bettkante und schniefte in ihre Küchenschürze. Behutsam setzte sich Erich neben sie und legte tröstend seinen Arm um ihre Schulter. »Aber Fanny, Fanny, wein doch nicht. Ich hör auch sofort mit meiner blöden Fragerei auf.«

»Das hat nichts damit zu tun.« Fanny schluchzte immer heftiger. »Eigentlich dürfte ich es dir ja gar nicht sagen. Eure Eltern wollen es euch erst kurz vorher mitteilen.«

»Aber was denn, Fanny?« Entschlossen schnäuzte sie sich und blies sich eine blonde Haarlocke aus der Stirn. Dann nahm sie Erichs Hand und hielt sie ganz fest.

»Zum nächsten Ersten muss ich gehen, Erich. Deine Eltern können mich nicht mehr bezahlen. Es fällt ihnen bestimmt nicht leicht. Deine Mutter und ich haben viel geweint in letzter Zeit. Aber es geht wohl nicht mehr. Ich hab auch angeboten, für weniger Lohn zu arbeiten. Aber etwas muss ich ja auch verdienen, denn von den Eltern bekomme ich nichts. Doch deine Mutter sagt, das können sie nicht verantworten. Peter müssen sie behalten, weil ihn dein Vater für die Arbeit braucht, also muss ich eben gehen.«

Erich hörte ihr ungläubig zu. Er starrte auf das Muster des Teppichs und fühlte sich, als sei er in einem Alptraum gefangen.

Fanny schien zu spüren, was in ihm vorging, denn sie sagte in einem betont munteren Ton: »Aber sobald die Geschäfte wieder besser laufen, kann ich zurückkommen! Das hat mir deine Mutter fest versprochen.«

Erich drückte seinen Kopf an ihre Schulter und flüsterte: »Aber was machst du denn jetzt?«

»Ich hab schon eine neue Stelle. Deine Mutter hat sie mir besorgt. In Stuttgart, bei den Wolfs.« Erich nickte. Die Familie Wolf kannte er. Herr Wolf war Geflügelhändler und stand mit dem Vater in geschäftlichen Beziehungen. Sie waren auch schon ein paar Mal zu Besuch hier gewesen. Es waren nette Leute, wenn ihm auch die drei Töchter, die ständig albern kicherten, fürchterlich auf die Nerven gegangen waren. Merkwürdig, dass beim Herrn Wolf die Geschäfte offensichtlich noch liefen. Aber er war froh für Fanny, denn es waren wirklich nette Leute und das sagte er ihr auch.

Sie nickte. »Schon, aber an meine Levis kommt halt keiner heran. Pass auf, am Wochenende bin ich manchmal oben in Neunheim bei den Eltern und dann besuche ich euch.«

»Versprochen?«

»Fest versprochen!«

»Und zu meiner Bar-Mitzwah kommst du in jedem Fall?«

»Großes Ehrenwort, Erich. Und in Stuttgart kaufe ich mir dafür das schönste Kleid, nur dir zu Ehren!«

Eine Weile saßen sie stumm da und hingen ihren Gedanken nach. Erich sah sie in der Tür stehen, damals, als sie zu ihnen gekommen war, mit ihrem Pappkarton in der Hand, die Haare adrett frisiert und mit einem strahlenden Lächeln. Franziska Werner heiße sie, hatte der Vater berichtet. »Aber ihr dürft mich Fanny nennen«, hatte sie sofort hinzugefügt, »alle nennen mich so.« Die Jungen waren schon sehr gespannt gewesen auf das neue Hausmädchen, von dem der Vater ihnen erzählt hatte. Er hatte sie vom Fleck weg eingestellt, nachdem er einen Viehhandel mit ihrem Vater abgewickelt hatte. »Im Haus war's so sauber, dass man glattweg vom Boden hätte essen können«, hatte er erzählt, und der alte Werner habe ganz stolz gesagt, das sei seiner Fanny zu verdanken, die ein besonders tüchtiges Mädchen sei. Sie suche eine Stelle bei einer Familie, um die feine Haushaltsführung zu erlernen. So war man schnell handelseinig geworden, denn Levis suchten seit einiger Zeit ein neues Mädchen, nachdem Anni, die letzte Haustochter, ins Bayerische geheiratet hatte. Zur Frau Levi wolle sie gern gehen, von der höre man ja nur Gutes, und so war Fanny in das Levi'sche Haus eingezogen und hatte die Herzen der Jungen im Sturm erobert.

Trotz seines Kummers musste Erich lächeln, wenn er daran dachte, wie Max auf ihrem Rücken gehangen hatte, wenn Fanny kniend den Boden schrubbte, oder wie sich die Brüder gestritten hatten, wer von ihnen später einmal Fanny heiraten dürfe. Sie war ihre Ratgeberin bei größeren und kleineren Sorgen gewesen und auch ihre Verbündete, wenn einmal ein Teller zu Bruch gegangen war, es einen Riss im Hosenbein zu flicken galt oder wenn man abends verbotenerweise noch etwas Süßes naschen wollte. Ein Leben ohne Fanny, ihre lustige, strahlende Fanny, das war einfach undenkbar!

Am liebsten hätte Erich mitgeheult, aber das erlaubte er sich nicht, stattdessen drückte er den Arm nur fester um Fanny, die sich dann aber nach einer Weile entschlossen erhob und munter sagte: »So, genug geheult, jetzt muss ich Abendbrot machen. Dein Vater kommt gleich aus Lauchheim zurück. Und etwas essen müssen wir ja, denn das Trübsalblasen bringt uns auch nicht weiter.« Sie fuhr Erich liebevoll durch das Haar, wie sie es immer zu tun pflegte, und Erich musste fest die Zähne zusammenbeißen, als er daran dachte, wie sehr ihm das fehlen würde.

Nach einer Weile ging er hinüber zur Mutter ins Wohnzimmer, wo Melanie Levi vor dem Klavier saß, auf dem sie gerade ein paar Takte gespielt hatte. Die Mutter hatte in letzter Zeit ihr geliebtes Instrument nicht mehr oft benutzt, das fiel Erich jetzt ein, deshalb sagte er leise: »Spiel ruhig ein bisschen weiter, Mutter. Ich höre dir gerne zu.«

Die Mutter lächelte und schüttelte den Kopf. »Bei Wagner lauft ihr doch immer alle davon! Und das will ich dir heute nicht auch noch antun.«

Erich musste nun ebenfalls lächeln. Für diese Art Musik hatte er tatsächlich nichts übrig. Aber dann fiel ihm sein Gespräch mit Fanny wieder ein und er erzählte der Mutter davon.

»Dann hat sie es dir also gesagt. Wir wollten euch so lange wie möglich nicht damit belasten und es euch erst kurz vor ihrer Abreise sagen. Ihr habt ja vielleicht auch schon gemerkt, wie bedrückt Fanny in der letzten Zeit war.«

»Gibt es denn keine Möglichkeit, Mutter?«, fragte Erich, obwohl er die Antwort schon wusste.

Die Mutter schüttelte den Kopf. »Keine, Erich, glaube mir. Wir würden Fanny nicht ohne Not gehen lassen. Aber die Geschäfte laufen immer schlechter.«

»Trotzdem, Fanny hat doch angeboten, für weniger Lohn zu arbeiten.«

Die Mutter schüttelte den Kopf, sie sah sehr ernst aus. »Erstens wäre das nicht recht, Erich. Fanny braucht ihren Lohn, sie muss auch etwas zurücklegen können, beispielsweise für ihre Aussteuer. Und zweitens ... ich sag dir ganz ehrlich, wir müssen gerade jeden Pfennig umdrehen. Ich mache mir solche Sorgen, dass wir bald auch Peter nicht mehr bezahlen können. Und außerdem ...«, hier senkte die Mutter die Stimme, »ich bin für Fanny froh, dass sie von hier wegkommt. Sie hat zwar nicht viel erzählt, aber ich weiß einiges, unter anderem auch von Martha Bieg. Unsere Fanny ist in letzter Zeit öfter angepöbelt und beschimpft worden, weil sie bei einer jüdischen Familie arbeitet.«

»Ach, du meinst die Heeb«, meinte Erich wegwerfend.

»Nicht nur die, es gibt auch einige andere. Seien wir froh,

Erich, dass Fanny das in Zukunft vielleicht erspart bleibt. Die Wolfs sind zwar jüdisch, aber getauft, da ist es sicher nicht so schlimm. Um Fannys willen, auch wenn es uns schwer fällt, müssen wir über ihr Weggehen froh sein.«

Dagegen gab es nichts mehr zu sagen. Mit schwerem Herzen erhob sich Erich und drückte die Mutter kurz an sich. Er ging wieder zurück in sein Zimmer und setzte sich an den Tisch. Durch die geschlossene Tür hindurch hörte er nach einer Weile leise und wie verweht Musik. Die Mutter hatte wieder zu spielen begonnen. Es klang nach Wagner, den die Mutter aus für Erich unerfindlichen Gründen so sehr liebte, aber die getragenen Töne ergriffen den Jungen nun doch wider Willen.

Er saß und starrte auf die gegenüberliegende Wand, an der einige Kinderzeichnungen von ihm und Max befestigt waren. Eine davon zeigte fünf krakelig gemalte Männchen, in denen man aber doch einen Mann, zwei Frauen und zwei Kinder erkennen konnte. Der Mann trug einen riesengroßen Hut, die Frauen hatten gewaltig ausladende Röcke an und der größere der Jungen führte den Kleinen. Auffällig war in den kreisrunden Gesichtern der breite nach oben gezogene Mund, alle lachten und spazierten hintereinander auf einer Wiese mit bunten Blumen. Darunter hatte ein Kind, es war wohl Max gewesen, in ungelenker Schrift und mit einigen Fehlern »Papa, Mama, Fanny, Erich, Max« geschrieben. Unverwandt beobachtete Erich das Bild und bemerkte dabei nicht, dass ihm die Tränen über die Wangen liefen.

Kurz vor dem Abendessen war der Vater noch einmal ins Zimmer gekommen und hatte ihn inständig gebeten, Max noch nichts von Fannys Entlassung zu sagen. »Er leidet schwer genug darunter, dass man seinen Bruder verprügelt hat, das wäre zu viel auf einmal für ihn.«

Müde hatte Erich genickt. Er verspürte selbst keine Lust, darüber zu reden. Eigentlich wollte er nur noch schlafen und die Alpträume dieses Tages vergessen. Zögernd hatte der Vater ihm angeboten, für morgen eine Entschuldigung zu schreiben. »Denn dass du nicht in die Schule willst, so wie du aussiehst, können wir gut verstehen. Vielleicht wartest du erst einmal ein paar Tage ab, bis das meiste verheilt ist.«

Bis das verheilt ist, so lange kann ich gar nicht warten, dachte der Junge, drückte dem Vater aber dankbar die Hand. »Danke, Papa, aber irgendwann muss ich da sowieso wieder hin. Deshalb bringe ich es so schnell wie möglich hinter mich.«

Julius Levi nickte. »Das habe ich mir auch gedacht. Ich bin stolz auf dich, Erich. Und denke daran, wir werden auch das überstehen.«

Dann ging er leise hinaus und kurz darauf schob sich Max ins Zimmer. Er sah den Bruder scheu an, kam zögernd näher und fragte mit gepresster Stimme: »Tut's noch sehr weh?«

»Es geht so. Ich spür schon fast gar nichts mehr.«

Max schluckte. »Alle in der Stadt wissen es, dass sie dich verprügelt haben. Viele haben mich nach dir gefragt, aber ich habe denen nichts erzählt. Und dass sie dieses ... dieses Wort gesagt haben, wissen auch alle. Einige haben's mir heute auch nachgeschrien, als ich mit Willi beim Spielen war. Aber ich hab so getan, als ob ich nichts gehört hätte.«

Erich nickte. »So ist es gut, Max. Wir hören einfach nicht darauf. Komm, lass uns zum Abendessen gehen.« Aber Max war noch nicht fertig. Er zeichnete mit seiner Schuhspitze die verschlungenen Muster des Teppichs nach.

»Willi hat mir aber auch erzählt, dass du etwas Schlimmes angestellt hast in der Schule und dass sie dich deshalb verprügelt haben. Stimmt das?«

Einen Moment überlegte Erich. »Das stimmt leider, Max. Ich hab einen Riesenblödsinn gemacht. Das ist aber kein Grund, jemanden zu verhauen.«

Max nickte eifrig. »Das hab ich Willi auch gesagt. Und dann noch alle gegen einen. Außerdem habe ich gesagt, dass mein Erich nichts Schlimmes macht. Mein Bruder hat das nämlich gar nicht nötig, hab ich gesagt.«

Gerührt gab ihm Erich einen Knuff in die Seite. Gegenseitige Liebesbezeigungen waren seit einiger Zeit verpönt, trotzdem hätte ihn Erich am liebsten in den Arm genommen, wie damals, als Max noch ein kleiner Junge war und manchmal zu ihm rannte und seine Arme um seine Knie schlang und dabei treuherzig flüsterte: »Erich lieb!«

Weggehen?

Am nächsten Morgen betrachtete sich Erich eingehend im Spiegel. Die rechte Wange war immer noch leicht geschwollen und stark gerötet, an Waden, Schienbein und auch am Bauch hatten sich blaue Flecke gebildet. Deshalb zog er ein Paar lange Hosen an, obwohl es draußen schon fast hochsommerlich warm war. Beim Frühstück konnte er nichts essen, mit Mühe brachte er einige Schlucke Milch hinunter. Sein kurzer Weg zur Schule schien ihm heute endlos lang. Er meinte überall Blicke zu spüren, die auf ihn gerichtet waren, und fast kam es ihm vor, als liefe er durch eine eigens für ihn gebildete Gasse, die eine unsichtbare Grenze umschloss. Kampmann und die anderen saßen schon an ihren Plätzen und waren offensichtlich in eine Diskussion mit Reger, dem Klassensprecher, und einigen anderen verwickelt. Bei Erichs Eintreten hörten aber die Gespräche jäh auf und alle Blicke fuhren ruckartig zu ihm hinüber. Für einen Moment herrschte Stille und erst ganz langsam setzte dann etwas gedämpfter der übliche Alltagslärm wieder ein, als sich Erich scheinbar völlig unbeteiligt an seinen Platz setzte und schweigend Bücher, Hefte und Schreibmaterial hervorkramte. Erwin musterte ihn scheu von der Seite und auch die anderen warfen verstohlene Blicke nach vorne. Einer fehlte, Helmut, das hatte Erich beim Eintreten als Erstes gesehen. Kurt stand mit Reger bei der Gruppe, die jetzt leise ihre Unterredung mit Kampmann fortsetzte. Er konnte einige Wortfetzen aufschnappen, es ging im Wesentlichen wohl darum, dass ein Teil der Klasse mit der Prügelei nicht einverstanden war.

Erich spitzte die Ohren und horchte angestrengt, dabei hörte er Kampmann zischeln: »… dann seid ihr auch dran!«, als plötzlich die Tür aufflog und Dr. Fetzer, ihr Erdkundelehrer, den Raum betrat. Fetzer war ein schon älterer Lehrer, der kurz vor der Pensionierung stand. Erich mochte ihn gerne, obwohl sein Unterricht im Wesentlichen aus einem eintönigen Monolog bestand, den er zur Auflockerung mit rhythmischen Schlägen des Rohrstocks gegen die aufgehängte Wandkarte begleitete. Aber er hatte auch Witz und eine gehörige Portion Ironie, mit der er seine eigene Person nicht verschonte, vor allem aber war er gerecht und unbestechlich. Und das war, fand Erich, für einen Lehrer das Allerwichtigste, besonders in dieser Zeit. Fetzer setzte sich an das Lehrerpult und betrachtete die Klasse über den Rand seines Kneifers, dabei blieb sein Blick an Erich hängen. Ohne Einleitung oder Begrüßung begann er plötzlich unvermittelt von der gestrigen Prügelei zu sprechen.

»Eine Zuchtlosigkeit und eine Schande …«, polterte er und sprach davon, dass das Prügeln neuerdings ja sehr in Mode gekommen sei.

Sofort sprang Kampmann auf und fragte scharf: »Wie meinen Sie das, Herr Studienrat?«

Alle blickten wieder nach vorn zu Fetzer, der für einen Moment ruhig dasaß, dann aber aufstand und seine Wanderung durch die Klasse begann, wie üblich die Hände auf dem Rücken verschränkt. Ohne auf Kampmann direkt einzugehen, sprach er dann davon, dass Schlagen im Speziellen und Gewalt im Allgemeinen keine Mittel zur Lösung von

Problemen darstellten. Dabei nahm er seinen Kneifer ab und putzte ihn ausgiebig mit dem Taschentuch, dann fuhr er leise fort: »Im Gegenteil, die Probleme, die dadurch geschaffen werden, sind noch viel größer. Und das Wichtigste, unendlich viel Kostbares wird dadurch zerstört, ist unwiederbringlich verloren.«

In der Klasse war es totenstill. Jeder wusste, dass Fetzers einziger Sohn blutjung in den Schützengräben von Verdun gefallen war. Auch Kampmann wusste das und für einen Moment schien es, als banne ihn dieses Wissen auf seinen Platz, dann aber schnellte er wieder auf und blaffte: »Das war keine Antwort auf meine Frage, Herr Studienrat!«

»Ach, Kampmann!« Müde blickte Fetzer ihn über den Rand seines Kneifers an. »Setz dich, Kampmann, und schlage deinen Atlas auf. Du musst noch viel lernen, wie ihr anderen auch alle. Die Oberrheinische Tiefebene, wenn ich bitten darf, meine Herren.« Im Vorbeigehen drückte er fest Erichs Schulter und setzte sich dann an seinen üblichen Platz am Pult.

Mechanisch starrte der Junge auf den vor ihm liegenden Atlas mit der Karte der Oberrheinischen Tiefebene, ohne von Fetzers Vortrag irgendetwas mitzubekommen. Zum ersten Mal seit langer Zeit fühlte er so etwas wie Freude. Es war nur eine verhaltene, kleine Freude, aber sie tat gut, wärmte und durchflutete seinen Körper. Der Zuspruch von Fetzer, wenn auch nur indirekt, Regers Kritik an Kampmann, die anderen, die dabeigestanden hatten – irgendwie tat das gut und half ihm über den schwierigen Anfang dieses Schultags. Der restliche Vormittag ging zäh, aber ereignislos vorbei. Die anderen Lehrer taten so, als wüssten sie von gar nichts, auch Erichs geschwollenes Gesicht schien ihnen keine Beachtung wert. In der Pause allerdings konnte

Erich beobachten, dass Kampmann auffallend erregt schien. Er gestikulierte wild und sprach auf seine Kameraden ein, die ihn umringten.

»Alter Trottel« und »... dem werd ich es schon zeigen ...«, konnte Erich aufschnappen, weil er mit Erwin nicht weit davon entfernt stand.

Reger war gleich zu Beginn der Pause auf sie zugegangen und hatte etwas verlegen hervorgestoßen: »Tut mir Leid, Levi, ich meine das, was gestern passiert ist. Ein paar andere und ich haben mit Kampmann gesprochen, wie ungerecht es war, so viele gegen einen. Aber du weißt ja, wie er ist! Und zum Klassenlehrer kann ich ja auch schlecht gehen ...«

Der Satz blieb unfertig zwischen ihnen stehen, aber Erich nickte. Nein, zu Gremm konnte er schon gar nicht gehen! Er bedankte sich bei Reger und freute sich noch mehr, als kurz darauf auch Kurt zu ihnen trat.

»Weißt du, was mit Helmut los ist?«, fragte Erich ihn hastig, aber Kurt schüttelte nur den Kopf.

»Keine Ahnung. Habe ihn seit gestern nicht mehr gesehen.« Kurt ging sogar mit ihm und Erwin nach dem Pausenklingeln in das Klassenzimmer zurück, was ihm Erich hoch anrechnete, weil Gremm an diesem Tag die Pausenaufsicht hatte und sie mit scheelem Blick beobachtete.

Nach der Schule blieb Erich unschlüssig mitten auf dem Stiftsplatz stehen. Zu gerne wäre er hinübergegangen in das große stattliche Haus dort drüben, das Haus der Nolls, um in Erfahrung zu bringen, was mit Helmut los war. Aber er traute sich einfach nicht. Wie konnte er Herrn Noll in die Augen sehen, der sicher schon von seinem Betrug wusste? Was, wenn Frau Noll ihm den Eintritt verwehrte, weil Helmut ihn nicht mehr sehen wollte? Ihn, den Betrüger, den Verräter ihrer Freundschaft! Da sah er plötzlich Kati, die mit zwei schwer bepackten Einkaufstaschen auf die Eingangstür zusteuerte. Er rannte zu ihr hin und hielt ihr höflich die Tür auf, und fragte dabei hastig, was mit Helmut los sei.

»Krank«, sagte sie lakonisch. »Fieber und Halsweh. Aber nichts Ernstes, sagt der Doktor. In ein paar Tagen kann er wieder in die Schule.«

Erich bedankte sich und stieß ein hastiges »Grüßen Sie ihn schön von mir« aus, dann rannte er hinunter zum elterlichen Haus.

Im Flur stand ein großer, nagelneuer, brauner Lederkoffer. »Unser Abschiedsgeschenk an Fanny«, sagte die Mutter von der Küchentür her, als Erich den Koffer misstrauisch umrundete. »Damit sie nicht wieder mit einem Pappkarton verreisen muss. Wie war's in der Schule?«

»Gar nicht schlecht«, sagte Erich und warf dem Koffer einen letzten Blick zu, am liebsten hätte er ihm einen Tritt gegeben. Er ging mit der Mutter in die Küche, wo sie wohl gerade Zwiebeln geschnitten hatte, denn der süßlich beißende Geruch hing noch stark in der Luft. In der Kasserolle auf dem Herd brutzelte etwas. So wird es jetzt immer sein, dachte der Junge. Fanny wird nie mehr da sein, wenn ich mittags nach Hause komme, und die Mutter muss die ganze Arbeit machen.

»Wo ist Fanny?«, fragte er und die Mutter erklärte ihm, sie sei auf dem Rathaus, um irgendwelche Papiere zu holen.

»Aber erzähl mir von der Schule«, bat sie und Erich berichtete alles, erzählte ihr von Fetzer und von Reger und den anderen.

»Das ist schön.« Die Mutter war sichtlich erleichtert. »Aber entschuldigt hat sich keiner bei dir?«

»Entschuldigt!«, schnaubte Erich. »Mama, wo denkst du hin? Ich bin ja schon froh, wenn sie mich in Ruhe lassen.«

»Trotzdem«, beharrte die Mutter, »ich verstehe da auch die Lehrer nicht. Aber Vater meint, man könne da nichts machen. Ich habe ihn so gebeten, sich zu beschweren, aber er sagt, dass wir dagegen nicht ankommen. Nach dem letzten Besuch beim Direktor ist er so mutlos geworden, ich verstehe ihn einfach nicht.« Sie ließ sich auf den Küchenstuhl sinken und war ganz blass.

»Es macht mir wirklich nicht viel aus«, beteuerte Erich und dachte bei sich, dass das eine faustdicke Lüge war. Aber die Mutter sah so niedergeschlagen aus, dass er sie unbedingt beruhigen musste. »Der Papa hat beim letzten Mal halt gemerkt, dass die Nazis jetzt auch in der Schule das Sagen haben. Und gegen den Gremm zum Beispiel kommst du wirklich nicht an.«

»Aber die können sich doch nicht alles erlauben!« Die Mutter schien ganz fassungslos.

»Anscheinend doch. Aber vielleicht hat der Süssel-Onkel ja doch Recht, dass sich nach einer Weile alles wieder beruhigen wird.«

Die Mutter schüttelte nur müde den Kopf. Eine Weile schwiegen beide, Melanie am Küchentisch sitzend und ihre in den Schoß gefalteten Hände betrachtend, Erich gegen das Buffet gelehnt, die Beine übereinander geschlagen.

Plötzlich sagte die Mutter unvermittelt: »Seit einiger Zeit denke ich, ob es nicht besser wäre, fortzugehen.«

Erich fuhr hoch, er schaute die Mutter fassungslos an. »Wie meinst du das?«

»Nun, Tante Mina hat mir geschrieben, dass Siegfried seit einiger Zeit immer stärker darauf drängt, dass sie und Ilse nach Amerika nachkommen. Er macht sich große Sorgen um sie. Und Erna, Herta und Trudel dringen ebenso inständig darauf, dass sie zu ihnen nach Spanien auswandern.«

Siegfried war Tante Minas und Onkel Louis' einziger Sohn, der seit einigen Jahren als erfolgreicher Geschäftsmann in der Nähe von Chicago lebte. Die drei älteren Töchter wohnten in Barcelona, wo Erna, die Älteste, mit ihrem Mann eine kleine Stahlwarenfabrik betrieb.

»Und wir sollen dann auch fortgehen, nach Amerika oder Spanien?«, fragte Erich noch immer überrumpelt zurück. »Aber hier ist doch unser Zuhause. Und Papa hat sein Geschäft hier. Und überhaupt …« Plötzlich fiel ihm nichts mehr ein. Er wusste nur, dass er nie im Leben von hier wegwollte, trotz Kampmann, trotz Gremm, trotz der anderen. Es war ihr Zuhause und niemand konnte sie von hier vertreiben.

Die Mutter wirkte plötzlich ganz unruhig. Sie sprang auf und wischte sich über die Stirn, als verscheuche sie einen bösen Traum. Hastig machte sie sich am Herd zu schaffen und sagte über die Schulter: »Ach lass, Erich, das war nur so ein dummer Gedanke. Man kommt auf alle möglichen Ideen, wenn man nicht mehr weiterweiß. Und im Moment kommt gerade alles zusammen.«

Erich starrte eine Weile auf ihren leicht nach vorne gebeugten Rücken. Wenn die Mutter schon so etwas dachte! Womöglich war ja alles viel schlimmer, vielleicht verschwiegen ihm die Erwachsenen etwas. Womöglich gab es Dinge, von denen er nichts wusste? Er nahm sich vor, regelmäßiger die Zeitung zu lesen, obwohl der Vater sagte, dass man ihrem guten alten Amtsblatt nicht mehr alles glauben durfte.

»Die Redakteure stehen gewaltig unter Druck, es wird überall Zensur ausgeübt«, hatte er letzthin beim Frühstück erzählt, als er einen oberflächlichen Blick auf die Schlagzeilen geworfen hatte. Und auf Max' Nachfrage, was denn »Zensur« sei, ob diese Redakteure wohl auch Noten bekämen wie sie in der Schule, hatte er erklärt, so ähnlich sei das in der Tat, nur mit viel schlimmeren Konsequenzen. »Artikel, die den Nazis nicht gefallen, werden einfach nicht gedruckt, und die Journalisten, die solche Artikel schreiben, müssen damit rechnen, dass sie entlassen werden. Der Schlosser hat mir erzählt, dass der Chefredakteur von unserem Amtsblatt sogar richtig bedroht wird. In diesem neuen ›Käseblatt‹ der Nazis habe sogar etwas von baldiger Verhaftung gestanden.«

Erich kannte das neue »Käseblatt«, wie der Vater es nannte. Seit kurzem hatte sich die Redaktion in der Oberamtsstraße in einem nagelneuen Büro niedergelassen und ein Schaukasten war draußen angebracht. Dort drinnen hing dann die jeweils neueste Ausgabe der »Nationalzeitung«. Und Kampmanns Vater druckte das »Käseblatt«, insofern war seine Rechnung aufgegangen.

Beim Mittagessen stocherten alle lustlos im Essen herum, obwohl Mutter ein leckeres Gulasch gekocht hatte. Fannys nahende Abreise lag wie ein Schatten über der Familie, nur Max war noch unbefangen und erzählte eine lustige Geschichte aus dem Englischunterricht. Die nächsten Tage vergingen in dieser gespannten Atmosphäre, in der man auf ein Ereignis wartet, vor dem man sich fürchtet, das aber unausweichlich auf einen zukommt. Einen Tag vor Fannys Abreise nahm dann der Vater Max beiseite und erzählte ihm alles. Die beiden gingen ins Wohnzimmer, und Erich half noch einmal Fanny beim Abwasch – zum letzten Mal, dachte er traurig.

Plötzlich hörten sie Max aufschreien, es gab Gepolter, als würde ein Stuhl umgeworfen, und dann wurde die Tür aufgerissen und Max stand da, leichenblass. »Ich will nicht, dass du weggehst, Fanny«, heulte er auf und warf sich in ihre Arme. Fanny kauerte erschrocken auf dem Boden und strich mit der nassen Hand begütigend über den Kopf von Max.

»Fanny soll bleiben!« Unter lautem Heulen stieß er immer wieder diesen Satz hervor.

Erich stand wie erstarrt, das Küchentuch war seiner Hand entglitten und die Mutter harrte verstört in der Tür und betrachtete die Szenerie. Endlich kam der Vater, zog Max von Fanny weg und gab ihm eine kräftige Ohrfeige. Erich zuckte zusammen, aber offenbar half diese Therapie, denn Max hörte augenblicklich auf zu heulen. Er starrte für einen Moment seinen Vater an, das Gesicht voll Trauer und Trotz, dann rannte er an der Mutter vorbei in sein Zimmer.

»Ich wusste nicht, dass er es so schwer nimmt«, sagte der Vater aufseufend zu Fanny. »Bitte entschuldige diesen Auftritt, Fanny. Er hängt halt sehr an dir.«

Erich sah entsetzt, dass Fanny und seine Mutter plötzlich auch heftig zu weinen begannen. Gleich fange ich auch an zu heulen, dachte der Junge und flüchtete hinauf auf den Dachboden. Er vergrub den Kopf zwischen den Knien. Auf dem staubigen Boden hockend wartete er, bis das Brennen in seiner Kehle nachließ. Dann ging er wieder hinunter, um Max zu trösten und abzulenken.

Ausgerechnet am Sabbat fand das letzte gemeinsame Abendessen für Fanny im Haus der Familie Levi statt. Gemeinsam mit der Mutter hatte sie noch einmal alle Vorbereitungen getroffen, den Tisch gedeckt, die Challoth gebacken, das Essen vorbereitet, die Leuchter angezündet. Julius war in die Bergstraße zum Gottesdienst gegangen und hatte Max und Erich aufgefordert mitzukommen. Aber beide hatten abgelehnt. Sie wollten noch jede Minute mit

Fanny auskosten. Nach dem Essen, reichlich und üppig wie immer am Sabbat-Abend, hielt der Vater noch eine kleine Ansprache, in der er Fanny für alles dankte.

»Wie wird mir das alles fehlen«, seufzte Fanny und ließ ihren Blick über die Tafel gleiten, über das gute Geschirr, das sie immer so sorgsam gehütet hatte, über die silbernen Leuchter und den Sabbat-Teller, auf dem noch die Krümel der Challoth lagen. »Wolfs sind ja getauft, da gibt es keinen Sabbat mehr. Ich hab das immer als besonders festlich und schön empfunden, Frau Levi. Und so viel habe ich bei Ihnen gelernt …« Hier brach ihre Stimme und sie musste zum Taschentuch greifen.

Gleich fangen wieder alle zu heulen an, dachte Erich erschrocken und begann hastig eine komische Geschichte zu erzählen, in der Fanny und ein Hausierer die tragenden Rollen spielten. Bald flogen die Erinnerungen hin und her – »… Weißt du noch, Fanny … Ach, war das komisch … Erinnerst du dich noch an …« Erich tat sich vor allem als Imitator hervor und Fanny und die anderen mussten schmunzeln oder lachten sogar laut, auch wenn ihnen gar nicht danach war.

Am nächsten Morgen lud der Vater den neuen Reisekoffer auf den Leiterwagen. Die Familie stand im Hausflur versammelt und umringte Fanny, die ganz schick aussah in einem geblümten Kleid mit Spitzenkragen, das sie extra für die neue Stelle bei Fräulein Klara Österlein gekauft hatte, die ein kleines Kleidergeschäft in der Apothekergasse betrieb. »In der Stadt muss man mehr auf sich halten als bei uns auf dem Land«, hatte sie Erich anvertraut und ihm zwei neue Blusen und einen neuen Rock gezeigt, die sie ebenfalls bei Fräulein Österlein erstanden hatte.

Erich musste grinsen. »Bald wirst du sämtlichen jungen Stuttgartern den Kopf verdreht haben. Schlange werden sie stehen bei Wolfs ...«, und sie hatte ihm lachend einen Knuff in die Seite gegeben, wie immer, wenn sie einander neckten.

Jetzt gaben sie sich nur wortlos die Hand. Fanny umarmte Frau Levi, drückte Max kurz an sich und ging dann hinter Julius her, der sich mit dem Leiterwagen auf den Weg in Richtung Bahnhof gemacht hatte. Die drei Zurückgebliebenen blickten dem rumpelnden Leiterwagen mit dem neuen Koffer nach, sahen hinter Fanny mit den wippenden Löckchen und dem schwingenden Rock her, bis sie durch den Torbogen des Gymnasiums gebogen und endgültig ihren Blicken entschwunden war. Aus dem Geschirrladen, der im Erdgeschoss des Wohnhauses untergebracht war, kam Maria, das Lehrmädchen, und gesellte sich zu den dreien, die immer noch reglos dastanden. »Was ist denn mit der Fanny?«, wollte sie von Melanie wissen. »Warum geht sie denn weg?«

»Maria, sei nicht so naseweis, das geht dich gar nichts an!« Die jüngere der Fräulein Pfisterer, denen Geschäft und Haus gehörten, war hinzugekommen. Sie wies Maria barsch an, zurück in den Verkaufsraum zu gehen, und drückte kurz Mutters Arm. »Schade, dass die Fanny geht. Ich hab sie immer sehr gern gehabt. So ein frisches und fleißiges Mädchen! Aber die Zeiten sind halt nicht einfach. Sie tun mir Leid, Frau Levi.«

Die Mutter nickte ihr dankbar zu. »Das kann man wohl sagen. Aber trotzdem – danke, Fräulein Pfisterer.«

Gemeinsam mit Max marschierte Erich die kleine Anhöhe bis zum Hauptportal des Gymnasiums hinauf. Sie würden heute zu spät kommen zur ersten Stunde, aber das war ihnen egal. Lafrentz, der Geschichtslehrer, trug ihn in das Klassenbuch ein und machte dabei irgendeine anzügliche Bemerkung, die Erich aber gar nicht wahrnahm. Er setzte sich auf seinen Platz und registrierte im Vorbeigehen, dass Helmut zum ersten Mal wieder da war. Katis optimistische Prognose hatte sich als falsch herausgestellt. Kurt war nach ein paar Tagen bei Nolls vorbeigegangen und hatte die Nachricht mitgebracht, dass Helmut Angina hatte und voraussichtlich für längere Zeit das Bett hüten musste. Erich hatte immer wieder das Noll'sche Haus umkreist, einen Brief für Helmut in der Hand, aber er fand nie den Mut, hineinzugehen. So zerriss er jeden Abend den Brief, um am nächsten Tag einen neuen zu schreiben. Und jetzt war Helmut wieder da!

In der Pause wartete er mit klopfendem Herzen und beobachtete Helmut aus den Augenwinkeln. Tatsächlich, Helmut kam auf ihn zu und streckte ihm die Hand hin. »Hallo, Alter, lange nicht gesehen«, sagte er in gespielt munterem Ton.

Erich strahlte, aber bemerkte auch, dass der Freund ein ziemlich spitzes Gesicht bekommen hatte und ganz blass aussah. Auf seine Nachfrage meinte Helmut gleichgültig: »Ja, ja, es hat mich ganz schön erwischt. Aber jetzt habe ich wenigstens wieder Hunger.« Zögernd setzte er hinzu: »Du, Erich, können wir am Wochenende etwas zusammen unternehmen? Meine Eltern fahren nachher nach Stuttgart. Vater besucht irgend so ein grässliches Treffen seiner Burschenschaft. Hast du Lust?«

»Aber klar doch!« Erich kam es vor, als fiele ihm der berühmte Stein vom Herzen. Es gab keinen Streit, sein Freund war ihm nicht länger böse. Sie verabredeten sich für den späten Nachmittag, denn Frau Levi legte am Sabbat auf ein ausgiebiges Mittagessen größten Wert. Sie bezogen auch

Kurt ein, der gönnerhaft erklärte, er wolle sehen, dass er sich von zu Hause loseisen könne. Fast wie früher, dachte Erich, als er nach Hause lief, und er vergaß sogar ein wenig den Kummer über Fanny.

Am Nachmittag trafen sich Erich und Helmut am Stiftsplatz und fuhren dann mit ihren Fahrrädern die steile Anhöhe der Schlosssteige hinauf. Oben angekommen durchquerten sie auf dem holprigen Pflaster die Tore der äußeren Ringmauer und stellten die Fahrräder ab. Durch eine schmale Tür traten sie auf einen engen Weg, der um das Schloss herumführte. Hier gab es Wiesen und Gärten und vor ihnen lag die Stadt, wie aus einer Spielzeugkiste ausgebreitet. Sie ließen sich auf ein kleines Mäuerchen nieder und begannen Steinchen gegen irgendwelche imaginären Ziele zu werfen.

Erich hoffte inständig, Helmut würde von sich aus das Gespräch auf ihren Streit bringen, aber nach zögerlichem Schweigen begann Helmut eine Geschichte über einen entfernten Verwandten zu erzählen, der für eine deutsche Firma in Buenos Aires arbeiten sollte. »Denk dir, Argentinien! In drei Tagen fahren sie von Bremerhaven aus direkt nach Südamerika.«

Helmut war ganz begeistert, aber Erich sank das Herz klaftertief, denn er musste plötzlich an die Überlegungen der Mutter denken, Deutschland zu verlassen. Von sich aus brachte er das Gespräch auf den alten Fetzer und sein Verhalten am Morgen nach der Prügelei, um so den Freund auf das Thema zu bringen, aber Helmut sagte nur nebenbei: »Er muss aufpassen, was er sagt. Mein Vater hat schon etwas von Frühpensionierung läuten hören, das wäre ja noch das Beste für ihn. Einigen geht er hier gewaltig auf die Nerven, und man muss sich schon Sorgen um ihn machen.«

Erich fuhr erschrocken herum. »Was heißt *aufpassen*? Er sagt ja nie direkt etwas gegen die Nazis.«

»Aber indirekt, und das sehr deutlich. In seiner Unterprima sitzt der Grimminger, seit neuestem HJ-Führer von Ellwangen, und Kampmann ist sein Stellvertreter. Die lauern förmlich auf jede Äußerung von ihm. Wenn der Grimminger in seiner HJ-Uniform antanzt, wird der Fetzer jedes Mal ganz pampig. Bei uns hielt er sich ja noch einigermaßen zurück.«

Jetzt musste Erich grinsen. »Na ja, er gibt uns ja dauernd deutlich zu verstehen, dass er uns für ziemlich dumm hält. Und die Nazis speziell hält er für oberdumm. Kampmanns Gesicht hättest du sehen sollen ...«

Jetzt musste auch Helmut lächeln. »Ich mag den Alten ziemlich gern. Er ist zwar ein bisschen verschroben, aber sonst schwer in Ordnung. Und Mut hat er, das muss man ihm lassen.«

Plötzlich wurden die Jungen wieder ernst. »Ich mach mir jetzt richtig Sorgen um ihn«, sagte Erich leise und sah den Freund von der Seite an. Aber Helmut reagierte nicht, er blickte starr auf die unter ihnen liegende Stadt und begann wieder mechanisch mit Steinchen zu werfen.

Wenig später kam Kurt atemlos angerannt und berichtete schnaufend, sein Vater habe ihn nicht weggehen lassen wollen. Er habe ihm hoch und heilig versprechen müssen, diesen Levi künftig zu meiden. »Nichts für ungut, Erich, aber mein Alter hat die Hosen gestrichen voll, er wartet gerade auf seine Beförderung und da müssen die Parteifreunde günstig gestimmt sein.«

»Und da hast du also zur Notlüge gegriffen«, grinste Helmut.

»So ungefähr. Genau genommen habe ich von Erich gar

nichts gesagt, ich hab nur erzählt, dass ich mich mit dir treffe. Und das ist ja nicht gelogen.«

Sie fuhren hinunter zu den Schlossweihern. Helmut nahm Kurt, der kein Fahrrad hatte, auf dem Gepäckträger mit. Erich fuhr vorneweg, Enttäuschung und Scham wühlten in ihm und er fuhr so schnell, dass Helmut, der stärker abbremsen musste, nicht mehr mitkam. Auf seine Zurufe reagierte er nicht, verbissen lenkte er sein Fahrrad auf dem steilen Weg nach unten. Am liebsten wäre er ja endlos weitergefahren, weit weg, auch weg von den Freunden. Die Kluft war ja da, unübersehbar. Helmut redete nicht mehr offen mit ihm und Kurt, nun, der war wenigstens ehrlich.

An den Weihern angekommen, beobachteten sie eine Weile die dickleibigen Karpfen, die träge durch das grünliche, stumpfe Wasser schwammen. Kurt machte halbherzig einige Vorschläge, was sie denn unternehmen könnten, bis Erich unvermittelt ankündigte, er müsse jetzt nach Hause fahren. Er packte sein Fahrrad und fuhr schnell davon, dabei spürte er die Blicke der verblüfften Freunde im Rücken.

Was sie jetzt wohl denken, überlegte er trotzig, als er die Schlossvorstadt entlangfuhr. Aber egal. Es ist einfach nicht mehr so wie früher und es wird nie mehr so sein.

In der nächsten Woche informierte Gremm die Klasse, dass für Ende Juni das große Kinderfest mit Sportwettkämpfen geplant sei. Dabei solle es auch einen großen Umzug durch die Stadt geben. Die Klasse lärmte freudig aufgeregt und in den anschwellenden Krach hinein sagte Gremm kurz: »Erich Levi, Erwin Levi, ihr seid von der Teilnahme an dieser Veranstaltung ausgeschlossen.«

Erwin zuckte kurz zusammen und drehte den Kopf fragend zu Erich, der zurückflüsterte: »Hast du's anders erwartet?«

Nach dieser letzten Ankündigung war es für einen kurzen Moment in der Klasse still geworden, dann aber gingen die Gespräche weiter, so als sei es schon ganz selbstverständlich, dass die beiden Levis bei irgendetwas nicht dabei sein durften.

Im Sportunterricht teilte Kuhn, ein junger drahtiger Assessor, die Mannschaften für die Staffelläufe und das Fußballturnier ein. Er war ein gutmütiger, wenn auch etwas naiver Lehrer, der bei den sportlichen Schülern beliebt, bei den weniger sportlichen aber geradezu verhasst war, denn er galt als fanatischer Anhänger der umfassenden Körperertüchtigung. Mit Politik hatte er überhaupt nichts am Hut, das hatten die Jungen bald gemerkt, allerdings begrüßte er die Politik der »Bewegung«, wie er es nannte, deshalb begeistert, weil Sport unter den Nazis jetzt zum Hauptfach geworden war. Erich wunderte sich nicht im Geringsten, als Kuhn bei der Mannschaftsaufstellung für den Fußball seinen Namen nannte, er war schließlich sein bester Stürmer und das allein zählte.

»Levi, Erich, du spielst links außen. Versuche immer über die Flügel zu kommen und schieß deine Flanken zu Heidt in die Mitte.«

»Verzeihung, Herr Assessor …« Erich grinste schief. »Ich bin von der Teilnahme an der Sportveranstaltung ausgeschlossen.«

»Warum denn, bist du krank oder verletzt?« Kuhn blickte erstaunt. »Also, das geht nicht, ich kann auf dich nicht verzichten.«

Erich blickte ihn unverwandt an. »Es geht wirklich nicht, Herr Assessor. Herr Studienrat Gremm hat mir die Teilnahme am Kinderfest ausdrücklich verboten.«

»Aber wieso denn …?« Kuhn wirkte in diesem Moment

ausgesprochen dümmlich. Die Kampmann-Gruppe feixte, die anderen sahen verlegen zu Boden. Plötzlich schien ihm ein Licht aufzugehen. »Ach so, nun ja …« Kuhn geriet ins Stottern, fasste sich dann aber rasch wieder und entschied, der kleine Lutz solle den Linksaußen machen.

Ausgerechnet Lutz, dachte Erich. Mit dem verlieren sie jedes Spiel. Ein bisschen war er stolz darauf, dass Kuhn so auf ihn setzte, so sehr, dass er vergessen hatte, dass er Jude war.

Mitte Juni kam ein erster Brief von Fanny. Es gehe ihr gut, berichtete sie, die Wolfs seien nette Leute, aber sie habe doch Heimweh, nach Ellwangen und ihren Levis. In dem großen Haus der Wolfs gebe es viel Arbeit, und manches sei noch neu für sie, sodass an einen schnellen Besuch am Wochenende im Moment nicht zu denken sei. Mit einem Extragruß für »ihre beiden Buben« endete der Brief, den die Mutter am Mittagstisch laut vorlas.

Erich ließ seinen Blick durch die Küche schweifen, sah den Spülstein, an dem er so manches Mal mit Fanny gestanden hatte, um ihr beim Abwasch zu helfen, sah den Stuhl, auf dem sie bei den Mahlzeiten gesessen hatte. Dann richtete er den Blick auf die Mutter, die gerade wieder den Brief in den Umschlag steckte und die blasser und schmaler geworden war in den letzten Wochen. Kein Wunder, es gab ja jetzt mehr Arbeit, den ganzen Haushalt musste sie nun allein machen und abends saß sie oft mit dem Vater über den Rechnungsbüchern.

Julius hatte seine beiden Jungen am Abend nach Fannys Abreise beiseite genommen und sie mit ernster Stimme ermahnt, künftig mehr im Haushalt zu helfen. Erich und Max hatten immer schon ihre häuslichen Pflichten gehabt, die sollten aber jetzt deutlich ausgeweitet werden, hatte der Vater erklärt und mit ihnen einen Wochenplan entwickelt, der auch so ungeliebte Dinge wie Schuheputzen, Bodenwischen und Einkaufen umfasste. Beide mühten sich dann auch redlich, diesen Plan einzuhalten, allerdings kam es vor, dass die eine oder andere Aufgabe schlicht vergessen oder dem Bruder zugeschoben wurde, der sich dann erfolgreich verteidigte, er sei doch gar nicht dran. Als Erich eines Mittags von der Schule kam und seine Mutter sah, wie sie auf dem Boden kniend energisch die Fliesen schrubbte und sich dabei immer wieder mit verzerrtem Gesicht aufrichtete, weil ihr Rücken schmerzte, nahm er sich beschämt vor, in der Einhaltung seines Arbeitsplans sorgfältiger zu sein und auch mit Max darüber ein ernstes Wort zu reden.

In der Schule kam es Erich vor, als gönne man ihm eine Verschnaufpause. Die Schikane, am Kinderfest nicht teilnehmen zu dürfen, tat zwar noch weh, vor allem wenn er seine Kameraden verbissen trainieren sah, aber er war dankbar dafür, dass man ihn nach der Prügelei bis auf die üblichen Bemerkungen und Beleidigungen in Ruhe ließ. Sie sind ja auch alle gerade sehr beschäftigt, dachte er ironisch, als er wieder einmal mit Erwin und den anderen zu einer der vielen öffentlichen Feiern in die Turnhalle marschieren musste.

Ob es der Todestag einer Erich gänzlich unbekannten Nazi-Größe war, deren Namen er auch sofort wieder vergessen hatte, oder die Veranstaltungen eines Vereins, der neuerdings regen Zulauf hatte und sich »Kampfbund für das Deutschtum im Ausland« nannte, stets bot sich für die Jungen das gleiche Szenario aus blutroten Fahnen, braunen Uniformen, Sprechchören und endlosen Reden.

Gremm hatte jetzt eine Theatergruppe gegründet, der fast alle in der HJ organisierten Schüler angehörten. Kurt hatte ihm letzthin bei einem ihrer seltener gewordenen Treffen anvertraut, dass sein Vater ihn bedränge, dort auch mitzumachen. »Es ist geradezu schick, in Gremms Theaterverein zu rennen«, meinte er mit zusammengebissenen Zähnen. »Ich war jetzt einmal da, meinem Alten zuliebe, und hab's mir angeschaut. Eher lass ich mich prügeln, als dass ich da noch einmal hingehe.«

»Was spielen sie denn eigentlich?«, wollte Erich wissen.

»Das Stück heißt ›Volk ohne Raum‹*. Ich kapier eigentlich gar nicht richtig, worum es da geht. Ständig schwafeln sie davon, dass die Deutschen mehr Platz bräuchten, weil wir ›übergequollen‹ sind. Kannst du dir das vorstellen?«

Erich ließ seinen Blick über die Stadt schweifen und über die sattgrünen Hügel, zwischen denen sie eingebettet lag. »Nein, eigentlich nicht!«

»Eben. Und außerdem – ich und Theater spielen! Und halb Ellwangen sitzt unten und glotzt. Nicht mit mir.«

Die Jungen schnitten mit ihren Messern dünne Äste ab und begannen daraus Pfeifen zu schnitzen. Kurt erkundigte sich beiläufig nach Helmut. »Ich kapier nicht, was zwischen euch vorgefallen ist. Reden will er ja nicht darüber. Ist es immer noch die Sache mit deinem Aufsatz?«

Erich nickte. »Das hat er mir ziemlich übel genommen. Weil ich mir die Bücher von seinem Vater ausgeliehen habe.«

»So schlimm fand ich das gar nicht. Der Gremm hat dich ja auch ganz schön fertig gemacht vorher. Viel übler fand ich, was Kampmann und Konsorten mit dir angestellt haben.« Sie schnitzten beide eifrig und die Späne bedeckten bald den ganzen Waldboden um sie herum.

Erich überlegte, ob er Kurt mehr von seiner Auseinandersetzung mit Helmut erzählen sollte. Aber wie konnte er ihm verständlich machen, was zwischen ihnen vorgefallen war? Stattdessen erkundigte er sich nach Kurts Vater und dem Stand ihrer Beziehungen.

»Liegt mir dauernd in den Ohren, ich soll jetzt endlich in die HJ eintreten. Er selber ist ja mit Begeisterung in der Partei. Hitler hat Deutschland gerettet, behauptet er immer.« Er ließ sein Schnitzmesser sinken und starrte auf seine Fußspitzen, die mit Holzspänen übersät waren. Offensichtlich lag ihm etwas auf dem Herzen. »Du, Erich, sei mir bitte nicht böse, wenn ich mich mit dir nicht mehr in der Schule oder in der Stadt zeige. Aber meinem Vater erzählen sie es brühwarm, wenn ich mit dir zusammen bin, und dann kriege ich Ärger.«

»Wer erzählt das deinem Vater?«

»Was weiß ich! Parteifreunde, Gremm zum Beispiel, Bekannte ... Mensch, Erich, ich finde das ja auch beschissen, schließlich bist du ja nach wie vor mein Freund, aber ...« Kurt brach ab und sah so verstört aus, dass er Erich auf einmal Leid tat. »Ach Erich, was ist bloß los? Meinen besten Freund soll ich nicht mehr sehen. ›Deutschlands Rettung‹, dass ich nicht lache!« Er sah den Freund von der Seite an, aber Erich reagierte nicht.

Stattdessen nahm er seine fast fertige Pfeife und versuchte ihr ein paar Töne zu entlocken. Es klang so schrill und misstönend, dass Kurt das Gesicht verzog. »Nicht einmal das kriegen wir noch richtig hin«, sagte Erich mit schiefem Grinsen.

Gemeinsam saßen sie noch eine Weile wortlos da und betrachteten die sich im Abendwind wiegenden Bäume und den roten Schimmer, der durch die grünen Blätter brach und sie aufleuchten ließ. Es war schon viel zu spät geworden und beide Jungen wussten das. Trotzdem saßen sie einfach da, als würden sie etwas Unwiederbringliches versäumen, wenn einer von ihnen jetzt ginge. Nach einer Weile aber stand Kurt wortlos auf, packte Pfeife und Messer ein und rannte in Richtung Rotenbach nach Hause, Erich über die Schulter »Ade!« zurufend.

Erich blieb noch einen Augenblick sitzen und dann ging auch er über den Hohlweg am Kugelberg in die Stadt zurück.

Am nächsten Morgen klingelte es sehr früh an der Wohnungstür. Die Mutter, die noch im Morgenmantel war, schickte Max, der mit Helmut im Schlepptau zurückkam. Blass sah er aus und aufgeregt. Unwillkürlich sprang Erich von seinem Platz auf und ging seinem Freund entgegen.

»Fetzer ist gestorben«, sagte der ohne Begrüßung, »gestern Nacht. Gerade haben sie den Sarg gebracht. Ich bin extra rübergelaufen, nachdem's mir mein Vater erzählt hat.«

Melanie Levi ließ sich auf einen Stuhl sinken. »Aber woran denn, so alt war er doch noch gar nicht?«

»Fast sechzig. Doktor Uhl meint, das Herz. Er hat heute Morgen in aller Herrgottsfrühe meinen Vater angerufen. War ja ein alter Zentrumsmann, der Fetzer, wie mein Vater und der Uhl.«

Geistesabwesend betrachtete Erich den Frühstückstisch mit seinem angebissenen Butterbrot auf dem Teller. In den letzten Tagen hatte er immer wieder gesehen, wie Fetzer sich an die linke Brustseite gegriffen hatte. Müde hatte er gewirkt, müde und irgendwie – ja, irgendwie *angewidert*. Erich war dieser Ausdruck spontan eingefallen, als er in der letzten Erdkundestunde eine Auseinandersetzung mit Kampmann und Fetzer beobachtet hatte. Seit seinem Eintreten für Erich nach der Prügelei und seiner unverhohlen gezeigten Verachtung gegenüber den Nazis hatte es einen mehr oder weniger offenen Krieg zwischen den Mitgliedern von Jungvolk, HJ und Fetzer gegeben. Provozierende Fragen, Zwischenrufe und Arbeitsverweigerung, gespickt mit Drohungen über »Meldungen nach oben« waren an der Tagesordnung gewesen. In Fetzers eigener Klasse, der Unterprima, war es noch schlimmer zugegangen, denn dort hatte Grimminger, der Anführer der Hitlerjugend, das Sagen.

All das schoss dem Jungen durch den Kopf, als er mit Helmut die Treppe hinabrannte, ohne auf den Zuruf der Mutter zu achten, er möge doch bitte schön wenigstens sein Brot zu Ende essen. Gemeinsam liefen sie die Hindenburgstraße hinauf zur Adolf-Hitler-Straße. Fetzers wohnten schräg gegenüber von Großmutter Babette. Sie blieben dort in einiger Entfernung vom Fetzer'schen Wohnhaus stehen. Eben ging die Tür auf und der Rex, Oberstudiendirektor Dr. Kaiser, verließ das Haus. Er war ganz in Schwarz gekleidet, und seine weißen Haare standen nach allen Seiten ab, als habe er in der Eile vergessen, sich zu kämmen. Ohne die Jungen zu bemerken, die sich hinter einen Mauervorsprung drückten, marschierte er in Richtung Schule. Er schien völlig geistesabwesend zu sein, nicht einmal die höflichen Grüße der Passanten bemerkte er, und so mancher schaute ihm verwundert nach.

In wenigen Minuten würde die erste Stunde beginnen, und es war klar, dass sie zu spät kommen würden, aber das war Erich in diesem Moment egal. Gemeinsam mit Helmut starrte er hinüber auf die dunkelbraune Eingangstür und dann hinauf zur ersten Fensterreihe mit den weißen Spitzengardinen. Er erwartete, dass jeden Moment das vertraute Gesicht an einer der Fensterscheiben auftauchen würde oder die Tür aufginge und die immer etwas nach vorne geneigte Gestalt mit auf den Rücken gefalteten Händen vorbeieilen würde.

Sie haben ihm das Herz gebrochen, dachte Erich verbittert, im wahrsten Sinne des Wortes das Herz gebrochen. Dass all das in die Brüche gehen sollte, woran er sich nach dem Tod seines Sohnes so verzweifelt festgehalten hatte, seine Vorstellungen von Ehre und Anstand, die er ihnen wieder und wieder gepredigt hatte, das konnte er nicht verwinden. Und dann die Schmähungen und Drohungen, das war einfach zu viel gewesen für sein krankes Herz.

»Warum stehen wir eigentlich hier?«, flüsterte er nach einer Weile Helmut zu, der ebenfalls unverwandt auf das Haus starrte.

»Fetzer war der mutigste von allen Paukern, er hat den Nazis deutlich gezeigt, was er von ihnen hält. Und ausgerechnet er ... Ich stelle mir gerade vor, jeden Moment müsste die Tür aufgehen und er kommt heraus.«

»So geht's mir auch. Und nachher hätten wir Erdkunde bei ihm gehabt, in der dritten Stunde.« Schweigend machten sie sich auf den Weg zur Schule. Ausgerechnet in Gremms Deutschstunde würden sie zu spät kommen.

Bereit, wieder einen gehörigen Anschiss einzukassieren, diesmal vielleicht mit einem Nachmittag Karzer als Zugabe, stieg Erich die Treppe hoch. Die Tür zum Klassenzimmer stand offen, bewacht von Reger, der den Gang entlangspähte. »Lehrerkonferenz«, beschied er die beiden kurz auf ihre Frage. »Der alte Fetzer ist heute Nacht gestorben. Wo kommt ihr eigentlich so spät her?«

»Das geht dich nichts an«, sagte Helmut abweisend und schob sich an ihm vorbei in das Klassenzimmer, wo die anderen in Grüppchen verteilt standen. Es hatte offenbar gerade eine hitzige Diskussion gegeben, wie das bei ihrem Eintritt langsam verebbende Geschrei zeigte.

»Ah, die Herren Noll und Levi, wohl in tiefer Trauer«, blaffte Kübler, und Erwin, der allein am Fenster gestanden hatte, winkte Erich verstohlen zu sich her.

»Halt bloß den Mund, sie wollen provozieren. Kampmann hat herumgeschrien, dass es jetzt einen Feind der Bewegung weniger gibt, und da sind einige aus der Klasse natürlich wütend geworden.«

Helmut lag anscheinend eine zornige Bemerkung auf der Zunge, aber in diesem Moment trompetete Reger: »Gremm kommt!«, und alle rannten zu ihren Pulten. Gremm verkündete in knappen Worten, dass Herr Studienrat Fetzer in der vorigen Nacht verstorben sei und dass am Samstag die Beerdigung stattfinde. Selbstverständlich würde sich die Schule in würdiger Form beteiligen, im Übrigen sei die Teilnahme aber freigestellt.

Das wäre ja noch schöner, die Uniformierten im Leichenzug, dachte Erich und überlegte, ob man am Sabbat an einer Beerdigung teilnehmen durfte. Er entschied sich, später einmal den Rabbi zu fragen, aber dabei sein wollte er auf jeden Fall.

Leider verkündete Gremm im gleichen Atemzug, er werde bis auf weiteres die Erdkundestunden in der Klasse übernehmen.

Am Samstag säumten viele Menschen die Straße, die hinauf zum Friedhof St. Wolfgang führte. Einige gafften lediglich, viele wirkten aber auch betroffen und traurig, denn Fetzer war ein allseits geschätzter Bürger gewesen. Erich konnte viele bekannte Gesichter ausmachen, meist ehemalige Schüler und auch wichtige Persönlichkeiten der Stadt, Leute der

Zentrumspartei meist, in schwarze Fräcke gezwängt mit steifen Zylindern. Hinter dem Sarg ging Frau Fetzer, eine zarte kleine Gestalt, die der schwarze Hut mit dem Witwenschleier fast zu erdrücken schien. An die Verwandten und Honoratioren schloss sich der Zug der Lehrer und Gymnasiasten an und Erich registrierte befriedigt, dass doch viele aus der Klasse gekommen waren, sogar einige aus der Kampmann-Gruppe, wie der kleine Lutz beispielsweise, diesmal sogar ganz in Zivil.

Der Sarg war, wie in der Stadt üblich, auf einen Wagen mit schwarzen Schabracken geladen worden, die Pferde trugen schwarze Hauben mit wippendem Federschmuck. Wenn Erich an der Hand seiner Mutter früher einen solchen Leichenzug gesehen hatte, war ihm das ungemein lustig vorgekommen, fast wie ein Zirkusumzug, und er hatte sich stets gewundert, warum die Leute so feierlich ernste Gesichter machten. Er ging mit Helmut in einer Reihe im Zug seiner Klassenkameraden, niemand hatte ihm das verwehrt, auch Gremm nicht, obwohl der bei den Lehrern mitmarschierte. Kampmann und die anderen waren nicht gekommen, aber Erwin ebenfalls nicht.

Feigling, dachte Erich verächtlich und fühlte zum ersten Mal seit einiger Zeit wieder so etwas wie das stillschweigende Übereinkommen mit Helmut, das wortlose Verstehen, das Grundlage ihrer Freundschaft war. Dennoch blieb die unsichtbare Schranke zwischen ihnen nach wie vor bestehen, und in den Ohren des Jungen hallten immer wieder die gleichen Worte nach, sein eigener ohnmächtig-zorniger Ausruf, aus Wut über das Nichtverstehen des Freundes: »Vielleicht sind wir wirklich so!«

Als sich der Sarg ins Grab senkte, fragte er Helmut leise: »Glaubst du, man kann an gebrochenem Herzen sterben?«

Helmut hielt den Blick auf die heftig schluchzende Frau Fetzer gerichtet, die nun am Grab stand, gestützt vom Rex und einem Verwandten. Es war ein heftiger Wind aufgekommen, der an ihrem schwarzen Schleier zerrte, und die Fahne der Burschenschaft »Alemannia«, die ein Corpsstudent über das offene Grab hielt, heftig aufblähte.

»Ja«, presste Helmut zwischen den Zähnen hervor, »ja, das glaube ich.«

Und nach einer Weile, das Lehrerkollegium war in der Zwischenzeit vor das Grab getreten, fügte er hinzu: »Mein Vater hat mir heute früh noch gesagt, der Fetzer habe sich so vor der Zukunft gefürchtet, um unsertwillen. Und der Tod seines Sohnes sei ihm erst jetzt sinnlos erschienen. Kannst du das verstehen?«

Erich antwortete nicht. In diesem Moment war nämlich Gremm vorgetreten. Der Junge wartete mit angehaltenem Atem – und tatsächlich, die Hand schnellte vor zum Hitlergruß und so blieb er einen Moment regungslos stehen. Er beschimpft ihn noch im Tod, dachte Erich. Er zupfte Helmut am Ärmel und sie lösten sich aus der Menge und gingen wortlos zurück zur Stadt.

Das Bündel

Am Montag darauf fand das Kinderfest draußen in der Kaserne statt und Erich beobachtete zusammen mit Max oben am Fenster den Vorbeimarsch der Schulkameraden, die in langen Reihen in die Stadt zogen. Jungvolk und HJ hatten natürlich ihre Fahnen dabei, an der Spitze marschierte die SA-Kapelle, zusammen mit den Ortsgrößen der Partei. Auch manche Lehrer waren in Uniform erschienen, wie immer bei solchen Anlässen, und Gremm – Erich streckte seinen Hals, um ihn in der Menge zu finden – Gremm trug allerdings wie üblich einen Anzug, nur das Parteiabzeichen steckte unübersehbar am Revers. Max stieß ihn leicht in die Seite und sagte: »Irgendwie sieht das furchtbar aus.«

»Wie meinst du das?«

»Immerzu die Fahnen und die Uniformen, ich mag das gar nicht.«

Erich nickte. »Ich auch nicht. Seien wir froh, dass wir nicht dabei sind.« Insgeheim wunderte er sich, dass der Bruder die Sache nicht so tragisch nahm. Gut, Max war nicht besonders sportlich und der Turnunterricht war ihm von jeher ein Gräuel gewesen, trotzdem hatte er erwartet, dass der Ausschluss vom Kinderfest ihn hart treffen würde. Aber Max hatte nur mit den Schultern gezuckt und gemeint, er habe lieber einen freien Tag.

»Und außerdem«, Erich deutete nach oben, wo sich vor den blauen Himmel von Norden her graue Wolken schoben, »außerdem gießt es nachher und ihr schönes Fest fällt buchstäblich ins Wasser, wirst schon sehen.« Und tatsächlich, gegen Nachmittag fing es tatsächlich zu regnen an. Kleine Sturzbäche liefen die Fenster hinunter und plötzlich anschwellender Lärm auf der Straße verkündete, dass die Teilnehmer des Festes überstürzt aufgebrochen waren.

Helmut kam am Abend vorbei, er hatte auf dem Nachhauseweg heftig an die Hintertür getrommelt und berichtete Erich im dunklen Hausflur zwischen den leeren Kartons des Geschirrladens vom Verlauf der Festlichkeit. »Wie die Hasen sind sie gerannt, als es zu regnen anfing, der Gremm hat gerade noch eine markerschütternde Rede gehalten über das Deutschtum und so und dann kamen Blitz und Donner. Sehr passend … Und noch etwas: Sang- und klanglos sind wir untergegangen im Fußball. Gleich in der ersten Runde ausgeschieden. Der Kuhn war ganz deprimiert. Mit dir wäre das nicht passiert!«

Der nächste Sabbat, der erste Sabbat im Juli, war ein heißer und trockener Tag. Erich war mit Max am Nachmittag zum Schwimmen an der Jagst gewesen, im Bubenbad. In letzter Zeit erwartete er ständig, auch dort Schwierigkeiten zu bekommen, und er hatte deshalb vor dem Umziehen erst sorgfältig die Umgebung gemustert. Seltsamerweise war nicht viel los, vor allem Jungvolk und HJ fehlten vollständig. »Die sind heute Nachmittag in ein Zeltlager ins Hohenlohische gefahren«, informierte ihn Helmut, der später dazukam. »Übrigens, Kurt ist auch dabei.«

»Ist er schon Mitglied?«, fragte Erich mit klopfendem Herzen.

»Noch nicht. Aber es dauert nicht mehr lange, wenn du mich fragst. Sein Vater liegt ihm ja ständig in den Ohren. Jetzt musste er mitfahren, um sich das Ganze einmal anzuschauen.«

Erich ließ sich in den grünlichen Wellen treiben. Ab und zu spürte er eine leichte kühle Berührung an den Beinen, Fische, die geschmeidig zwischen den Badenden schwammen. Die Erlen und Weiden standen bewegungslos am Ufer und tunkten ihre Zweige in das kühle Wasser, das ihr Bild zurückwarf, und am Himmel zeigte sich keine Wolke. Es roch etwas modrig, überlagert vom Duft nach Heu, und manchmal meinte man, selbst die flirrenden Sonnenstrahlen hätten ihren eigenen Geruch. Es roch nach Sommer. Der Junge dachte an die vergangenen Sommer zurück, die so schwerelos gewesen waren, wie er sich jetzt im Wasser fühlte, leicht und trotzdem geborgen im Vertrauten. Warum konnte man sein Stück der Welt nicht einfach aussperren von allem, das Stück seiner Welt, wie sie früher gewesen war und wie er sie jetzt in diesem Moment wiederfand – im Anblick der träge dahinfließenden Jagst, der Erlen und Weiden, im Geruch des Sommers.

Aber bald kamen ja die Sommerferien und das bedeutete Oedheim, Tante Mina und Onkel Louis, auch ein Stück der alten, vertrauten Welt. Und es bedeutete auch keine Schule mehr, kein Gremm, kein Kampmann. Und danach? Der Junge wollte nicht daran denken, er wollte sich einfach treiben lassen, leicht und schwerelos, im kühlen Wasser der Jagst.

Am Abend, nachdem sie den Sabbat-Ausgang gefeiert hatten, las der Vater wie gewöhnlich aus der Zeitung vor. Max und Erich mussten den Tisch abräumen und das Geschirr abwaschen, aber Erich spitzte die Ohren und trödelte beim

Abräumen, um mitzubekommen, was die Eltern besprachen. Bald werde er nicht mehr seine geliebte Zeitung lesen können, klagte Julius.

»Mit dem heutigen Tag ist das Käseblatt, oder besser gesagt Hetzblatt, der Nazis das alleinige Amtsblatt«, erzählte er. »Der Bieg hat mir im Vertrauen gesagt, dass dem Gabele ständig Drohungen über seine baldige Verhaftung zugehen. Vorgestern haben sie in der Redaktion in der Spitalstraße die Fenster eingeworfen. ›Verdiente Volksjustiz‹ nennen sie das in ihrem neuen Amtsblatt. Dabei weiß jeder, wer das war!«

Herr Gabele, von dem der Vater sprach, war der Chefredakteur der Zeitung, die die Eltern schon viele Jahre abonniert hatten. Erich kannte ihn vom »Goldenen Kreuz«, wo er ab und zu seinen Schoppen trank oder vesperte, ein freundlicher Herr, mit dem sich der Vater gerne unterhielt. Die »Ipf-Zeitung« solle bald verboten werden, berichtete der Vater weiter.

»Und weißt du, welche Blätter wir bald als Einzige überall in Ellwangen kaufen können?« Der Vater zählte an den Fingern auf: »›Völkischer Beobachter‹, ›Der SA-Mann‹, ›Die Brennnessel‹ – das passt ja – und nicht zu vergessen das Schmierblatt, das an Schusters Haus hängt, lauter Giftzeugs, das eine schlimmer als das andere.«

Erich tat Herr Gabele Leid, er musste an seine Frau und die Kinder denken. Glücklicherweise waren die noch klein, die Älteste war gerade in die Schule gekommen, aber vielleicht bekamen sie ja doch etwas mit von der Angst der Mutter, dem Kummer des Vaters.

Beim Abwasch erinnerte er sich auch daran, dass vor ungefähr zwei Wochen sogar in Herrn Gabeles Zeitung eine Statistik der Schule veröffentlicht worden war, in der zum ersten Mal die »Herkunft der Schüler«, wie es so schön hieß, offen gelegt wurde. Helmut hatte es dem Vater erzählt und nach dem Mittagessen hastig nach der Zeitung gesucht und auch den entsprechenden Artikel gefunden. Schwarz auf weiß hatte es da gestanden, dass es 339 Schüler gab im Gymnasium und auf der Realschule und davon waren drei »nichtarisch«. Er hatte es gelesen, schwarz auf weiß – »nichtarisch« – und jeder wusste natürlich, dass das die Levi-Buben waren. Man erfuhr auch noch, dass die nichtarischen ein halbes Prozent aller Schüler ausmachten, vielleicht hatte das Dr. Kaiser, der Rex, dazuschreiben lassen, denn es war jetzt wichtig, dass nicht zu viele jüdische Schüler eine Schule besuchten. Das hatte der Onkel Ludwig der Mutter geschrieben, und auch, dass in Pirmasens manche Schulen schon jüdische Schüler ablehnten. Ein halbes Prozent – daran klammerte sich Erich, das war ja nicht viel, und es kamen vorerst auch keine nach.

Gemeinsam mit Max zählte er jetzt die verbliebenen Tage bis zum Beginn der Sommerferien. Es war geplant, dass sie die drei letzten Wochen in Oedheim verbringen sollten und die erste Hälfte der Ferien zu Hause. Und das bedeutete: ausschlafen, keine Aufgaben, keine Klassenarbeiten – und vor allem, keine Schikanen. Helmut würde mit den Eltern ebenfalls in den letzten Wochen verreisen, irgendwohin an die Nordsee, wie er Erich erzählte, und die Art, wie er das sagte, ließ darauf schließen, dass er sich nicht unbedingt darauf freute.

»Wir können ja mit den Rädern ein paar Ausflüge machen oder baden gehen«, schlug er etwas zögerlich vor, und Erich war zum ersten Mal seit langer Zeit wieder richtig froh. Die Aussicht, die Ferien ausschließlich mit Max und Erwin verbringen zu müssen, hatte ihn nicht besonders glücklich gestimmt. Vielleicht ließ sich der Bruch ja doch noch einigermaßen kitten! Kurt, auf seine Urlaubsplanung angesprochen, rückte nicht richtig mit der Sprache heraus. Er wisse noch nicht genau, was die Eltern vorhätten, wahrscheinlich müsse er wieder zu seiner Patentante. Er gab sich auch ausgesprochen wortkarg, als Helmut ihn auf das Zeltlager am ersten Juliwochenende ansprach.

»In Kürze werden wir ihn in Uniform erleben, da mache ich jede Wette«, sagte Helmut zu Erich.

Auf jeden Fall marschierte er aber noch nicht mit beim großen Aufzug der SA zur »Bannerweihe«, wie es in der Zeitung und auf irgendwelchen Handzetteln geheißen hatte. Eine große Menschenmenge säumte wieder einmal die Reihen an den Straßen zwischen Wolfgangskirche und Turnhalle, wo sich ein riesiger Festzug entlangwälzte. Vor der Wolfgangskirche war eine Tribüne aufgebaut worden, vor der ein ganzer Fahnenwald wehte, und Erich, der mit Max und Helmut oben am Friedhof etwas versteckt dem Spektakel zusah, überlegte die ganze Zeit, welche Banner denn da geweiht werden sollten und wie das überhaupt vor sich ging. Jedenfalls hielt Kolbe, der »Oberschreier«, wieder eine seiner gefürchteten Ansprachen und seine markigen Sätze drangen durch die halbe Stadt, begleitet von begeisterten Heilrufen.

»Wer nicht Nationalsozialist ist, ist unser Feind und wird überrannt«, brüllte er, und: »Für Leute, die sich der Bewegung entgegenstemmen wollen, gibt es keinen Platz!«

»Der Gremm müsste ihm mal Nachhilfe geben, sein Deutsch ist einfach furchtbar«, flüsterte Helmut in einem vergeblichen Versuch, komisch zu sein.

Erich quittierte diese Bemerkung mit einem schiefen Lächeln und nahm sich vor, Max, der ihn immer wieder verschreckt am Ärmel zog, so schnell wie möglich von hier wegzubringen.

Am Nachmittag trieb ein Gewitter die Versammlung schnell auseinander und Julius, der behaglich zum Fenster hinaussah und die nach Hause eilenden Gruppen betrachtete, meinte mit breitem Grinsen, »da oben« sei jemand den Nazis nicht besonders gut gesonnen. Am nächsten Sonntag traf dies aber auch auf eine ganz andere Festversammlung zu, die diesem »Jemand« eigentlich näher stand.

Schon früh am Sonntagmorgen wurden Erich und Max vom vielstimmigen Glockenläuten der Kirchen geweckt. Ellwangen feierte das siebenhundertjährige Stiftsjubiläum. Schon Tage vorher waren alle Häuser in der Innenstadt mit Tannengrün geschmückt worden, überall wehten Fahnen, auch die blutroten mit dem Hakenkreuz. Als sich dann am Abend ein plötzlich hereinbrechender Sturzregen über die Lichterprozession ergoss, die sich zum Schönenberg hinaufschlängelte, fragte Erich den Vater, warum sich die himmlische Obrigkeit auch in diesem Fall unfreundlich verhielt. Julius antwortete diesmal bedeutend ernster: »Wahrscheinlich sind zu viele braune Uniformen und zu viele rote Fahnen dabei. Und zu viele Heuchler!«

Am Samstag fand die lang ersehnte Schlussfeier statt. Die Tage davor hatte es fast ausschließlich Geschichtsunterricht gegeben, und zwar nicht den »normalen«, sondern Gremm und Lafrentz und die anderen hatten stundenlang über den Weltkrieg, den »Verrat von Versailles« und den »Aufbruch der Deutschen Nation« schwadroniert. Erich, der viel lieber etwas über den Urmenschen und die Steinzeit gehört hätte, den Stoff, den sie normalerweise behandelt hätten, ließ die Veranstaltungen teilnahmslos über sich ergehen. Er überlegte sich lieber, was er mit Helmut in den Ferien alles unternehmen würde, und ob sie tatsächlich Fanny in Stuttgart besuchen konnten.

Gleich in der ersten Ferienwoche holte ihn Helmut mit dem Rad ab und schlug vor, ein Stück jagstaufwärts zu fahren, um dort an einer abgelegenen Stelle zu baden. Erich atmete insgeheim auf. Er fürchtete nämlich, dass ihm jetzt in den Ferien, wo das Bubenbad stark besucht war, Pöbeleien oder Schlimmeres bevorstünden. Ganz wurde er auch den Verdacht nicht los, dass Helmut ähnlich dachte und ihn davor bewahren wollte. Vielleicht wollte er aber auch nicht ständig mit ihm gesehen werden. Doch darüber sprach er nicht, es gab jetzt Dinge, die besprach man besser nicht mit dem besten Freund.

Sie fuhren morgens los. Erich hatte ein reichhaltiges Vesper mitgenommen und eine Kanne mit Pfefferminztee, denn sie wollten den ganzen Tag wegbleiben. Es würde ein heißer Tag werden, schon jetzt stand die Hitze wie eine warme Wand zwischen den Häuserreihen. Die Mutter hatte schon früh am Morgen die Fensterläden geschlossen, um die Sonne draußen zu halten, und als sie durch die Innenstadt fuhren, bemerkte der Junge, dass dies auch bei den anderen Häusern so war. Als hätte die Stadt die Augen geschlossen und döste. Nur wenige Menschen waren zu sehen, und die hasteten eilig über die Straße, um schnell zurückkommen zu können in ihre kühlen, dunklen Zimmer. Erich fiel flüchtig das Gedicht vom schlafenden Deutschland ein, das sie noch beim alten Wagner gelesen hatten. Er grübelte über den Namen des Dichters, der ihm nicht mehr einfiel, und dachte dabei kurz an Wagner, der jetzt angeblich bei seiner Tochter in Schwäbisch Gmünd wohnen sollte. Er musste nachher unbedingt Helmut fragen.

Sie suchten sich einen schattigen Platz hinter dem Weg, der nach Schwabsberg führte. Hier war es einsam und nur ab und an drang das auf- und abschwellende Tuckern eines Autos oder das Rattern eines Pferdefuhrwerks zu ihnen herüber. Sie ließen die Füße in der kühlen Jagst baumeln und tranken den noch lauwarmen Tee.

Nach einer Weile stand Helmut auf und verkündete, er müsse mal. Aber schon nach kurzer Zeit kam er zurückgelaufen. Erich hörte zuerst seinen keuchenden Atem, die Schritte verschluckte das weiche Ufergras, dann sah er den Freund hinter den Weidenbäumen an der Flussbiegung hervorkommen und er merkte sofort, dass etwas geschehen war. Es war ein Ausdruck in Helmuts Augen, den er noch nie gesehen hatte, sein Gesicht war kreidebleich, und als er vor Erich stand, der erschrocken aufgesprungen war, konnte er zunächst nicht sprechen.

»Da vorne liegt ... etwas!«

»Helmut, um Himmels willen, was ist denn los?«

»Komm mit!« Helmut packte ihn am Ärmel. Langsam gewann er seine Fassung wieder. »Aber erschrick nicht! Es ist ein Mensch, ich glaube, er ist ertrunken.«

Erich starrte ihn an. Die Worte drangen nicht richtig zu ihm durch. Er wiederholte mechanisch: »Ertrunken?«

»Ja, komm endlich. Wir müssen etwas unternehmen. Irgendetwas.«

»Bist du sicher, dass er tot ist?«

»Ja, natürlich.« Helmut begann wieder loszulaufen. Hinter der Biegung blieb er plötzlich stehen und deutete mit dem Finger auf etwas, das am Ufer lag.

»Da! Aber geh nicht zu nahe hin. Es ... sieht nicht gut aus.«

Erich machte einige Schritte vorwärts, bis er plötzlich merkte, dass er weiche Knie hatte. Da vorne lag ein Bündel, ein Bündel Mensch! Ein Mensch war es, denn man konnte unzweifelhaft die Konturen sehen. An der leichten Krümmung des Flusses, wo Sand angeschwemmt war, lag der Oberkörper, die Beine hingen im Wasser und wurden sanft von den Wellen bewegt.

Als ob ein Stück von ihm noch lebendig wäre, dachte der Junge und zuckte plötzlich zusammen, als er die Schar schwarzer, fetter Fliegen bemerkte, die sich auf dem Gesicht der Leiche niedergelassen hatten. Die Fliegen fühlten sich durch ihre Anwesenheit gestört und begannen plötzlich wild zu surren und den Toten zu umkreisen.

»Los, weg von hier!« Helmut packte Erich, der immer noch wie angewurzelt dastand.

»Ist er wirklich tot?« Erich beobachtete fasziniert die sanft schaukelnden Beine. »Vielleicht ist er bloß ohnmächtig?«

Helmut packte ihn fester, er zog die Oberlippe hoch, dass es aussah, als fletschte er die Zähne. »Mensch, riechst du es denn nicht?«

Es lag tatsächlich ein merkwürdiger Geruch in der Luft. Undefinierbar legte er sich jetzt über den vertrauten sommerlichen Duft. Es roch süßlich, merkwürdig fremd und doch vertraut, wenn Fanny Fleischbrühe gekocht hatte, hatte es ähnlich gerochen. Plötzlich wurde Erich schlecht, er würgte und bekam keine Luft mehr.

Ohne genau zu wissen, was sie taten, rannten die Jungen plötzlich los, rannten zu den Rädern und packten nicht einmal ihre Sachen zusammen. Nur weg, weg von diesem Geruch, dem leblosen Bündel, den Fliegen. Sie traten mechanisch in die Pedale, ohne dass sie sich über die Richtung verständigt hätten. Kurz vor dem Bubenbad kam ihnen Köberle entgegen, der wettergegerbte Feldjäger. Er schob gemächlich sein Fahrrad an der Jagst entlang und blickte zunächst feindselig auf die beiden Jungen, die einfach ihre Räder fallen ließen und abgehackt und mit fliegendem Atem etwas Merkwürdiges erzählten, von einem Bündel, Fliegen, schwimmenden Beinen im Wasser. Er wollte ihnen zunächst nicht glauben, sie gehörten ja zu den »Saububen« und dann war ja auch noch dieser Levi dabei, der Sohn vom Viehjuden, da wusste man ja nie … Aber schließlich schwang er sich doch auf sein Rad und befahl den beiden vorauszufahren. Kurz vor der Biegung sprangen sie ab.

»Dahinten ist es, Herr Köberle«, sagte Helmut und schüttelte gemeinsam mit Erich wild den Kopf, als Köberle sie anherrschte, vorauszugehen und ihm die Stelle genau zu zeigen. Um keinen Preis der Welt wollten sie noch einmal dieses Bild sehen, diesen Geruch aufnehmen, der jetzt sogar zu ihnen herüberdrang. Beide Jungen schauderten, der Wind hatte sich wohl gedreht, denn jetzt roch man es bis hierher.

Nach einer kurzen Weile kam Köberle zurück, auch er sehr blass, wie man es unter seiner verwitterten braunen Gesichtsfarbe ahnen konnte. »Ihr bleibt hier und wartet, bis ich wiederkomme. Ich hole jetzt den Doktor und die Polizei, da müsst ihr dann Angaben machen.«

Das klang so drohend, dass die Jungen wie angenagelt stehen blieben und sich erst nach einer Weile getrauten, etwas weiter von diesem furchtbaren Ort abzurücken, weiter weg vom Gestank und dem Surren der Fliegen. Es dauerte eine ganze Weile, den beiden schien es eine endlose Zeitspanne, dann hoppelte ihnen auf dem Uferweg ein Auto entgegen, und dann noch eins, und heraus sprangen einige Männer, unter denen die Jungen den Ortspolizisten und den Doktor erkennen konnten. Sie hielten sich nicht lange bei den Jungen auf, sondern marschierten angeführt von Köberle geradewegs auf die Uferstelle zu. Weiter hinten tauchte ein Pferdefuhrwerk auf, es kam mit beträchtlicher Geschwindigkeit näher, und die Jungen erkannten mit Entsetzen, dass ein Sarg auf dem Wagen stand.

»Wer hat die Leiche gefunden?« Barsch fuhr Maier, der Leiter der Ortspolizei, die beiden an, die gebannt das Abladen des Sargs beobachteten.

Helmut meldete sich. Er berichtete stockend von ihrem Ausflug und wie er dann das »Bündel« gefunden hatte. Er konnte immer noch nicht »Leiche« sagen, das hatte etwas so Endgültiges, setzte voraus, dass da drüben ein Mensch lag.

»So.« Maier zückte ein Notizbuch. »Jetzt Name und Anschrift.« Als Helmut seine Adresse nannte, nickte er kurz. Der Name Noll war bekannt. Maiers Ton wurde um eine Spur freundlicher.

»So, Herr Noll«, er sagte tatsächlich »Herr«, »wir werden Sie dann vielleicht noch einmal befragen müssen.« Helmut nickte.

Dann wandte sich Maier Erich zu. Als er den Namen Levi hörte, ließ er seinen Bleistift sinken, warf Erich einen misstrauischen Blick unter gerunzelten Brauen zu, sagte aber nichts weiter. Plötzlich fuhr noch ein Auto vor, aus dem zwei Männer in braunen Uniformen sprangen. Erich kannte einen davon. Es war Hofer, seit neuestem Führer der NSDAP-Ortsgruppe, nachdem Kolbe Karriere in Stuttgart gemacht hatte. Maier und die anderen standen stramm, bis Hofer ihnen kurz zunickte und Maier mit einer knappen Kopfbewegung herzitierte. Erich hörte abgebrochene Sätze, Wortfetzen: »… männliche Leiche … ertrunken … Jude Levi betroffen …«, und merkte, wie ihn ein misstrauischer Blick streifte.

Ihm wurde plötzlich heiß und kalt. Wenn er nun in irgendeiner Art und Weise in diese Sache verwickelt wurde? Für Leute wie Hofer waren Juden schlecht, sie konnten für alles verantwortlich gemacht werden. Konnte man in seinem Alter schon ins Gefängnis kommen? Mitten in seine wirren Überlegungen hinein kam Doktor Uhl herangestapft, trotz der Hitze trug er einen schwarzen Anzug, was aber angesichts der Ereignisse merkwürdig passend wirkte.

»Wahrscheinlich in die Jagst gefallen. War wohl betrunken. Kann auch Selbstmord gewesen sein. Hat mindestens zwei Wochen im Wasser gelegen. Er ist wohl angeschwemmt worden, weil die Jagst Niedrigwasser hat.«

»Fremdverschulden?«, kam es scharf von Hofer.

Doktor Uhl schüttelte den Kopf. »Halte ich für ausgeschlossen. War ein kräftiger Mann, ein Handwerksbursche, würde ich nach den Kleidern schließen. So einer lässt sich nicht so einfach ins Wasser schubsen und geht dann unter. Außerdem hat er keine Verletzungen, soweit ich das sagen kann.«

Hofer wirkte für einen Moment richtig unzufrieden, dann entließ er Uhl mit dem üblichen Kopfnicken und blaffte die Jungen an: »Geht jetzt nach Hause! Aber haltet euch bereit. Vielleicht werdet ihr nochmals befragt.«

Am Abend bedrängte Erich seine Mutter inständig, sie schon früher nach Oedheim reisen zu lassen. »Vielleicht können wir in der nächsten Woche auch nach Stuttgart fahren, Fanny besuchen?«

Melanie schüttelte den Kopf. »Fanny hat auf meinen letzten Brief noch nicht geantwortet. Wir können sie nicht so einfach überfallen. Und mit Tante Mina und Onkel Louis ist euer Besuch fest ausgemacht, das können wir auch nicht so einfach umwerfen. Was ist denn los, Erich?«

Um nichts in der Welt hätte der Junge etwas erzählen können von dem Bündel, das halb im Wasser lag, von den Fliegen ... Nur nicht hier, nicht zu Hause! Er wollte einfach weg, weg von diesem Bild, dem Geruch. Jetzt war nichts mehr heil! Auch das kleine Stück Welt, das noch ihm gehörte, hatte einen Riss bekommen. Überall war es, das Unheimliche, das Tier – die Angst und jetzt sogar der Tod. Vielleicht würde er die Bilder woanders vergessen, sie würden vielleicht verblassen und dann verschwinden. Hier blieb ihm sowieso nur das Zuhause, die vertrauten Wände mit allen Spuren ihres Lebens, den Bildern, dem kleinen Fleck über dem Sofa, dem Muster der Tapete und der Vitrine mit den Leuchtern, dem Teller ... eben mit all dem, was zu ihnen gehörte.

Am darauf folgenden Sabbat half er der Mutter den Tisch zu decken. Sie holte wie immer das gute Geschirr, die Leinenservietten, steckte frische Kerzen in die Leuchter, und Erich holte den Teller und stellte ihn in die Mitte des Tisches, auf das bestickte Deckchen. Einen Moment betrachtete er den Teller wie schon so oft zuvor.

Nein, dachte der Junge, das ist doch nur ein ganz gewöhnlicher Teller, mit langweiligen Farben, gewöhnlich ist er und wertlos. Und hier – die »Augen Gottes« – komische Dreiecke sind es, nichts anderes. Die »Augen Gottes«, dass ich nicht lache.

Ein paar Tage später zeigte Julius seinem Ältesten wortlos die aufgeschlagene Zeitung. »Unbekannte Männerleiche aus der Jagst gezogen«, stand da.

Erich nickte. »Helmut hat sie gefunden. Wir haben den Köberle alarmiert und dann kam die Polizei. Woher weißt du ...?«

Der Vater legte die Zeitung sorgfältig wieder zusammen. Ohne Erich anzusehen, sagte er: »Ich hab da was läuten hören. War's schlimm?«

Wieder nickte Erich.

»Und die Polizei?«

»Hat gefragt, wie wir ihn gefunden haben. Vielleicht kommen sie auch hierher, um mich zu verhören.«

Merkwürdigerweise wollte Julius nicht weiter wissen, warum sein Sohn ihm nichts erzählt hatte. Stattdessen sagte er: »Das glaube ich nicht. In der Zeitung steht, dass es Selbstmord war. Sie haben auch herausgefunden, wer es war. Ein Handwerksgeselle aus der Nähe von Crailsheim.«

Also hat Doktor Uhl doch Recht gehabt, schoss es dem Jungen durch den Kopf. Er hätte gern gewusst, ob der Mann wohl Familie gehabt hatte, Menschen, die jetzt um ihn weinten. Aber das wusste der Vater ja auch nicht. Plötzlich brach es aus ihm heraus: »Papa, ich kriege das Bild nicht mehr aus dem Kopf, ich möchte gar nicht mehr einschlafen, weil ich Angst habe, davon zu träumen. Und in der Jagst bade ich auch nicht mehr, nie mehr.«

Der Vater legte ihm eine Hand auf die Schulter. »Das kann ich gut verstehen. Ich habe deshalb mit Oedheim telefoniert, gestern Abend noch. Du kannst schon früher kommen. Übermorgen fahren wir mit dir und Max zu Onkel und Tante. Mutter und ich bleiben dann auch zwei Tage. Ach, und Ilse freut sich schon sehr, ich soll dir viele Grüße sagen. Sie hat jetzt übrigens einen Freund, hat mir Tante Mina erzählt.«

Der Leiterwagen rumpelte über das Pflaster, vorbei am mächtigen Bau des Gymnasiums, das unnahbar in den Himmel ragte. Max saß wieder rittlings auf den Koffern, wie immer, wenn man jemanden vom Bahnhof holte oder ihn dahin brachte. Vorbei ging es an dem schwarzen Kasten mit den Bildern der krummnasigen Männer und den hässlichen Überschriften, die einem förmlich entgegensprangen. In der Tür des Hauses stand der alte Schuster. Als er die Familie Levi herankommen sah, spuckte er auf das Kopfsteinpflaster und schaute herausfordernd in ihre Richtung. Die Levis beachteten ihn nicht, der Leiterwagen rumpelte an ihm vorüber und dann standen sie endlich vor dem Bahnhof, wo Peter auf sie gewartet hatte. Er würde den Wagen zurückbringen, denn Vater und Mutter wollten ja ihre Söhne begleiten.

Tiefe Risse

Am kleinen Bahnhof in Oedheim stand schon Onkel Louis mit der Kutsche. Zwei Pferde hatte er heute zur Feier des Tages vorgespannt. Erich erkannte sie gleich wieder: Rosi, die braune Stute, und die feurige Mali, deren schwarzes Fell so schön in der Sonne glänzte. Sie fuhren bergauf in den Ort hinein, denn der Bahnhof lag etwas abseits unten am Kocher. Hier war alles enger, kleiner und geduckter als in Ellwangen, es gab keine stattlichen Domherrenresidenzen, nur kleine spitzgiebelige Fachwerkhäuser drängten sich eng aneinander. Aber den Jungen störte das nicht, er freute sich, denn auch das war ein Stück Zuhause. Aufmerksam musterte Erich die ganze Umgebung, um alle Veränderungen aufzunehmen und Max gleich mitzuteilen. Am kleinen Marktplatz standen noch die wohlvertrauten Häuser, alte Bekannte. Die Namen der Geschäfte bröckelten vom Verputz wie eh und je und vor dem Haus von »Johann Fuchs, Malermeister« döste ein großer, schwarzweißer Kater in der Sonne. Vor ihnen ragte die graue Kirche mit den mächtigen Zwiebeltürmen in den Himmel, aber schräg gegenüber, am Rathaus, hing jetzt auch die Fahne, die blutrote Fahne mit dem Hakenkreuz. In den nächsten Tagen merkte der Junge zunehmend, dass auch dieses Paradies, sein Ferien-Paradies, Risse bekommen hatte, tiefe Risse.

Am nächsten Morgen nach ihrer Ankunft hielt er gemeinsam mit Max Ausschau nach den Spielkameraden der früheren Jahre. Sonst hatten sie pünktlich am ersten Tag immer dagestanden, um ihn abzuholen, zum Baden im Fluss, zum Dämmebauen, oder zum Versteckenspielen drüben am Schloss. Aber dieses Mal war keiner da, still war es. Totenstille herrschte auch im Durchgang zwischen Haus und Stall, wo sonst die Nachbarskinder durchgesprungen waren, unter Lachen und Geschrei, weil jeder wusste, dass Tante Mina das »Hin- und Hergehüpfe«, wie sie es nannte, nicht leiden konnte. Nur manchmal sah er einen Rockzipfel oder einen fliegenden Zopf von Lina und Marie, seinen ältesten Freundinnen hier, und hörte ihr leises Kichern und Wispern.

»In manchen Geschäften werden wir gar nicht mehr bedient«, erzählte Tante Mina am zweiten Tag, als sie nach dem Abendessen bei einer Flasche Heilbronner gemütlich zusammensaßen. Die Eltern nickten, ihnen ging es ja genauso. Man tauschte Geschichten aus, Geschichten von Demütigungen und Verrat, bedrohliche Geschichten, Geschichten, die Angst machten.

»Im Gemeinderat sitzen jetzt nur noch Nazis«, erzählte Julius, »und den alten Bürgermeister haben sie zum Teufel gejagt.«

Tante Mina starrte auf ihre zusammengefalteten Hände, die im Schoß lagen, und fragte bedrückt: »Aber was soll man machen? Wenn man nur wüsste, was man machen soll! Die Kinder schreiben immerzu vom Fortziehen, aber was soll ich in Spanien oder gar Amerika? Louis und ich werden älter, wir sind wie zwei alte Bäume, die tiefe Wurzeln haben. Uns kann man doch nicht so einfach verpflanzen.«

Das konnte Erich gut verstehen. Ich bin noch jung, dachte

er, aber ich habe doch auch Wurzeln, mir würde es genauso wehtun, von zu Hause wegzugehen, obwohl nichts mehr heil ist und wir nicht mehr dazugehören.

»Die Ilse hat ja jetzt einen Freund, einen christlichen Mann«, erzählte Onkel Louis weiter. »Erst waren wir traurig, die Mina und ich, traurig und etwas besorgt. Die andere Familie und vielleicht getaufte Enkelkinder – wie würde das zusammenpassen? Und wenn Ilse vom Glauben ihrer Väter abkäme … Jetzt sind wir darüber froh! Wenn der Martin sie heiratet, ist das doch ein gewisser Schutz. Obwohl seine Familie ja dagegen ist. Aber er ist ein feiner Kerl, der Martin.«

Die Martha würden sie wegschicken, berichteten sie noch. Martha war das Dienstmädchen, eigentlich aber mehr ein weiteres Kind für Strausens. Sie erinnerte Erich immer ein wenig an Fanny, weil sie so hübsch und lustig war. »Sie geht nach Spanien, zur Herta. Das zweite Kind ist unterwegs und sie kann Hilfe gut gebrauchen. Wir wollen die Martha von hier weghaben, ihr könnt euch ja denken, warum. Eurer Fanny ist's ja ähnlich ergangen.«

Die Eltern reisten am nächsten Morgen ab und Erich bemühte sich in den nächsten Tagen nach Kräften, trotz allem die Ferien zu genießen und auch Max aufzuheitern, der ständig nach den alten Spielkameraden fragte. Oft fuhren sie mit Onkel Louis auf dem Pferdewagen übers Land zu den Bauern, mit denen er Geschäfte machte. Es ging ihm noch etwas besser als dem Vater. Ein paar alte Stammkunden hielten ihm vorerst die Treue, aber wie lange noch?

»Gott sei Dank haben wir einiges gespart, die Tante und ich, und bald kann ich mich zur Ruhe setzen, das Alter habe ich ja fast. Aber alles andere …« Er ließ den Satz in der Luft hängen, aber Erich wusste auch so, was er meinte. Alles andere … blieb ungewiss. Die übrigen Tage verbrachte er mit Max am Kocher, aber nur dem Bruder zuliebe, denn das mit Erlen und Weiden bewachsene Ufer und das grünliche Wasser erinnerten ihn an die Jagst. Manchmal bekam er solche Angst, dass er panisch aus dem Wasser sprang, vor allem, wenn der kalte, schlüpfrige Leib eines Fisches ihn berührte. Max lachte ihn dann aus, rief: »Feigling …«, oder: »Bist du wasserscheu geworden?«, und bespritzte ihn mit Wasser. Und Erich lachte und spritzte zurück, lachte mechanisch, ohne richtig zu wissen, was er tat. Am Abend, wenn Ilse aus Heilbronn von der Arbeit kam, saßen sie im Wohnzimmer und spielten »Mensch-ärgere-dich-nicht« oder »Schwarzer Peter« oder »Binokel«. Meist ließen sie Max gewinnen, der sich freute und so tat, als merkte er es nicht. Dann war auch Martin dabei, Ilses Verlobter, ein fescher junger Mann, elegant gekleidet mit einem kecken Bärtchen. Ilse und er schäkerten und alberten herum und Erich, der alles genau beobachtete, fragte sich verblüfft, was zwei Erwachsene dazu bringen konnte, sich so albern zu benehmen.

An einem Abend, als er auf der Fensterbank sitzend in den seidigen nachtblauen Himmel blickte, weil er nicht schlafen konnte, hörte er von unten Kichern und leises Geflüster. Er beugte sich mit angehaltenem Atem vor und sah an der Haustür Ilse und Martin stehen. Der junge Mann streichelte ihre Schultern und Brüste und dann gaben sie sich einen innigen Kuss.

Erich starrte auf die zwei eng umschlungenen Gestalten und die Gesichter, zwei helle Flecken, die miteinander zu verschmelzen schienen. Er empfand plötzlich ein noch nie da gewesenes Gefühl. Eine Erregung, eine gespannte Erwartung auf etwas, das das Leben für ihn bereithielt, etwas Unbekanntes, Neues, zutiefst Verlockendes. Und es war auch

Neid, Neid auf die Unbekümmertheit dieser Liebe. Dem Martin macht es überhaupt nichts aus, dass sie Jüdin ist, dachte er. Sie haben sich lieb, und das allein zählt.

Plötzlich fiel ihm ein, dass es unrecht war, die beiden bei etwas zu beobachten, was nur sie alleine etwas anging. Er kroch zurück in sein Bett und lauschte auf Max' Atemzüge. Von der nahe gelegenen Kirche hörte man in regelmäßigen Abständen das volltönende Schlagen der Glocke und der Junge zählte mechanisch mit. Er lag da, den Kopf auf die ineinander verschränkten Arme gelegt, und beschwor immer wieder das Bild der Liebenden. In seiner Fantasie nahm er den Platz von Martin ein, und das Mädchen – das Mädchen hatte kein Gesicht mehr, und noch in seinen ersten Träumen beim Hinübergleiten in den Schlaf versuchte er ihm Züge zu verleihen und es festzuhalten, bis es ihm ganz entglitt.

In der letzten Augustwoche kehrten Erich und Max nach Hause zurück. Vater und Mutter holten sie am Bahnhof ab, und Erich bemerkte, dass beide frisch und erholt aussahen. »Ja, wenn unsere beiden Nervensägen nicht da sind und uns nicht ärgern.« Der Vater gab ihm einen zärtlichen Nasenstups, als Erich eine entsprechende Bemerkung machte. Auf dem Weg nach Hause vertraute ihm Julius an, sie hätten es sich so gemütlich wie möglich gemacht.

»Und abends sind wir wieder ausgegangen, fast wie in alten Zeiten, ins ›Kreuz‹ oder ins ›Café Schimmel‹. Biegs und der alte Schimmel haben sich sehr gefreut.« Das waren schon früher die bevorzugten Stammlokale gewesen und beide Besitzer hatten ihre freundschaftlichen Beziehungen zur Familie Levi auch nach dem Januar 1933 aufrechterhalten, obwohl der Herr Schimmel wegen seiner Gastfreundschaft gegenüber dem »jüdischen Pack« Probleme bekommen hatte, wie der Vater Erich erzählte.

»Seit langer Zeit bemüht er sich schon um eine Konzession für den Alkoholausschank«, berichtete Julius. »Gerade ist seine Eingabe wieder abgelehnt worden, mit mehr oder weniger deutlichen Hinweisen darauf, dass er sich seine Gäste eben besser aussuchen solle.«

»Und was macht er jetzt?«

»Er sagt, der Gemeinderat und die ganze Nazi-Brut sollen sich zum Teufel scheren. Dann schenkt er eben keinen Alkohol aus. Wir waren und bleiben alte Stammgäste, und damit basta. Und unser Bild hängt auch noch in der Gaststube, jetzt erst recht, sagt er. Hoffentlich kriegt er nicht noch mehr Probleme.« Das Bild war ein Holzrelief, das Herr Schimmel vor geraumer Zeit anfertigen ließ. Es zeigt mit unverkennbaren Gesichtszügen Melanie und Julius Levi, seine beiden Stammgäste, die gerade vom Ellwanger Schutzmann Rathgeb auf die Sperrstunde hingewiesen wurden, denn der Vater war früher ein richtiger »Hocker« gewesen, oft der letzte Gast, der sanft bedrängt von seiner Frau, nur schwer den Weg nach Hause finden konnte. Noch etwas von der alten Verschmitztheit des Julius Levi, die das Bild so wunderbar festgehalten hatte, blitzte in seinen Augen auf, als er sich hinüberbeugte und Erich ins Ohr flüsterte: »Der Bruno hat für uns immer ein gutes Fläschchen parat, Konzession hin oder her.«

Erich grinste schief. »Er soll sich bloß nicht erwischen lassen.«

Julius wurde wieder ernst. »Es ist ein ganz merkwürdiges Gefühl, dass man gute alte Freunde in Schwierigkeiten bringt, bloß weil man Kontakt mit ihnen halten will. Aber ich habe zur Mutter gesagt, dass wir uns trotzdem nicht einschüchtern lassen, denn sonst können wir bald gar nirgends mehr hin. So, und morgen gehst du zum alten Kugler und probierst deinen Anzug an. Ich habe ihn neulich getroffen, und er hat mir gesagt, dass er fast fertig ist. Ich glaube, du bist schon wieder gewachsen.«

Tatsächlich musste Schneidermeister Kugler die Ärmel herauslassen und auch die Hose etwas länger machen. Bei der Anprobe betrachtete sich Erich verwundert im Spiegel. Mit dem Anzug sah er schon richtig erwachsen aus, fand er, und auch der alte Kugler machte eine entsprechende Bemerkung. Einladungsschreiben für die Bar-Mitzwah wurden verschickt, und die Mutter wälzte abends ihre alten Kochbücher, um ein würdiges Mahl für diesen Anlass zusammenzustellen.

»Erich, was hältst du von gebratener Ente? Oder sollen wir lieber gefüllte Kalbsbrust nehmen? Und dazu Gemüse, Spätzle und Knödel.«

»Mir egal«, knurrte Erich. »Hat eigentlich Fanny schon geantwortet?«

Melanie klappte seufzend ein altes abgegriffenes Buch zu, das noch von ihrer Großmutter stammte. »Die koschere Küche«* stand in Goldbuchstaben auf dem Einband und an den Rändern im Innern des Buches hatten drei Generationen der Süssel-Frauen handgeschriebene Bemerkungen oder Zusätze zu den Rezepten angebracht. »Das wird einmal deine Frau erben, oder die von Max«, hatte die Mutter einmal gesagt. »Wer zuerst heiratet, bekommt das Buch.« Das schoss ihm flüchtig durch den Kopf, als er geistesabwesend auf das Buch starrte, das die Mutter nun wieder sorgfältig in den Küchenschrank zurücklegte.

»Nein, noch nicht«, sagte Melanie leise. »Sie wird sehr

viel zu tun haben.« Nach den ersten Briefen war nur noch eine Postkarte gekommen, auf der das Alte Schloss in Stuttgart abgebildet war, dann gab es kein Lebenszeichen von Fanny mehr, obwohl die Mutter einige Male geschrieben hatte. Auch Erich hatte, mit krakeligen Extra-Grüßen von Max versehen, einen langen Brief nach Stuttgart geschickt, in dem er sie noch einmal persönlich zu seiner Bar-Mitzwah eingeladen hatte, aber auch darauf war keine Reaktion erfolgt.

Es gab noch eine weitere Sache, die ihn sehr beunruhigte. Martha Bieg hatte der Mutter bei einem ihrer Einkäufe vertraulich zugeflüstert, die Fanny sei jetzt schon zwei Mal übers Wochenende zu Hause in Neunheim gewesen. Melanie hatte es abends Julius erzählt, und Erich war unfreiwillig Zeuge des Gesprächs geworden, weil die Tür zum Wohnzimmer nur angelehnt gewesen war. Er hatte gerade seine Schuhe angezogen und beim Namen Fanny sich jäh aufgerichtet und mit angehaltenem Atem gelauscht. Es gefalle ihr nicht so gut bei den Wolfs, hatte die Mutter weiter berichtet, und sie wolle sich um eine andere Stelle bemühen. Aber warum kommt sie dann nicht vorbei?, hatte Erich damals überlegt. Sie hat es uns doch fest versprochen, dass sie uns besuchen kommt.

Jetzt wusste die Mutter anscheinend auch keine richtige Antwort.

»Und wenn der Vater einmal zur Familie nach Neunheim hinauffährt und nach Fanny fragt?«, schlug er vor.

»Ach Erich, was soll das nützen? Wir müssen uns eben gedulden. Sie ist ein junges Mädchen, vielleicht hat sie in Stuttgart jemanden kennen gelernt.«

»Trotzdem, das passt ganz und gar nicht zu Fanny.«

Aber der Tag der Bar-Mitzwah rückte näher und es kam

kein Lebenszeichen von ihr. Erich dachte oft an das neue Kleid, das sie extra für ihn kaufen wollte, und an den Moment ihres Abschieds, den letzten Blick, den schwingenden Rock und die wippenden Löckchen. Jetzt ist sie also auch aus unserem Leben hinausspaziert, dachte er, wie so mancher andere schon.

Anfang September begann die Schule wieder, und die Kampmann-Gruppe, wie auch etliche andere Schüler, waren in Uniform angetreten. Erich wartete gespannt auf Kurt, der aber zu seiner Erleichterung ganz normal gekleidet kam. In den Pausen schwadronierten Jungvolk und HJ lautstark über den Parteitag in Nürnberg, den sie letzte Woche besucht hatten. Den Führer habe man gesehen, Heidt und Müller seien sogar bis auf einige Meter an ihn herangekommen, als er an seinem begeistert jubelnden Parteivolk entlangfuhr. Man schwärmte von den Aufmärschen, der Musik und überhaupt … Unwillkürlich streifte Erichs Blick Kurt, der etwas abseits stand und finster brütend an seinem Mettwurstbrot kaute. Sie hatten sich seit Ferienbeginn nicht mehr gesehen.

Erich atmete tief durch und ging dann entschlossen die wenigen Schritte zu ihm hinüber. »Und was hast du so getrieben?«, fragte er gekünstelt fröhlich.

Kurt antwortete nicht gleich. Er starrte abwesend sein angebissenes Vesperbrot an und wickelte es dann wieder in das Papier ein.

»Besser, ich sag's dir gleich. Ich bin jetzt eingetreten, in die HJ. Genauer gesagt, in das Jungvolk. Zur HJ komme ich ja erst nächstes Jahr, wenn ich vierzehn bin.« Er vermied es bei diesen Worten, Erich anzusehen.

Einen langen, sehr langen Moment herrschte Schweigen

zwischen ihnen, ein drückendes Schweigen, das Kurt nicht mehr auszuhalten schien, denn er begann plötzlich zu erzählen, sich verhaspelnd, nach Wörtern suchend, die er dann herauspresste zwischen kurzen heftigen Atemstößen. Er habe es nicht mehr ausgehalten, der Druck des Vaters sei zu groß gewesen. Und überhaupt, was sei schon dabei, besser ein paar Vernünftige machten da auch mit. Und so schlimm sei es gar nicht, gut, der Kampmann und der Grimminger, das seien ein paar ganz Fanatische, die könnten einem schwer auf die Nerven gehen, aber es gebe auch andere …

Erich verstand nicht, was der Freund ihm sagen wollte. Er hörte immer nur die gleichen Worte in der gleichen Abfolge. »Ich bin jetzt eingetreten …«

Kurt schwieg plötzlich, er hatte sich im letzten Satz verheddert, dass es auch andere gebe. Welche andere?, schoss es Erich durch den Kopf, wie sind die anders?

Plötzlich trat Kampmann auf die beiden zu. Wie von weit her hörte Erich seine schnarrende Stimme. »Levi, ich stelle fest, dass du in der Pause Freunde von uns belästigst!«

Erich antwortete nicht. Ihm kam plötzlich in den Sinn, dass Kurt ja gar keine Uniform anhatte, er musste ihn unbedingt fragen, warum er keine Uniform trug. Vielleicht bedeutete das ja etwas, vielleicht war er nur auf Probe aufgenommen, vielleicht konnte man es noch rückgängig machen …

Plötzlich fühlte er sich vorne gepackt. Hände griffen an sein Hemd, so fest, dass zwei Knöpfe absprangen. Das Gesicht Kampmanns schob sich vor seins, und er konnte seinen Atem spüren, riechen, er roch ein wenig zwiebelig, nicht unangenehm, aber doch leicht zwiebelig.

Erich fiel plötzlich ein Vers aus einem Buch ein, das er früher oft mit der Mutter betrachtet hatte. Wilhelm Busch hieß der Autor, und gleich nach der so sehr geliebten Geschichte von »Max und Moritz« hatte es Bilder gegeben, in denen das Alphabet illustriert war, und das letzte Bild hatte einen krummnasigen, hässlichen Mann gezeigt, der aussah wie die Männer im Kasten vor dem Haus des alten Schubert und ein Vers hatte dabeigestanden, den hatte die Mutter nie vorgelesen. Sie hatte dann immer gleich das Buch zugeklappt und die Geschichte von »Plisch und Plumm« aufgeschlagen. Später, als er selbst lesen konnte, hatte er den Vers dann entziffert, aber nicht verstanden: »Die Zwiebel ist des Juden Speise.« Daran musste der Junge jetzt denken, als er Kampmanns Atem roch, zwiebelig, aber nicht unangenehm. »Die Zwiebel ist des Juden Speise.«

»Levi, du antwortest gefälligst, wenn ich dich etwas frage.«

Erich hörte neben sich Kurts Stimme, leise und etwas müde. »Lass ihn doch, er hat doch gar nichts getan.«

Kampmann beachtete ihn nicht. Die anderen hatten in der Zwischenzeit einen Kreis um sie gebildet, es waren hauptsächlich Schüler in Uniform, zum Teil auch aus den höheren Klassen, die Übrigen hielten sich abseits und tuschelten aufgeregt. Kampmann hatte immer noch Erich gepackt. Wo war die Pausenaufsicht, wer hatte denn heute Aufsicht?

Grimminger aus der Unterprima trat in den Kreis, Grimminger, der HJ-Führer, und flüchtig schoss Erich der Gedanke an den alten Fetzer durch den Kopf.

»Der Judenbengel hier belästigt unsere Freunde«, blaffte Kampmann in Grimmingers Richtung, ohne auf dessen Frage zu warten.

»So, so.« Grimminger baute sich vor den beiden auf, die Hände in die Hüften gestemmt. Dann versetzte er Erich einen Stoß in den Bauch, dass er nach vorne sackte. Kampmann ließ ihn los, und der Junge fiel auf den Asphalt, wo er gekrümmt liegen blieb. »Das war für heute, für jedes weitere Mal gibt es einen Hieb mehr, merk dir das, Judensau. Wo sind übrigens die anderen, es gibt doch noch zwei von der Sorte.« Grimmingers Blick schweifte suchend umher. Unter Gejohle wurde Erwin hervorgezerrt, der sich hinter Reger und den anderen versteckt hatte.

Plötzlich stand Helmut dazwischen. »Es reicht jetzt, Grimminger.«

Der fixierte ihn höhnisch. »Du solltest besser keine große Klappe mehr riskieren, denn sonst bist du der Nächste.« Und zu Erwin gewandt, der sich durch Winden und Schütteln aus den Händen, die ihn unbarmherzig festhielten, zu befreien suchte: »Ein für alle Mal – ihr steht in der Pause für euch. Ein anständiger Deutscher will mit euresgleichen nichts zu tun haben. Ich betone, ein *anständiger* Deutscher. Wer sich nicht daran hält, muss die Konsequenzen tragen, verstanden! Und ihr zwei – merkt es euch gut, bei jeder weiteren Belästigung gibt es einen Hieb mehr.«

Erich, noch immer gegen den würgenden Brechreiz ankämpfend, erhob sich mühsam. Als er sich aufrichtete, kam es ihm für einen Moment so vor, als wichen alle einen Schritt zurück. Er schwankte ein wenig und ließ den Blick suchend über den Platz schweifen. Wo war Max? Wenn sie nur Max in Ruhe ließen. Gott sei Dank, er stand am oberen Ende des Platzes, wo die Realschüler sich aufhielten, und Grimminger schien ihn vergessen zu haben, denn er wandte sich um und ging zu seinen Kameraden zurück. Irgendwo weit weg ertönte das Pausenklingeln und Erich schleppte sich die Treppe hoch, begleitet von Erwin und Helmut.

»Geh du vor, sonst bekommst du Probleme«, zischte er

keuchend Helmut zu, aber der schüttelte nur den Kopf. In der Ferne konnte Erich Lafrentz erkennen, der gemütlich hinter den letzten Schülergruppen ebenfalls zum Eingang schlenderte. Lafrentz hatte Pausenaufsicht gehabt, und er hatte nicht eingegriffen, kein Wunder. Nach der letzten Stunde gingen die Schulkameraden hastig mit abgewandtem Gesicht an ihm und Erwin vorbei. Erich hatte die Stunden nach der Pause nur durch eine Nebelwand wahrgenommen, einer Nebelwand aus Schmerz und Scham. Nicht einmal Gremms giftige Bemerkungen konnten diese Wand durchdringen. Er, der sonst Erichs Meldungen geflissentlich ignorierte, rief ihn heute gleich mehrere Male auf, und Erich, der sich mühsam erhob und neben das Pult stellte, wiederholte apathisch stets den gleichen Satz: »Ich weiß nicht, Herr Studienrat.« Dann ließ er sich wieder auf den Sitz fallen. Im Hintergrund erklang leise höhnisches Kichern, aber er hörte merkwürdigerweise immer nur den einen Satz, der unablässig in seinem Kopf kreiste: »Die Zwiebel ist des Juden Speise« und sah Kampmann vor sich, Kampmann mit seinem weit aufgerissenen Mund.

Am Fuß der Treppe wartete er auf Kurt und, ohne auf die wütenden oder auch entsetzten Gesichter der anderen zu achten, packte er ihn am Ärmel und stieß heiser die Frage hervor: »Warum trägst du keine Uniform?«

Kurt verharrte einen Moment, dann fasste er Erichs Handgelenk und stieß es weg. Er schüttelte den Kopf und rannte den Stiftsplatz hinunter, als sei jemand hinter ihm her.

Wieder einer, der aus meinem Leben geht – nein, rennt, dachte der Junge und schleppte sich hinüber in das elterliche Haus, in die Geborgenheit des dunklen Flurs und der vertrauten Geräusche.

In den nächsten Tagen zeigte es sich, dass Grimmingers

und Kampmanns Drohungen Erfolg gehabt hatten. Erich und Erwin standen in den Pausen allein, zunächst scheu und verlegen beobachtet, später aber vollständig ignoriert. Nur Helmut stellte sich am Anfang noch zu ihnen, bis sich nach einigen Tagen Grimminger und einige aus der Oberstufe, große, mächtige Kerle, vor ihm aufbauten und ihm drohten.

»Was nützt es denn, wenn sie dich auch zusammenschlagen, also halte dich lieber fern von uns«, bat Erich geradezu flehentlich. Sie hatten sich wieder oben in der Benzenruhe getroffen und hockten am Fuß einer großen Eiche. Von diesem Platz aus hatte man einen weiten Blick über die Stadt und die sie umgebenden Wälder. Das war in der letzten Zeit ihr Zufluchtsort geworden, denn die ehemaligen Spielkameraden mieden seit neuestem ihren alten Spielplatz, und in die Jagst-Auen mochten sie nicht gehen, zu nahe war noch die Erinnerung an die Leiche, die halb im Wasser lag, an die Fliegen und den Geruch.

»Es will mir nicht in den Kopf, dass jetzt Kampmann und Grimminger bestimmen können, wer wo in der Pause stehen darf. Wenn dein Vater ...?«

»Vergiss es, Helmut!« In Erich wurde die Erinnerung wach an die gebeugte Gestalt des Vaters, den schleppenden Gang und das eingefallene Gesicht, als er vom Rex gekommen war, damals, als Gremm ihn eingeschüchtert hatte. »Das ist ein ganz Gefährlicher«, hörte er ihn sagen und Erich wischte sich über die Augen, um dieses Bild zu verbannen, das Bild des Vaters, machtlos und gedemütigt.

»Wir kommen nicht mehr gegen die an. Der Gremm und die anderen erzählen dem Rex irgendwelche Lügengeschichten, dass wir die anderen stören und so. Und du weißt doch selber, dass der Kaiser Angst hat. Hör dir doch bloß seine Reden an.«

Helmut schwieg. Er saß da mit angezogenen Knien, den Kopf gegen die Beine gepresst. Nach einer Weile sagte er so leise, dass Erich ihn kaum verstehen konnte: »Mein Vater und vor allem meine Mutter haben inständig gebeten, dass ich mich mit dir nicht mehr öffentlich zeige. Es hat offenbar bestimmte Hinweise in diese Richtung gegeben, wie mein Vater sich ausgedrückt hat.«

Erich ließ sich zurückfallen in das Gras, das schon etwas dürr war und spätsommerlich nach Heu duftete. Die Baumkronen über ihm leuchteten rotgolden unter den Strahlen der Septembersonne. Er lag reglos da, ab und zu blitzte das Licht durch die Blätter und streifte sein Gesicht, dann schloss er kurz die Augen. Das war der Moment, vor dem er sich am meisten gefürchtet hatte.

Gut, dass ich ihn nicht zur Bar-Mitzwah eingeladen habe, dachte Erich. Es ist ja genauso gekommen, wie ich es erwartet habe. Gut, dass ich ihn nicht eingeladen habe. Jetzt geht auch Helmut … Er bemerkte plötzlich, dass der Freund weitergeredet hatte.

»Entschuldige, ich habe dich nicht verstanden.« Erich drehte sich auf den Bauch und begann automatisch Grashalme herauszuziehen und zu zerrupfen.

»Ich sagte, mein Vater muss verdammt aufpassen. Die Nazis haben ihn schwer im Visier. Es ist ja allgemein bekannt, dass er als alter Zentrumsmann denen überhaupt nicht grün ist. Und er hat ja seither auch kein Blatt vor den Mund genommen. Gestern Morgen hat es schon in aller Herrgottsfrühe an die Tür geklopft, da ist meine Mutter fast durchgedreht. Wir haben gemeint, sie holen ihn – Schutzhaft. Es war aber Gott sei Dank bloß der Kohlenmann, der die Briketts brachte, so ein Witz! Die Kanzlei läuft auch nicht mehr so gut, etliche Klienten sind schon abgesprungen. Es ist momentan nicht sehr förderlich, von Noll vertreten zu werden.« Helmut versuchte zu grinsen, aber er sah aus, als ob er gleich weinen würde.

»Und dass der Sohn vom Noll mit dem Sohn vom Juden Levi eng befreundet ist …«

»… macht die Lage noch schwieriger. Versuche mich bitte zu verstehen, Erich.«

Die Jungen vermieden es, sich anzusehen. Schweigen stand plötzlich zwischen ihnen wie eine Wand. Jeder war ratlos, wollte etwas sagen, wusste nicht was. Nach einiger Zeit durchbrach Helmut die bedrückende Stille, und seine Stimme klang verzweifelt: »Ich weiß wirklich nicht, wie das weitergehen soll. Verdammt, ich habe verfluchte Angst, Erich. Angst um meinen Vater, um dich, Angst vor all dem, was noch kommt. Mein Großonkel Hertwig hat letzthin gesagt, ›der Mob regiert‹, und da hat er Recht. Mensch, Erich, ich hab verfluchte Angst!«

So hatte Erich den Freund noch nie erlebt. Am liebsten hätte er ihn in den Arm genommen, aber das ging nicht, sie waren ja beinahe Männer. Er richtete sich auf und sagte dann leise mehr zu sich selbst: »Meine Mutter hat neulich gemeint, wir sollten aus Deutschland weggehen.«

Helmut starrte ihn an. »Aber wohin denn?«

Erich zuckte mit den Schultern. Er begann die ausgerupften Grashalme kreisförmig um sich zu verteilen. »Weiß nicht. Amerika vielleicht. Da sind schon Verwandte.« Er sah plötzlich wieder die Mutter vor sich, so hilflos und klein, zusammengesunken auf dem Küchenstuhl. Hörte noch einmal, wie sie vom *Weggehen* sprach, und dachte daran, wie zornig er gewesen war. Wie konnte sie nur so etwas denken! Hier war ihr zu Hause! Zu Hause … Er rannte vor an die sanfte Wölbung des Kugelbergs und starrte hinunter auf die Stadt, stand und starrte unverwandt auf die Kirchen, die geduckten Häuser und das mächtige Viereck des Schlosses oben auf dem gegenüberliegenden Berg. Es war ihm, als müsse er dieses Bild einbrennen in seiner Seele und seinem Herzen.

Helmut war in der Zwischenzeit näher gekommen und gemeinsam begannen beide schweigend den Weg hinunterzugehen. An der Jagst verharrten sie einen Augenblick. »Weißt du noch …«, begann Helmut und Erich fiel ihm ins Wort: »Ich muss ständig daran denken. Wie er dagelegen hat. Ich glaube, ich kann nie mehr in der Jagst baden.«

Helmut nickte. »Manchmal träume ich davon.«

»Ich auch.«

»Die Polizei ist ja nicht mehr gekommen. Mein Vater hat sich erkundigt. Es war wohl Selbstmord.«

»Mein Vater hat es mir auch erzählt. Es stand in der Zeitung. Ein Handwerksbursche war es.«

»Was er wohl gehabt hat?«

Die Jungen schauten sich einen Moment an, dann fragte Helmut: »Kannst du das verstehen?«

»Was?«

»Dass man so etwas macht?«

Erich überlegte einen Moment. »Ich habe noch nicht darüber nachgedacht. Aber ich glaube schon.«

Rechts vor ihnen lag die Stadt, die ersten Häuser wuchsen hinter der Uferböschung hervor und unvermittelt blieben beide stehen. Sie sahen sich einen Moment an, dann sagte Helmut heiser: »Wir können uns ja heimlich treffen, was meinst du?«

Erich schüttelte leicht den Kopf. »Und wenn man uns sieht, der Köberle vielleicht, oder welche aus der Klasse?«

»Aber man kann sich doch zufällig treffen, einfach so …«

»Das nimmt uns doch keiner ab.«

»Trotzdem, Erich. Irgendeinen Weg wird es schon geben.«

Erich schwieg. Er war nicht so optimistisch wie der Freund. Aber vielleicht musste man sich ja Mut machen, sich an irgendetwas festhalten können, wenn es auch nur eine vergebliche, törichte Hoffnung war. Sie verabschiedeten sich wie immer, so als sei nichts gewesen. Morgen würde man sich ja auf jeden Fall in der Schule wiedersehen.

Bar-Mitzwah

Es war Herbst geworden. In den Gasthäusern der Stadt wurde Kirchweih gefeiert und die Wirte annoncierten, dass es Metzelsuppe und Hitzkuchen gab. Die Eltern gingen immer wieder einmal ins »Café Schimmel« oder ins »Goldene Kreuz«, wenn auch die Besuche viel seltener geworden waren und die Mutter immer öfter davon sprach, dass sie ein schlechtes Gewissen habe, weil man ja die Besitzer und Freunde nicht in Schwierigkeiten bringen wollte. Sie versuchten, so gut es ging, ein kleines Stück Normalität in den Alltag zu retten, der zunehmend schwieriger wurde. In den Zeitungen häuften sich die mehr oder weniger offenen Angriffe gegen den »jüdischen Ungeist«.

Erich fing jetzt morgens die Zeitung ab, um sie vor dem Frühstück heimlich zu studieren, außerdem passierte er täglich den Kasten vor dem Redaktionsbüro in der Oberamtsstraße, wo die Parteizeitung aushing, um mit dem Rad an die Wand gelehnt hastig die Artikel zu überfliegen. Die Texte waren immer nach dem gleichen Muster verfasst, es ging um »Gaunereien der jüdischen Profiteure«. Geschichten wurden erzählt von jüdischen Händlern, die ihre Kunden übers Ohr gehauen hatten. Breit ausgeschlachtet wurde die Begebenheit um einen Viehhändler aus Oberdorf, der einem hiesigen Landwirt einen Stier verkauft hatte, der auf einem Auge blind war und ständig hustete. Wie hatte der

Vater gesagt, »schwarze Schafe gibt es überall«. Und es konnte auch einem erfahrenen Viehhändler passieren, dass er ein Tier vermittelte, das nicht ganz gesund war. Aber unverdrossen beschwor die Zeitung solche Geschichten, um dann dunkle Drohungen daran zu knüpfen, und so musste Erich eines Tages lesen, dass die »Judenfrage eine Lebensfrage Deutschlands« sei. Der Artikel strotzte von geschwollenen Formulierungen, von denen sich Erich einige besonders bombastische merkte, vom »deutschen Geist« war da beispielsweise die Rede, der »einer undeutschen, raffenden, zinskapitalistischen Herrschaft zum Opfer fällt«. Ohne im Einzelnen zu verstehen, was damit gemeint war, musste er bedrückt feststellen, dass die Töne schriller und giftiger wurden, und immer wieder hörte er Helmuts gepresstes »Ich hab Angst, Erich« und er sah die Mutter auf dem Stuhl in der Küche sitzen und vom »Weggehen« reden. Trotzdem bemühte er sich, Freude über die bevorstehende Bar-Mitzwah zu zeigen. Die Mutter und Tante Lea machten sich so viel Mühe mit den Vorbereitungen.

Am Dienstagmorgen, dem dritten Oktober, seinem Geburtstag, stand eine Torte mit dreizehn Kerzen auf dem Tisch, Mutters Haselnusstorte, die es nur zu besonderen Anlässen gab. Der Geburtstagstisch war etwas kleiner als in den letzten Jahren ausgefallen, aber das hatte er ja auch nicht anders erwartet. Es gab neue gestrickte Strümpfe und einen grau-weißen Pullover mit Norwegermuster, Schokolade und ein Geldgeschenk von Oma Babette und ein Buch von Max, mit Goldschrift auf dem Lederrücken. »Deutsche Heldensagen«, las Erich gerührt und musste schlucken.

»Hab ich von meinem Ersparten gekauft.« Max war sichtlich stolz. »Die liest du doch so gerne und das alte Buch ist ja kaputt.«

Zum Nachmittagskaffee kamen neben der Großmutter auch Tante Lea, Onkel Sigmund und Erwin, der zwei Tage später Geburtstag hatte. Man vermied Gespräche über die Politik und all die Dinge, die sie jetzt so bedrängten. Der Tag gehörte Erich und sollte so heiter wie möglich gefeiert werden, allen Sorgen zum Trotz.

Am Samstagmorgen, dem Tag seiner Bar-Mitzwah, wachte Erich früh auf. Er blieb eine Weile reglos im Bett liegen und betrachtete das schmale, immer heller werdende Rechteck auf dem Fußboden, das die Sonnenstrahlen durch den Spalt des geschlossenen Vorhangs zeichneten. Es würde ein sonniger Tag werden, ohne Regen, dieser erste Samstag im Oktober, der Tag seiner Bar-Mitzwah. Am Schrank hing sein Anzug, extra für diesen Anlass geschneidert von Herrn Kugler. Elegant und festlich sah er aus und Erich war sich richtig fremd vorgekommen bei der letzten Anprobe, als der alte Kugler ihn vor den großen Wandspiegel geschoben hatte und stolz bemerkte: »Richtig vornehm schauen Sie jetzt aus, Erich. Der sitzt wie angegossen.«

»Sie« hatte Herr Kugler zu ihm gesagt und vielleicht machte das der Anzug aus, er war ja jetzt ein Mann ab dem heutigen Tag, zumindest nach den Gesetzen seines Glaubens. Gestern Abend war der Anzug pünktlich geliefert worden, gerade noch vor dem festlichen Essen zum Sabbat-Beginn, das im Haus von Onkel Sigmund und Tante Lea stattfand. Dafür sollte das Festessen zur Bar-Mitzwah bei Julius und Melanie gegeben werden. Am Nachmittag hatten sie alle verfügbaren Tische im Wohnzimmer zusammengeschoben, denn es würde eine große Tafel geben. Alle Verwandten waren gekommen: Tante Mina und Onkel Louis mit Ilse, Tante Betti und Onkel Samson aus Ulm, die beiden Süssel-Onkel aus Pirmasens und Wanne-Eickel und die Angehörigen von Tante Lea aus Markelsheim. Sie hatten viele Kisten mit Wein mitgebracht, die sich jetzt im Badezimmer stapelten. Die Weißweinflaschen hatte der Vater in die Badewanne gelegt und ließ immer wieder kaltes Wasser nachlaufen. Und natürlich war auch Oma Babette dabei, wie immer im Schwarzseidenen, dessen Rascheln und Knistern Erich seit jeher besonders vornehm erschienen war.

Vorsichtig schlüpfte er aus dem Bett und lief hinüber zum Badezimmer, das nicht nur von den Weinkisten, sondern auch von Platten mit gesülztem Karpfen, belegten Brötchen und hauchdünn aufgeschnittenen Bratenscheiben versperrt war. Er bahnte sich vorsichtig einen Weg zum Spiegel und betrachtete sich dort lange und eingehend. Er sah ein schmales Gesicht mit den unverkennbaren Ohren, etwas abstehend, wie bei den Levis üblich, allerdings nicht so schlimm wie beim Vater oder bei Max, wie Erich fand. Das Schönste an ihm waren seine Augen, urteilte der Junge selbstkritisch, große dunkelbraune Augen. Und das Haar, dichtes, dunkles Haar, das er jetzt nass machte, um einen exakten Scheitel zu ziehen, und es dann sorgfältig schräg nach hinten zu kämmen. Wie hatte Fanny immer gesagt – er sei der eitelste Junge, den sie kenne.

Überhaupt Fanny! Vorgestern war ein Brief gekommen, eigentlich nur ein Brieflein. Einige hastig hingekritzelte Zeilen, als ob die Verfasserin in besonderer Eile gewesen wäre. Oder auch den Brief schnell und unentdeckt schreiben wollte. Nein, sie könne nicht kommen, hatte da gestanden, ohne weitere Begründung, und es täte ihr Leid und dabeigelegen hatte ein Dutzend weißer Taschentücher, in die sie in zierlichen Buchstaben ein verschlungenes »EL« hineingestickt hatte. Die Mutter hatte die Absage kommentarlos hingenommen und mit fester Hand Fannys Name von der

Gästeliste gestrichen. Und auf Max' bange Frage »Warum kommt sie denn nicht?«, hatte sie lediglich mit einem knappen »Weiß nicht« geantwortet und hinzugefügt: »Besser, wir rechnen erst einmal nicht mehr mit ihrem Besuch.«

Und damit ist dieses Kapitel wohl auch abgeschlossen, dachte der Junge, als er sich vorsichtig das weiße Hemd anzog, das die Mutter neu gekauft hatte. Aber Fanny, unsere Fanny! Ob sie auch Angst hatte, wie die anderen? Er schlüpfte in Hose und Jackett und besah sich noch einmal im Spiegel. Er sah jetzt wirklich erwachsen aus, *fast* erwachsen, korrigierte er sich. Auf der Oberlippe hatte sich in letzter Zeit ein dunkler Flaum gebildet, der aber nur kümmerlich sprießte, wie er immer wieder kritisch feststellen musste. Und so groß wie Kampmann würde er nie werden, obwohl er noch einmal gewachsen war in den letzten Monaten. Aber alles in allem war er zufrieden, der neue Anzug saß tadellos und er würde der Familie Ehre machen an diesem Tag.

In der Wohnung wurde es langsam lebendig. Die Mutter schürte das Küchenfeuer und rief nach Max. Aus Fannys ehemaligem Zimmer, in dem jetzt Tante Mina und Onkel Louis einquartiert waren, drang das Quietschen von Schranktüren und an der Tür zum Badezimmer klopfte jemand leise. Es war der Vater.

»Darf ich hereinkommen?« Er betrachtete seinen Sohn eingehend. »Ich muss schon sagen, gut siehst du aus, richtig elegant. Warst ja immer schon ein eitler Bursche. Jetzt fehlt nur noch die Krawatte.« Er überreichte Erich eine helle Seidenkrawatte.

»Danke, Vater. Aber jetzt musst du mir auch zeigen, wie man so ein Ding bindet. Schließlich bin ich ja ab heute erwachsen.«

Julius drohte mit dem Finger. »Da fehlt noch ein Stück. Aber du hast Recht. Wie man eine Krawatte bindet, muss ich dir jetzt wirklich beibringen. Obwohl du erst einmal so viele Gelegenheiten nicht haben wirst, so etwas zu tragen. Komm her.« Er schlang Erich die Krawatte um den Kragen und erklärte ihm dann vor dem Spiegel ausführlich die einzelnen Schritte: »Pass auf, jetzt nimmst du das Ende so über Kreuz, nein, das hier, und das andere schlingst du hier durch.«

Erich zappelte etwas ungeduldig, aber endlich waren sie fertig und Vater und Sohn betrachteten sich ernst im Spiegel. »Wirklich passabel. Gut siehst du aus, mein Sohn.« Dann drehte Julius seinen Sohn an den Schultern zu sich herum und sah ihm einen Moment ernst ins Gesicht.

»Hör zu, Erich. Als wir vor Jahren darüber sprachen, wie stolz wir sein würden, deine Mutter und ich, wenn wir die Bar-Mitzwah unserer Söhne feiern könnten, dachten wir nicht im Traum daran, dass wir dieses Fest einmal unter solchen Umständen begehen müssten. Du weißt, was ich meine. Und ihr, die Jungen, und besonders auch du, ihr kriegt so viel davon mit, müsst so viel aushalten. Das macht uns am meisten zu schaffen, vor allem deiner Mutter. Aber weißt du noch, was ich dir damals gesagt habe, im Frühjahr, als es anfing? Beim Gang zu den Ställen?«

Erich nickte und bemühte sich verzweifelt, die Tränen zurückzuhalten, die hinter seinen Augen brannten.

»Wir lassen uns trotzdem nicht unterkriegen. Und unseren Stolz und unsere Würde lassen wir uns nicht nehmen, hörst du, Erich?«

Ach Vater, dachte der Junge, so viel davon haben sie uns schon genommen, und auch die Freunde und Fanny, so viel ist schon verloren. Es bleiben nur noch die Hoffnungen und ein paar Träume, wenigstens das. Aber das konnte er dem

Vater nicht sagen, der ihn unverwandt ansah, fast bettelnd. Der Vater, der sich an dieser Überzeugung festzuhalten schien wie ein Ertrinkender an einem Seil.

»Ja, Vater«, sagte der Junge und atmete tief durch. »Ich verspreche dir, dass ich deine Worte immer beherzigen werde.«

»Gut«, sagte Julius und küsste seinen Sohn auf die Stirn. »Und meine besten Wünsche für deinen Ehrentag. Wir sind sehr stolz auf dich, mein Sohn.«

Nach dem Frühstück zogen sie hinauf in die Bergstraße in den Betsaal. Es war eine festliche kleine Kolonne, die Männer in ihren schwarzen Anzügen und den weiß gestärkten steifen Krägen, die Frauen, elegant in Mänteln mit hohen Pelzkrägen, die Hüte nach der Mode in die Stirn gezogen. Am besten, neben Ilse natürlich, sah die Mutter aus, stellte Erich stolz fest. Sie hatte zwar Kostüm und Mantel vom letzten Jahr an, für neue Kleider hatte das Geld nicht gereicht, aber mit ihrer schlanken, hoch gewachsenen Gestalt und dem sorgfältig frisierten Haar, dunkelbraun, wie das von Erich, sah sie wunderschön aus. Er selbst führte mit Erwin den kleinen Zug an, gefolgt von der sehr würdevoll dahinschreitenden Großmutter am Arm von Onkel Sigmund, dem ältesten Sohn.

Einige Passanten blieben stehen, tuschelten leise, die meisten allerdings hasteten mit abgewandten Köpfen vorbei. Vor der Bahnhofswirtschaft stand eine Gruppe von Braunhemden, die offensichtlich zum Frühschoppen wollten. Sie pöbelten und krakeelten hinter dem Grüppchen her. Erich sah aufgerissene Münder, grinsende, hämisch verzogene Münder, Hände, auf sie zeigend, Gelächter, Worte, die er nicht verstehen wollte. Während er mechanisch weiterging, fiel ihm merkwürdigerweise immer wieder der gleiche

Satz ein, der stakkatohaft in seinen Ohren dröhnte, die Erinnerung an seine Kindheit, wo der Satz noch eine Unschuld besaß, die auf dem Nichtwissen des Kindes beruhte: »Die Zwiebel ist des Juden Speise.«

Jetzt weiß ich es ja, dachte der Junge. Dreck sind wir für die, einfach bloß Dreck, Zwiebelfresser, stinkender Dreck, und sah furchtsam auf zu den Gesichtern der Großmutter, des Vaters, der Mutter und den anderen, die unbeirrt weitergingen. Nur Onkel Samson schien sich einmal mit geballter Faust umdrehen zu wollen, aber Tante Betti zog ihn weiter. Max wandte sich immer wieder um und schien ab und zu die Mutter etwas fragen zu wollen, aber Melanie hielt seine Hand fest und zog ihn weiter, und so kamen sie endlich an, oben an der Bergstraße.

Der Rabbi Dr. Berlinger, der eigens aus Schwäbisch Hall gekommen war, und der Kantor warteten schon auf sie und begrüßten sie vorne an der Tür. Alle Ellwanger jüdischen Familien waren gekommen, die Heinrichs, die Neuburgers, ja sogar der alte Herr Neuburger, auf seinen Stock gestützt und mit leise zitterndem Kopf. Es war ein kleines, verlorenes Häuflein, aber jetzt standen sie Spalier für ihn und Erwin, die zwei jüngsten Gemeindemitglieder, ihre Hoffnung. Wie hatte der alte Herr Neuburger immer davon gesprochen, dass es mit ihnen aufwärts ginge in der kleinen Gemeinde, die keinen Minjan zustande brachte und auf Gäste von außerhalb angewiesen war. Plötzlich war es Erich so, als sei alles gut, zumindest in diesem Teil seiner Welt, wo sie zusammengehörten und sich achteten und sich miteinander freuten. Die Mutter hatte mit Tante Lea den Betsaal festlich geschmückt, mit Laub und mit spätsommerlichen Blumen, deren süßlich schwerer Duft im Raum hing wie eine ferne Erinnerung.

Dann wurde zuerst Erich als der Ältere nach vorne zur Bima* gerufen, wo die Thora-Rolle vor ihm lag. Er fühlte die Augen der Familie in seinem Rücken, als er langsam nach vorne ging, ganz vorsichtig, mit zitternden Knien. Jetzt nur nichts falsch machen, sich nicht verhaspeln oder versprechen. Langsam und feierlich las er den Wochenabschnitt vor, hörte die Worte im Raum nachhallen:

»Im Anfang schuf Gott den Himmel und die Erde
und die Erde war öd und wüst
und Finsternis auf der Fläche des Abgrundes
und der Geist Gottes schwebend über der Fläche der Wasser …«

Es berührte ihn merkwürdig, dass sein Text ausgerechnet der Anfang der Bibel war, die Erzählung von der Erschaffung der Erde, und seltsam war auch, dass der letzte Satz genau der Inschrift auf ihrem Sabbat-Teller entsprach: »Da ward aus Abend und Morgen der sechste Tag.«

Der Rabbi nickte ihm freundlich zu, als er sich nach der Lesung aufrichtete und wieder auf seinen Platz zurückging, ganz langsam, um jeden Moment auszukosten. Er sah den Stolz auf Vaters und Mutters Gesicht, sah Ilses Lippen, die ihm ganz leicht einen Kuss zuhauchten, sah Onkel Louis' Lächeln und Tante Mina, wie sie sich verstohlen eine Träne aus den Augenwinkeln wischte. Und er sah seinen Bruder Max, der ihn andächtig betrachtete, und Herrn Neuburger, der ihm wohlwollend zunickte. Jetzt war er erwachsen, gehörte richtig dazu, fühlte sich stolz und für einen Moment glücklich, er, Erich Levi, Mitglied der jüdischen Gemeinde Ellwangen, und er dachte nicht mehr an die Welt draußen vor der Tür des kleinen Betsaals.

Nachdem Erwin und er die Glückwünsche der Gemeinde und die Briefumschläge mit den Karten und den Geldgeschenken entgegengenommen hatten, ging es wieder zurück.

In der Wohnung roch es schon verheißungsvoll. Martha Bieg werkelte in der Küche mit hochrotem Gesicht, sie hatte eine ihrer Verkäuferinnen als Hilfe mitgebracht, die gerade den großen Suppentopf auf den Herd stellte. Melanie hatte ihr Angebot zunächst nicht annehmen wollen. »Wir wollen nicht, dass du Schwierigkeiten bekommst, Martha ...«, aber Martha hatte alle Einwände beiseite gefegt und zudem noch veranlasst, dass Elli, ihr tüchtigstes Mädchen, mit anfassen musste. »Und wenn sie nicht will?«, hatte die Mutter zögernd gefragt, aber Martha ließ auch diese Bedenken nicht gelten.

»Die hat zu wollen, das nehme ich auf meine Kappe.« Elli sah in der Tat etwas mürrisch drein. Dass man sie gezwungen hatte, »bei den Juden« mitzuhelfen, schmeckte ihr gar nicht, und der Knicks vor Melanie und den anderen bei der Begrüßung war nur schwach angedeutet. Aber Martha freute sich, kniff Erich und Erwin in die Wangen und fragte scherzhaft, ob man sie jetzt siezen müsse. Erich lachte pflichtschuldigst und stieß dann mit allen an.

Es war sein erstes Glas Wein, ein besonders guter, den die Verwandten von Tante Lea mitgebracht hatten und der sonst nur an den hohen Feiertagen getrunken wurde, wie der Bruder von Tante Lea allen stolz erzählte. Schwer und süß rann ihm der Wein die Kehle hinab und verbreitete bald wohlige Wärme im ganzen Körper. Eine leichte, angenehme Müdigkeit überkam ihn und erst als er von den Vorspeisen und der Suppe gegessen hatte, wurde sein Kopf wieder etwas klarer.

Es wurde ein schönes Fest. Alles Bedrückende, alle Angst

versuchte man draußen zu lassen, hielt sich aneinander fest, an den Erinnerungen, an allem, was man miteinander teilte und was sie zusammenhielt. Man ließ Erich und Erwin hochleben, erzählte sich Witze und Anekdoten von früher, und dann setzte sich Ilse ans Klavier und spielte Tanzmusik. Erich tanzte reihum mit der Mutter, Tante Lea, die an diesem Tag so ausgelassen war, wie sie Erich noch nie erlebt hatte. Er tanzte ungelenk und ohne die Schritte zu kennen, aber der Rhythmus der Musik hatte seinen ganzen Körper erfüllt und Mutter und Tante passten sich lachend seinen Bewegungen an. Als Ilse von Onkel Ludwig abgelöst wurde, der eine Polka intonierte, tanzte Erich auch mit Ilse, wild und ungebärdig, und dachte plötzlich an die Nacht in Oedheim, das Flüstern und das leise Lachen und die ineinander verschmolzenen Gesichter. Es war ein merkwürdiges und ganz unbekanntes Gefühl, einen Frauenkörper an sich geschmiegt zu halten, eine so starke Empfindung, dass sich Erich davor fürchtete und Ilse plötzlich losließ.

»Was hast du denn?«, rief sie lachend, aber da hämmerte es plötzlich an der Wohnungstür. Alle blieben einen Moment wie erstarrt stehen, besonders komisch sah Onkel Ludwig aus, dessen Hände über dem Klavier schwebten, wo er gerade einen Akkord anschlagen wollte.

In die Totenstille hinein sagte Julius leise: »Ich gehe nachsehen.« Er schüttelte Mutters Hand ab, die ihn festhalten wollte. Langsam ging er zur Wohnzimmertür und durchschritt den Flur.

Erich stand dicht neben Ilse, auf deren Oberlippen sich kleine Schweißperlen gebildet hatten. Sie atmete hastig und sah unverwandt zum Hausflur, wie die anderen auch. Die Großmutter war auf einen der Ledersessel gesunken, Tante Mina trat neben sie und begann ihre Hand zu streicheln.

Langsam öffnete der Vater die Haustür und im Dunkel des Hausflures konnte man schemenhaft zwei Gestalten sehen, unverkennbar Polizisten. Erich erkannte einen davon, er war damals mit dabei gewesen, draußen an der Jagst, wo sie die Leiche gefunden hatten. Sie schoben sich an Julius vorbei in den hell erleuchteten Gang der Wohnung. An den Türen zum Wohnzimmer und zur Küche standen die Verwandten dicht gedrängt, Max und der kleine Heinz Viktor, der Sohn von Tante Betti und Onkel Salomon, versuchten sich zwischen den Leibern und Armen und Beinen durchzuzwängen.

Der größere der Polizisten, der, der dabei gewesen war, ein bulliger Mann, ließ seinen Blick für einen Moment über die Menschen schweifen, die ihn angstvoll oder skeptisch betrachteten. Keiner außer Julius wagte es, den Gang zu betreten, sie blieben im Türrahmen stehen, als sei eine unsichtbare Linie gezogen worden, die sie nicht überschreiten durften. Der andere Polizist, ein junger, schmaler Kerl, blieb hinter seinem Kollegen stehen, irgendwie schien ihm das Ganze peinlich.

Ohne Begrüßung begann sein Kollege zu sprechen, es habe Beschwerden gegeben, einige Nachbarn hätten sie gerufen. Viel zu laut sei es, was man sich überhaupt hier erlaube. Er sprach von nächtlicher Ruhestörung und Anzeige und am Schluss wurde seine Stimme laut und drohend. Erich hörte gar nicht richtig hin, er beobachtete fasziniert den sich öffnenden und schließenden Mund. Seltsamerweise hatte dieser Polizist, dieser bullige Kerl, einen weichen, fast weiblich geschwungenen Mund, der gar nicht zu seiner Erscheinung passte und nicht zu dem, was er sagte. Kleine Speichelbläschen sprühten aus diesem Mund und sammelten sich als schmale Rinnsale in den Mundwinkeln. Unwillkürlich griff der Mann am Ende seiner Ansprache nach dem Taschentuch und fuhr sich damit über das Gesicht.

Julius versuchte nun zu erklären, sprach von einem besonderen Familienfest und einem freudigen Anlass. »Außerdem, Herr Wachtmeister, ist es noch nicht zehn Uhr und ich versichere Ihnen, dass wir danach keine Musik mehr spielen werden. Wir werden sehr leise sein. Bedenken Sie doch bitte auch, dass es Samstagabend ist.« Wie zur Bestätigung seiner Worte hörte man von unten Grölen und Gelächter, einige Betrunkene hatten sich aus den umliegenden Wirtshäusern wohl auf den Nachhauseweg gemacht.

Der größere Polizist rückte seine Uniformjacke zurecht. »Sie wissen jetzt Bescheid. Ab sofort ist es hier mucksmäuschenstill, sonst ...« Dieses »sonst« blieb im Raum stehen wie ein mächtiger Pflock, der nun eingerammt war. Ein Pflock, den es zu beachten galt, andernfalls würde man sich an ihm schmerzhaft stoßen. Er verhieß Gefahr. Auch die eigenen vier Wände boten keinen Schutz mehr, man wurde beobachtet, man registrierte sorgfältig, was in diesen Wänden passierte, und beim geringsten Anlass konnten sie wiederkommen, die Vertreter dieser Macht, die jetzt alles bestimmte. Die Uniformierten gingen zur Tür, grußlos, wie es zunächst schien, dann aber drehte sich der Kleinere um und sagte sehr leise und befangen: »Gute Nacht.«

Dieser freundliche Gruß war wie ein erlösendes Zauberwort für die Familie, die immer noch wie erstarrt in den Türrahmen stand. Die Gruppe löste sich auf, man ging zurück ins Wohnzimmer, aber alles war plötzlich viel leiser geworden und gedämpfter. Es gab nun keine Musik mehr, kein Lachen, selbst beim Sprechen senkte jeder die Stimme und die Mutter kontrollierte hastig, ob auch alle Türen und Fenster geschlossen waren. Nach einer Weile verabschiedeten sich die Verwandten, man sei müde und morgen müsse man ja früh aufstehen, um zurückzufahren. Nur Tante Mina und Onkel Louis blieben noch ein bisschen im Wohnzimmer sitzen und tranken Cognac aus den dickbauchigen Gläsern, die die Mutter schweigend aus der Vitrine geholt hatte. Max wurde ins Bett geschickt, trotz seines Schmollens, aber Erich durfte noch eine Weile dableiben, er gehörte ja jetzt auch zu den Großen. Man sprach über Belangloses und bewunderte noch einmal Erichs Geschenke, immerhin hatte es außer Nolls noch ein paar andere gegeben, die ihn zu seinem Ehrentag bedacht hatten. Biegs hatten natürlich etwas geschickt und auch die beiden Fräulein Pfisterer und einige andere, Frau Österlein beispielsweise, bei der die Mutter ihre Kleider kaufte, und auch Dr. Schlegel aus der Sebastian-Merkle-Straße, seit vielen Jahren ihr Zahnarzt.

Erichs Blick hing lange am Tisch neben dem Klavier, wo alle Präsente aufgebaut waren. Es war eben doch nur ein kleiner Tisch, und der Junge hatte sich in den letzten Tagen immer wieder gefragt, wie er wohl ausgesehen hätte, wenn seine Bar-Mitzwah vor einem Jahr stattgefunden hätte. Vielleicht, nein ganz bestimmt hätte man einen größeren Tisch gebraucht, und er wäre ganz voll gewesen! Jetzt aber reichte der kleine. Und in der Mitte der liebevoll ausgebreiteten Geschenke lagen die Taschentücher von Fanny. Jedes Mal wenn der Junge diese Taschentücher betrachtete, fühlte er einen dumpfen Schmerz, einen Schmerz, den er nicht zulassen wollte, der aber da war, ganz tief drinnen.

Nach einer Weile, Onkel Louis und Vater hatten nun doch zu politisieren begonnen, allen Ablenkungsmanövern von Mutter und Tante zum Trotz, ging Erich hinüber zum Tisch und legte unauffällig das Buch, das ihm Max geschenkt hatte, über die Taschentücher. Beim Gute-Nacht-

Sagen drückte ihn Tante Mina fest an sich und flüsterte ihm ins Ohr: »Es war doch eine sehr schöne Bar-Mitzwah, Erich, trotz allem.«

Erich nickte. Ja, die Eltern und die Verwandten hatten sich große Mühe gegeben. Und der kleine Betsaal war so festlich geschmückt gewesen. Und trotzdem – man entkam ihnen nie, der Macht, der Angst und der Scham.

Chanukka 1933

Zwei Wochen später, an einem Montag, kam der Vater ganz blass zu Mutter in die Küche. Melanie richtete gerade die Vesperbrote für Max und Erich her, die am Küchentisch saßen und müde und lustlos ihr Frühstück verzehrten. Er hielt der Mutter die Zeitung hin, die er gerade aus dem Kasten im Hausflur geholt hatte. »Da, lies!«

Die Mutter wischte sich die Hände an der Schürze ab und griff nach der Zeitung. »Deutschland aus dem Völkerbund ausgetreten.« Melanie ließ die Zeitung sinken und sah den Vater fragend an. »Julius, was bedeutet das?«

Der Vater lief aufgeregt in der Küche hin und her. »Letztendlich das, was ich diesen Burschen schon immer unterstellt habe, und ein paar andere auch. Der Schlosser hat neulich zu mir gesagt, dass es darauf hinauslaufen wird.«

»Worauf, Julius, was meinst du?«

Der Vater blieb stehen und sah seine Söhne an, dann zog er die Mutter beiseite und sagte leise etwas zu ihr. Erich, neugierig geworden, starrte den Vater an, sah auf seine Lippen und bemerkte, dass er nur ein einziges Wort aussprach. Er konnte es mehr an den Lippen lesen, denn hören, dieses lautlos hingezischelte Wort »Krieg«.

Für Erich war Krieg etwas Nebulöses, nicht genau Greifbares. Er verband es mit Vorstellungen von Männern, die gegeneinander kämpften, wie die Helden in seinen geliebten

Sagen. Natürlich bedeutete Krieg auch Tod, er schloss kurz die Augen und dachte an das Bündel in der Jagst, aber wie sagten die Lehrer immer, allen voran Gremm: Im Krieg zu sterben war Opfertod und daher etwas Besonderes. »Für das Vaterland zu sterben«, hatte neulich an der Tafel gestanden, sei »süß und ehrenvoll«. Und nun redete der Vater vom Krieg, den dieser Hitler anzetteln wollte. Aber was heißt das schon, dachte der Junge bitter. Gegen uns, die Juden, führt er ja schon Krieg.

Graue Herbsttage begannen – meist stand morgens zäher Nebel über der Jagst und die Mutter legte jetzt immer die wollenen Strümpfe hin, denn es war rasch kalt geworden. Ende Oktober wurde der »Oberschreier« tatsächlich neuer Bürgermeister von Ellwangen, wie es Helmut schon vor längerer Zeit vorausgesagt hatte, denn sein unfehlbares Orakel, der Vater, hatte ihm von entsprechenden Plänen berichtet. Diese Nachricht regte Erich nicht besonders auf. Die Nazis waren jetzt überall, man konnte nichts gegen sie tun. Er hatte andere Sorgen, er musste den täglichen Überlebenskampf in der Schule bestehen, musste sich taub stellen gegen Sticheleien und verletzende Bemerkungen, die Einsamkeit in den Pausen ertragen, wenn er mit seinem Vesperbrot in einer der Ecken stand, die Angst vor Übergriffen aushalten, wenn sich plötzlich einer vor ihm aufbaute, ein starker Kerl aus der HJ, der ihn und Erwin anpöbelte, um sie zu provozieren. Er musste den absichtlichen Rangeleien ausweichen, wenn sie durch die Treppen und Flure zum Klassenzimmer hasteten. Er musste Ungerechtigkeiten aushalten, Lehrer, die ihn drangsalierten, schlechte Noten, die nicht begründet waren und der reinen Willkür entsprangen. Er musste die Gedankenlosigkeit der Schulkameraden hinnehmen, musste hinnehmen, dass sie ihn allein ließen, ihn mieden, ihn in der Ecke des Pausenhofs stehen ließen, als sei er ein halb vergessenes Möbelstück, eine unangenehme Erinnerung, die man von sich schob.

Am letzten Montag im Oktober versammelte Gremm seine Klasse auf dem Stiftsplatz. »Der Führer fliegt auf seinem Weg nach Stuttgart über Ellwangen«, hatte er feierlich verkündet, und so standen sie herum, die Hände in die Hosentaschen vergraben und die Mützen ins Gesicht gezogen, denn es wehte ein scharfer Herbstwind, der die dürren Kastanienblätter auf dem Platz immer wieder auffegte und Staub und Sandkörner in die Gesichter blies. Bei jedem fernen Geräusch hoben die Jungen die Arme und zeigten aufgeregt nach oben in den grauen Oktoberhimmel, aber es gab nichts zu sehen, und schließlich entschied Gremm, dass man zurück ins Klassenzimmer gehe.

Erich, der mit Erwin wie gewohnt abseits stand, tauschte immer wieder heimliche Blicke mit Helmut, der sich am Rand der größeren Gruppe aufhielt und ihm durch angedeutete Grimassen zu verstehen gab, wie albern er das Ganze fand. Sie hatten ihren heimlichen Spaß dabei, Kampmann und die anderen zu beobachten, ihre Gesichter, die so dümmlich wirkten mit den spitz nach oben gestreckten Nasen und ihren aufgerissenen Mündern und ihrem hektischen Hin- und Hergerenne. »Da, da ist er … Wo? … Da sieh doch … dort oben …!«

Als ob der Messias käme, dachte Erich belustigt und mit einem kleinen Schaudern wurde ihm in diesem Moment bewusst, dass Hitler so etwas Ähnliches für Gremm, Kampmann und viele andere wohl auch war.

Der Herbst ging dann vorüber mit einer nicht enden wollenden Abfolge von Fackelzügen, Fahnenweihen, Appellen, Gedenkstunden in der Turnhalle. Zu feiern gab es ständig etwas in diesen Herbsttagen des Jahres 1933 und Erich hörte schon gar nicht mehr hin, wenn die endlosen Reden zu irgendwelchen Anlässen gehalten wurden, ähnlich schien es auch einigen Schulkameraden zu ergehen. Viel wichtiger war die Biologiearbeit bei Eisele, die fast alle komplett verhauen hatten, oder die Frage, ob der Boxer Max Schmeling künstliche Zähne hatte, eine Behauptung, die der dicke Müller einmal in der Pause aufgestellt hatte und die so heftige Kontroversen hervorrief, dass es zu einer Prügelei zwischen Müller und einigen leidenschaftlichen Schmeling-Verehrern gekommen war. »Pass auf, dass du bald keine künstlichen Zähne brauchst«, hatte Schluffi noch dem dicken Müller zugezischt, bevor er zum Rex hinaufmarschierte, um sich mit einigen anderen die Strafe abzuholen, vier Stunden Karzer am Nachmittag. Die Pausenaufsicht hatte ihre Rangelei nämlich sofort gemeldet.

In solchen Momenten wünschte sich Erich leidenschaftlich, wieder dazuzugehören, bei den anderen stehen zu können, um die Freunde anzufeuern oder gemeinsam mit Helmut das Geschehen zu kommentieren.

Ach, Helmut – das war mit das Schlimmste, der Verlust dieser Freundschaft, die sie trotz der widrigen Umstände zu bewahren suchten, zumindest Teile davon, wie die Bruchstücke einer kostbaren Vase, die man vielleicht eines Tages wieder zusammenfügen konnte. Es wurde nun schon sehr früh dunkel, und Helmut schlüpfte manchmal abends an den Häusern des Marktplatzes vorbei hinüber zum Wohnhaus der Levis, wo er am Hintereingang mit Erich zusammentraf.

Erich hatte kurz nach seiner Bar-Mitzwah Fannys ehemaliges Zimmer bezogen. Er hatte es voller Trotz getan, sie kam ja nie wieder, er wurde erwachsen, warum sollte er kein eigenes Zimmer haben? Dann konnte Max auch abends lesen, bis ihm die Augen herausfielen, ohne ihn zu stören, und er hatte vor den endlosen Fragen des Bruders seine Ruhe. So richtete er sich ein, und kämpfte die Erinnerungen nieder. Er verrückte Kommoden und Schrank und bat die Mutter neue Vorhänge aufzuhängen. »Nicht so weibische wie die alten«, hatte er mürrisch zu Melanie gesagt und die, mühsam eine Entgegnung hinunterschluckend, hatte tatsächlich schweigend die zartblauen Gardinen mit dem Blumenmuster abgehängt, in der Wäschetruhe gewühlt und schließlich Vorhänge gefunden, die Erich ganz passabel erschienen. Sie waren aus Leinen in einem kräftigen Braunton gehalten und passten besser in das Zimmer eines fast erwachsenen Jungen, wie Erich fand.

Nach dem Abendbrot zog er sich meist in sein Zimmer zurück und ließ trotz der herbstlichen Kühle eine Weile das Fenster offen. An manchen Abenden ertönte dann das vertraute Pfeifen, ihr geheimes Signal, und Erich rannte hinunter, um die Tür zum Hintereingang zu öffnen. Dann setzten sie sich auf die schmale Treppe, die in die Kellerräume führte, zwischen die Kisten und Kartons der Eisenwaren- und Geschirrhandlung, und wenn eine der beiden Fräulein Pfisterer zufällig vorbeikam, um den Keller abzuschließen, blinzelte sie ihnen verschwörerisch zu, um dann später wiederzukommen.

Sie waren wirklich sehr in Ordnung, die beiden Damen, die Erich schon recht betagt vorkamen, weil sie immer etwas altjüngferlich wirkten mit ihren aufgesteckten Zöpfen und den langen Kleidern. Aber Marie, die Jüngere, hatte lustige und ganz junge Augen, und auch Auguste, die meist sehr ernst und streng dreinschaute, sodass man unwillkürlich ein schlechtes Gewissen bekam, hatte ein großes Herz. Julius hatte der Familie kürzlich erzählt, dass einige »aufrechte Bürger«, wie er sie ironisch nannte, die beiden Damen mehr oder weniger unmissverständlich aufgefordert hatten, den Levis die Wohnung in ihrem Haus zu kündigen. Beide hatten dann jeweils genauso unmissverständlich zu verstehen gegeben, dass sie nicht im Traum daran dächten, ihre alten und vertrauten Mieter auf die Straße zu setzen. Und dass sie sich jede Einmischung verbäten!

Daran musste Erich immer denken, wenn er eines der beiden Fräulein sah, und auch daran, wie froh man über solche Leute sein musste, die unerschütterlich ihre Freundschaft bewahrten, allen Anfeindungen zum Trotz. Sie halfen das Leben trotz allem erträglich zu machen. Und auch die gelegentlichen Besuche von Helmut halfen, ungeachtet vieler Dinge, die sie jetzt nicht mehr teilen konnten. Aber es tat gut, über die Ereignisse des Tages zu reden, die kleinen und großen Begebenheiten, denn trotz allem stand ihm Helmut immer noch sehr nahe. Aber in solchen Momenten, im Dunkel des Hausflurs geborgen, hatte man doch wenigstens die Illusion, als könnte es so sein wie früher.

Wenn er dann nach oben kam, saß die Mutter am Küchentisch unter dem Schein der Lampe, um Strümpfe zu stopfen oder Knöpfe anzunähen. Es gab nach Fannys Weggehen viel mehr zu tun für sie. Gelegentlich gönnten sich Vater und Mutter noch einen Besuch im Café oder im Wirtshaus, aber kaum einer setzte sich mehr an ihren Tisch, und Julius, der früher gern zum Kartenspielen in die »Traube« gegangen war, fand keinen Spielpartner mehr und blieb jetzt meist zu Hause.

Weihnachten kam heran, die Geschäfte dekorierten die Auslagen mit Tannengrün und Glaskugeln, und die Mutter holte den Chanukka-Leuchter* aus den Tiefen der Vitrine, um ihn zu putzen, bis das stumpf gewordene Silber wieder blinkte. Öfter als gewöhnlich schweiften die Blicke der Jungen während der Schulstunden zum Fenster hinaus, wo ein bleigrauer Himmel über den Türmen der Stiftskirche hing. Aber auch dieses Jahr wollte es nicht schneien, Matsch lag auf der Straße, der hochspritzte und die Wollstrümpfe durchnässte, es war wirklich ein richtiges »Sudelwetter«, wie sogar die Zeitung schrieb. Auf dem Marktplatz wurde dieses Jahr zum ersten Mal ein Weihnachtsbaum aufgestellt, ein Ereignis, mit dem sich die örtlichen Nazis sehr wichtig taten. Das Weihnachtsfest sei ursprünglich gar kein christliches Fest gewesen, dozierte Gremm in der Stunde, sondern hatte seinen Ursprung – wieder einmal – bei den alten Germanen, und folglich war also auch der Weihnachtsbaum ihr Vermächtnis. Erich hörte gar nicht richtig hin, dachte nur bei sich, dass die Nazis nicht einmal vor dem guten alten Weihnachtsbaum Halt machten, den Gremm konsequent als Julbaum bezeichnete.

Es hatte in jedem Jahr auch im Haus der jüdischen Familie Levi stets einen Weihnachtsbaum gegeben, aber Erich beschloss die Mutter zu bitten, dieses Mal keinen Baum aufzustellen. Wenn auch der Weihnachtsbaum germanischen Ursprungs war, hatte er nichts in einem jüdischen Haus zu suchen. Die Eltern waren einverstanden, aber Max quengelte so lange, dass Julius einige Tage vor dem christlichen Weihnachtsabend loszog und ein schmales Bäumchen mitbrachte, das sie wie gewohnt in einer Ecke des Wohnzimmers aufstellten. »Die anderen waren aber viel größer«, maulte Max, und er war verstimmt über Art und Umfang der Geschenke, die dieses Mal deutlich bescheidener ausfielen.

»Halt endlich deinen Mund«, zischte Erich ihm ins Ohr,

als Max am Chanukka-Fest sichtlich unzufrieden seine Päckchen öffnete, die zwischen Christbaum und Chanukka-Leuchter aufgebaut waren.

Das Chanukka-Fest, das immer einige Tage vor dem christlichen Weihnachtsfest stattfand, wurde aber trotzdem sehr schön. Am Abend zuvor hatte der Rabbiner, der wiederum eigens aus Schwäbisch Hall herübergekommen war, im Betsaal einen schönen Gottesdienst abgehalten und Herr Silbermann hatte dazu gesungen. Dr. Berlinger erinnerte an den Ursprung des Festes, er sprach vom Wunder, das der Allmächtige bewirkt hatte, um seinem bedrängten Volk ein Zeichen zu geben, und der Junge, der zwischen Vater und Onkel Sigmund in der vordersten Reihe stand, dachte bei sich, ein solches Wunder könnten sie jetzt wieder gut gebrauchen. Trotzdem fühlte er sich von der Predigt Dr. Berlingers getröstet, und als sie abends im Schein der zwölf Kerzen und der Wachslichter des schmächtigen Weihnachtsbäumchens zusammensaßen, stellte sich fast wieder die alte ungezwungene und fröhliche Atmosphäre ein, wie sie jedes Jahr am Chanukka-Fest zu spüren war. Erich öffnete seine Päckchen natürlich langsamer und bedächtiger als Max, denn er war ja jetzt fast erwachsen und machte nicht viel Aufhebens um die Geschenke. Es waren eher praktische Sachen, weniger Spielzeug als sonst, es gab gestrickte Strümpfe, Pullover und warme Leibwäsche. Am meisten freute ihn das Geschenk der Großmutter, sie hatte für jeden ein nicht unbeträchtliches Geldgeschenk dagelassen, denn sie war zu Tante Betti nach Ulm gefahren.

Am zweiten Feiertag nach der christlichen Rechnung kam Max in Erichs Zimmer. Er hatte den Mantel angezogen und setzte sich gerade die Mütze mit dem Norwegermuster auf.

»Kommst du mit?«, fragte er den Bruder, der lesend auf dem Bett lag.

Erich räkelte und streckte sich gähnend. »Wohin denn?«

»Na, zu Willi, Eisenbahn spielen.« Der Besuch bei Max' Freund war ein festes Ritual in den Weihnachtstagen. Willi hatte schon vor Jahren von seinem Vater eine Märklinbahn bekommen, die jedes Jahr sehr großzügig ergänzt wurde, sodass jetzt eine prächtige Anlage zusammengekommen war, für die man in den Weihnachtsferien extra ein Zimmer oben in der Mansarde räumen musste. Erich hatte den Verdacht, dass Willis Vater sich ausschließlich selbst damit beschenkte, denn er spielte oft und hingebungsvoll damit. Für die Levi-Buben war der Besuch bei Willi jedes Mal ein Ereignis, denn ihre eigene Anlage konnte sich nicht mit seiner messen. Sie bewunderten immer ausgiebig und auch ein bisschen neidisch die neu hinzugekommenen Teile und spielten dann den ganzen Nachmittag, bis die einbrechende Dämmerung das Zimmer verdunkelte und die Lämpchen der Anlage hell aufblinkten.

Erich überlegte einen kurzen Moment, dann aber sprang er auf. Er hatte zwar seine Bar-Mitzwah gefeiert, aber das Eisenbahnspielen hatte seinen Reiz für ihn noch nicht verloren. Auf jeden Fall war es besser, als den ganzen Tag hier im Bett herumzuliegen. »Einverstanden, warte einen Augenblick.«

Als sie die Alte Steige hochstapften, fragte er Max: »Und Frau Mendler hat dich wirklich für heute eingeladen?« Max nickte, ohne ihn anzusehen. »Warum hast du die ganze Zeit nichts davon gesagt?«

»Ich hab's halt vergessen. Außerdem ist das jedes Jahr so.«

Erich wurde misstrauisch. Irgendetwas an Max' Verhalten irritierte ihn. Als sie klingelten, öffnete sich nach einer Weile die Tür und durch einen schmalen Spalt lugte Erika heraus, Willis kleine Schwester. Sie hatte eines ihrer Zopfenden im Mund und kaute darauf herum. Unschlüssig betrachtete sie die beiden Besucher, drehte sich dann aber um und krähte: »Mama, Mama, komm mal schnell.«

Frau Mendler erschien an der Tür, eine Kaffeekanne in der Hand haltend. Als sie Max und Erich sah, schob sie Erika zur Seite und versperrte den Jungen den Blick in den Flur, indem sie ihre ausladende Vorderseite zwischen Tür und Türrahmen zwängte. Sie war rot geworden und wirkte sichtlich verlegen. »Ach Herrje, Max und Erich. An euch hab ich gar nicht mehr gedacht. Aber es geht heute wirklich nicht, wir haben gerade Besuch und ...«

Erich unterbrach sie, er zerdrückte seine Mütze in der Hand, die er beim Öffnen der Tür abgenommen hatte. »Bitte entschuldigen Sie, Frau Mendler. Wir wollten wirklich nicht stören. Es ist ja nur wegen der Eisenbahn. Aber wahrscheinlich hat Max da etwas missverstanden.«

Frau Mendler nickte so heftig mit dem Kopf, dass ihre aufgesteckten Löckchen bedrohlich wackelten. »Ja, ein Missverständnis. Es ist wohl ein Missverständnis. Aber dieses Jahr geht es wirklich nicht, das haben wir auch Willi gesagt. Ihr müsst das bitte verstehen. Vielleicht im nächsten ...« Jetzt hatte sich Frau Mendler endgültig verhaspelt.

Erich zog seine Mütze auf und packte Max am Arm. »Dann entschuldigen Sie bitte die Störung, Frau Mendler. Und ein schönes Fest noch.«

Frau Mendler wirkte sichtlich erleichtert, wenn auch immer noch etwas verlegen. »Ja, danke, euch auch. Wollt ihr noch ein paar Weihnachtsbrötle mitnehmen ...?«

»Nein, danke, wirklich nicht!«, rief Erich im Hinausgehen. Er hielt immer noch Max eisern gepackt, der keinen Mucks von sich gab. Sie liefen schweigend ein paar Schritte die Alte Steige hinunter. In der Zwischenzeit hatte es wieder zu regnen angefangen, es war ein kalter Regen, vermischt mit Schnee, der die Straße mit einem schmierigen, grauen Film überzog.

Plötzlich überkam Erich eine heftige Wut, es war eine blinde und rasende Wut, die ihn fast zum Bersten brachte, wie es ihm schien. Ohne richtig zu wissen, was er tat, packte er Max und warf ihn hinein in diesen grauen, schmierigen Dreck, dann versetzte er ihm einige Fußtritte. Er musste sich Luft machen, jetzt, sofort, alles zertreten, zerbrechen und zerstören, so wie auch ihr Leben immer mehr zertreten, zerbrochen und zerstört wurde. Er hörte mit den Tritten und Schlägen erst auf, als er Max' Blick bemerkte. Kein Laut war von Max gekommen, er sah ihn immer nur unverwandt an. Dieser entsetzte Blick aus aufgerissenen Augen und die unheimliche Stille brachten ihn endlich zur Besinnung.

Er kauerte sich neben dem Bruder nieder und begann ihm unbeholfen über die Haare zu streichen. Plötzlich begann Max zu weinen, es war ein lautloses, stummes Weinen und ab und zu durchlief seinen Körper ein krampfhaftes Schluchzen. Erich merkte, wie ihm auf einmal auch die Tränen über die Wangen liefen, unaufhaltsam tropften sie auf seinen Handrücken und auf die Haare des Bruders, der seinen Kopf in Erichs Jacke gedrückt hatte.

»Warum hast du uns das bloß angetan?«, flüsterte Erich, der immer noch mechanisch über Max' Kopf strich. Eine Weile herrschte Schweigen, durch Max' Körper zuckte immer noch dieses Schluchzen, dann machte er sich los und sah Erich an.

»Weil ich es so gerne wollte. Ich hab nicht nachgedacht, es sollte einfach so sein wie immer. Willi hat nichts gesagt. Aber ich wollte es doch so gerne. Erich, warum kann es denn nicht so sein wie früher? Warum denn nicht, Erich?«

Erich schaute seinen Bruder an. Immer noch liefen ihm die Tränen über das Gesicht, vermischt mit Rotz, die Augenlider waren geschwollen und auf der linken Backe zeichneten sich rote Striemen ab, dort, wo er ihm ins Gesicht geschlagen hatte. Plötzlich trat ihm das Bild vor Augen, das im Schlafzimmer der Eltern über Mutters Frisierkommode hing. Der Vater hatte es nach einer Fotografie malen lassen und es zeigte Erich und Max als kleine Jungen vor einer alten Landschaft mit Tannen und Berghütten. Sie trugen Lederhosen und Trachtenjanker und Erich erinnerte sich noch dunkel an das Zustandekommen des Bildes. Sie waren für einige Tage in die Alpen gefahren, damals, ihm schien es eine Ewigkeit her zu sein. Die Eltern hatten dort Hosen und Jacken gekauft, und der Vater hatte das Foto bei einem einheimischen Fotografen machen lassen, weil er so entzückt über seine beiden Buben war, die Hand in Hand auf einer blühenden Bergwiese standen. Die Bergwiese war allerdings künstlich gewesen, genauso wie die Berge und Tannen, sie waren Kulisse im Atelier des Fotografen, aber das hatte der Begeisterung von Vater und Mutter keinen Abbruch getan. Erich fiel plötzlich jedes Detail ein, er sah den Fotografen, der unter einem großen schwarzen Tuch verborgen war, wieder vor sich und roch den eigenartigen Geruch nach Farben und Chemikalien. Auf einmal fühlte er wieder den Druck der kleinen Hand, die vertrauensvoll seine Linke umfasste und schloss für einen Moment die Augen, um diese Bilder zu verscheuchen.

Als er sie wieder öffnete, bemerkte er, dass Max ihn immer

noch unverrückt anschaute, er bemerkte die kalte Nässe, die durch seine Kleider kroch, und erhob sich mühsam, den Bruder mit sich hochziehend. Ohne ihn anzusehen, sagte er mit fester Stimme: »Es wird nie wieder so, wie es war, Max, zumindest für lange Zeit nicht. Besser, du findest dich damit ab. Jetzt komm, wir gehen nach Hause, sonst werden wir noch krank. Und noch eines« – er blieb stehen und sah dem Bruder in das verweinte Gesicht – »wir sagen den Eltern nichts davon, hast du gehört? Es tut mir Leid, was passiert ist, aber es ist besser, du erzählst nicht davon. Es würde Mama sehr traurig machen.«

Max nickte zaghaft. Als sie vorsichtig die Alte Steige hinuntergingen, bemüht, im Matsch nicht auszurutschen, schob sich plötzlich Max' Hand in Erichs Linke. Erich dachte für einen Moment noch einmal kurz an das Bild der beiden kleinen Jungen auf der Bergwiese. Dann drückte er Max' Hand für einen Augenblick ganz fest, und einträchtig marschierten sie durch die Stadt zurück nach Hause.

Dazugehören

Anfang Januar fand in Ellwangen der »Kalte Markt« statt, ein großer Pferde- und Viehmarkt, der schon seit Hunderten von Jahren in der Stadt abgehalten wurde. Für die Familie des Viehhändlers Julius Levi war das jedes Mal ein wichtiges Ereignis. Der Vater war in diesen Tagen ständig unterwegs und brachte am Nachmittag oft befreundete Kunden oder Viehhändler aus der weiteren Umgebung mit, die dann im Wohnzimmer saßen, Trollinger tranken und dickleibige Zigarren rauchten, bis neblige Schwaden im Zimmer hingen und die Mutter abends trotz der kalten Winterluft alle Fenster aufriss, um »wenigstens wieder etwas sehen zu können«, wie sie dann halb scherzhaft, halb unwillig zu sagen pflegte.

Die Gruppe, die der Vater in diesem Jahr am Montagabend, dem ersten großen Markttag, nach Hause brachte, war etwas kleiner als sonst, und es waren keine Kunden, sondern nur jüdische Kollegen.

Erich fiel auch auf, dass die meisten sorgenvoller und ernster aussahen als sonst. Sie machten zwar ihre Witze mit Erich und Max, steckten ihm auch Geldscheine zu, als verspätetes Bar-Mitzwah-Geschenk, dann aber zogen sie sich rasch unter gedämpftem Gemurmel in Levis gute Stube zurück. Die Mutter brachte Gläser und den Rotwein und schloss dann behutsam die Wohnzimmertür. Dieses

Mal gab es wenig Lachen oder ausgelassenes Reden wie früher.

Die Mutter hatte Erich erzählt, dass der alte Herr Neumeister aus Oberdorf seinen Betrieb ganz aufgegeben habe und zu seinen Kindern nach Stuttgart gezogen sei. Am Schluss habe er fast gar keine Geschäfte mehr getätigt. Und Salomon Hirsch, der eine große Viehhandlung in der Nähe von Gaildorf hatte, rede offen davon, alles zu verkaufen, bevor er gar nichts mehr dafür bekomme, und auszuwandern. Erich fühlte einen Stich, als die Mutter ihm das erzählte, denn da war er wieder, dieser schlimme Gedanke, dass sie auch weggehen müssten eines Tages. Aber er versuchte, diese Vorstellung zu unterdrücken, und half der Mutter eifrig, im Keller neue Rotweinflaschen zu holen. Als er das Wohnzimmer betrat, um den Nachschub zu bringen, hatten die Männer die Köpfe eng zusammengesteckt.

»Und überall machen sie sich breit, diese Sau-Kerle«, hörte er beim Eintreten den jungen Bamberger sagen, der als Einziger Zigaretten rauchte. Er hatte kürzlich die Viehhandlung seines Vaters in Bopfingen übernommen und war dabei, eine Familie zu gründen. Seine Frau erwartete gerade ihr erstes Kind, wie der Vater am Abend zuvor der Mutter erzählt hatte.

»Überall die Uniformen und die Fahnen! Und zur Eröffnung spielt die SA-Kapelle und nicht mehr die gute alte Stadtkapelle!« Salomon Hirsch hieb auf den Esstisch im Wohnzimmer, dass die Gläser klirrten, und die Männer nickten zustimmend.

Der junge Bamberger ergänzte: »Heute Abend im ›Lamm‹ hat die SA schon fast alle Tische reserviert. Man kann nirgends mehr hingehen. Und ich hätte schon gerne den Haase angeschaut.« Leises zustimmendes Grummeln begleitete seine Worte.

Erich hatte in der Zeitung gelesen, dass der berühmte sächsische Komiker Paul Haase anlässlich des »Kalten Marktes« im Gasthaus »Lamm« auftreten würde, und er konnte sich vorstellen, wie enttäuscht der Vater sein musste, der sicher brennend gerne zu dieser Veranstaltung gegangen wäre. Aber unter lauter SA-Leuten – undenkbar! »Da würde uns wortwörtlich das Lachen vergehen«, kommentierte mit schiefem Grinsen Isidor Schlossberger, der mit ihm um ein paar Ecken herum verwandt war, und gab Erich, der ihm gerade nachgeschenkt hatte, einen Klaps auf die Schulter.

»Nun, mein Junge, und wann trittst du in das Geschäft deines Vaters ein? Freu mich schon, dich einmal hier in dieser Runde begrüßen zu können.«

»Ich möchte studieren, Onkel Isidor. In fünf Jahren mache ich Abitur«, antwortete Erich und biss sich dabei auf die Unterlippe.

In fünf Jahren mache ich Abitur, klang es in ihm nach. Ein langer Weg noch bis dorthin, aber er würde ihn gehen, trotz aller Schikanen, er würde ihn gehen um jeden Preis. Noch fünf Jahre.

»Ach richtig, du gehst ja auf das Gymnasium! Bist wohl ein ganz Schlauer. Und wie geht's so, auf deinem Gymnasium?«

»Es geht so, Onkel Isidor. Für uns ist es nicht ganz einfach jetzt.«

Isidor Schlossberger und die anderen nickten bedächtig.

»Erich ist sehr tapfer, obwohl er schikaniert und immer wieder verprügelt wird«, sagte der Vater plötzlich in das Schweigen hinein mit ruhiger Stimme. »Max hat bisher mehr Glück gehabt. In seiner Klasse unterrichten ausschließlich die älteren Lehrer, und die lassen ihn in Ruhe. Zu einigen Freunden wird er nicht mehr eingeladen, aber insgesamt geht es ihm etwas besser als Erich. Aber wie gesagt, Erich steht das tapfer durch.« Liebevoll schaute Julius seinen Sohn an. »Wir sind stolz auf ihn.«

Erich stand in der Tür und fühlte, wie er rot wurde. Die Männer musterten ihn wohlwollend und tauschten leise ähnliche Erfahrungen ihrer Kinder und Enkel aus.

In der Küche stellte Erich die leeren Flaschen ab und ging dann zum Fenster, wo er die Stirn gegen die kühle Scheibe drückte. Draußen war es schon dunkel, und er konnte nur noch die hellen Fenster der Häuser gegenüber ausmachen. Er dachte an den »Kalten Markt« vom letzten Jahr, an die ausgelassene Stimmung, sah Fanny in der Küche mit erhitztem Gesicht belegte Brote richten. Und die Mutter hatte ein schönes neues Kleid getragen mit einer Brosche am Ausschnitt und war von allen bewundert worden. Heute trug sie eine Kittelschürze und wirkte müde und abgehärmt. Der Junge dachte auch an die fünf Jahre bis zu seinem Abitur, diese fünf unendlich langen Jahre. Und was würde dann sein, was würde schon in einem Jahr sein, am nächsten »Kalten Markt«?

Er öffnete das Fenster und zog die kalte, beißende Luft tief ein. Er schmeckte den vertrauten Geruch nach Rauch und Schnee und dachte daran, dass dies wahrscheinlich das Einzige war, das gleich geblieben war, die Gerüche seiner Kindheit.

Im Laufe der nächsten Woche machte Gremm einen sehr nervösen Eindruck. Die Premiere des von ihm einstudierten Stückes stand unmittelbar bevor. Einige Tage vor dem großen Ereignis, an einem Freitag, fiel nach der dritten Stunde der Unterricht aus und Gremm marschierte mit seiner Klasse zur Turnhalle, wo sie an der Generalprobe teilnehmen durfte. Alle Mitglieder des Jungvolks und der HJ in der Klasse spielten mit, auch Kurt. Er stand zwar nur als Statist auf der Bühne herum, aber immerhin machte er mit und Erich überlegte bitter, wie weit er das noch vor wenigen Wochen von sich gewiesen hatte. Sie hatten nicht mehr miteinander gesprochen seit jenem denkwürdigen Morgen, als er Erich eröffnet hatte, dass er dem Druck des Vaters nachgegeben habe. In der Schule mied er ihn wie die meisten, wich Erichs Blicken aus und hielt so viel Abstand, als fürchte er selbst Erichs körperliche Nähe. In der Stadt waren sie sich gelegentlich begegnet, und es kam Erich ein paar Mal so vor, als wolle er auf ihn zugehen und ihn ansprechen. Aber er war jedes Mal schnell weitergehastet, den Blick starr auf den Boden gerichtet. Nun war er mit den anderen also oben auf der Bühne, vorne deklamierte die Hauptdarstellerin, eine dralle Blondine, in gestelztem Ton ihre Verse, und Gremm stand, das Textbuch in der Hand, angespannt zwischen den Stuhlreihen. Er hatte wahrscheinlich vor lauter Nervosität die Anwesenheit seiner jüdischen Schüler vergessen, denn sonst hätte er sie bestimmt des Saales verwiesen, so dachte jedenfalls Erich ironisch, weil sie unfähig seien, dieses »Meisterwerk der deutschen Kultur« zu verstehen.

Und es war so langweilig, dieses »Meisterwerk«, zum Gähnen langweilig. Die Schauspieler agierten unnatürlich, sprachen theatralisch ihre Texte in den leeren Raum, und Erich, der sich mit Erwin ganz an den Rand der Halle gedrängt hatte, bemerkte, dass einige seiner Schulkameraden verstohlen gähnten. Trotzdem drängten sich zum Schluss alle zu Gremm und ihren mitwirkenden Kameraden und sprudelten vor Lob geradezu über. »Fantastisch, Herr Studienrat, ganz ausgezeichnet. Toll habt ihr das gemacht…«

Erich, froh, dass so etwas nicht von ihm erwartet wurde, stahl sich mit Erwin aus der Halle und trat von niemandem behelligt seinen Heimweg an.

Am Dienstag war dann Premiere und Erich beobachtete vom Wohnzimmerfenster aus, wie ganze Scharen von Zuschauern hinüber zur hell erleuchteten Turnhalle strömten. Die braunen und auch einige schwarze Uniformen der jetzt immer zahlreicher werdenden SS-Leute bestimmten das Bild, praktisch war jeder aus der örtlichen Parteigruppe unterwegs, auch der »Oberschreier«, der allerdings im Auto ankam und vor dem die Passanten ehrerbietig Platz machten, als es knatternd um die Ecke der Hindenburgstraße fuhr. Erich konnte viele Schulkameraden erkennen und auch viele Bürger, von denen er dachte, dass sie den Nazis nicht besonders nahe standen, aber es war wohl ratsam, sich diese Aufführung des »Kampfbundes für Deutsche Kultur« unter der Leitung von Herrn Studienrat Dr. Gremm nicht entgehen zu lassen. Und es würde bestimmt ein großer Erfolg werden, dessen war sich Erich sicher. Wer würde schon Kritik an einem Stück üben, das ganz auf der Linie der Nazipropaganda lag und zudem von einem der eifrigsten Parteigenossen am Ort in Szene gesetzt worden war.

Mit einem heftigen Ruck riss er die Vorhänge zu und ging dann hinüber in sein Zimmer, wo er sich auf das Bett warf. Eigentlich hätte er noch Hausaufgaben machen müssen. Einige Rechenaufgaben und einen Hausaufsatz in Deutsch. Das aufgeschlagene Deutschheft lag drüben auf dem Tisch, und Erich fühlte jedes Mal einen Stich, wenn er die weißen leeren Seiten sah und die Überschrift, die wie ein schwarzer Balken oben über das linke Blatt lief.

»Treu sein heißt, sich nicht mehr selbst zu gehören«, hieß das Thema, das Gremm vor einigen Tagen an die Tafel geschrieben hatte. »Der beste Aufsatz wird am dreiundzwanzigsten Februar vorgelesen«, hatte er fast drohend hinzugefügt. »Ich hoffe, dass jeder von euch weiß, was dieses Datum bedeutet.« Natürlich wussten sie es, konnten es auswendig, konnten sie im Schlaf, all die Daten der »neuen nationalen Größe«, Daten von Menschen, von deren Existenz sie bis vor kurzem nichts gewusst hatten, Daten von Ereignissen, die bedeutungslos und unbekannt waren bis zu jenem dreißigsten Januar 1933. Es war der vierte Todestag von Horst Wessel, einem jungen SA-Mann, der in den politischen Wirren am Ende der Weimarer Republik ermordet worden war. Immer wieder hatte Gremm ihnen seine Geschichte erzählt, ein Märtyrer sei er gewesen und sie sollten sich solche Männer zum Vorbild nehmen. Und nun dieses Motto: »Treu sein heißt, sich nicht mehr selbst zu gehören.«

So ein Blödsinn, dachte der Junge. Was werden die anderen wieder für ein Zeug verzapfen. Diese Verlogenheit und diese Heuchelei! Er sprang vom Bett auf und griff blindlings nach seinem Federhalter, tunkte ihn in die Tinte und malte einen großen schwarzen Strich quer über die leeren weißen Blätter, dass die Tinte aufspritzte und kleine schwarze Punkte auf dem makellosen Weiß des Papiers hinterließ. Meine Note in Deutsch steht sowieso schon fest, vielleicht würde er nicht einmal ein »Genügend« in diesem Jahr von Gremm bekommen. Und die Matheaufgabe würde er auch nicht machen. Und am nächsten Mittwoch, am einunddreißigsten Januar, würde er einfach im Bett bleiben. Es gab wieder einmal eine große Gedenkfeier in der Schule, natürlich zur Machtergreifung. Wieder einmal würde es endlose Reden geben, Sprechchöre und Lieder. »Die Fahne hoch ...« Immerzu dieses endlose, dröhnende Schreien und Rufen und Singen. Er würde fortan bei all diesen Feiern wegbleiben, egal, was Mutter sagte, schließlich gehörte er ja nicht mehr dazu.

Kurt führte seit einiger Zeit in der Jungvolkgruppe der Klasse das große Wort. Er war gemeinsam mit den anderen im Januar im Lichtspielhaus gewesen, »Hitlerjunge Quex« hatte der Film geheißen, den sie sich angeschaut hatten, und offensichtlich hatte dieser Kinobesuch einen bleibenden Eindruck bei ihm hinterlassen.

»Er redet plötzlich ganz begeistert davon, dass die Nazis doch eigentlich schon viel Gutes bewirkt hätten und dass sie die alten Zöpfe endlich abschneiden würden«, vertraute ihm Helmut eines Abends bei einer ihrer heimlichen Zusammenkünfte auf der Kellertreppe an.

»Und was meint er genau damit?«, wollte Erich wissen.

Helmut zuckte mit den Schultern. »So genau weiß ich das auch nicht. Er redet halt davon, dass wir jetzt alle eine Gemeinschaft sind und es keinen Unterschied mehr macht, aus welcher Familie man kommt. Ob arm, ob reich, das sei jetzt egal. Und dass er auch die gleiche Chance hätte wie beispielsweise ich.« Obwohl es dunkel war, konnte Erich erkennen, dass der Freund bei diesen Worten leicht lächelte, aber es war ein bitteres Lächeln.

»Ich hab ihm dann gesagt, dass er höchstwahrscheinlich wesentlich bessere Chancen in der Zukunft haben wird als ich, wenn er sich als eifriger Parteigänger betätigt. Und von Erich, habe ich ihm gesagt, von Erich wollen wir lieber einmal gar nicht reden.«

»Und was hat er darauf geantwortet?«

»Nichts, er hat das geflissentlich überhört. Ach ja, er hat dann noch erzählt, dass unsere hiesigen Nazis eine weitere Großtat planen. Nächstens wird es in der Zeitung stehen.«

Erich sah den Freund gespannt an, der einige Sekunden verstreichen ließ und ihn grinsend von der Seite anblickte. »Nun red schon, was haben sie denn vor?«

»Das getrennte Baden wird ab sofort in diesem Jahr aufgehoben. Es wird ein gemischtes Familienfreibad geben an der Jagst. Sogar neue Umkleidekabinen wollen sie aufstellen und allen möglichen anderen Schnickschnack, hat Grimminger auf einem ihrer letzten Gruppenabende verkündet.«

Jetzt musste Erich lachen, trotz allem. »Weißt du, wie sehr wir uns das immer gewünscht haben, wegen der Mädchen und so?«

»Klar. Jetzt müssen wir nicht mehr heimlich zum Mädchenbad schleichen, um zu spionieren. Und dabei riskieren, vom alten Köberle erwischt und verprügelt zu werden.«

Erich nickte. »So gesehen eigentlich schade. War irgendwie spannend. Aber in dem Punkt hat er schon Recht, Kurt meine ich. Das war wirklich ein alter Zopf.«

Helmut meinte nachdenklich: »Pass auf, wie sie das wieder feiern werden. Sieg der ›gesunden nationalsozialistischen Weltanschauung‹ oder so ähnlich!«

Erich schwieg bedrückt. Er musste plötzlich daran denken, wie es wohl werden würde im kommenden Sommer. Ob er und Erwin und Max noch unbehelligt würden baden können? Onkel Ludwig hatte letzthin geschrieben, dass an manchen Orten schon Schilder aufgestellt würden mit der Inschrift: »Hier sind Juden unerwünscht.« Großonkel Otto, der in Speyer eine alteingesessene Metzgerei betrieb, war an der Nordsee zu einer Bäderkur gewesen, und in den Werbeprospekten einiger Badeorte hatte sogar gestanden, die Gemeinde sei »judenfrei«. Und das Hotel, in dem er mit

Tante Hanna schon öfter logiert hatte, habe plötzlich seine Buchung nicht mehr angenommen. Es gebe keine freien Zimmer mehr, hatte es lakonisch geheißen, und das mitten im März, wo doch noch gar keine Saison war. Wenn nun in Ellwangen plötzlich auch solche Schilder aufgestellt würden! Wenn man sie aus dem Bad vertreiben würde: »Hier sind Juden unerwünscht!«

Er schluckte den dicken Kloß hinunter, der plötzlich in seiner Kehle saß, und mühte sich, seiner Stimme einen festen Klang zu geben. Heiser sagte er zu Helmut: »Ich habe gar nicht gewusst, dass es ihm so viel ausmachte.«

Helmut drehte sich zu ihm hin und fragte verblüfft: »Was meinst du?«

»Ich meine Kurt. Dass er darunter gelitten hat, dass er aus einfacheren Verhältnissen kommt. Wir hatten früher ja auch mehr Geld und im Vergleich zu euch, nun ja, ihr wart ihm gesellschaftlich turmhoch überlegen.«

Helmut saß eine Weile nachdenklich da und fuhr mit dem Zeigefinger an den Fugen der Treppenstufen entlang, dann sagte er zögernd: »Aber wir haben es ihn doch nie spüren lassen.«

»Trotzdem. Es war wohl da. Wir haben es nur nicht gemerkt.«

»Ich kapier es aber nicht«, beharrte Helmut, »dass er jetzt doch auf ihre Propaganda hereingefallen ist.«

Eine Weile schwiegen beide Jungen ratlos, dann sagte Helmut leise: »Aber ich glaube, wir müssen uns jetzt damit abfinden. Es scheint ihm zu gefallen. Er wird dort respektiert. Und er gehört jetzt dazu.«

Dazugehören, dachte Erich. Dazugehören. So gesehen kann ich Kurt irgendwie verstehen.

Die kleine Rache

Tatsächlich kam am übernächsten Tag ein großer Zeitungsartikel, der über die geplante Abschaffung der getrennten Bäder an der Jagst berichtete. Tags darauf veröffentlichte die »Nationalzeitung« den Leserbrief eines »hiesigen Studienrats«, der aber nicht genannt werden wollte. Er beglückwünschte den Gemeinderat ausdrücklich zu dieser »mutigen Entscheidung«, der einen »Sieg über das hiesige Muckertum« bedeute. Bestimmt Gremm, dachte Erich, der mit dem Fahrrad an der Verkaufsstelle der »Nationalzeitung« lehnte und das dort ausgehängte Exemplar studierte. Am Fenster erschien die massige Gestalt eines der Redakteure, den Erich schon ein paar Mal aus der Ferne bei offiziellen Anlässen gesehen hatte. Er trug die braune Uniform und lehnte sich lässig gegen das Fensterkreuz, dabei hielt er eine Kaffeetasse in der Hand. Bei Erichs Anblick ging ein Ruck durch die Gestalt. Er öffnete hastig das Fenster und knallte die Kaffeetasse auf die Fensterbank, sodass der Kaffee überschwappte.

»He, Judenbengel«, schrie er und stützte sich mit den Händen am Fensterbrett ab, »Judenbengel, verschwinde von hier oder ich mache dir Beine!«

Erich konnte nicht anders, er streckte ihm die Zunge heraus und trat dann hastig in die Pedale, um aus dem Blickfeld des Mannes zu verschwinden. Der rief mit wütend überschnappender Stimme noch einige Drohungen hinter ihm her, die Erich aber nicht verstand, nicht verstehen wollte. Leise vor sich hin kichernd bog er in die Adolf-Hitler-Straße ein, um nach Hause zu fahren. Das war eine kleine Rache, eine ganz kleine zwar nur, aber sie tat trotzdem gut.

Wenige Tage später verkündete die Zeitung ein weiteres großes Ereignis, das alles andere in den Schatten stellte: »Heinrich Himmler kommt nach Ellwangen. Der Reichsführer der SS besucht unsere Stadt!« Gremm schien ganz ergriffen von diesem bevorstehenden bedeutsamen Geschehnis und erging sich lang und breit über die »besondere Ehre« und den »historischen Moment«. Erich hörte teilnahmslos der nicht enden wollenden Ansprache Gremms zu und versuchte verstohlen einen Blick von Helmut zu erhaschen, der aber nur düster aus dem Fenster sah. Mit einem großen Zapfenstreich auf dem Marktplatz solle dieser feierliche Tag eröffnet werden, sämtliche Häuser würden beflaggt und es gebe ein Feuerwerk und einen Fackelzug, der von Jungvolk und HJ organisiert werde. »Ich erwarte, dass jeder an diesem besonderen Tag sein Bestes gibt«, beendete Gremm seine Ansprache und ließ seinen Blick über die Klasse schweifen.

An Erwin und Erich blieb er für einen Moment hängen, und Gremm öffnete den Mund, als wolle er etwas sagen, aber Erich erwiderte gleichmütig seinen Blick und Gremm schien es sich anders zu überlegen und begann dann endlich mit dem Unterricht. Aufatmend schlug Erich sein Buch auf und fing an mechanisch die Zeilen leise mitzulesen, die der kleine Lutz auf Gremms Anforderung hin gerade vortrug.

»Nicht alle Glückseligkeit soll unter mir verdorren. Ihr

selbst, ihr sollet unter meinen Augen fortfahren dürfen, Mensch zu sein!«, sagte der alte König von Spanien im »Don Carlos« zum jungen draufgängerischen Marquis Posa. Der kleine Lutz las stockend und ungenau.

Erich schüttelte unwillig den Kopf. Ganz anders musste man diese Zeilen lesen, der König war ja ganz ergriffen von diesem Marquis. Was er sagte, musste man viel wärmer und inniger lesen. Und trotzdem, war es nicht zum Weinen traurig, dass der König so viel Macht besaß, dass er einem Menschen, einem einzigen nur, den er sich aussuchte, ein würdiges und glückliches Leben zusprach? Und die anderen?, dachte Erich bitter und fühlte sich leer und traurig.

Am nächsten Freitag war die Stadt in hellem Aufruhr. Erich besuchte Großmutter Babette, die gerade von einer schweren Grippe genesen und noch etwas wacklig auf den Beinen war. Mutter hatte ihr eine gute Fleischbrühe gekocht, die Erich nun vorsichtig in einer Henkelkanne transportierte. Sie standen eine Weile am Fenster, Großmutter und er, und Babette schlürfte in kleinen Schlucken die kräftige Brühe aus einer Tasse. Sie betrachteten schweigend durch die feinen Spitzengardinen das Fahnenmeer, das links und rechts der Straße wogte. Jungvolk und Hitlerjugend standen mit ihren Fackeln am Straßenrand und dazwischen reckten viele neugierige Zuschauer ihre Hälse und schauten zum Ortseingang, ob nicht bald der Wagenkonvoi mit dem prominenten Gast auftauchte.

Die Großmutter war schmal geworden in den letzten Wochen, auf den eingefallenen Wangen zeichneten sich immer noch kreisrunde rote Flecken ab, die dem Gesicht etwas Kränkliches verliehen. »Fieberbäckchen« nannte es die Mutter und hatte zu Julius schon einige Male besorgt gesagt, man müsse sich mehr um die Großmutter kümmern. Sie redete auch offen davon, ob es nicht besser sei, Oma Babette zu Tante Mina nach Oedheim zu bringen. Schließlich könne sich die Tante besser um sie kümmern, da sie ja schon erwachsene Kinder habe. »In Oedheim ist es wahrscheinlich auch ein bisschen ruhiger, Oedheim ist kleiner«, hatte die Mutter noch leise hinzugefügt, »das regt sie ja alles viel zu sehr auf, was hier passiert.«

»Dass es in Oedheim besser ist, bezweifle ich, nach allem, was mir Louis am Telefon erzählt.« Der Vater widersprach Melanie nur selten, aber diesmal tat er es sehr bestimmt. »Zudem – einen alten Baum verpflanzt man nicht so einfach. Das wäre vielleicht eine noch größere Belastung für sie. Du und Tante Lea, ihr wechselt euch ab und wir helfen alle zusammen.«

Daran musste Erich denken, als er neben der Großmutter am Fenster stand. Er legte den Arm um sie und versuchte die schmale, zerbrechliche Gestalt behutsam vom Fenster wegzuziehen. »Komm, Oma, du regst dich bloß wieder auf, und du musst doch auf dein Herz aufpassen, hat der Doktor gesagt.«

Seufzend ließ sich die Großmutter in den Sessel fallen. Von draußen drangen plötzlich laute »Heil«-Rufe herein und sie griff sich mit verzerrtem Gesicht an die linke Brust. »Meine Herztropfen, Erich, dort drüben auf dem kleinen Tischchen. Gib mir zwanzig Tropfen auf den Löffel.«

Erschrocken gehorchte Erich. Als er zum Tisch eilte, warf er hastig einen Blick auf die Straße. Die »Heil«-Rufe waren in der Zwischenzeit wieder verebbt. Offensichtlich war das nur blinder Alarm gewesen. Er blieb eine Weile bei Oma Babette sitzen und hielt ihre Hand, die erstaunlich fest in seiner ruhte. Sie hatte die Augen geschlossen und auf der Stirn hatten sich einige kleine Schweißperlen gesammelt.

Plötzlich sagte sie unvermittelt: »Ich mache mir vor allem um euch solche Sorgen.«

»Um wen denn, Oma?«

»Um euch, Junge. Um dich und Erwin und Max. Und auch um Ilse und den kleinen Heinz-Viktor. Die anderen Enkel sind ja Gott sei Dank schon alle weg. Ihr seid noch so jung, was soll nur mit euch werden?«

Erich schwieg. Was sollte er darauf antworten? Eine Weile saßen sie stumm beisammen, Großmutter und Enkel, dann hörten sie von draußen wieder anschwellenden Lärm und »Heil«-Rufe. Der hohe Gast schien sich anzukündigen.

Es war in der Zwischenzeit dunkel geworden und Erich ging hinüber zur Tür, um die Lampe anzuknipsen. Ein warmes Licht breitete sich über den großen Tisch und die mit rotem Samt gepolsterten Stühle aus, die in der Mitte des Zimmers standen. Erich musste daran denken, wie sie früher hier gesessen hatten, an Großmutters Kaffeetafel. Max und er hatten auf den Kissen gehockt, die normalerweise das hochbeinige Sofa mit den geschwungenen Lehnen schmückten. Max hatte immer zwei Kissen mehr gebraucht als er und trotzdem hatte er mit der Nasenspitze gerade über die Tischkante schauen können, ein Umstand, den Erich damals immer wieder zum Anlass für allerhand Neckereien genommen hatte. Einmal hatte er Max so geärgert, dass der kleine Bruder mit dem Löffel wütend auf seinen Kuchenteller geschlagen hatte, dass die Sahne und Tortenstücke über den ganzen Tisch flogen und auf Mutters grauem Seidenkleid einen großen Fleck hinterließen. Wie hatte der Vater damals geschimpft! Zur Strafe mussten beide auf dem Sofa sitzen und den anderen beim Kaffeetrinken zusehen.

Von draußen drangen immer lauter werdende »Heil«-Rufe und Geschrei herein, die die alte Frau im Sessel erschreckten. »Komm Oma, wir gehen nach hinten in die Schlafstube. Leg dich dort ein bisschen hin.« Erich führte die Großmutter vorsichtig hinüber, dort würde sie den Lärm nicht mehr hören und vielleicht konnte sie ja etwas schlafen, wenigstens so lange, bis die Menge sich zerstreut hatte und es wieder etwas ruhiger geworden war. Nachdem er die Großmutter vorsichtig auf das Bett gelegt und sie zugedeckt hatte, ging er leise die Treppe hinunter und öffnete vorsichtig die Tür zum Hinterausgang. Gott sei Dank war sie nicht verschlossen, denn sonst hätte er direkt nach vorne auf die Adolf-Hitler-Straße gehen müssen, mitten unter die jubelnde Menge. Er hastete durch die leeren Gassen der Altstadt und kam dabei auch an der Geschäftsstelle der »Nationalzeitung« vorbei.

Neben dem Eingang lehnte ein Fahrrad, es gehörte dem Redakteur, der ihn neulich verjagt hatte. Erich hatte ihn schon ein paar Mal damit fahren gesehen. Sicher stand er jetzt drüben, direkt vor dem Rathaus, wo eine Feierstunde stattfinden würde. »Ellwangen verleiht Heinrich Himmler die Ehrenbürgerwürde!«, hatte in der Zeitung gestanden und sicherlich war die gesamte Redaktion dabei, um diesen großen Moment festzuhalten. Erich blieb einen Augenblick stehen und hatte plötzlich wieder das heisere »Judenbengel, verschwinde!« in den Ohren.

Er blickte sich vorsichtig um. Die Dunkelheit hatte bis auf die grauen Silhouetten der Häuser mit wenigen hell erleuchteten Fenstern alles verschluckt. Von ferne hörte man Rufen und Beifallklatschen und – den Lärm jetzt immer deutlicher überlagernd – die rhythmischen Klänge der Trommeln und Trompeten. Die Kapelle war auf dem Stiftsplatz angetreten, um zum großen Zapfenstreich aufzuspielen. Erich duckte sich und fingerte am hinteren Reifen nach dem Ventil. Vorsichtig drehte er es heraus, sah sich hastig um und wartete einen Moment, dann erhob er sich und schlenderte gemächlich weiter. Fast hätte er gepfiffen, aber das verkniff er sich. Grinsend stellte er sich das dumme Gesicht des Redakteurs vor und hörte ihn im Geiste fluchen.

Vorne am Stiftsplatz angekommen, musste er sich durch Menschentrauben zwängen, er fürchtete sich davor, erkannt und angepöbelt zu werden. Aber die Leute waren viel zu sehr mit dem Spektakel auf dem Platz beschäftigt und beachteten ihn nicht. In der Zwischenzeit waren Jungvolk und Hitlerjugend aufmarschiert, sie bildeten einen großen Kreis vor der Stiftskirche, die vom zuckenden Schein ihrer Fackeln erhellt wurde. Ohne sich umzusehen, rannte Erich rasch weiter, ging aber dann an der elterlichen Wohnung vorbei hinunter zur Jagst. Vorsichtig setzte er sich auf die Uferböschung, das Gras war feucht und kalt. Aus Vaters Stallungen hinter ihm kamen leise und gedämpft die Geräusche der Tiere, es waren nur noch wenige, einige Kälber und zwei Milchkühe. Oben in der kleinen Wohnung über den Ställen brannte Licht. Peter war noch auf. Er war also auch nicht in die Stadt gegangen. »Mit denen habe ich nichts am Hut!«, hatte er immer wieder knurrend versichert und verächtlich auf den Boden gespuckt.

Wie lange noch wird ihn Vater bezahlen können?, dachte der Junge und kramte in der Tasche nach dem Fahrradventil. Zwischen Taschentuch und Schnur fand er es schließlich, hielt es einen Moment fest umklammert und warf es dann in hohem Bogen in die Jagst. »Das ist für den ›Judenbengel‹«, murmelte er halblaut und spürte dabei eine grimmige Freude.

Eine Woche später fand die Schlussfeier des Gymnasiums

statt. Gleichgültig betrachtete Erich das Zeugnisheft, das ihm Gremm kommentarlos in die Hand gedrückt hatte. Wie aufgeregt war er noch vor einem Jahr gewesen! Aufgeregt und stolz und voller Freude. Jetzt zählte nur eines: Dieses Schuljahr war geschafft, ein Jahr weniger auf dem Weg zu seinem großen Ziel. Tübingen und Berlin und Leipzig – daran glaubte er noch immer felsenfest. Natürlich hatte es in Deutsch eine Vier gegeben, auch in Geschichte und Mathematik. Ein Lichtblick war die Note in Latein. Ein »Gut« vom alten Richter und auch die Drei von Immig in Musik war in Ordnung.

Unbemerkt war Helmut neben ihn getreten und flüsterte ihm ins Ohr: »Und, wie ist es ausgefallen?«

Erich ließ seinen Blick im Klassenzimmer schweifen, wo sich die Schulkameraden um Kampmann und Kurt versammelt hatten, die augenscheinlich das große Wort führten. Erwin saß zusammengesunken auf seinem Platz und schniefte verdächtig.

Leise erwiderte Erich: »Wie erwartet. Hauptsache, durchgekommen. Und bei dir?«

Helmut grinste verstohlen. »Ebenso! Was die nationale Revolution so alles bewirkt. Mir scheint, wir haben neue Geistesgrößen in der Klasse.« In der Tat wirkten Kampmann und die anderen hochzufrieden. Kurt schien geradezu vor Stolz zu platzen.

Plötzlich fühlte Erich den Blick des ehemaligen Freundes auf sich gerichtet. Herausfordernd schaute er Erich an. Der zog hastig Erwin von seinem Platz hoch. »Komm! Wir verschwinden von hier. Ich habe keine Lust auf eine Prügelei.«

Geräuschvoll zog Erwin die Nase hoch, ging aber widerspruchslos mit nach draußen. Dort versammelten sich langsam die Gymnasiasten um die neu errichtete Fahnenstange.

Die Flagge wurde von einem kalten Frühlingswind gebläht, der schneidend in die Gesichter fuhr. Erich drückte sich mit Erwin fröstelnd an die grau gekalkte Wand und bedeutete ihm mit einer Kopfbewegung sich vorsichtig in Richtung Hindenburgstraße zu schieben. Am oberen Platz begannen laut und etwas misstönend die Schüler der ersten Klasse zu singen: »Gen Ostland wollen wir reiten …« Gleich würde man feierlich die Fahne einholen und dann würde wieder das unvermeidliche Horst-Wessel-Lied erklingen. Besser, man verschwand vorher, besser, man ging auch den anderen aus dem Weg, vor allem Kampmann und Kurt, die ihren Triumph sicher auskosten wollten. Erich atmete auf, als er die schwere braune Eingangstür ihres Wohnhauses erreicht hatte.

Nebenan in der »Eisenwaren- und Geschirrhandlung Pfisterer« herrschte lebhafter Betrieb. Marie, die jüngere der beiden Fräulein Pfisterer, war gerade in die Tür getreten, um eine Kundin hinauszubegleiten. »Ach, der Erich. Heute hat's Zeugnisse gegeben. Und, bist du zufrieden?«

»Danke, Fräulein Marie. Es … es geht so.« Erich drückte die Tür auf und schlüpfte in das vertraute Dunkel des Flurs. Wieder ein Jahr, ein Jahr weniger bis zum großen Ziel.

Tante Mina und Onkel Louis kamen in diesem Jahr nicht zum Pessach-Fest. Stattdessen brachte Julius die Großmutter nach Oedheim, wo sie einige Wochen bleiben sollte. Sie war immer noch sehr schwach und konnte nicht richtig essen. Tante Mina wollte sie wieder »aufpäppeln«, wie sie in ihrem letzten Brief geschrieben hatte, und Julius hatte dann endlich nachgegeben. Er kam in gedrückter Stimmung aus Oedheim zurück. Die Hochzeit von Ilse und Martin war auf unbestimmte Zeit verschoben worden. Seine Familie mache große Schwierigkeiten, sagte Julius und fügte hinzu, er könne sich nicht vorstellen, ob aus dieser Heirat jemals etwas werden sollte.

»Aber sie haben sich doch so gern«, warf Erich leise ein und sah wieder das Bild des eng umschlungenen Paares unter dem Fenster vor sich.

Julius lachte verächtlich auf. »Als ob das die kümmerte«, wobei er offen ließ, wen er mit »die« meinte, Martins Familie oder die Nazis insgesamt. »Vielleicht wird es eines Tages sogar ganz verboten …«

»Was meinst du, Papa?«

»Nun, Heiraten zwischen Juden und Christen. Das würde mich gar nicht wundern, so wie die Bande herumtönt.«

Erich war entsetzt. »Man kann den Leuten doch nicht verbieten sich zu lieben, bloß weil sie unterschiedliche Religionen haben.«

»Oh doch, mein Sohn, man kann. Das hat es früher gegeben und wir sind wieder auf dem Weg zurück, so kommt es mir jedenfalls vor. Vielleicht müssen wir ja eines Tages wieder ins Ghetto …« Julius sah die weit aufgerissenen Augen seines Sohnes und sagte dann erschrocken: »Entschuldige, Erich, ich habe mich hinreißen lassen. So schlimm wird es schon nicht kommen. Hör nicht auf mich, ich bin einfach nur wütend. Tante Mina und Onkel Louis machen sich große Sorgen und Ilse … na ja, das kannst du dir ja denken.«

So wurde es ein stilles Pessach-Fest. Den Seder-Abend verbrachten sie bei Onkel Sigmund und Tante Lea. Erich hätte sich an diesem Abend am liebsten in seinem Zimmer verkrochen. Der sorgfältig gedeckte Tisch mit den Seder-Speisen, dem Knochen, den Kräutern, dem Ei, kamen ihm plötzlich lächerlich vor, als seien es sinnlos gewordene Symbole, die sie an eine Tradition fesselten, die ihm nichts mehr bedeutete. Dunkel erinnerte er sich daran, wie froh und feierlich er das letzte Pessach-Fest erlebt hatte, und er musste über sich selbst lächeln. Gut, sie waren Juden, daran ließ sich nichts ändern und er war ja auch stolz auf seine Familie. Aber er verspürte plötzlich eine unbestimmte Wut auf diese Rituale aus einer fernen Zeit, diese Worte und Formeln, altmodischer Kram, wie er fand. Das war es doch, was sie »anders« machte, worin sie sich unterschieden. Vielleicht, wenn man das alles aufgab … Und verzichten auf Jerusalem, einen unbekannten fernen Ort, ferner als der Mond. Hier wollte er leben, wieder dazugehören.

Gertraud

Wieder nähte die Mutter am Ende der Osterferien ein neues Band auf die Mütze. Vierte Klasse*, das klang schon fast erwachsen, da gehörte man beinahe zu den bewunderten Großen. Am ersten Tag des neuen Schuljahres stand er halb verborgen hinter der grauen Steintreppe, die zum Portal des Gymnasiums führte, und beobachtete seine Kameraden, hörte ihr Lachen, Rufen und Fragen, sah Kurt, zur Feier des Tages heute in Uniform wie die meisten anderen jetzt auch. Erichs Blick glitt über den Platz. Da kam Helmut über den Stiftsplatz gelaufen, mit hochgezogenen Schultern und mit den Händen in den Hosentaschen bahnte er sich mühsam einen Weg durch die einzelnen Gruppen. Mit einem leichten Nicken grüßte er zu Erich hinüber. Erich schaute angestrengt hinunter zur Hindenburgstraße, denn Erwin war noch nicht erschienen. Er machte sich Sorgen. Vielleicht war der Cousin wieder einmal krank. Vielleicht fürchtete er sich aber auch wie er vor diesem ersten Tag, vor der Ungewissheit, was alles vor ihnen liegen würde, vor den Kränkungen, den Demütigungen.

Plötzlich sah er das Mädchen. Es stand genauso wie er etwas abseits von den anderen. Eine Gruppe von Erstklässlern war zum Fahnenmast gerannt, wo Kampmann, Grimminger und ein paar andere die blutrote Fahne eben aufzogen, und hatte so den Blick auf sie freigemacht. Sie war klein, kleiner als er und sehr zart. Die dunkelbraunen Haare wurden von einer Spange zurückgehalten und fielen in weichen Wellen auf ihre Schultern. Sie trug eine graue Jacke und einen blau-rot gemusterten Faltenrock. Die Schultasche hielt sie wie einen Schutzschild vor die Brust gepresst und musterte scheu die lärmende und tobende Menge. Erich hatte sie noch nie gesehen. Bestimmt war sie neu an der Schule, vielleicht mit den Eltern nach Ellwangen gezogen. So wie damals Kurt, dessen Vater an das Landgericht versetzt worden war und der eigentlich aus der Heilbronner Gegend kam.

Erich konnte den Blick nicht von ihr abwenden und plötzlich kam es ihm so vor, als kenne er sie, habe ihr Gesicht schon einmal vor längerer Zeit gesehen. Als eine Gruppe von Primanern, die stolz und gemessen mit ihren weißen Mützen herangeschlendert kamen, den Blick auf sie versperrten, bahnte er sich entschlossen einen Weg durch die Menge, mit den Ellenbogen Knüffe verteilend. Nahe der Eingangstür zur Stiftskirche traf er auf eine Gruppe seiner Mitschüler, die nicht in Uniform gekommen waren. Reger war darunter, und Erich zerrte ihn beiseite, trotz Regers unwilligem Sträuben. »Erich, wenn uns jemand sieht!«

»Mir egal. Sag mir bloß schnell, wer das ist.« Reger sah sich suchend um. Erich drehte ihn unauffällig zu der Stelle, wo das Mädchen gestanden hatte. »Die Kleine mit den braunen Haaren. Dort unten.« Sie stand immer noch reglos da.

Reger musterte sie kurz, dann wendete er sich achselzuckend ab. »Kein Ahnung. Muss neu sein.«

»Kommt sie vielleicht in unsere Klasse?« Erich spürte plötzlich, wie ihm das Herz bis hoch zum Hals klopfte.

»Woher soll ich das wissen? Was ist denn eigentlich los?« Misstrauisch musterte Reger Erich von der Seite.

Der spürte, wie er rot wurde, feuerrot. Hastig wandte er sein Gesicht ab. »Nichts. Ich dachte bloß, ich kenne sie von irgendwoher.«

Sie kam nicht in die vierte Klasse, wie Erich gehofft hatte. Stattdessen kam Gremm, der verkündete, er sei auch in diesem Jahr ihr Klassen- und Deutschlehrer. »Die guten Ansätze des letzten Schuljahres wollen wir fortsetzen, und es wird auch weiterhin mein Bestreben sein, die schädlichen fremden Einflüsse in ihre Schranken zu weisen«, hierbei streifte ein giftiger Blick Erich und Erwin. Auch die anderen Lehrer waren fast dieselben wie im letzten Schuljahr. Wenigstens gab der alte Richter wieder Latein, das war ein Hoffnungsschimmer. Dafür hatten sie Eisele jetzt auch in Biologie, das verhieß nichts Gutes. Stölzle, ihr alter Biolehrer, ein etwas schwergewichtiger, aber sehr gutmütiger und jovialer Mann, hatte sich im letzten Jahr schwer getan mit der Rassenkunde, die jetzt als neuer Unterrichtsstoff offenbar ungeheuer wichtig war, denn sie hatten fast das ganze Jahr nichts anderes gemacht. Stölzle hatte sich ausführlich über den nordischen, den ostischen und den westischen Menschen verbreitet und mit ihnen lang und breit Zeichnungen und Schädel und Profile und Knochengerüste studiert. Ganz bei der Sache war er nicht, das merkte man ihm deutlich an, immer wieder war er während seiner monotonen Vorträge mit dem Taschentuch über das rot glänzende Gesicht gefahren und dabei war sein Blick so sehnsüchtig zur Tür des Klassenzimmers gerichtet gewesen, als wünsche er sich sonst wohin.

Aber wenigstens hat er uns in Ruhe gelassen, Erwin und mich, dachte Erich dankbar. Wir mussten uns nichts anhören über die Minderwertigkeit unserer Rasse. Das wird jetzt beim Eisele garantiert anders.

Nach dem Unterricht drückte er sich hinter dem Landgerichtsgebäude herum. Vielleicht war *sie* ja noch in der Schule, vielleicht konnte er sie noch einmal sehen und sogar feststellen, in welche Klasse sie ging. Er wartete eine Weile. Die Schüler hatten den Heimweg eingeschlagen und nur noch wenige Grüppchen standen auf dem Stiftsplatz herum. Er wollte gerade resigniert nach Hause gehen, als er sie sah. Sie ging langsam die Treppe herunter, an ihrer Seite war Lotte Richter, die Tochter ihres Lateinprofessors, die als einziges Mädchen die fünfte Klasse besuchte. Also war sie eine Klasse über ihm. Er musste unbedingt herausfinden, wie sie hieß und wo sie wohnte. Weil die Mädchen direkt auf ihn zukamen, drückte er sich ganz flach an die Wand des Gerichtsgebäudes. Plötzlich blieben sie stehen und die Unbekannte reichte mit einem leisen Lächeln der größeren und stämmigeren Lotte die Hand. Dann blieb sie wartend stehen und ließ den Blick über den Platz schweifen, als versuche sie sich die einzelnen Gebäude genau einzuprägen. Erich musste mehrmals schlucken, seine Kehle war plötzlich ganz trocken geworden. Wenn er jetzt an ihr vorbeiginge, ganz lässig, so, als ob sie sich nur zufällig begegneten. Vielleicht könnte er ja ganz einfach »Hallo« sagen und sie dann fragen, ob sie etwas suche.

Vielleicht könnte er ... Mitten in seine Überlegungen hinein geschah etwas Unerwartetes. Die Tür am Portal des Gymnasiums öffnete sich und Gremm trat heraus, gefolgt von Eisele, Gumprecht und Lafrentz. Bis auf Gremm waren alle in Uniform. Sie blieben einen Moment am Fuß der Treppe stehen, Erich konnte ihr Lachen hören, das heiser meckernde von Lafrentz und das dunkel volltönende von Lamprecht. Nur Gremm lachte nicht laut mit, er verzog lediglich die Mundwinkel etwas nach oben. Dann verabschiedeten sich alle mit Händedruck und gingen auseinander. Aber Gremm schlug nicht den gewohnten Weg über den Stiftsplatz ein, sondern er schien geradewegs auf Erich zuzusteuern. Dem Jungen blieb fast das Herz stehen. Hatte er ihn entdeckt? Hatte er ihn gesehen, obwohl er sich doch ganz flach an die Wand geduckt hatte? Erich wagte kaum mehr zu atmen. Gleich würde er die Stimme hören, kalt und glatt: »Wie, Levi, du drückst dich hier herum, spionierst den Leuten nach? Das passt zu euresgleichen ...«

Endlose Minuten verstrichen, aber nichts geschah. Vorsichtig drehte Erich den Kopf nach rechts und versuchte aus den Augenwinkeln einen Blick auf den Platz zu werfen. Für einen Moment schien sein Herz erneut auszusetzen. Gremm war weit weg, weit genug, er hatte ihn nicht gesehen, aber er sprach mit dem Mädchen. Und nachdem er einige Worte mit ihr gewechselt hatte, fasste er sie leicht am Arm und beide setzten gemeinsam ihren Weg fort, nebeneinander gingen sie quer über den Stiftsplatz. Das Mädchen gehörte zu Gremm! Diese Erkenntnis traf ihn wie ein Schlag in die Magengrube.

Plötzlich hörte er die vertraute Stimme von Martha Bieg, die in der Tür der Metzgerei erschienen war. »Ja, Erich, was treibst du denn da? Drückst dich ja an die Wand wie ein Räuber. Na, nichts für ungut«, sagte sie besänftigend, als sie beim Näherkommen das blasse Gesicht des Jungen bemerkte. »Ich wundere mich ja nur. Was hast du denn gesehen? Bist ja ganz bleich!«

»Ach nichts, Frau Bieg. Es ist alles in Ordnung.«

Nachdenklich schaute Martha Bieg den kleiner werdenden Gestalten von Gremm und dem Mädchen nach, die jetzt hinter den Kastanienbäumen des Platzes verschwanden. »Hast dich wohl vor dem da verdrückt. Gib's ruhig zu. Das ist ja ein Hundertfünfzigprozentiger. Dass du es bei dem besonders schwer hast, kann ich mir schon denken. Deine Mutter hat mir so einiges erzählt.«

Erich senkte den Kopf. Sie meinte es ja gut, die Martha Bieg, aber plötzlich fühlte er sich wieder so beschämt, dass er am liebsten weggelaufen wäre.

Ohne auf seine Reaktion zu achten, fuhr sie fort: »Mir tut bloß das Mädel Leid.«

Ruckartig fuhr Erichs Kopf nach oben. »Sie kennen sie?«

»Das wäre zu viel gesagt. Ich weiß bloß von der Frau Munk, die bei Gremms putzt, dass es seine Nichte ist. Aus Stuttgart kommt sie, glaube ich, und lebt jetzt bei den Gremms. Mehr weiß ich auch nicht. Die Gremm'sche kauft ja nicht bei mir ein, kannst dir ja denken, warum. Er wird's ihr wohl verboten haben.« Dabei zwinkerte sie Erich auf eine Art zu, die sie wohl für verschwörerisch hielt, und fügte dann hinzu: »Magst ein Stück Wurst, Erich?«

Ein Stück Wurst, das Allheilmittel in guten und schlechten Tagen! Wider Willen musste Erich lächeln. Sie war einfach eine Seele von Mensch, die Martha Bieg. »Dankeschön. Aber ich muss jetzt nach Hause. Es gibt gleich Mittagessen.«

»Ich versteh schon. Ich hab ja ganz vergessen, dass du jetzt ein großer Junge bist nach deiner Konfirmation.« Martha Bieg sagte konsequent »Konfirmation«, weil sie sich das »komische Wort«, wie sie es nannte, Bar-Mitzwah, nicht merken konnte.

Erich schüttelte den Kopf. »Die Wurst von Ihnen wird mir immer schmecken. Aber ich muss jetzt wirklich gehen.« Er löste sich von der Hauswand und ging die wenigen Schritte zur hinteren Eingangstür. Martha Bieg rief ihm noch nach, er solle zu Hause grüßen. Im Flur traf er auf

Maria, das Lehrmädchen, die gerade einige Kisten die Kellertreppe hinuntertragen wollte. Ritterlich hielt er ihr die Tür auf und blickte sie dabei so gedankenversunken an, dass sie leicht errötete und zu kichern begann. Sie wusste ja nicht, dass er *sie* plötzlich vor sich sah, diese schmale zarte Gestalt mit den kastanienbraunen Haaren. Und die Augen, große, traurige Augen hatte sie gehabt! Aber die Farbe ... Er musste unbedingt herausfinden, was für eine Augenfarbe sie hatte!

Bei der nächsten geheimen Zusammenkunft mit Helmut fragte er ihn nach dem Mädchen. Der wusste nicht viel. »Sie ist Gremms Nichte, erzählt man sich. Lebt jetzt bei ihm und seiner Frau. Ich habe sie gestern Abend mit ihrer Tante gesehen, wie sie in den ›Wilden Mann‹ gingen, zum Treffen der NS-Frauenschaft. Häkeln für den Führer! Wenn die auch so fanatisch ist wie ihr Onkel, dann gute Nacht! Aber warum willst du das überhaupt wissen?«

Erich war froh, dass der Freund ihn in der Dunkelheit des Flurs nicht genau sehen konnte. Er fühlte nämlich plötzlich, wie seine Wangen brannten. »Sie erinnert mich an jemanden«, sagte er und bemühte sich, seiner Stimme einen festen Klang zu geben. »Es ist nicht so wichtig«, fügte er hinzu und begann über den letzten Deutschaufsatz zu reden.

Als er abends im Bett lag, grübelte er darüber nach, warum er den Freund angelogen hatte. Warum interessierte ihn dieses Mädchen so? Besser, er verschwendete keinen Gedanken mehr an sie, denn sie war ja Gremms Nichte. Und wenn sie auch so dachte wie ihr Onkel, dann existierte er, Erich Levi, der Jude, gar nicht für sie. Mit dem Vorsatz, nie mehr an sie zu denken, drehte er sich abrupt auf die rechte Seite und versuchte – lange vergeblich – einzuschlafen.

Am übernächsten Tag, einem Mittwoch, sah er sie wieder.

Die Schüler waren zu einer Kolonialgedenkfeier zusammengetrommelt worden und zogen, wie so oft, in langen Reihen zur Turnhalle. Obwohl er sich geschworen hatte, an solchen Feiern nicht mehr teilzunehmen, egal, was für Disziplinarmaßnahmen er damit heraufbeschwor, reihte er sich mit Erwin am Ende des Zuges doch ein. Er hatte sie vorbeigehen sehen, heute in der BDM*-Uniform, und für einen Moment hatte er geglaubt, sie streife ihn mit einem scheuen, aber interessierten Blick. Einbildung war das, schalt er sich, aber dieser kurze Moment hatte genügt, alle Vorsätze der letzten Nächte über den Haufen zu werfen.

Nach der Feier, die er wie immer teilnahmslos über sich ergehen ließ, versammelten sich die Schüler vor der Schule zum Fahnenappell. Dabei sah er, wie Kampmann mit ihr redete und dabei auch einmal die Hand auf ihre Schulter legte. Erich ballte die Fäuste. Am liebsten wäre er hinübergegangen und hätte die Hand weggestoßen, diese Pranke mit den blonden Härchen auf dem Handrücken, und hätte ihm in das breit grinsende Gesicht geschlagen. Der tat ja mächtig vertraut mit ihr. Aber das war ja kein Wunder. Sicher wurde diese Bekanntschaft vom Onkel sehr wohlwollend betrachtet. Mit zusammengebissenen Zähnen drehte er sich um und rannte nach Hause, ohne auf Max zu achten, der immer wieder »Erich, Erich!« rufend verblüfft hinter ihm herkeuchte. Kurz vor dem Hauseingang holte er ihn ein.

»Warum rennst du denn so? Bleib stehen, ich muss dir was sagen.«

Erich drehte sich um und sah, dass Max sehr aufgeregt war. Seine Mundwinkel zuckten, als ob er gleich losweinen würde. »Was ist denn los?«, fragte er und zog den kleinen Bruder in den Hausflur.

Max ließ sich auf der untersten Treppenstufe nieder. »Der Lafrentz hat gesagt, ich muss jetzt mit dir und Erwin immer am Schluss gehen. Ich darf nicht mehr mit meinen Klassenkameraden laufen. Und vom Willi hat er mich auch weggesetzt. Ich sitz jetzt vorne ganz alleine.«

Müde ließ sich Erich neben dem Bruder nieder und legte den Arm um ihn. Jetzt hat es ihn also auch erwischt, dachte er. Das neue Schuljahr fängt gut an. Kein Wunder, mit Lafrentz als neuem Klassenlehrer. Max zog geräuschvoll die Nase hoch und Erich gab ihm geistesabwesend sein Taschentuch. »Max, hör zu. Das ist jetzt einfach so. Dagegen kann man nichts machen. Lass dir nichts anmerken und tu, was man dir sagt.« Wegducken, dachte er, nicht auffallen und wegducken. Und die Jahre überstehen. Vielleicht geht es ja so. Laut fügte er hinzu: »Am besten kommst du in der Pause jetzt auch zu Erwin und mir. Du weißt ja, wir stehen immer an der unteren Ecke. Das ist bestimmt besser so.«

Max ließ den Kopf hängen. »Der Willi hat gesagt, wir können uns nicht mehr so oft sehen. In der Pause spielt er nur noch mit den anderen. Und zu ihm nach Hause soll ich auch nicht mehr kommen. Wegen der Nachbarn, sagt seine Mutter.«

»Deshalb kommst du in den Pausen zu mir. Wir sind auf die gar nicht angewiesen.« Erich drückte kurz die rechte Hand des Bruders und zog ihn dann hoch. »Komm jetzt! Und lass dir oben nichts anmerken. Das kriegen wir schon hin.«

Am Ende der Woche las Gremm eine Anordnung vor, dass die Sturmfahnen der SA ab jetzt zu grüßen seien. »Sie sind Zeichen der Treue und des Glaubens«, dozierte er und blieb dabei wie zufällig vor Helmuts Pult stehen, wobei er die letzten Worte mit kurzen Schlägen der flachen Hand auf den Pultdeckel begleitete. Er droht ihm, dachte Erich beklommen. Einer wie Helmut macht das bestimmt nicht und das weiß er.

Gremm verkündete weiter, dass der »Tag der Arbeit«, der erste Mai, »dank der hingebungsvollen Liebe des Führers zum arbeitenden Volk« ein neuer Feiertag für alle geworden sei. In diesem Jahr solle er nun auch in Ellwangen groß gefeiert werden. Geplant sei ein Fackelzug auf den Schönenberg und die Jugend sei auf den Stiftsplatz eingeladen, wo um Mitternacht der Mai begrüßt werde und man bis in den Morgen tanzen und singen könne. Die Klasse reagierte mit Beifall und anerkennenden Zwischenrufen und bei den meisten schien die Begeisterung auch echt. Das war doch einmal etwas anderes, Tanzen auf dem Marktplatz und am nächsten Tag schulfrei! Aber Gremm dämpfte den Jubel etwas, als er fortfuhr: »Mir selbst wird die große Ehre zuteil, an diesem Tag eine Rede halten zu dürfen. Selbstverständlich erwarte ich von jedem deutschen Jungen und jedem deutschen Mädchen, dass er oder sie an der Kundgebung auf dem Stiftsplatz nach dem Gottesdienst teilnimmt.« Bei der Formulierung »deutscher Junge« hatte er Erich scharf ins Gesicht gesehen.

Ich bin auch ein deutscher Junge, dachte Erich trotzig. Das lasse ich mir nicht nehmen. Aber keine Angst, Herr Studienrat, an ihrer Großkundgebung werde ich sicher nicht teilnehmen.

Als aber am Dienstagabend die Töne der Musikkapelle herüberwehten und durch die geöffneten Fenster Lachen und fröhliches Stimmengewirr zu hören waren, hielt es Erich nicht in der Wohnung. Er schlüpfte geräuschlos aus dem Flur, die braunen Halbschuhe in der Hand, die er erst unten, am Ende der Treppe, anzog, damit ihn das Klappern der Absätze nicht verraten konnte. Der Mutter hatte er gesagt, er sei müde und wolle im Bett noch etwas lesen. Julius hatte sich grummelnd in das Wohnzimmer zurückgezogen und dabei die Tür hinter sich zugeschlagen, als könne er so den Lärm zum Verstummen bringen, der zu ihnen hereindrang. Sie hätten ihm sicher verboten, zu einer Naziveranstaltung, einem »braunen Spektakel«, wie der Vater es nannte, zu gehen. Aber irgendwie zog es den Jungen nach unten, zum Lärm, zur Musik und zum Lachen. Sicher würden die meisten Schulkameraden dabei sein, außer Helmut wahrscheinlich. Und natürlich auch *sie*. Erich verbot sich, daran zu denken, aber sein Herz klopfte schneller bei dem Gedanken, er könnte das Mädchen wiedersehen, das er vergeblich aus seinen Gedanken zu verbannen suchte.

Auf dem Stiftsplatz herrschte dichtes Gedränge. Viele Uniformen, schwarze und braune, bestimmten das Bild. In der Mitte des Platzes hatte man ein mit Tannengrün und Blumen geschmücktes Podest errichtet, auf dem die Kapelle saß, die von Marschmusik jetzt auf Walzer überwechselte. Flüchtig musste Erich an Ilse denken und ihren gemeinsamen Tanz, damals bei seiner Bar-Mitzwah. Er konnte einige Klassenkameraden ausmachen, die meisten jetzt in der Uniform des Jungvolks, die älteren schon in der der HJ. In der Ferne sah er Kampmann, der versuchte, eine größere Gruppe Jungvolk in eine geordnete Reihe zu dirigieren, er war ja ein Anführer, wie ihm der kleine Lutz erzählt hatte, »Fähnleinführer« nannte man es wohl. Die Dämmerung war hereingebrochen und legte lange Schatten auf den Platz, über den sich ein samtblauer Himmel spannte. Die blühenden Kastanienbäume, die ihn säumten, dufteten süßlich und vermischten sich mit dem Geruch nach Essen und Bierresten. In der Zwischenzeit hatten es die Anführer geschafft, die Jungen und Mädchen zu einer langen Marschkolonne zu formieren, und mit Fackeln in den Händen zog eine beinahe endlose Reihe über den Platz, um hinauf zum Schönenberg zu wandern. Erich duckte sich im Schatten einer der mächtigen Bäume, er durfte nicht gesehen werden. Es gäbe bestimmt komische Bemerkungen, man würde ihm Prügel androhen und ihn dann mit Gewalt vom Platz jagen. Und wenn *sie* dann zusehen würde – nicht auszudenken! Deshalb blieb er zurück, machte sich aber nach einer Weile, als das Rufen und das Gelächter der Vorbeiziehenden nicht mehr zu hören war, auf den Weg nach oben zur Wallfahrtskirche. Er hätte selbst nicht sagen können, warum.

Die Dunkelheit hatte sich in der Zwischenzeit über die Stadt gelegt und in ihrem Schutz eilte Erich den Berg hinauf, ängstlich bemüht, genügend Abstand zu halten. Er ging neben dem ausgetretenen Pfad, huschte durch die Bäume und Büsche und blieb dann keuchend am Rande des großen Platzes stehen, der sich vor den Doppeltürmen der Wallfahrtskirche oben am Berg erstreckte. Weiter konnte er nicht, auf dem ganzen Platz wimmelte es von Jungen und Mädchen, die sich lärmend um die großen Holzstapel scharten, die nun angezündet werden sollten. Erich zog sich weiter in das Gebüsch zurück und nach einigen Minuten zeigte ein vielstimmiges Rufen und Schreien an, dass die Maifeuer entzündet worden waren. Ein golden zuckender Schein drang durch die Bäume, und Erich spähte angestrengt nach oben, aber er konnte nur tanzende Schatten neben den riesigen brennenden Holzstapeln erkennen. Eine Weile blieb er so mit angehaltenem Atem stehen, dann machte er sich seufzend auf den Weg nach unten, sorgfältig bemüht, nicht auf den einsehbaren Trampelpfad zu kommen.

Plötzlich drangen seltsame Geräusche an sein Ohr. Sie kamen nicht von oben, wo noch immer Schreien und Gelächter auf- und abschwoll. Es waren Geräusche ganz in der Nähe, das Atmen von jemandem, der schnell ging, und das leise Scharren losgetretener Steinchen. Erich blieb im Schutz eines blühenden Weißdornstrauches stehen und musste gewaltsam ein Niesen unterdrücken, denn der Busch verströmte seinen typischen, unangenehm beißenden Geruch. Dieser Jemand blieb offensichtlich ebenfalls stehen, denn für einen Moment herrschte völlige Stille, dann hörte Erich eine Stimme ängstlich flüstern: »Ist da jemand?«

Es war ein Mädchen und sie hatte wohl sein unterdrücktes Niesen gehört. Er wollte ihr keine Angst machen, denn sie schien ganz allein zu sein, deshalb bog er vorsichtig die Zweige des Strauches auseinander und sagte so ruhig wie möglich: »Ich bin hier. Aber du brauchst keine Angst zu haben.«

Das Mädchen stand immer noch bewegungslos auf dem Weg und starrte ihn aus weit aufgerissenen Augen erschreckt an. Erich meinte, sein Herz setze aus – es war ja *sie,* dieses geheimnisvolle Mädchen, Gremms Nichte. Mit einem Satz sprang er aus dem Gebüsch und blieb in einigem Abstand vor ihr stehen.

Er räusperte sich, bis er dann mühsam zwei Sätze herausbrachte: »Ich bin es bloß. Du brauchst dich wirklich nicht zu fürchten.« Was ist das für ein dummes Gerede, dachte er wütend, sie kennt mich doch gar nicht.

Aber das Mädchen schien es ganz in Ordnung zu finden. Sie lächelte, soweit er das in der Dämmerung erkennen konnte, und ging sogar einige Schritte auf ihn zu. »Und wer bist du?«

Erich schluckte. Am Namen musste sie ja erkennen, dass

er Jude war, *der* Jude Levi. Vielleicht hatte sie sogar schon von ihm gehört. Er konnte sich vorstellen, wie Gremm am Mittagstisch über ihn redete, über Levi, diesen Juden, diesen schmutzigen, betrügerischen Juden …

Heiser flüsterte er: »Ich heiße Erich, Erich Levi.«

»Ach, du bist das?« Sie drehte sich nicht um, wandte ihm nicht den Rücken zu und setzte ihren Weg fort, stattdessen musterte sie ihn neugierig, sogar das Lächeln auf ihren Lippen blieb.

»Du kennst mich?«

»Nun ja, indirekt schon. Ich muss dir etwas gestehen. Ich habe deine Aufsätze gelesen.« Erich schwieg, nun völlig verblüfft. Etwas unsicher redete sie nach einem kleinen Moment des Zögerns weiter. Wahrscheinlich hatte sie auf eine Antwort von ihm gewartet. »Gremm darf das natürlich nicht wissen. Du darfst mich nicht verraten. Aber ich blättere gern in den Aufsatzheften, die er zum Korrigieren nach Hause bringt. Heimlich, wenn er weg ist. Deine Aufsätze haben mir besonders gut gefallen. Vor allem der letzte über ›Don Carlos‹. Was du über den alten, einsamen König geschrieben hast. Richtig gut fand ich das. Und *er* gibt dir so schlechte Noten, ich finde das einfach ungerecht.«

»Ich bin Jude.«

»Ich weiß.« Sie sagte das ganz sachlich, als ginge es um die Bestätigung eines selbstverständlichen Sachverhalts. »Aber deshalb braucht er dir keine so schlechten Noten zu geben. Du schreibst nämlich wirklich gut. Aber Gremm ist so verbohrt. Das sagt mein Vater auch.«

Sie spricht von ihrem Onkel, als ob er ein Fremder wäre, dachte Erich. Sie kann ihn nicht leiden! Plötzlich fühlte er sich so froh und losgelöst von allem, am liebsten hätte er Luftsprünge gemacht. Aber stattdessen blieb er wie angewurzelt stehen und starrte sie mit offenem Mund an. Jetzt sag etwas, dachte er, sag irgendetwas.

Sie fragte unsicher: »Bist du mir böse wegen der Aufsätze?«

»Nein, nein«, versicherte ihr Erich hastig. »Ich freue mich ja, wenn sie dir gefallen.« Langsam gingen sie den Weg hinunter, der nun steil abfiel. Erich blieb dicht neben ihr.

Nach einer Weile fragte er zögernd: »Du bist Gremms Nichte?«

»Ja. Entschuldige, ich habe dir noch gar nicht meinen Namen gesagt. Ich heiße Gertraud. Gertraud Seidel.«

Erich zögerte einen Moment, dann fragte er: »Und du lebst jetzt bei deinem Onkel und deiner Tante?«

Abrupt blieb sie stehen. Kleine Steinchen kollerten den Weg hinunter und man konnte das leise knirschende Geräusch hören, bis sie irgendwo zögernd liegen blieben. Auf halber Höhe stand eine Sitzbank, von der aus man einen schönen Blick über die Stadt hatte. Von dort blinkten jetzt vereinzelte Lichter herauf. Es war ganz still, nur von oben hörte man gedämpften Lärm und durch die Büsche drang immer noch der zuckende Schein der Feuer. Gertraud steuerte auf die Bank zu und nach kurzem Zögern setzte sich Erich neben sie. Er betrachtete sie verstohlen von der Seite. Gertraud saß aufrecht da, die Hände lagen verkrampft in ihrem Schoß. Mit ihren Gedanken schien sie ganz weit weg zu sein und auch ihre Stimme schien von ganz ferne zu kommen: »Weißt du, meine Mutter ist gestorben. An Weihnachten. Genauer gesagt, am Heiligen Abend. Sie, sie … war schon lange krank.«

Erich schwieg. Er wusste nicht, was er sagen sollte.

»Deshalb bin ich auch weggegangen.« Sie zeigte mit dem

Finger auf die Spitze des Berges. »Von da oben. Alle sind so lustig. Ich … ich muss dann auch ein fröhliches Gesicht machen und das fällt mir so schwer. Ich möchte lieber alleine sein.«

Erich nickte. »Das verstehe ich.« Zögernd setzte er hinzu: »Mir geht es genauso. Weil die anderen nämlich gar nicht merken, wie man sich fühlt. Sie wissen ja nicht, wie das ist.«

Aufmerksam sah sie ihn eine Weile von der Seite an. »Und sie erwarten immer von einem, dass man sich irgendwie zusammenreißt.«

Erich nickte wieder heftig.

»Mein Vater ist viel auf Reisen. Er ist Geschäftsmann. Und er wollte nicht, dass ich allein mit Monika in der Wohnung bleibe.«

»Monika?«

»Unser Mädchen. Dabei waren wir beide während Muttis Krankheit ständig allein. Aber jetzt sorgt er sich um mich.« Sie wirkte fast böse, als sie das sagte. »Deshalb musste ich zu Onkel und Tante. Gremm ist Muttis Bruder«, fügte sie fast entschuldigend hinzu.

»Und du wolltest nicht dahin?«

Wild schüttelte sie den Kopf. »Ich wäre lieber in Stuttgart geblieben, in unserer alten Wohnung. Und auf meiner alten Schule.«

Erich stellte sachlich fest: »Es gefällt dir also nicht bei uns?«

»Es ist eben alles neu. Und Gremm …« Sie schwieg und fuhr dann leise fort: »Na, du kennst ihn ja. Er ist sehr … streng. Meine Tante, die ist lieb, aber gegen ihn kommt sie nicht an. Er hat ihr sogar verboten in die Kirche zu gehen. ›Renn nicht dauernd zu den Pfaffen!‹, brüllt er immer. Und sie weint dann heimlich. Sie ist sehr gläubig. Sie braucht das.

Vor vielen Jahren haben sie ihren kleinen Sohn verloren. Er ist ertrunken!«

Verblüfft sah Erich sie an. Also hatte er auch einen Kummer, einen großen sogar, der unnahbare, gestrenge Gremm.

Plötzlich sprang sie auf. »Ich muss jetzt hinunter, auf den Stiftsplatz. Die anderen kommen bestimmt gleich herunter, und wenn Gremm merkt, dass ich nicht dabei war, gibt es ein Donnerwetter.« Sie begannen beide regelrecht zu rennen, am Fuß des Schlossbergs vorbei und bogen dann keuchend in eine der engen Gassen, die zur Stadt führten, ein. Die Straße unterhalb des Stiftsplatzes war menschenleer, man konnte aber Musik und lärmendes Gelächter hören. Im Schatten eines der alten Stiftsherrenhäuser, dessen Erker weit vorsprang, blieben sie unwillkürlich stehen.

Zögernd sagte Erich: »Ich geh jetzt lieber. Auf dem Platz lasse ich mich besser nicht blicken, du verstehst schon.«

Sie sah zu Boden und sagte mehr zu sich selbst: »Doktor Rosenfeld war viele Jahre unser Hausarzt. Er hat Mutti so liebevoll und fürsorglich behandelt. Von Anfang an, als sie ihre Krankheit bekam. Und dann wollte Gremm plötzlich, dass sie zu einem anderen Arzt geht. Einem arischen. Den hat sie überhaupt nicht gemocht. Und der arme Doktor Rosenfeld hat jetzt fast keine Patienten mehr.« Sie sah Erich ins Gesicht. »Das tut mir so Leid«, fügte sie hinzu und ließ dabei offen, ob sie Doktor Rosenfeld speziell meinte, oder ihn, Erich Levi, der mit ihr jetzt nicht auf den Stiftsplatz gehen konnte, zu den anderen. Sie sah ihn immer noch unverwandt an, und Erich dachte plötzlich, dass er in der Dunkelheit nicht erkennen konnte, was sie für eine Augenfarbe hatte.

Er hörte sich plötzlich etwas sagen und merkte, wie ihm das Herz bis zum Hals schlug. »Wenn du gern allein bist …

ich kenne schöne Plätze hier, wo man ganz ungestört sein kann. Wenn du willst, zeige ich sie dir.«

Er spürte, wie sie seine rechte Hand nahm und drückte. »Gerne. Ich würde gerne mitkommen. Aber …« Erich merkte, wie sein Herz klaftertief sank. Natürlich, wie wollten sie das denn anstellen? Wenn Gremm etwas davon erfahren würde, nicht auszudenken!

Plötzlich sagte sie: »Aber am Freitag, nächsten Freitag, da würde es gehen. Gremm will mit uns zu einem bunten Kameradschaftsabend nach Aalen gehen. Ich sage einfach, ich habe Kopfweh.«

Erich fragte rasch: »Wann?«

»Sie fahren gegen sechs Uhr weg. Sagen wir halb sieben? Wo treffen wir uns?«

Erich überlegte einen Augenblick. »Du weißt, wo die Turnhalle ist?« Sie nickte. »Hinter der Turnhalle. Wenn jemand dort ist, tun wir so, als ob wir uns gar nicht kennen. Ich gehe dann einfach ein Stück voraus und warte. Einverstanden?« Wieder nickte sie.

Stumm gingen sie auseinander, Gertraud auf dem Weg nach oben zu dem festlich erleuchteten Platz, er in die Dunkelheit der umliegenden Straßen. Plötzlich blieb Erich noch einmal stehen und rief mit unterdrückter Stimme: »Was für eine Farbe haben deine Augen?«

»Was?« Sie blieb auch stehen und starrte in die Richtung, aus der sie seine Stimme vernommen hatte.

»Was für eine Farbe deine Augen haben?«

»Blau! Warum willst du das wissen?«

»Nur so.« Er ging weiter. In ihrer Stimme hatte gerade eben ein leises Lächeln gelegen, das hatte er genau gehört.

Heimlichkeiten

Als er zu Hause versuchte, so geräuschlos wie möglich die Wohnungstür aufzumachen, wurde er plötzlich von hellem Licht geblendet. Die ganze Vorderfront der Wohnung war erleuchtet, das hatte er vom Hintereingang aus nicht sehen können. In der Tür zum Wohnzimmer stand die Mutter, das Gesicht grau vor Angst und Müdigkeit. »Erich, um Himmels willen, wo bist du gewesen? Wir haben uns solche Sorgen gemacht!«

Hinter ihr erschien der Vater. Erich merkte sofort, dass Julius etwas mehr als üblich getrunken hatte. Sein Gesicht war gerötet und er sprach mit schwerer Zunge. »Erich, auf der Stelle sagst du uns, wo du gewesen bist! Deine Mutter ist ganz krank vor Sorge. Dreimal bin ich die Stadt abgegangen, um nach dir zu suchen.«

Erich fühlte sich schuldbewusst. Er war überzeugt gewesen, sein nächtlicher Ausflug würde unbemerkt bleiben. Aber natürlich, die Mutter schaute ja oft noch herein, um zu sehen, ob alles in Ordnung war. Die Tür zu seinem ehemaligen Zimmer ging auf und Max schob sich durch den Spalt zwischen Tür und Türrahmen. Er sah verschlafen aus, die Haare standen wirr vom Kopf ab. »Ist Erich endlich da?«

»Ja, Max, geh jetzt wieder ins Bett.« Melanie schob ihren Jüngsten ins Zimmer zurück. In diesem Moment ertönten zwölf schwere, dumpfe Schläge von den Türmen der Stiftskirche. Vom Marktplatz her hörte man vielstimmiges Rufen. Und plötzlich wurde das Hurra-Gebrüll überlagert von hellen Tönen. »Der Mai ist gekommen«, klang es herüber. Die Levis lauschten einen Moment, dann schlurfte Julius mit schweren Schritten in das elterliche Schlafzimmer. Melanie dirigierte Max behutsam in sein Zimmer. Erich, der froh war, weiteren Nachfragen oder einer Strafpredigt entkommen zu sein, schlüpfte in seine Kammer. Die Fenster waren weit geöffnet und Erich setzte sich davor, den Kopf auf die aufgestützten Arme gelegt. Von drüben drangen jetzt die verwehten Klänge der Kapelle herüber, die zum Maientanz aufspielten. Er starrte in den samtblauen Himmel und dachte immer wieder: Freitag, am Freitag sehe ich sie wieder.

Julius saß am nächsten Morgen mit geröteten Augen am Küchentisch. In der Frühe hatten sie Böllerschüsse geweckt, und als Erich hastig aufgestanden war und die Fenster geschlossen hatte, begann plötzlich Gremms Stimme zu dröhnen. Blechern, verzerrt von den Großlautsprechern, hallte sie wider von den ehrwürdigen barocken Häusern, die den Marktplatz säumten. »... Glaube an des Vaterlands Zukunft ...«, schallte es gerade herüber, als sich Erich an den Tisch zu seinem mürrisch dreinblickenden Vater setzte. Beide schwiegen eine Weile, und Julius schien verlegen zu sein, vielleicht weil er gestern Abend zu viel Wein getrunken hatte. Als ob mir das etwas ausmachen würde, dachte Erich und reichte der Mutter mit einem schwachen Lächeln die Tasse hin, in die sie Kakao goss. »... Unsere Liebe zum Führer ...«, klang es jetzt herüber, und Julius verzog den Mund, als sei Mutters Kaffee ein besonders widerliches Gebräu.

»Hör zu, Erich. Du gehst nicht mehr aus dem Haus, ohne

uns vorher um Erlaubnis zu fragen! Hast du verstanden?«, sagte Julius schließlich in das verlegene Schweigen hinein. »Wir haben uns schreckliche Sorgen gemacht.«

Von drüben dröhnte es weiter: »… Hoffnung auf den Sieg deutscher Art …« Gremms Stimme kippte fast, so sehr schrie er in das Mikrofon. Wen will er denn besiegen?, dachte der Junge müde. Und was ist das überhaupt: »Sieg deutscher Art«?

»Hörst du mir eigentlich zu, Erich?«, kam es scharf von Julius' Seite.

Erich zog die Schultern hoch. »Ja, Vater.«

»Und du versprichst uns das?«

Was sollte er versprechen? Ach richtig, dass er um Erlaubnis fragen würde, wenn er aus dem Haus ging. Er nickte mit dem Kopf und dachte bei sich, dass er dieses Versprechen wohl bald brechen würde. Nächsten Freitag schon. Gremms Stimme überschlug sich jetzt, heiser brüllte er: »Deutschland muss leben und wenn wir sterben müssen!« Und vielstimmiges Heil-Rufen antwortete ihm.

Julius fuhr so heftig in die Höhe, dass sein Stuhl nach hinten kippte. »Hat man denn gar keine Ruhe mehr!«, brüllte er und sein Gesicht lief beängstigend rot an. Leiser fügte er hinzu: »Ich gehe zum Stall. Ich halte es hier nicht aus. Nirgends entkommt man denen, nicht einmal zu Hause.«

Die Tür fiel schwer hinter ihm ins Schloss. Schweigend ging Melanie zu seinem Platz, stellte den Stuhl wieder behutsam hin und begann Julius' Frühstücksgeschirr abzuräumen. Erich legte sein angebissenes Brot wieder auf den Teller zurück.

»Nirgends entkommt man denen«, hörte er den Vater sagen und wieder kroch die Angst in ihm hoch, das nicht zu bändigende Tier, das jetzt sogar die Erinnerungen wegfraß, die Erinnerungen an den gestrigen Abend. Nirgends entkommt man denen …

Die nächsten Tage war Erich ängstlich bemüht, jede Begegnung mit Kampmann, Kurt und den anderen zu vermeiden. Er drückte sich mit Erwin am unteren Teil des Platzes vor dem großen Portal herum, um notfalls in die Hindenburgstraße entwischen zu können, falls Gefahr im Anmarsch war, obwohl den Schülern das Verlassen des Schulhofes streng untersagt war. Aber Gertraud sollte nicht Zeugin der Schikanen und Demütigungen werden, sie durfte nichts davon mitbekommen, das musste er um jeden Preis vermeiden. Wenn nur auch Max zu ihnen kommen würde, aber der hielt sich, trotz Erichs Aufforderung, immer wieder bei seinen Klassenkameraden auf, obwohl er schon mehrere Male mit blutender Nase und zerrissener Hose heimgekommen war. Er hatte es vor der Mutter als ganz normale Prügelei unter Jungen dargestellt, aber Erich wusste es besser, denn Helmut hatte ihm anvertraut, dass mehrere Klassenkameraden und auch viel ältere HJ-ler, zwei Köpfe größer als Max, gelegentlich auf ihn eindroschen, und die Mutter hatte kein Wort geglaubt, das konnte Erich an ihren Blicken erkennen. An solchen Abenden ging sie früh zu Bett und Erich konnte durch die Schlafzimmertür ihr leises Schluchzen hören, das sie mühsam zu unterdrücken versuchte.

Und dann kam der Freitagabend, dieser sehnsüchtig erwartete Freitagabend. Er hatte zu einer Notlüge gegriffen, etwas beklommen davon geredet, er müsse noch zu Erwin, wegen einer Rechenaufgabe, die er nicht ganz verstehe. Ein misstrauischer Blick der Mutter hatte ihn getroffen – du gehst doch sonst kaum zu Erwin, ihr versteht euch doch nicht so gut, trotz allem, schien er zu sagen. Aber Melanie schwieg, fragte nur nach einem kurzen Moment, in dem sie ihren Sohn musterte: »Aber zum Sabbat-Beginn bist du rechtzeitig da, Erich?«

Er nickte heftig. Die Sonne ging ja jetzt spät unter, und falls er doch nicht rechtzeitig kommen würde, nun, irgendetwas würde ihm schon einfallen.

Atemlos rannte er los, obwohl es viel zu früh war. Wenigstens war es die gleiche Richtung wie zu Onkel Sigmunds Haus, falls die Mutter ihm aus dem Fenster nachsehen würde, und an der Jagstbrücke war er dann ihren Blicken entzogen. Vor den Ställen stand Peter auf eine Mistgabel gelehnt und blinzelte behaglich in die hell strahlende Maisonne. Erich drückte sich so unauffällig wie möglich am Geländer der Brücke entlang und rannte dann, so schnell er konnte, zur Turnhalle. Dort angekommen setzte er sich so, dass er die Brücke im Auge behalten konnte.

Wenn sie nun doch nicht käme? Vielleicht war Gremm gar nicht weggefahren? Oder sie musste doch mit, trotz der Kopfschmerzen. Von der Stiftskirche schlug es sechs Uhr, es waren nur noch wenige Passanten unterwegs, die meisten hatten Feierabend, einige eilten nach Hause, ab und zu konnte man vereinzelt Schüler in ihren Jungvolk- oder HJ-Uniformen vorbeiziehen sehen, die in Richtung Innenstadt gingen. Bestimmt war heute Abend ein Treffen dort. Umso besser, dann würden nicht viele seiner Schulkameraden unterwegs sein. Er wartete endlose Minuten. Dann tauchte plötzlich hinter einem Pulk lärmenden Jungvolks kurz vor den Eisenbahnschienen eine kleine schmale Gestalt auf und Erich sah mit wild klopfendem Herzen, wie sie näher kam. Trotz des sommerlichen Wetters hatte sie eine Strickjacke angezogen, sich förmlich darin vergrabend, als fröstle sie. Kurz vor der Turnhalle blieb sie stehen und blickte sich suchend um.

Erich tauchte hinter dem Schatten des Gebäudes auf und rief mit gepresster Stimme: »Gertraud, Gertraud!«

Sie reagierte zunächst nicht, erst als er mit den Händen um den Mund einen Trichter formte und noch einmal etwas lauter rief, drehte sie sich zu ihm um. Unsicher kam sie näher und Erich schaute kurz aufgeregt umher, Gott sei Dank, niemand hatte sie beobachtet. Sie war blass, sah irgendwie verhärmt aus, wehrte aber auf Erichs besorgte Nachfrage ab. »Es ist nichts, ich hab witzigerweise jetzt doch etwas Kopfschmerzen, aber das habe ich öfter, es ist nichts Ernstes.« Dann erzählte sie ihm, dass Gremm ihr doch heftig zugesetzt hatte. »Nach Aalen wollte er mich gar nicht mitnehmen, aber heute Abend ist ein großes Treffen von HJ und BDM, wegen der Muttertagsfeiern.«

Erich bekam ein schlechtes Gewissen. In einer Woche war Muttertag und er hatte noch gar nicht daran gedacht.

»Das wird dieses Jahr groß aufgezogen«, erzählte sie weiter, »nächsten Samstag gibt es auch eine große Feier an unserer Schule. Dass ich für irgendwelche Muttertagsfestlichkeiten nicht besonders aufgelegt bin, scheint ihm völlig egal zu sein. Ich hab ihm vorgeschwindelt, dass ich hingehe, deshalb habe ich auch das da an.« Sie öffnete ihre dicke Strickjacke und Erich sah, dass sie die BDM-Uniform trug, schwarzer Rock, weiße Bluse, schwarzes Halstuch.

»Und wenn es herauskommt, dass du nicht dort warst?«, fragte Erich beklommen.

Sie lächelte. »Das kommt bestimmt heraus. Dafür sorgt schon Kampmann, der sich sicherlich gerade die Finger wund klingelt. Er wollte mich unbedingt abholen. Ich werde dann einfach erzählen, ich sei schon auf dem Weg gewesen, aber unterwegs hätte ich mich so schlecht gefühlt, dass ich wieder umdrehen musste.«

»Und das wird man dir glauben?«

Sie zuckte mit den Schultern. »Erst muss man mir das Gegenteil beweisen.« Plötzlich lachte sie, und Erich hörte entzückt, wie sie lachte, ganz heiter und unbeschwert. Dann warf sie ihm einen verschwörerischen Blick zu. »Sie können sich ja alles Mögliche denken, aber dass ich mich mit Erich Levi heimlich treffe, auf die Idee kommen sie garantiert nicht.«

Jetzt musste auch Erich lachen. Ihm war plötzlich ganz leicht zumute. Alle Angst schien wie abgefallen, das Tier war vertrieben. Sie teilten ein Geheimnis, etwas, das nur ihnen gehörte. Und sie vertraute ihm! Er deutete mit einer leichten Kopfbewegung nach oben, den hinter der Turnhalle sich erstreckenden Hang des Kugelbergs hinauf. »Da oben ist es.«

Sie folgte ihm willig und für einen kurzen Moment streifte Erich eine leichte Sorge, als sie die Richtung zum Hohlweg einschlugen, der zur Benzenruhe führte. Wenn sie nun doch gesehen würden? Unter der Woche war es hier zwar einsam, nur am Sonntag bevölkerten einige Spaziergänger diesen Weg. Trotzdem, wenn beispielsweise der alte Köberle gerade jetzt seine Runde machen würde? Aber dann verflog die Sorge, Gertraud rannte ihm übermütig voraus, die kastanienbraunen Locken traf ab und zu ein Sonnenstrahl, der sich zwischen den dicht stehenden Bäumen hindurchstehlen konnte, sodass sie rotgolden aufleuchteten.

Als sie oben angekommen waren, deutete Erich auf die kleine Waldinsel der Benzenruhe: »Hier ist es!«

»Schön.« Sie ließ den Blick über die alten Eichen und Buchen schweifen und Erich erzählte ihr die Geschichte vom kleinen Lutz, wie er da oben in der Eiche gehangen hatte. Kichernd ließ sie sich auf den Büscheln des hellgrünen Grases nieder, das satt und voll den Waldboden bedeckte. Erich setzte sich neben sie. Unter ihnen ragte die vertraute Silhouette der Stadt empor. Schweigend saßen sie da und beobachteten die weißen Wolkengebilde, die langsam über das auf dem gegenüberliegenden Berg aufragende Schloss hinzogen wie eine satte, müde Schafherde. Sie erzählte ihm von ihrer Mutter: »Die letzten Wochen habe ich praktisch im Krankenhaus gelebt. Gleich nach der Schule bin ich hingegangen, habe meine Hausaufgaben gemacht und am Schluss sogar dort geschlafen. Sie hat solche Angst vor dem Alleinsein gehabt. Und mein Vater hat ja wenig Zeit.« Er sei im Auftrag einer großen Maschinenbaufirma viel unterwegs, erzählte sie. Und sie sprach auch, nach einigem Zögern, vom Krebs ihrer Mutter, der sie langsam aufgefressen hatte wie ein Tier, so hatte es die Mutter beschrieben.

Erich dachte an das Tier, die Angst, die sich in ihm festgefressen hatte, und daran, wie viel schlimmer es sein musste, wenn man genau wusste, dass das Tier einen tötete. Sie sprachen auch über das Sterben und Erich berichtete ihr von der Leiche an der Jagst im letzten Sommer, den Fliegen und dem Gestank.

»Sie sah eigentlich ganz friedlich aus am Schluss«, sagte Gertraud nachdenklich. »Sie hat sich auch nicht mehr gefürchtet. Ich habe ihre Hand gehalten. Hast du eigentlich Angst vor dem Sterben?«

»Ich weiß nicht.« Erich zögerte. »Seit damals, ich meine, seit wir den Mann gefunden haben, denke ich manchmal darüber nach. Eigentlich möchte ich gerne alt werden. Und gut leben vorher!« Beide lachten.

»Aber …«, fuhr Erich nachdenklich fort, »so wie das alles ist, im Moment …« Er brach ab und drückte seine Zähne in die Unterlippe. Bloß jetzt nicht heulen, dachte er. Und sag jetzt bitte nichts, bitte, Gertraud, sag jetzt nichts.

Gertraud sagte nichts. Nach einer kurzen Weile merkte er, wie sich plötzlich eine Hand auf die seine schob und sie sanft drückte. So saßen sie schweigend da und betrachteten die weißen Wolkenberge. Es müsste so sein, dass jetzt nur wir beide auf der Welt wären, nur wir und diese Wolken, dachte Erich. Er zeigte ihr noch die Höhle am Rübezahlweg und erzählte von den abenteuerlichen Geschichten, die sie sich damals ausgedacht hatten, Kurt, Helmut und er. Plötzlich sah Erich, dass die Sonnenstrahlen schon flach durch das Blättergewirr fielen. »Ich muss jetzt heim«, sagte er hastig. »Der Sabbat beginnt gleich. Ich kriege sonst Ärger. Und Mutter wäre traurig.«

»Ich dachte, der Sabbat ist immer am Samstag?«, fragte Gertraud und er hörte zu seiner Freude so etwas wie Enttäuschung heraus.

»Nein, nein, er beginnt am Freitagabend. Wenn die Sonne untergeht.« Er zögerte einen Moment. »Wollen wir uns bald wiedertreffen?«

Sie nickte. »Ich gebe dir Bescheid. Sobald ich weiß, wann sie wieder weg sind, Gremm und die Tante.« Sie richtete ihren Blick auf ihn und sah ihm in die Augen. »Das war schön, Erich. Vielen Dank.« Dann drückte sie noch einmal kurz seine Hand.

Heiser sagte Erich: »Ja, das war schön. Und ich danke dir auch. Ich … ich kann mit fast niemandem mehr reden. Außer mit Helmut. Und das auch nur selten.«

Sie nickte.

Erich fuhr fort: »Ich warte hier eine Weile, bis du unten bist. Dann komme ich langsam nach. Also adieu.«

Sie nickte ihm noch einmal zu und ging dann rasch den

Berg hinunter, eine schmale Gestalt in einer zu großen Strickjacke, die sie wieder eng um den Körper gezogen hatte, als fröstle sie. Und sie hat tatsächlich blaue Augen, dachte Erich. So blau wie … wie … Er überlegte, aber ihm fiel nichts Passendes ein. Sie hatte einfach schöne blaue Augen, wunderschöne blaue Augen.

Die Familie hatte sich gerade an den Tisch gesetzt, und die Mutter war dabei, die Leuchter anzuzünden. Erich erwartete unangenehme Fragen nach seinem langen Ausbleiben, aber der Vater begrüßte ihn nur mit einem knappen Kopfnicken und begann dann mürrisch den Segen zu sprechen. Sie hatten also gottlob nicht bei Onkel Sigmund nach ihm gefragt, sein Schwindel war nicht aufgeflogen. Aufatmend griff Erich nach einem Stück der Challa, die auf dem Sabbat-Teller lag, und musste noch einmal kurz lächeln, als er an die abergläubische Furcht des Kindes dachte, das er einmal gewesen war. Augen Gottes, die dich betrachten – an was für einen Unsinn glaubte man doch als dummes, unwissendes Kind!

Sie konnten sich zwei Wochen lang nicht sehen. Gremm hatte ein wachsames Auge auf sie, und zu den BDM-Treffen begleitete sie meistens ihre Tante oder auch Kampmann, wie sie Erich später erzählte, der darauf grimmig seine Fäuste ballte. Kampmann hatte es auf sie abgesehen, so viel war klar. Wie er sie damals angeschaut hatte, auf dem Schulhof! In diesen zwei Wochen hatte Erich immer verzweifelter auf ein Zeichen von ihr gewartet. Ansprechen konnte er sie nicht, wo denn auch! Auf keinen Fall in der Schule unter den argwöhnischen Blicken von Kampmann und den anderen. Schließlich war es Helmut, der ihm bei einem ihrer abendlichen Zusammenkünfte grinsend ein vielfach zusammengefaltetes Zettelchen gab. »An Erich Levi«, stand in etwas ungelenken Buchstaben darauf, als habe der Schreiber seine Botschaft in großer Eile oder gar im Dunkeln verfasst.

»Hätte ich mir auch nicht träumen lassen, dass ich einmal als Postillon d'Amour auftrete«, meinte Helmut immer noch grinsend. Und dann sagte er plötzlich sehr ernst: »Sag mal, bist du eigentlich wahnsinnig geworden! Du weißt doch, dass sie Gremms Nichte ist, oder?«

Erich ging nicht auf diese Frage ein. Aufgeregt riss er dem Freund den Zettel aus der Hand. »Wann hat sie ihn dir gegeben?«

»Gestern nach der Schule. Ganz schön raffiniert, die Dame. Hat mich abgepasst, als ich gerade die Haustür aufmachen wollte. Tat so, als wollte sie mich was fragen und drückte mir dann diese kleine verträumte Liebesbotschaft in die Hand. Keine Angst, ich habe sie nicht gelesen. Mensch, Erich, pass bloß auf!«

Erich klopfte dem Freund beschwichtigend auf die Schulter. »Keine Sorge. Und was heißt überhaupt ›Liebesbotschaft‹. So ist das nicht.«

Helmut sah ihn an. »Und wie ist es dann?«

Erich zögerte. Er wusste es ja selber nicht. Er wusste nur eines, dass er sie unbedingt wiedersehen musste, mit ihr sprechen musste. Und dass sich etwas verändert hatte, seit sie da war. Aber wie konnte man das dem Freund erklären? Zögernd sagte er: »Wir unterhalten uns gerne. Sie ... sie ist nicht so glücklich bei Gremm. Ihre Mutter ist gestorben.«

Helmut sah ihn immer noch unverwandt an. »Vor langer Zeit gab es einmal ein jetzt weltberühmtes Liebespaar. In Italien, genauer gesagt in Verona. Romeo und Julia hießen die, wie du dich sicher erinnern wirst. Bedauerlicherweise haben sie ihre Liebe nicht überlebt.« Er klopfte Erich auf die Schulter und sagte dann noch leise: »Noch einmal, Erich: Pass auf! Das ist kein Spiel.« Dann drehte er sich um und ließ die Tür leise ins Schloss fallen.

Nein, dachte der Junge, das ist kein Spiel, und er hörte die Stimme des Vaters: »Man entkommt ihnen nicht, nirgends.«

Dann faltete er hastig den Zettel auseinander und entzifferte ihn mühsam im Schein der hereinleuchtenden Straßenlaterne. »Am Samstagabend um sieben, aber nicht bei der Turnhalle. Bei der Sitzbank am Schönenberg.« Das »nicht« war dreimal unterstrichen und plötzlich fiel Erich ein, wo Gremm wohl sein würde. In der Turnhalle gastierte Willy Reichert, der berühmte Humorist, der von der KdF* eingeladen worden war. Dorthin ging er bestimmt. Flüchtig dachte er daran, wie enttäuscht wohl der Vater sein würde, der diesen Reichert sehr schätzte und kaum eine Radiosendung von ihm ausließ. Und jetzt konnte er nicht dorthin!

Am Samstag saß Erich wie auf Nadeln. Um sieben Uhr war die Sonne noch lange nicht untergegangen, das Essen zur Feier der Havdala* würde spät stattfinden. Was sollte er nur sagen? Die Mahlzeiten am Sabbat-Anfang und am Sabbat-Ausgang waren seit jeher heilig für die Familie. Nur schwere Krankheit konnte beispielsweise als Grund für die Abwesenheit gelten. Aber wenn er sich ins Bett legte, würde die Mutter sicher immer wieder nach ihm schauen. Gertraud wusste doch nichts von den Bräuchen in einer jüdischen Familie. Aber er wollte sie sehen, musste sie unbedingt sehen. Erich überlegte krampfhaft den ganzen Mittag, aber ihm fiel nichts ein. Schließlich ging er zur Mutter in die Küche, die gerade vorsichtig einen Karpfen in das siedende Wasser legte. Eigentlich wäre das ja Fannys Aufgabe gewesen. Die Mutter sollte am Sabbat nicht arbeiten, aber was sollte man machen.

Erich hielt sich am Türrahmen fest und flüsterte mit schwacher Stimme, die, wie er hoffte, auch kränklich klang: »Mama, mir ist ganz furchtbar elend. Ich hab schreckliche Kopfschmerzen und ich kann gar nicht mehr richtig ins Licht gucken.« Das hatte er sich von Tante Lea abgeschaut, die gelegentlich unter dem litt, was Julius abfällig »Leas übliche Migräne« nannte. Erich wusste nicht genau, ob auch Männer diese Krankheit bekommen konnten, aber das musste er jetzt riskieren. Auf jeden Fall brauchte der Patient absolute Ruhe und durfte nicht gestört werden, das wusste er von der Tante.

Melanie kam ganz erschrocken näher und legte ihm die Hand auf die Stirn, wie sie das immer tat, wenn eines ihrer Kinder über Unwohlsein klagte. »Fieber hast du wohl keins. Merkwürdig. Du wirst doch nicht plötzlich zur Migräne neigen?«

Erich bekam ein schlechtes Gewissen, als er den besorgten Blick der Mutter sah. Immerhin durfte er sich sofort auf sein Zimmer zurückziehen und Melanie versprach, dass kein Familienmitglied ihn stören würde. Dabei ließ sie allerdings offen, ob das auch für sie galt. Aber egal, er musste es riskieren. Aus dem Fenster zu springen ging nicht, es war zu hoch, er musste also den gefährlichen Weg über Flur und Treppe nehmen. Und das Abendessen hatte noch nicht angefangen! Glücklicherweise kam ihm ein günstiger Umstand zu Hilfe. Onkel Sigmund kam kurz zu Besuch, er wollte noch etwas mit Vater und Mutter besprechen, und so zogen sich alle in das Wohnzimmer zurück. Max schien in eines seiner Bücher vertieft zu sein, von ihm war nichts zu hören und zu sehen. Fast hätte Erich aus Kleidern ein körperähnliches Gebilde unter der Bettdecke geformt, aber das hätte zu sehr nach Betrug ausgesehen. Immerhin konnte er später, falls man nach ihm gesucht hatte, immer noch sagen, dass er es nicht mehr ausgehalten habe und dringend an die frische Luft musste.

Er rannte den ganzen langen Weg zum Schönenberg und blieb erst keuchend stehen, als er sie auf der Sitzbank sah. Sie bemerkte ihn und lief ihm entgegen.

»Ich hab schon gedacht, du kommst nicht mehr!«, rief sie ihm zu, aber es klang nicht vorwurfsvoll, eher erleichtert. Sie marschierten einträchtig nach oben, am Friedhof entlang, der neben der Wallfahrtskirche lag, und bogen in ein kleines Wäldchen ein, dessen weicher Moosboden ihre Schritte verschluckte. Hier würde man sie sicher nicht beobachten, nicht am Samstagabend. Manchmal fuhren die Bauern auf ihren Traktoren oder Pferdefuhrwerken oberhalb des Wäldchens vorbei, um auf ihre Felder zu gelangen. Erich lauschte ab und zu, aber alles blieb still bis auf das aufgeregte Zetern der Vögel, die sie aufschreckten.

Als er gegen halb zehn wieder nach Hause kam, schien alles ruhig. Julius' Stimme drang aus dem Wohnzimmer, er las Mutter aus der Zeitung vor. Erich konnte auch den vertrauten Geruch der dicken Zigarren riechen, die sich der Vater am Sabbat gönnte. Schwer atmend ließ sich Erich auf das Bett fallen. Man hatte sein Fortgehen nicht entdeckt!

Er schloss die Augen und dachte an ihren Spaziergang, wie sie dicht neben ihm hergegangen war und erzählte, von Stuttgart, der alten Schule, ihrer Lieblingslehrerin, die jetzt entlassen wurde, weil die Nazis verfügt hatten, dass alle verheirateten Beamtinnen nicht mehr arbeiten durften. »Ich habe Gremm gefragt, ob das gerecht ist, ob wir Frauen bei den Nationalsozialisten eigentlich weniger wert seien. Und weißt du, was er gesagt hat?« Sie hatte sich abrupt umgedreht und war dicht vor ihm stehen geblieben, ihre Augen waren ganz dunkel in diesem Moment. »Er hat gesagt: ›Im Gegenteil!‹ Endlich würden wir unserer natürlichen Bestimmung zugeführt, nämlich Mütter zu sein. Das sei der edelste aller Berufe, hat er gemeint. Überhaupt ist er ja ganz dagegen, dass ich aufs Gymnasium gehe. Er akzeptiert es nur, weil es der Wunsch meiner Mutter war, und auch mein Vater will es so.« Sie hatte einen Moment überlegt. »Ich will schon auch einmal Kinder haben. Aber erst will ich etwas lernen und ich will auch auf die Universität gehen.« Sie hatten sich auf einem der vielen Moospolster niedergelassen und es roch nach Harz und etwas nach modrigem Holz.

»Was willst du denn studieren?«, hatte er gefragt und sie zögerte einen Moment. Aber dann, als erinnere sie sich an einen fernen Traum, der schon halb vergessen war, sagte sie mehr zu sich: »Medizin möchte ich studieren, Ärztin werden. Als ich bei Mutti in der Klinik war, habe ich gesehen, wie man Menschen helfen kann. Und ich habe Doktor Rosenfeld immer zugesehen. Ich finde, das ist der schönste Beruf überhaupt, andere Menschen gesund zu machen. Oder ihnen zumindest die Schmerzen nehmen. Aber das kann ich ja vergessen.«

»Und warum?«

»Weil seit letztem Jahr nur noch zehn Prozent weibliche Studenten an den Universitäten sein dürfen. Wie soll ich das schaffen – zehn Prozent!«

»Woher weißt du das?«, hatte er verblüfft gefragt.

»Weil Gremm es mir erzählt hat. Aber ich mache trotzdem Abitur, habe ich ihm gesagt, wenigstens das!«

Dann kann ich wohl meinen Traum auch vergessen,

dachte Erich jetzt in diesem Moment. Wie viel Prozent Juden lässt man dann auf der Universität zu? Fünf Prozent, drei Prozent, gar keinen? Vorhin hatte er ihr von seinem Plan erzählt: »Und ich möchte Jura studieren, Richter werden. Wegen der Gerechtigkeit. Ich will ein gerechter und unbestechlicher Richter werden!«

Sie hatte ihn versonnen von der Seite angesehen. »Das finde ich schön – Richter! Das kannst du bestimmt gut. Du hast einen so klaren Blick für vieles.« Er war ganz rot geworden und konnte ihr gar nicht mehr ins Gesicht sehen.

Jetzt, hier in seinem dunklen Zimmer, dachte er darüber nach, dass sie ihre Träume wohl beide begraben konnten. Und wie ungewiss die Zukunft war! Noch fünf Jahre, noch vier Jahre – und was dann? Sie hatten lange schweigend nebeneinander gesessen, bis Gertraud schließlich flüsterte: »Vielleicht ändert sich doch noch alles!«

»Und wie stellst du dir das vor?«

Sie hatte mit den Schultern gezuckt. »Ich weiß nicht. Vielleicht stirbt der Hitler ja. Glaubst du, dass es unrecht ist, wenn man betet, dass jemand stirbt?« Sie war zu ihm herübergerückt und hatte ihren Mund ganz dicht an sein Ohr gebracht. »Das tue ich nämlich. Ich bete jeden Abend, dass er stirbt.«

Er hatte sie verblüfft angesehen. »Ich … weiß nicht. Es gibt ja noch andere außer ihm.« Aber sie hatte den Kopf geschüttelt.

Vielleicht sollte ich auch beten, dass der Hitler stirbt, dachte er, aber ob das Herrn Silbermann, dem Rabbi, und vor allem dem Allmächtigen gefallen würde? Er schloss die Augen und spürte wieder ihr Gesicht nahe an seinem und roch ihren Duft nach Blumen und Sonne.

Plötzlich nahm er eine Bewegung wahr, seine Mutter

war lautlos in sein Zimmer gekommen und stand an seinem Bett.

»Erich, wo warst du?«, fragte sie eindringlich. »Ich habe nach dir geschaut, um dir eine Tablette und etwas zu trinken zu bringen, und das Bett war leer.«

Er drehte sich halb zur Wand und grub die Zähne in die Unterlippe. Was sollte er sagen? Anlügen wollte er die Mutter nicht, es wäre einfach lächerlich gewesen, zu behaupten, er sei spazieren gegangen. Das würde sie ihm nicht glauben.

Sie setzte sich mit einem leisen Seufzer auf die Bettkante und versuchte seine Hand zu erhaschen, die er aber unwillig wegzog. »Erich, sieh mich an! Ich mache mir solche Sorgen. Dem Vater habe ich nichts gesagt, er hat sowieso schon viel zu viel auf dem Buckel. Aber warum siehst du mich denn nicht an?«

Statt einer Antwort drehte er sich zur Wand und streckte ihr den Rücken entgegen. Sie blieb sitzen und wartete. Plötzlich hielt er es nicht mehr aus. Zwischen den zusammengepressten Zähnen stieß er hervor: »Lass mich in Ruhe!«

Kaum hatte er es gesagt, erschrak er über sich selbst. So hatte er noch nie mit seiner Mutter gesprochen. Er wartete auf ihre Reaktion, ein heftiges Donnerwetter, eine Strafe, vielleicht sogar eine Ohrfeige, obwohl Melanie ihre Kinder noch nie geschlagen hatte. Sie blieb noch einen Moment sitzen, dann ging sie mit schweren Schritten zur Tür, die fast lautlos ins Schloss fiel. Erich fuhr herum und öffnete den Mund, um noch etwas zu sagen, aber es war zu spät, sie war schon gegangen.

Er ließ sich zurück auf das Bett fallen und starrte gegen die Decke. Er schämte sich. Es war nicht recht, so mit der Mutter zu sprechen. Aber tief in seinem Inneren war noch etwas anderes, ein Gedanke, den er nicht weiterdenken wollte, den er zu unterdrücken versuchte. Aber schließlich musste er sich eingestehen, dass er ihnen grollte, ihnen beiden, Vater und Mutter. Er war wütend auf sie und wusste nicht genau warum. Und da war er, der Gedanke, der doch nicht gedacht werden durfte und der sich jetzt sogar auf seine Lippen drängte. Lautlos sprach er den Satz: »Und wenn ich kein Jude wäre?«

Scherben

Am nächsten Tag, dem Sonntag, verschwand Julius, ohne ein Wort zu sagen, kurz nach dem Mittagessen im Schlafzimmer und tauchte dann mit seinem besten Anzug, einem dunkelgrauen Zweireiher mit Nadelstreifen, wieder auf. In der Hand hielt er seinen besten Hut, einen weichen grauen Filzhut, über den er unablässig mit dem rechten Handrücken fuhr, als müsse er unsichtbare Fusseln entfernen. Er vermied es, Mutter anzusehen, die gerade die Kaffeekanne auf den Tisch stellte, und sagte beiläufig: »Ich gehe jetzt hinüber in die Turnhalle. Willy Reichert gibt heute Nachmittag noch einmal eine Vorstellung. Die will ich mir unbedingt ansehen.«

Erich, der gerade mit der restlichen Sabbat-Haselnusstorte aus der Küche gekommen war, ließ fast die Kuchenplatte fallen.

»Papa«, rief er entsetzt, »das ist eine Naziveranstaltung, da kannst du nicht hin!«

»Warum nicht?« Julius' Ton wurde sehr aggressiv. »Warum nicht, frage ich? Ich bin ein unbescholtener Bürger dieses Landes. Ich kann gehen, wohin ich will. Schließlich haben sie ja überall annonciert und die Bürger der Stadt eingeladen. Und das bin ich – ein Bürger dieser Stadt!«

Melanie stand wie erstarrt. Sie hielt immer noch die Kaffeekanne in der Hand. »Julius«, sie sagte es bittend, fast flehend. »Du kannst da nicht hin. Sei vernünftig!«

Mit einer abrupten Bewegung setzte sich Julius den Hut auf den Kopf und marschierte entschlossen zur Tür, an Erich vorbei und an Max, der gerade aus seinem Zimmer gekommen war. »Ich gehe da jetzt hin! Und ich lasse mir von niemandem vorschreiben, was ich zu tun und zu lassen habe. Schließlich habe ich mir nichts zu Schulden kommen lassen!« Die Wohnungstür wurde zugeschlagen und Max begann plötzlich zu schluchzen.

»Sei still!«, fuhr Erich ihn an und stellte hastig die Kuchenplatte auf den Tisch.

»Erich, Erich, lauf ihm nach. Schnell, sonst geschieht ein Unglück. Versuch ihn aufzuhalten!« Melanie stürzte ins Wohnzimmer, um am Fenster Julius nachzusehen.

Erich band hastig seine Schnürsenkel und rannte die Treppen hinab, immer zwei Stufen auf einmal nehmend. Die Hindenburgstraße war sehr belebt. Viele sonntägliche Spaziergänger flanierten und einige gingen wohl auch hinüber zur Turnhalle, vor deren Portal die blutroten Fahnen wehten. Erich rannte ein Stück in Richtung Jagstbrücke. Wo war der Vater? Dann sah er ihn, er ging gerade mit entschlossenem Schritt über die Brücke. Erich rempelte einige der müßig schlendernden Passanten an und zwängte sich durch. »Papa, Papa, halt! Warte auf mich!«

Julius blieb stehen und sah seinem Sohn entgegen. »Was willst du hier? Geh wieder nach Hause!«

»Papa, sei vernünftig. Bitte komm zurück. Mutter ängstigt sich so!«

»Erich, zum letzten Mal. Du gehst jetzt auf der Stelle nach Hause. Ich werde diese Veranstaltung besuchen, da könnt ihr sagen, was ihr wollt!«

»Aber Papa, die lassen dich dort gar nicht hinein!«

»Das werden wir sehen«, presste Julius zwischen den Zähnen hervor, »das werden wir sehen.« Er setzte seinen Weg fort.

Erich blieb dicht hinter ihm und zupfte ihn immer wieder am Ärmel. Mit einer unwilligen Bewegung wehrte Julius ab, aber Erich hörte nicht auf. »Komm doch mit, Papa, bitte.«

Da spürte er plötzlich einen harten Schlag auf der Wange, der ihm den Kopf zur Seite riss. Ungläubig starrte er den Vater an, der bleich, mit emporgehobener Hand, vor ihm stand. Einige Passanten blieben stehen und begannen zu tuscheln oder sogar zu lachen. Erich meinte Wortfetzen zu hören wie: »... der Jude Levi ... typisch ... dieses Pack ...« Einen kurzen Moment starrten sie sich an, Vater und Sohn, dann drehte sich Julius abrupt um und setzte seinen Weg fort.

Erich stand wie angewurzelt, fühlte das heiße Brennen auf der Wange. Plötzlich wurde ihm bewusst, dass einige Leute ihn immer noch anstierten. Instinktiv drehte er sich um, jetzt nur nach Hause, weg von hier, aber dann dachte er wieder an den Vater, er dachte an ihn mit Groll und einer wilden Wut, aber er dachte auch an das sorgenvolle Gesicht der Mutter, hörte ihr »Erich, lauf ihm nach!«.

Er rannte weiter zur Turnhalle, wo er den Vater jetzt am Eingang warten sah. SA-Leute standen breitbeinig vor der weit geöffneten Eingangstür aufgebaut. Erich kannte einige von ihnen und er sah auch mit Schrecken, dass Bartle dabei war, Max' ehemaliger Volksschullehrer.

»Ja, Herr Levi, wo wollen wir denn hin?«, fragte einer der Posten mit feistem Lachen und Julius antwortete mit fester Stimme, er wolle die Veranstaltung mit Willy Reichert besuchen.

»Haben Sie eine Eintrittskarte?«

»Nein, aber es hat doch geheißen, es gebe noch genügend freie Plätze.« Julius deutete auf das Innere der Halle. »Ich werde mir drinnen eine kaufen.«

»Bedaure, aber wir sind ausverkauft.« Durch die geöffneten Türen konnte man einen Teil der Halle überblicken, viele Stuhlreihen standen noch leer.

Wortlos deutete Julius darauf und wollte weitergehen, aber der SA-Mann schubste ihn zur Seite. »Haben Sie nicht gehört? Es ist ausverkauft! Oder sagen wir besser, für *Sie* ist ausverkauft.«

Julius trat einen Schritt zurück. »Sie lassen mich jetzt sofort hinein, sonst …«

»Sonst …« Höhnisch baute sich der SA-Mann wieder vor ihm auf und die anderen lachten und stießen sich in die Seite.

Bartle, dem das Ganze sichtlich peinlich war, trat jetzt auf Julius zu und fasste ihn am Arm. »Seien Sie vernünftig, Herr Levi!«

Aber Julius hörte ihn gar nicht. Er schüttelte Bartles Hand einfach ab und fixierte unablässig den vor ihm stehenden SA-Mann. Dann trat er einen Schritt auf ihn zu, offenbar entschlossen, sich an ihm vorbeizuzwängen.

Plötzlich ging alles ganz schnell. Die anderen SA-Leute sprangen hinzu, packten Julius und warfen ihn zu Boden, wo er zusammengekrümmt für einen Moment reglos liegen blieb.

»Papa!«, schrie Erich und rannte auf ihn zu. »Papa, bist du verletzt?«

Langsam erhob sich Julius, gestützt auf Erichs Arm. Er würgte und hustete und Erich fürchtete schon, er müsse sich erbrechen, aber er spuckte nur den Dreck aus, den er in den Mund bekommen hatte, und blieb schließlich schwankend stehen. Am Eingang standen nun wieder die SA-Leute und rieben sich die Hände, als hätten sie gerade etwas besonders Schmutziges angefasst. Bartle hatte sich ganz nach hinten verzogen. Einige Besucher gingen kopfschüttelnd an ihnen vorbei, etliche waren wieder stehen geblieben, um dieses Schauspiel genüsslich zu betrachten.

»Komm, Vater!« Erich hob Julius' Hut vom Boden auf und reichte ihn dem Vater, der sich mühsam den Staub aus den Kleidern klopfte. Dann gingen sie zurück, Vater und Sohn.

Julius wirkte noch leicht benommen und schwankte. Für einen Moment nahm er Erichs Hand, so wie damals, als er seinen kleinen Jungen führte, dann aber ließ er sie los und stützte sich, gegen Erichs Schulter gelehnt, unmerklich ab und ließ sich von seinem Sohn nach Hause bringen.

Über dieses Ereignis wurde in der Familie nie wieder gesprochen, nicht an diesem Tag, nicht an den anderen. Es war, als habe es nie stattgefunden. Erich beobachtete manchmal den Vater aus den Augenwinkeln, sah die immer tiefer werdenden Falten um Augen und Mund, die eingefallenen Wangen und die hagere Gestalt, die nicht mehr so straff aufgerichtet ging wie früher, sondern gebeugt, als schleppe der Vater eine schwere Last. Alt war er geworden, der stolze Viehhändler Julius Levi, alt und schwach. Und wenn sich Erich auch dafür schämte, er konnte dieses Bild nicht loswerden, das Bild des gedemütigten Vaters, wie er da im Dreck vor ihm lag, und er verachtete ihn, und dafür verachtete er sich selbst.

An einem sehr heißen Junitag kam Erich eine Stunde früher von der Schule nach Hause. Lafrentz war krank geworden und deshalb war die Englischstunde ausgefallen. Er fand die Mutter im Wohnzimmer kniend vor dem großen Eichenbuffet, die unteren Schubladen waren herausgezogen und der Inhalt lag auf dem Fußboden: zwei große Schachteln mit dem schweren Silberbesteck, einige Kerzenleuchter, kleine Konfektschalen, Serviettenringe, alles aus massivem Silber, wie er wusste, und teilweise schon lange im Familienbesitz. Die Mutter war so stolz auf diese Dinge und Erich erinnerte sich, wie sie sie früher oft mit Fanny herausgenommen hatte, um sie sorgfältig zu reinigen. Deshalb dachte er im ersten Moment auch, das alljährliche Putzen würde wieder stattfinden, aber dann bemerkte er den großen Koffer, der aufgeklappt neben Mutter stand und in den sie jetzt, eingeschlagen in Tücher, einige silberne Schalen legte. Sie hatte ihn noch nicht bemerkt, so versunken war sie in ihre Tätigkeit, deshalb räusperte er sich.

Melanie drehte sich erschrocken um. »Du bist schon hier, Erich?«

»Ja, Englisch ist ausgefallen. Aber was machst du denn da, Mama?«

Melanie errötete leicht. Sie erhob sich mühsam und ließ sich dann in einen der weichen Ledersessel fallen. »Ach, Erich. Ihr solltet eigentlich gar nichts davon mitbekommen, du und Max. Aber du bist ja schon fast erwachsen und … lange können wir es wahrscheinlich sowieso nicht mehr verheimlichen. Der Vater fährt morgen nach Würzburg zur jüdischen Mittelstandshilfe, um einige der Silbersachen zu verkaufen. Er … verdient ja fast gar nichts mehr und wir müssen doch die Miete bezahlen und das Futter für das Vieh, den Lohn für Peter und essen müssen wir auch. Wir … wir leben seit einiger Zeit schon von einem der Sparbücher, aber die anderen will Vater nicht angreifen. Sie sind der letzte Notgroschen. Deshalb verkaufen wir etwas vom Silber. Das kann man nicht essen, sagt Vater.«

Erich setzte sich auf die Lehne des Sessels und legte seine Wange an Mutters Kopf. »Ist es so schlimm?«

Sie nickte. »Vater will aber nichts davon wissen. Er sagt, es müsse auch wieder anders werden. Er glaubt fest daran. Ein Engpass, sagt er. Und dass wir das einfach überstehen müssen.« Mit gepresster Stimme fügte sie hinzu: »Ich fürchte, er gibt sich falschen Hoffnungen hin. Ach Erich, ich mache mir solche Sorgen!« Die Tränen liefen Melanie plötzlich über das Gesicht und sie wischte sie geistesabwesend mit der Schürze weg, wie das Fanny getan hatte, damals, im alten Kinderzimmer, als sie berichtet hatte, dass sie weggehen müsse, wegen des Geldes.

Es hört nicht auf, dachte der Junge. Es wird immer schlimmer. Und die Angst kroch wieder in ihm hoch – wenn es nicht besser würde, wenn alles verkauft war, wenn wir die Miete nicht mehr bezahlen können …? Laut sagte er zur Mutter: »Und wenn ich etwas dazuverdiene? Neben der Schule, meine ich?«

Melanie drückte ihren Ältesten fest an sich. »Du bist ein guter Junge. Aber was willst du denn arbeiten? Mir ist es lieber, du machst deine Schule ordentlich. Das ist viel wichtiger. Wir dürfen einfach die Hoffnung nicht aufgeben.«

Er half der Mutter die verschiedenen Gegenstände und die Kassetten mit dem Besteck im Koffer zu verstauen. Schwer war er, dieser Koffer, und Erich konnte sich gar nicht vorstellen, wie der Vater ihn allein tragen wollte. Während die Mutter in der Küche anfing das Mittagessen zuzubereiten, saß Erich im tiefen Ledersessel versunken und starrte an die Decke. Die Mutter hatte ja Recht, was sollte er denn tun? Wenn es nur irgendeine Aushilfsbeschäftigung gäbe! Aber wer würde ihn, den Juden, denn nehmen? Vielleicht die Fräulein Pfisterer, überlegte er. Vielleicht konnte er Kisten schleppen, Botengänge machen, irgend so etwas eben. Aber die paar Pfennige, die man dabei verdiente, waren doch auch nur ein Tropfen auf den heißen Stein. Von der Küche herüber drang Pfannkuchenduft, das erinnerte ihn an Fanny, Fanny, von der sie nun schon so lange nichts mehr gehört hatten. Er musste sich zusammenreißen, denn gleich würde Max nach Hause kommen. Max würde beim Essen wieder maulen. Er war sehr gewachsen in den letzten Monaten und verabscheute plötzlich die früher so heiß geliebten Süßspeisen, die es längst nicht mehr nur am Dienstag, dem »süßen Tag«, gab. Fleisch wollte er essen, aber Fleisch war knapp geworden im Haus des Viehhändlers Julius Levi. Nur noch am Sabbat brachte die Mutter einen Braten auf den Tisch. Und wenn es so weitergeht, überlegte Erich bitter, was dann passiert … Aber daran durfte man nicht denken. Die Mutter hatte Recht, man musste einfach weiter hoffen. Müde ging er hinüber in die Küche, um den Tisch zu decken.

Zwei Tage später kam Julius aus Würzburg zurück. Der Koffer war zwar leer, dennoch ging Julius gebückter als bei der Abreise. Die Geldscheine und Münzen, die er vor Mutter auf den Küchentisch zählte, waren offensichtlich weniger, als die Eltern erwartet hatten, denn Melanie fragte, ganz grau im Gesicht: »Ist das alles? Die Sachen sind doch viel mehr wert!«

Julius lachte bitter: »Ja was glaubst du denn? Glaubst du, wir sind die einzigen Juden, denen es schlecht geht? Wie viele jüdische Geschäftsleute verkaufen nichts mehr? Wie viele jüdische Rechtsanwälte haben keine Klienten mehr? Wie viele jüdische Ärzte keine Patienten? Und wie viele jüdische Beamte sind entlassen? Wir können froh sein, dass wir überhaupt noch etwas dafür bekommen haben!« Die Angst, was mit ihnen geschehen würde, ließ Erich fortan nicht mehr los.

Nur noch in den seltenen Augenblicken, in denen er mit Gertraud zusammen war, vergaß er seine Sorgen, konnte froh und unbeschwert lachen. Sie hatte, anfangs sehr zu seiner Besorgnis, Lotte Richter eingeweiht, und Lotte fungierte jetzt als Kurier zwischen ihnen. »Glaubst du, es fällt nicht auf, wenn ich mit Helmut gesehen werde?«, hatte sie sich gegen seine Vorhaltungen verteidigt. »Gremm kann ihn fast so wenig leiden wie dich. Und Lotte ist vertrauenswürdig.« Also steckte ihm Lotte, die dann wie zufällig in der Pause vor ihm stehen blieb, um beispielsweise ihre Schnürsenkel zu binden, die Briefchen zu. Meist trafen sie sich jetzt im Sommer in der Benzenruhe, diesen Platz liebte Gertraud besonders. Es war so schattig unter den mächtigen Baumwipfeln, die sich wie ein schützendes Dach über ihnen wölbten, und kam einmal ein vereinzelter Spaziergänger oder ein Bauer vorbei, konnte man sich unbemerkt in das ringsum stehende dichte Gebüsch zurückziehen. Dort ließen sie sich dann auf den sattgrünen Graspolstern nieder. Erich lag meist bäuchlings neben ihr, damit er sie immerzu ansehen konnte, wie sie vor ihm saß, einen Grashalm zwischen den Zähnen. Sie zählten die Wolken, die über ihnen dahinzogen, gaben ihnen Namen und überlegten, wohin sie wohl flogen. Träumten von den Reisen, die sie unternehmen wollten, und dachten sich ein Leben aus, in dem all ihre Träume wahr werden würden. Die Treffen wurden jetzt im Sommer allerdings schwieriger, denn Gremm wünschte, dass Gertraud mit ihrer Tante möglichst oft ins Freibad ging. »Eine deutsche Frau braucht einen gesunden Körper«, pflegte er zu sagen, das erzählte Gertraud des Öfteren kichernd. Und dann waren ja auch die vielen Treffen des BDM, bei denen sie schlecht fehlen konnte, denn das würde Gremm zu Ohren kommen. Auf Gertrauds schüchterne Frage hin, ob er nicht wenigstens ab und zu an die Jagst zum Baden gehe, hatte Erich entschieden abgewunken. »Ich würde dort nur provozieren. Was glaubst du, was Kampmann und die anderen mit mir anstellen würden? Und sprechen können wir uns dann auch nicht.«

Helmut hatte ihn ein paar Mal halbherzig gefragt, ob sie sich wieder einmal außerhalb des Freibades an einer versteckten Ecke der Jagst treffen sollten, aber Erich hatte die Vorbehalte des Freundes gespürt und stets abgelehnt. Helmuts Vater stand immer noch unter strenger Beobachtung, das hatte ihm jedenfalls Helmut erzählt, und die Drohungen und die Einschüchterungsversuche hatten sogar zugenommen. Da wollte er den Freund nicht noch in zusätzliche Schwierigkeiten bringen. Und dann musste er auch immer wieder an die Leiche denken, die in der Jagst gelegen hatte, und dem Freund ging es wohl genauso.

Anfang Juli ereignete sich dann die Katastrophe, vor der sich Erich insgeheim immer schon gefürchtet hatte. Gertraud und er hatten sich an einem sehr heißen Sonntag, dem ersten im Juli, verabredet und die Sonne stand schon sehr tief am Himmel, als Gertraud endlich den Hohlweg von der Stadt heraufgerannt kam. Er stand am Rand der Benzenruhe, ängstlich nach ihr Ausschau haltend und voller Sorge. Bei ihrem Anblick rannte er ihr ein Stück entgegen und sie begann gerade keuchend zu erzählen, dass sie ihre Tante zu einem Damenkränzchen hatte begleiten müssen, als plötzlich von unten ein Motorrad herangeknattert kam.

Starr vor Schreck blieben sie stehen, sich zu verstecken war an dieser Stelle unmöglich und gesehen worden waren sie wohl auch schon. Das Motorrad kam rasch näher und Erich konnte den Fahrer erkennen. Es war ein Freund von Grimminger, ausgerechnet. Erich hatte sie schon ein paar Mal zusammen in der Stadt gesehen. Er ging nicht auf das Gymnasium, sondern arbeitete als Lehrling in Aalen. Das Motorrad war offenbar ganz neu und der junge Mann probierte es wohl an dieser versteckten Stelle aus, obwohl es nur ein Fußweg war. Auf der Höhe von Gertraud und Erich hielt er an und schrie ihnen etwas zu, aber das auf- und abschwellende Geheul des Motors verschluckte seine Worte.

Erich packte Gertraud am Arm und zog sie fort und gemeinsam rannten sie den Weg hinunter, ohne sich umzublicken. Erst das leiser werdende Geräusch des Motors brachte sie zum Stehen. Erich drehte sich keuchend um. »Er ist weg«, presste er heraus und sah, dass ihn Gertraud mit weit aufgerissenen Augen anstarrte.

»Er hat uns gesehen«, flüsterte sie wie betäubt. »Er hat uns gesehen! Und wenn er es nun weitererzählt …?«

Erich versuchte sie zu beruhigen. »Er wird sich nicht viel gedacht haben. Der ist mit seinem Motorrad beschäftigt.« Er merkte selber, dass das nicht sehr überzeugend klang.

»Aber er ist stehen geblieben. Und er hat uns etwas zugerufen, Erich!« Aufgeregt packte sie ihn am Arm. »Erich, ich hab solche Angst. Wenn mein Onkel davon erfährt …« Sie schaute ihn geradezu flehend an. Was sollte er dazu sagen? Er war doch selbst so hilflos.

Trotzdem versuchte er beruhigend auf sie einzureden. »Wir könnten uns doch auch zufällig getroffen haben.«

Verzagt flüsterte sie: »Aber Gremm habe ich gesagt, ich

bin bei Lotte, und dann sind wir ja auch zusammen weggerannt!«

»Geh jetzt nach Hause und lass dir nichts anmerken. Sag einfach, du hast Lotte nicht getroffen und bist noch etwas spazieren gegangen.« Er löste vorsichtig ihre Hand von seinem Ärmel, den sie noch immer fest gepackt hielt. »Sei ganz ruhig, hörst du?« Sie nickte und ging dann zögernd in Richtung Stadt, drehte sich aber immer wieder um und warf ihm einen flehenden Blick zu. Erich fühlte sich so elend wie schon lange nicht mehr.

Am Montagmorgen beobachtete er die Kampmann-Gruppe genau und achtete in der Pause besonders auf Grimminger. Aber sie benahmen sich wie immer, keiner kam auf ihn zu, baute sich drohend vor ihm auf und brüllte: »Levi, du Saujude, hör einmal zu!« Auch Gremm benahm sich wie immer. Erleichtert ging Erich an diesem Tag nach Hause, vielleicht würde der Motorradfahrer ja wirklich nichts erzählen, andererseits war es noch zu früh, um richtig aufzuatmen.

Schon im Flur hörte er, dass der Vater das Radio laut aufgedreht hatte. Die aufgeregte, schnarrende Stimme des Redners schlug ihm entgegen, als er in das Wohnzimmer trat, wo Julius nach vorne gebeugt auf dem Sessel saß, das Ohr dicht am Lautsprecher. »Goebbels spricht«, rief er Erich entgegen, »hör einmal zu!«

Erich ließ sich unwillig auf das Sofa fallen. Was kümmerte ihn der Herr Dr. Goebbels? Er hatte Sorgen genug.

»Sie bringen sich gegenseitig um!«, rief Julius über das Radiogeschrei hinweg.

»Wer denn, Vater?«

»Die Nazis. Hitler hat gestern Nacht viele SA-Führer erschießen lassen, und der Röhm ist verhaftet. Angeblich haben sie einen Putsch gegen Hitler* geplant. Ha, wer's glaubt!« Der Vater war aufgeregt wie ein Kind. »Jetzt schlagen sie sich gegenseitig die Schädel ein. Das ist die beste Nachricht seit langem.« Erich erhob sich abrupt und ging hinüber in sein Zimmer.

Ach Vater, dachte er, du und deine Hoffnungen. Ein paar Nazis weniger, was machte das schon! Ändern tat es nichts.

Zwei Wochen später wurden auf dem Marktplatz Großlautsprecher aufgestellt. Eine Führerrede sollte landesweit übertragen werden. Es geht wohl um diesen Röhm, dachte Erich, als er am Nachmittag aus sicherer Entfernung beobachtete, wie die Leute auf den Marktplatz strömten, wo sich schon die unvermeidliche Musikkapelle aufgestellt hatte. Rings um den Marktplatz und in der ganzen Stadt wehten die blutroten Fahnen. Wenig später hallte die Stimme von den stolzen Barockhäusern, die den Stiftsplatz säumten, diese geifernde, kreischende, überschnappende Stimme. Erich rannte nach Hause, hastete hinauf und widerstand dem Impuls, ganz nach oben zu gehen, auf den Dachboden, wohin er sich als Kind immer geflüchtet hatte. In der Ecke hatte er gekauert, die Augen geschlossen, die Hände gegen die Ohren gepresst, um nichts zu sehen und zu hören, um alles auszuschließen, wovor er sich fürchtete. Aber es gab ja kein Entkommen vor dieser Stimme, die in die Wohnung drang, gedämpfter zwar, aber unüberhörbar.

»... in denen mich das Schicksal wieder gelehrt hat, in banger Sorge mit jedem Gedanken das Teuerste zu umkrallen, was uns auf dieser Welt gegeben ist, das deutsche Volk und das Deutsche Reich.« Da hat er ausnahmsweise einmal Recht, dachte der Junge, der blicklos hinunterstarrte auf die leere Hindenburgstraße, die Stirn gegen die Scheibe gepresst. In seinen Krallen hält er es, das deutsche Volk!

In der folgenden Nacht wachte er von einem surrenden Geräusch auf, kurz darauf hörte er das Klirren von Glas. Mit einem Satz sprang Erich aus dem Bett und eilte ans Fenster. Er spähte angestrengt hinunter, konnte aber in der Dunkelheit nichts erkennen.

Plötzlich hörte er dicht neben sich einen hellen Knall, etwas flog an ihm vorbei durch die Scheibe, die zerbarst und in vielen Stücken auf den Boden fiel. Wie erstarrt blieb er stehen, er konnte sich nicht mehr rühren. In diesem Moment wurde die Tür aufgerissen und Julius stürzte herein. »Erich, weg vom Fenster, sie werfen die Scheiben ein!« Er zerrte ihn so heftig in Richtung Tür, dass sich Erich an einem der herumliegenden Glassplitter schnitt. Humpelnd, mit heftig blutender Ferse, tappte er in den Flur, wo die Mutter stand, die Hände vor den Mund gepresst, als müsse sie ein Schreien gewaltsam unterdrücken. »Schnell, schnell, holt Max!«

Julius rannte zur Tür des Kinderzimmers, das zur Hindenburgstraße hinausging, und erschien gleich darauf mit einem schlaftrunkenen Max, der sich die Augen rieb. »Wir bleiben im Flur. Wer weiß, was sie noch alles anstellen.« Julius rüttelte an der Klinke der Wohnungstür, ob sie auch wirklich abgeschlossen war, und lehnte sich dann schwer atmend gegen die Dielenwand. Einige Momente lang war es totenstill. Die Familie lauschte angestrengt, aber von draußen kamen keine Geräusche mehr.

Auf einmal hallte die Stimme des Kronenwirtes zu ihnen herüber: »Was ist denn das für ein Spektakel mitten in der Nacht. Ruhe, sonst hole ich die Polizei!« Dann wurde ein Fenster krachend zugeschlagen und es war wieder still. Der Spuk schien vorbei.

Erich humpelte ins Badezimmer, um sich ein Pflaster zu holen, denn um seinen Fuß hatte sich in der Zwischenzeit eine kleine Blutlache gebildet. Melanie folgte ihm, immer noch eine Hand auf den Mund gepresst. Der Junge sah, dass sie heftig zitterte. »Lass, Mama, ich mach das schon«, sagte er beschwichtigend, als er sah, wie sie mit bebenden Fingern wahllos alle möglichen Gegenstände aus dem Badezimmerschränkchen herunterwarf, auf der Suche nach einem Pflaster für ihn. Er ließ sich auf den Rand der Badewanne nieder, weil er plötzlich merkte, dass er weiche Knie bekam. Ihm wurde schlecht, furchtbar schlecht.

Julius beugte sich zu ihm herunter. »Ist es arg schlimm, Erich?«

Er schüttelte mit zusammengebissenen Zähnen den Kopf. Endlich hatte Melanie ein Pflaster gefunden und mühte sich, es an der richtigen Stelle an Erichs Fuß anzubringen.

»Sie haben alle Fenster, die zum Hinterhof gehen, eingeworfen. Mit Steinschleudern, denke ich.« Julius hielt einen nicht allzu großen, aber spitzen Stein in der Hand. »Nicht auszudenken, wenn er dich am Kopf getroffen hätte, Erich.« Er sah den Vater wortlos an. Er trug einen gestreiften Pyjama, die Haare standen wirr vom Kopf ab. Wie klein er eigentlich ist, dachte der Junge, klein und schmächtig. Und er sieht so müde aus.

»Wer, glaubst du, war das?«, fragte Erich und wusste doch eigentlich schon die Antwort.

Bitter lachte Julius auf: »Wer wohl! Ich denke, die Frage beantwortet sich von selbst.«

Sorgen

Am nächsten Morgen kamen die beiden Fräulein Pfisterer, um den Schaden zu begutachten. Julius hatte sie gleich in der Frühe abgepasst, als sie dabei waren, den Laden aufzuschließen und nun standen sie in Erichs Zimmer und betrachteten schweigend die linke Fensterhälfte, wo noch die unregelmäßigen Zacken des Glases am Rand hingen. Die Scherben hatte Melanie noch in der Nacht aufgekehrt, an Schlaf war ohnehin nicht zu denken gewesen. Max hatte sich übernächtigt und grummelnd auf den Weg in die Schule gemacht, aber Erich war zu Hause geblieben. Er konnte kaum noch gehen, der Fuß war dick angeschwollen und pochte. Die Mutter hatte mit der Pinzette noch einige Glassplitter entfernt und besorgt gemeint, wenn die Entzündung nicht bald zurückginge, müssten sie zum Doktor. Er lag auf dem Sofa im Wohnzimmer, das Bein auf Kissen hochgelegt, und von Zeit zu Zeit kam die Mutter herein, um den kalten Umschlag zu erneuern.

Durch die halb geöffnete Wohnzimmertür hörte er das Murmeln von Julius und den beiden Fräulein. Auguste sagte gerade laut und vernehmlich: »Eine Schweinerei ist das, Herr Levi, eine richtige Schweinerei.«

Erich musste unwillkürlich lächeln. Sie hatte Haare auf den Zähnen, das Fräulein Auguste, und Mut hatte sie für ein ganzes Regiment Artilleristen, das hatte jedenfalls früher

Julius immer halb scherzend, halb unwillig gesagt, »… und starrköpfig ist sie wie zwanzig Esel«, hatte er dann meist noch hinzugefügt. Aber das kam ihnen jetzt zugute.

»Fräulein Auguste und Fräulein Marie wollen Anzeige bei der Polizei erstatten. Und nachher kommt der Glaser und setzt neue Fensterscheiben ein«, berichtete ihm Melanie, die hereingekommen war, um den Umschlag zu erneuern.

»Gut«, meinte Erich und betrachtete besorgt das blasse Gesicht der Mutter. »Aber ob man die erwischen wird?« Eigentlich müsste die Frage lauten, ob man sie überhaupt erwischen will, dachte er, sagte aber nichts.

Melanie setzte sich neben ihn. »Gott sei Dank kommen die Fräulein Pfisterer für den Schaden auf. Fräulein Marie meint, die Versicherung bezahlt es. Ach ja, und sie lassen dich schön grüßen und sie schicken dir das.« Sie griff in ihre Kittelschürze und holte eine Tafel Vollmilchschokolade heraus, die sie Erich in die Hand drückte.

Er merkte, wie ihm plötzlich die Tränen in die Augen stiegen. Keine Schikane, keine Beleidigung hatte ihn in der letzten Zeit mehr zum Weinen gebracht, er musste ja durchhalten, wollte sich abhärten gegen das Böse, aber diese liebevolle Geste raubte ihm die Fassung. Er drehte hastig den Kopf zur Seite, damit die Mutter die Tränen nicht sehen konnte. Es gibt auch noch solche Menschen, dachte er und drückte die Schokolade so fest an sich, dass sie unter dem Griff der Finger ganz weich wurde.

Um die Mittagszeit kam der Glaser, ein mürrischer junger Mann, der kaum ein Wort sprach. Auf Melanies leise Frage, ob er einen Kaffee oder etwas anderes zu trinken wolle, antwortete er lediglich mit einer heftig abwehrenden Handbewegung. Immerhin arbeitete er schnell und gründlich, und als er grußlos aus der Wohnung verschwand, blinkten die Scheiben wie gewohnt. Die Mutter hatte sie sorgfältig geputzt und am Nachmittag konnte Erich wieder in sein vertrautes Zimmer umziehen.

Er lag auf dem Bett und versuchte etwas Schlaf zu finden, denn eigentlich war er todmüde, aber er wälzte sich lediglich hin und her, so gut es eben sein verletzter Fuß zuließ. Quälende Gedanken schossen ihm immer wieder durch den Kopf, Gedanken, die sich nicht abschütteln ließen. Das war kein Lausbubenstreich gewesen, da hatte der Vater ganz Recht. Das hatte sich gegen die jüdische Familie Levi gerichtet. Andererseits aber war bei Heinrichs, Neuburgers und Onkel Sigmund nichts Derartiges passiert! Wenn der Vorfall nun mit Gertraud und ihm zusammenhing? Wenn der Motorradfahrer doch geredet hatte? Und über Grimminger war es vielleicht Kampmann zu Ohren gekommen – und dann konnte man sich zwei und zwei zusammenzählen. Und wenn es Grimminger und Kampmann wussten, dann bestimmt auch Gremm. Erich ballte unwillkürlich die Fäuste. Er machte sich solche Sorgen um Gertraud. Umso schlimmer, dass er jetzt ans Haus gefesselt war mit diesem Fuß, der immer noch schmerzte und pochte. Und es gab niemanden, den er zu ihr schicken konnte, er musste abwarten, einfach abwarten, so schwer ihm das auch fiel. Vielleicht kam am Abend Helmut vorbei. Er hatte bestimmt von dem Vorfall gehört und sein Fehlen in der Schule bemerkt, vielleicht konnte ihm Helmut helfen …

Über diesen Gedanken schlief er dann doch ein und wurde erst wieder wach, als er den vertrauten Pfiff von unten hörte. Verwirrt richtete er sich auf. Er wusste nicht, wie lange er geschlafen hatte, aber draußen spannte sich schon ein nachtblauer Himmel über Stiftskirche und Marktplatz.

Wieder ertönte von unten ein Pfiff, diesmal lauter, und Erich humpelte zum Fenster. Er konnte mit dem Fuß glücklicherweise wieder auftreten, wenn auch nur ganz vorsichtig, denn die Wunde schmerzte immer noch. Vorsichtig spähte er hinunter in den dunklen Hinterhof und konnte schemenhaft Helmuts Gestalt ausmachen, die sich zwischen den Kisten und Kartons duckte.

»Warte, ich komme«, rief Erich mit unterdrückter Stimme hinunter und humpelte mühsam in den Flur. In der Wohnung war es dunkel und still, wahrscheinlich waren die Eltern und Max schon schlafen gegangen. Barfuß ging er die Treppe hinunter, vorsichtig das verletzte Bein mit dem Verband nachziehend. Es war ja nicht kalt und einen Schuh bekam er sowieso nicht über die immer noch stark angeschwollene Ferse.

Unten empfing ihn Helmut ganz aufgeregt. »Was war denn bei euch los? Und was ist mit deinem Bein?« Flüsternd erzählte ihm Erich das nächtliche Vorkommnis und sah plötzlich all seine Befürchtungen bestätigt, als Helmut nüchtern erwiderte: »Das waren Kampmann und Co., ganz sicher!«

»Woher willst du das wissen?«

»Ich habe heute Morgen in der Pause so einiges aufgeschnappt. Dass sie dem Saujuden in der Nacht eins ausgewischt hätten. Und vor allem dir! Dass du nicht in der Schule warst, haben sie als ein besonders gutes Zeichen gewertet. Ich habe schon gedacht, du bist halb tot. Aber dann hab ich euren Max gesehen und mir gedacht, dass es so schlimm wohl nicht sein kann.«

»Und weiter?«

»Weiter hab ich nichts gehört. Sie haben immer wieder die Köpfe zusammengesteckt und getuschelt. Ach ja,

Gremm war heute besonders guter Laune, hat deinen Vetter so fertig gemacht, dass der in der Pause heulend aufs Klo gerannt ist. Und dort hat ihn einer der Unterprimaner gepackt und geschüttelt. Er wolle nicht zusammen mit einem Saujuden pissen, hat er gebrüllt. Er solle gefälligst warten, bis er fertig sei.«

Helmut erzählte alles mit völlig neutraler, unbeteiligter Stimme. Plötzlich aber packte er den Arm des Freundes und Erich merkte, wie aufgeregt Helmut in Wirklichkeit war. »Erich, irgendetwas ist im Busch, ich rieche das!«

»Und Gertraud?«, fiel ihm Erich ins Wort.

»War heute nicht in der Schule. Lotte habe ich nur von weitem gesehen. Es gab keine Gelegenheit, mit ihr zu sprechen.«

»Gertraud ...«, flüsterte Erich benommen und die Angst packte ihn schlimmer als je zuvor, drückte ihm die Kehle zu, fraß sich in ihn hinein. Es konnte Zufall sein, dass sie zu Hause geblieben war, vielleicht war sie wirklich krank, hatte Kopfschmerzen ... Aber der Junge spürte, dass das nur Wunschdenken war. Es war herausgekommen, dass sie sich heimlich getroffen hatten, und Helmut dachte genau dasselbe, wollte es wahrscheinlich nur nicht aussprechen. Wenn ich nur mit Gertraud reden könnte, dachte er verzweifelt, wenn ich nur wüsste, was sie mit ihr gemacht haben.

»Erich!« Helmut hielt ihn noch immer fest am Arm gepackt. »Erich, mein Vater hat mir neulich gesagt, dass Kaiser am Ende des Schuljahres in Pension geht. Er hat bisher das Schlimmste verhindert, meint Vater, trotz seiner säbelrasselnden Reden. Und wer dann kommt ...«

»Weiß man schon ...?«, flüsterte Erich beklommen. Aber er wusste bereits die Antwort.

»Wie man hört, ist Gremm ein ganz heißer Kandidat. Was

das bedeutet …« Der Freund vollendete den Satz nicht, aber Erich wusste auch so, was er sagen wollte.

»Aber er kann uns doch nicht hinausschmeißen. Nicht, wenn wir uns nichts zu Schulden kommen lassen!«

Helmut lachte kurz auf. »Das ist ja wohl ein Witz! Du solltest langsam kapiert haben, wie es läuft. Die können doch alles!«

Erich war wie benommen. Er spürte den pochenden Fuß nicht mehr und auch nicht die Kälte, die langsam vom kühler werdenden Asphalt in ihn hineinkroch. Natürlich hatte er es gewusst, insgeheim immer gefürchtet. Aber er hatte versucht es zu vergessen, hatte sich an eine vage Hoffnung geklammert. Wegducken, nicht auffallen, vielleicht konnte man damit durchkommen, irgendwie … Wie dumm er gewesen war! Dumm, naiv und blöd. Die Geschichte mit Gertraud war jetzt vielleicht das Ende. Er musste die Schule verlassen, seine Schule, dafür würde Gremm schon sorgen. Flüchtig dachte er an seine Träume von gestern, dachte an Tübingen, sah sich am Neckar sitzen, einen Stapel Bücher unter dem Arm. Solche Bücher, wie er sie immer bei Helmuts Vater gesehen hatte, dickleibige Gesetzessammlungen. Und er sah von ferne Gertraud auf sich zukommen, sie lachte und winkte, die Locken wippten im Takt ihrer Schritte und nun ging sie immer schneller, rannte auf ihn zu … Er drückte die Hände auf die Augen, als müsste er dieses Bild herauspressen, diesen Traum für immer zerstören.

Leise sagte er: »Ich muss Gertraud sehen, mit ihr sprechen, unbedingt. Ich muss wissen, was los ist.«

Helmut lockerte seinen Griff und klopfte ihm auf die Schulter. »Ich kann dir leider nicht helfen, so gern ich das täte.«

Erich umklammerte die Hand des Freundes. »Aber du

kannst mit Lotte sprechen. Versuch es bitte. Ich komme am Montag wieder in die Schule, und wenn ich am Stock gehen muss. Falls du etwas hörst, sag mir vorher Bescheid.«

Helmut nickte nur. Grußlos gingen sie auseinander.

Am Montag kam Erich mühsam humpelnd in die Schule. Er konnte einigermaßen auftreten, aber der Fuß schmerzte immer noch sehr. Melanie war dagegen gewesen, dass er zur Schule ging, sie wollte ihn unbedingt zum Doktor schleppen. »Ich habe Angst, dass du eine Blutvergiftung bekommst, Erich!«

Aber er hatte entschieden abgelehnt. Er musste um jeden Preis sehen, ob Gertraud heute da war, er musste sehen, ob es ihr gut ging. Er musste auch Kampmanns Gesicht sehen, sein Gesicht und das der anderen und er musste auch Gremm sehen, musste mit eigenen Augen sehen, wie sie sich verhielten.

Es wurde still, als er das Klassenzimmer betrat, die meisten wandten sich verlegen ab, als er herankam, keiner fragte nach seinem verletzten Fuß. Helmut stand mit übereinander geschlagenen Beinen in einer der Fensternischen und schien ins Leere zu starren. Kampmann und die anderen steckten die Köpfe zusammen. Erich fürchtete hämische Bemerkungen und giftige Zurufe, aber es blieb merkwürdigerweise still, fast totenstill. Dann löste sich Kurt aus der Gruppe, setzte sich an seinen Platz und zögernd folgten die anderen.

Plötzlich fühlte sich Erich am Hemdkragen gepackt und hochgezogen, fühlte Kampmanns heißen Atem im Nacken und hörte die Worte, die in sein Ohr gezischt wurden: »Mit dir rechne ich noch ab, Levi. Euresgleichen kennt seine Grenzen nicht. Aber dich mach ich fertig, dich mach ich so fertig, du Sau. Das letzte Woche war erst der Anfang!«

In diesem Moment betrat Gremm das Klassenzimmer. Die Jungen fuhren aus ihren Sitzen hoch. Kampmann lockerte plötzlich seinen Griff und Erich fiel vornüber auf sein Pult. Sie wissen es, dachte er verzweifelt, alle wissen es. Oh, Gertraud ich hab solche Angst. Und *er* weiß es auch. Aber Gremm schien den Zwischenfall gar nicht zu beachten. Mit monotoner Stimme begann er den Unterricht zu halten.

Erich saß benommen auf seinem Platz, spürte immer noch Kampmanns Atem, heiß und ein bisschen zwiebelig. Und er wartete wie ein Delinquent auf die unvermeidliche Strafe, gleich musste eine Bemerkung kommen, gleich würde er ihn für heute Nachmittag einbestellen … aber er schien Luft für den Lehrer zu sein, Gremm tat so, als sei er gar nicht vorhanden. Plötzlich trat ihm Erwin unabsichtlich auf den Fuß, ausgerechnet den verletzten, und der Schmerz schoss hoch, dass ihm die Tränen in die Augen stiegen. Sie mussten die Lesebücher aufschlagen und er saß da und konnte es nicht, ausgerechnet jetzt, wo es darauf ankam, keine Fehler zu machen, nicht aufzufallen.

Aber Gremm schien es gar nicht zu merken, dass der Schüler Erich Levi immer noch in seinem Ranzen kramte, während der dicke Müller schon stockend begonnen hatte ein Gedicht vorzulesen: »Wir sind die Hehren – macht Platz, macht Platz!«

Plötzlich merkte Erich, dass Gremm dicht neben ihm stehen blieb. Er hielt den Kopf tief über das Buch gesenkt, aber Gremm ging nicht weiter. Er stand so dicht bei ihm, dass Erich wieder den Duft seines Rasierwassers riechen konnte, sehr seifig und sehr sauber.

»Platz den Germanen – oder ihr sterbt!«, las der dicke Müller und ließ sich dann aufatmend auf seinen Platz fallen.

Die Klasse schwieg erwartungsvoll. »… oder ihr sterbt!«, dröhnte es in Erichs Ohren.

Plötzlich hielt er es nicht mehr aus. Er hob ruckartig den Kopf und begegnete Gremms Augen. Sie sahen auf ihn hinunter, kalte, wasserblaue Augen, die ihn fixierten. Hinter diesen Augen glomm etwas auf, was Erich nicht zu bezeichnen wusste, aber es war etwas Gefährliches, Unheil bringendes. Wie die Katze die Maus, dachte der Junge benommen, genauso sieht er mich an, wie die Katze beim Spiel mit der Maus, kurz bevor sie sie tötet und frisst. Er konnte diesen Augen nicht standhalten, sein Blick fiel nach unten, auf das Buch, auf das Gedicht, das der dicke Müller gerade vorgelesen hatte: »Platz den Germanen, oder ihr sterbt!«

Nach der Schule rannte er, so schnell er konnte, nach Hause. Er musste sich etwas ausdenken, jetzt sofort, musste sich etwas einfallen lassen, um Gertraud zu helfen. Aber was konnte man schon tun? Als er keuchend um die Ecke der »Krone« bog, um über den Hinterhof ins Haus zu gelangen, stand plötzlich, wie aus dem Nichts gewachsen, Lotte Richter vor ihm. Sie zerrte ihn wortlos am Ärmel und gemeinsam drückten sie sich an die Wand, zwischen Mülleimern und leeren Weinkisten halb verborgen. Er spürte Lottes Hand in der seinen, ganz heiß und zitternd, und fühlte, wie sie ihm einen kleinen, vielfach gefalteten Zettel in die Hand drückte.

»Hier, für dich. Gertraud hat bis auf weiteres Stubenarrest. Das hat sie mir heute Morgen in der Schule gegeben.« Bei diesen Worten blickte sie gehetzt um sich.

»Danke, Lotte«, flüsterte Erich. »Und was ist mit dir?«

»Gremm hat so eine Ahnung. Hat sogar mit meinem Vater geredet. Aber ich streite natürlich alles ab. Ich muss jetzt weiter. Pass auf dich auf, Erich.«

»Nochmals danke. Du bist …« Erich stockte und flüsterte dann weiter: »… du bist eine tolle Freundin.«

Schon halb im Weggehen sagte sie über die Schulter: »Das geht schon in Ordnung. Ich mach es Gertraud zuliebe. Und wegen dir.« Dabei warf sie ihm einen etwas rätselhaften Blick zu, der Erich für einen Moment verblüffte. Aber dann rannte er weiter, er hatte jetzt keine Zeit, über Lotte Richter nachzudenken.

In der Wohnung angekommen, begrüßte er hastig die Mutter. Melanie stand in der Küche und rührte gedankenverloren in einem Topf. Der Vater sei draußen in Rosenberg, da gäbe es noch einen Bauern, der mit ihm Geschäfte mache. Vielleicht könne er eines der Kälber verkaufen, teilte sie Erich mit, der ihr nur mit halbem Ohr zuhörte.

»Ich geh schon Hausaufgaben machen«, murmelte er und brannte darauf, endlich in sein Zimmer zu kommen.

»Essen gibt es in einer Stunde«, rief sie ihm nach. »Wir warten auf Vater. Wenn du Hunger hast, iss ein Brot.« Aber Erich war schon in seinem Zimmer und mühte sich, das zerknüllte Papier auseinander zu falten. Er verspürte einen Anflug von schlechtem Gewissen, die Mutter hatte so verstörte Augen seit der Geschichte mit den eingeschlagenen Fensterscheiben. Sie konnte auch nicht mehr richtig schlafen, manchmal hörte er sie in der Nacht unruhig in der Wohnung umherlaufen. Immer wieder ging sie zur Tür, prüfte, ob alles abgeschlossen war, und zog die Vorhänge an den Fenstern zurecht. Oft kauerte sie stundenlang im Wohnzimmer, schreckhaft auf jedes Geräusch achtend. Julius hatte sie trotz ihres Sträubens zu Dr. Uhl geschickt. Der hatte einen Besorgnis erregend hohen Blutdruck festgestellt und ihr Tropfen verschrieben. Als sie sein Sprechzimmer verlassen wollte, hatte der Arzt sie aufgehalten und verlegen herumgedruckst. Es sei ihm lieber, wenn sie nicht mehr in die normale Sprechstunde käme, sie und die ganze Familie Levi. Falls es etwas Dringendes gäbe, könnten sie ihm dann Bescheid geben und am Abend, wenn es schon dunkel war, durch die Hintertür in die Praxis kommen. Die Mutter hatte von diesem Gespräch mit zitternder Stimme erzählt. Und da sollte ein Mensch nicht krank werden!

Eigentlich müsste ich in der Küche bleiben und mich mit ihr unterhalten, sie ein bisschen ablenken, Witze erzählen, Lehrer nachmachen, so wie früher, dachte Erich beklommen. Aber das hier war jetzt wichtiger, er musste unbedingt wissen, wie es Gertraud jetzt ging. Mühsam entzifferte er ihren Brief. Sie hatte ganz klein geschrieben, um möglichst viel auf das Papier zu bekommen.

Gremm wisse wohl alles, stand da in hastig hingekritzelten Buchstaben, die jämmerlich schief standen, als würden sie gleich durcheinander purzeln. Er habe sie schon mehrmals einem Verhör unterzogen – es stand wirklich das Wort »Verhör« auf dem Papier. Aber sie hatte natürlich nichts gesagt – »nichts« war dreimal unterstrichen –, vielmehr darauf beharrt, ihr Treffen am Hohlweg sei rein zufällig gewesen.

»Auch Kampmann hat mich darauf angesprochen«, hatte sie weiter geschrieben, »aber den habe ich vielleicht abblitzen lassen. Was er sich überhaupt einbildet, habe ich ihm gesagt. Und Lotte ist nach meinem ›Umgang‹ gefragt worden! Aber Lotte ist großartig! Sie hat getan, als wisse sie von nichts. Ihr Vater hat furchtbar getobt, nachdem Gremm gegangen war. Er hat Lotte mit allen möglichen Strafen gedroht, wenn sich herausstellt, dass sie gelogen hat. Gremm hat dann noch zu mir gesagt, dass ich ins Internat muss, wenn ihm noch einmal was zu Ohren kommt. Aber ich habe keine Angst, denn das entscheidet Vater. Ich möchte nur nicht von hier weg, wegen dir! Tante weint furchtbar viel. Ihr gegenüber habe ich ein schlechtes Gewissen, weil Gremm ständig mit ihr schimpft. Sie ist schuld, sagt er, sie hat nicht genug aufgepasst. Ich muss dich sehen, Erich! Ich habe zwar Hausarrest, aber am Samstag kommt ein Parteigenosse aus Stuttgart, ein ganz hohes Tier. Da muss er hin und Tante muss mit, sagt er. Sie werden mich einsperren, aber ich kann über das Küchenfenster nach draußen klettern. Geht es bei dir, trotz Sabbat? Wir treffen uns am Schönenberg, dort wo wir uns zum ersten Mal getroffen haben. Gib Lotte morgen in der großen Pause kurz Bescheid. Ich muss dich unbedingt sehen. Deine Gertraud.«

Erich ließ den Brief sinken. Das Schlimmste war wirklich eingetreten, der Motorradfahrer hatte geredet. Aber was war überhaupt das Schlimmste? Immer wenn man dachte, es sei nun eingetreten, kam noch etwas Schlimmeres nach. Was hatte Gremm wohl vor? Wie er ihn heute Morgen angesehen hatte. Und Erich dachte flüchtig an das, was Helmut ihm erzählt hatte. Aber trotzdem, neben der Furcht, die sich immer tiefer in ihm festfraß, war da noch etwas anderes, etwas, das richtig gut tat, ein ganz unbeschreibliches Gefühl. Er überflog noch einmal den Brief. Was hatte sie geschrieben? »Ich möchte nur nicht von hier weg, wegen dir!« Wegen dir! Das wog fast alles auf.

Am Samstagabend schlüpfte er in einem geeigneten Moment unbemerkt zu Mutter in die Küche. Julius war mit Onkel Sigmund in den Betsaal gegangen. Max musste ihn dabei begleiten, denn schließlich sollte er sich langsam auf seine Bar-Mitzwah vorbereiten.

»Mama«, begann Erich zögernd, »ich habe eine große

Bitte an dich. Es ist wirklich wichtig, sonst würde ich dich nicht fragen.«

Melanie, die gerade die Täubchen in den Backofen legte, drehte sich mit erhitztem Gesicht um und sah besorgt ihren Ältesten an. »Was ist denn los, Erich?«

»Könnte ich heute Abend einmal ausnahmsweise weggehen? Noch vor dem Essen? Ich weiß, dass ihr Wert darauf legt, dass wir am Sabbat immer alle zusammen sind, aber es ist wichtig, glaube mir.«

Melanie sah ihren Sohn unverwandt an und strich gedankenverloren immer wieder eine Haarsträhne zurück, die ihr in die Stirn gefallen war. »Erich, willst du mir nicht endlich erzählen, was eigentlich los ist? Hat es mit diesem Mädchen zu tun, Gremms Nichte? Die Leute reden schon darüber. Martha Bieg hat es mir erzählt.« Erich wurde feuerrot. Wenn die Leute schon redeten ...!

»Mama, ich kann jetzt nicht darüber sprechen. Aber es ist sehr wichtig. Bitte, lass mich nachher gehen.« Melanie packte ihn an den Schultern.

»Erich«, flüsterte sie beschwörend, »ich wollte es ja nicht glauben, wie sollen gerade du und Gremms Nichte zusammenkommen? Aber jetzt denke ich langsam, dass etwas dran ist. Erich, ist das wirklich wahr? Weißt du denn, was du da tust?«

Erich senkte den Kopf. Er konnte dem eindringlichen Blick der Mutter nicht standhalten. Melanie begann ihn jetzt zu schütteln, sanft zunächst noch, aber als er nichts sagte, immer stärker.

»Erich, um Himmels willen, sag, dass es nicht wahr ist!« Er wand sich aus ihrem immer fester werdenden Griff und trat einige Schritte zurück.

»Und wenn es wahr wäre?«, fauchte er die Mutter an.

»Warum sollte ich nicht mit einem Mädchen befreundet sein?«

»Nicht mit diesem! Und auch nicht mit den anderen. Um Himmels willen, Erich, muss ich dir wirklich sagen, warum das nicht geht!«

Trotzig schob Erich den Unterkiefer vor. »Früher sind viele Mädchen zu uns gekommen. Max und ich haben immer welche zum Spielen mitgebracht. Du hast damals eine solche Freude daran gehabt, weil du eine Tochter wolltest, hast du jedenfalls gesagt.«

Melanie ließ sich auf einen Stuhl fallen. »Früher, Erich, früher.« Sie wirkte plötzlich sehr müde. »Das war etwas anderes, und es war in einer anderen Zeit«, flüsterte sie. »Aber das weißt du doch.« Beklommen sah der Junge, wie ihr plötzlich die Tränen über die Wangen liefen, und sie machte nicht einmal den Versuch, sie abzuwischen. Sie saß nur müde auf dem Stuhl, unendlich müde.

Erich senkte den Kopf. Was bin ich nur für ein Rindvieh, dachte er, Mutter so traurig zu machen. Warum fange ich diese völlig sinnlose Diskussion an? Vielleicht weil da wieder diese Wut in ihm war, diese unbezähmbare, wilde Wut. Und wenn ich kein Jude wäre …? Abrupt drehte er sich um, da hörte er die Stimme hinter sich.

»Erich, ich glaube, es nützt nichts, dich zu bitten, nicht dahin zu gehen. Du triffst dich doch mit ihr, oder?« Erich nickte, ohne die Mutter anzusehen. »Versprich mir, es zu beenden, Erich. Bitte, versprich mir, dass du Schluss damit machst. Dann werde ich auch Vater irgendetwas erzählen, weshalb du nicht da bist. Aber nur heute und nur dieses eine Mal. Du darfst sie dann nie wieder treffen, hörst du! Und ich werde alles daran setzen, das zu verhindern!« Wortlos ging Erich weiter zur Tür.

Dann hörte er hinter sich einen Laut, erstickt und angstvoll: »Erich, versprichst du es?« Ohne sie anzusehen, nickte er. Er hätte alles versprochen in diesem Moment, wenn er nur fortdurfte.

Die letzte Begegnung

Er war viel zu früh am Schönenberg. Aufatmend setzte er sich auf die Bank, um auszuschnaufen, aber nach einer kurzen Weile hielt er es nicht mehr aus und lief ruhelos den steilen Pfad ein Stück hinunter und dann wieder hinauf. Immer wenn er oben angekommen war, blieb er einen Moment stehen und schloss die Augen, drehte sich dann abrupt um, als könnte er so das Schicksal beschwören und sie wäre plötzlich da. Aber dann kam sie doch ganz unbemerkt. Er hatte von oben Stimmen gehört und war besorgt ein Stück in Richtung der Kirche gelaufen. Ein kleines Grüppchen älterer Damen hatte sich oben am Rand des steil abfallenden Berges eingefunden, um die Aussicht auf die Stadt zu bewundern. Er beobachtete sie misstrauisch, aber schließlich schlenderten sie langsam zurück zur Wallfahrtskirche.

Als er sich aufatmend umdrehte, stand Gertraud unmittelbar vor ihm. »Erich!«, für einen Moment lächelte sie ihn an und dann tat sie etwas völlig Überraschendes. Sie legte ihren Arm um seinen Hals und schmiegte sich an ihn.

»Erich«, flüsterte sie, »ich bin so froh.«

Er konnte nicht anders, nach einem Moment erstaunten Zögerns umfing er sie und drückte sie fest an sich. So blieben sie für einen Augenblick bewegungslos stehen. Tausend Gedanken schossen ihm durch den Kopf und wurden dann überlagert von einem völlig neuen Gefühl, das er nicht zu benennen wusste. Er roch ihren Duft nach Blumen und Sonne und hatte die ganze Zeit die Augen geschlossen, als könne er so diesen Moment in sich festhalten für ewig. Plötzlich fiel ihm auch ein, warum sie ihm so bekannt vorgekommen war! Es war verrückt, aber sie war es, das Mädchen aus seinen Träumen, als er in Martins Rolle geschlüpft war und auf einmal statt Ilse diese andere Gesichtslose gehalten hatte. Sie löste sich aus seiner Umarmung und dann standen sie beide da, verlegen, ohne sich anzusehen.

»Ich bin so froh, dass es geklappt hat«, flüsterte sie. Sie setzten sich auf die Bank, so wie damals bei ihrem ersten Zusammentreffen im Mai. Hastig und mit fliegender Stimme erzählte sie ihm von Gremms Wut, seinen Verhören und Drohungen. Und dass er ihr dann das Versprechen abgerungen habe, jeden Kontakt mit ihm zu unterlassen. »Am Schluss hätte ich ihm alles versprochen«, sagte sie jetzt fast übermütig.

»Versprechen, die man erzwingt, sind keine. Das ist ja Erpressung!« Erich schloss für einen Moment die Augen und hörte das angstvolle »Versprichst du mir das, Erich?« seiner Mutter. War das auch Erpressung? Was wusste denn Mutter von ihnen beiden?

Gertraud hatte in der Zwischenzeit seine Hand genommen und sprach beschwörend auf ihn ein. Vielleicht ginge es ja doch, mit Lottes Hilfe und wenn sie vorsichtig wären ... Gremm habe ja viele Verpflichtungen und mit der Tante würde sie schon fertig. Sie müssten nur vorsichtig sein, sehr vorsichtig. Erich hörte ihr geistesabwesend zu. Er glaubte nicht daran, dass es so einfach weiterging. Gremms Blick heute Morgen! Wie die Katze die Maus, dachte er noch einmal. Aber seltsamerweise spürte er keine Furcht mehr, fühlte nur ihre Nähe und ihre Hand in der seinen.

Plötzlich sprang sie auf. »Ich gehe jetzt lieber. Nach so einer Versammlung hocken sie zwar meist zusammen, um etwas zu trinken, aber sicher ist sicher. Wir müssen aufpassen!«

Die Sonne stand tatsächlich schon viel tiefer und die Schatten der Bäume und Büsche waren lang geworden. Erich hatte gar nicht bemerkt, wie schnell die Zeit verstrichen war. Zu Hause würden sie jetzt mit dem Essen beginnen, die Mutter hatte sicher die Kerzen angezündet und die Challoth lagen auf dem Teller in der Mitte des Tisches. Vater sprach den Segen zum Ausgang des Sabbat. Was ihm Mutter wohl erzählt hatte? Gertraud löste langsam ihre Hand aus der seinen und ging zögernd einige Schritte den Berg hinunter, in Richtung Stadt. Er blieb bewegungslos stehen und sah ihr nach.

Plötzlich drehte sie sich um und rannte das kurze Stück zurück, zu ihm hinauf. Instinktiv breitete er die Arme aus, um sie zu halten, und dann rannte sie gegen ihn und drückte zu seinem maßlosen Erstaunen ihren Mund auf den seinen. Erich blieb für einen Moment wie erstarrt stehen, aber dann fasste er sie fester und erwiderte den Kuss.

So verharrten sie reglos, und die Zeit schien aufgehoben, aber auf einmal spürte er hinter diesem großen Glück, das ihn ganz ausfüllte, eine unbekannte, lauernde Gefahr. Sie kroch in ihm hoch und verdrängte alles andere, sodass er Gertraud fast grob von sich schob. Und dann wurde er sich dieser Gefahr bewusst, er sah sie mit einem Entsetzen, das alles Blut zu seinem Herzen drängte, sodass er kaum mehr atmen konnte.

Etwas oberhalb von ihnen stand Gremm! Er stand starr, trug wie immer den grauen Anzug, am Revers der Jacke steckte das Parteiabzeichen und in der Hand hielt er einen leichten Filzhut. Erich registrierte das automatenhaft, er bemerkte auch, dass Gertraud plötzlich unkontrolliert zu zittern anfing. Gremm kam mit wenigen raschen Schritten zu ihnen her, riss Gertraud an seine Seite und hob die Hand, als ob er Erich schlagen wolle. Er duckte sich instinktiv und Gertraud schrie leise auf, aber dann ließ Gremm seine Hand sinken und wandte sich ab. Er zerrte Gertraud nach oben und im Weggehen hörte Erich einige leise hingezischte Worte, die er aber nicht verstand.

Kurz darauf vernahm Erich vom großen Platz vor der Kirche das Schlagen einer Autotür und bald darauf das rasselnde Geräusch eines Motors, der langsam wegtuckerte. Gremm war offensichtlich mit anderen Leuten gekommen, denn er selbst besaß kein Auto. Wahrscheinlich war es irgendein Parteigenosse, der ihn auf seine Bitte hin gefahren hatte.

Wie dumm sie gewesen waren, Gertraud und er, dumm und naiv. Ahnungslos waren sie in die Falle gegangen, die er ihnen aufgestellt hatte. Wahrscheinlich hatte er Gertraud von Anfang an beobachtet. Hatte ihren Ausbruch aus dem Küchenfenster gesehen, hatte gesehen, dass sie Richtung Schönenberg gerannt war und war dann wohl mit dem Auto hinterhergefahren, um dort nach ihr zu suchen. Wie lange er wohl dagestanden und sie beobachtet hatte?

Später wusste Erich nicht mehr, wie er nach Hause gekommen war. Dort hatte ihn der vertraute Geruch nach Zigarren und Kerzenwachs empfangen, im Wohnzimmer spielte leise das Radio, irgendeine Männerstimme sang eine Arie. Wahrscheinlich war es Musik von Wagner, den die Mutter so schätzte, und den auch die Nazis so sehr verehrten. Melanie steckte den Kopf aus der Wohnzimmertür, als er leise in sein Zimmer schleichen wollte. Wahrscheinlich hatte sie die ganze Zeit angstvoll auf sein Heimkommen gewartet.

Sie schloss sorgfältig die Tür und huschte hinter Erich her. In seinem Zimmer ließ sie sich aufatmend auf den Stuhl am Schreibtisch fallen. »Gott sei Dank, dass du da bist, Erich. Ich habe mir solche Sorgen gemacht.«

Erich hatte einen Moment wie blind in seinem Zimmer gestanden und die Mutter angestarrt, jetzt drehte er sich um und presste sein Gesicht gegen die Fensterscheibe. Neue Scheiben, dachte er, wie lange die wohl halten?

Melanie trat dicht hinter ihn. »Erich, wie siehst du denn aus? Du bist ja kreidebleich.« Sie wollte die Hand nach ihm ausstrecken, um ihm über das Haar zu streichen, aber er wehrte unwillig ab.

»Was hast du Vater erzählt?«

»Ich habe gesagt, dass du bei Nolls eingeladen bist.«

Abrupt fuhr Erichs Kopf herum. »Und das hat er dir geglaubt?«

Die Mutter lächelte leicht. »Er wollte es glauben. Du kennst ja Vater.«

Erich nickte langsam. Ja, so war er, Julius Levi, der nicht wahrhaben wollte, was wirklich geschah, der sich an seine Illusionen klammerte wie ein Ertrinkender an das Seil.

»Erich, was ist passiert? Du ... du siehst furchtbar aus.«

Er starrte wieder hinaus. Von der »Krone« herüber drang gedämpftes Lachen, ein Mädchen kreischte und eine lachende Männerstimme übertönte den Lärm. »Lass mich, Mutter. Es ist nichts. Ich habe nur wieder solche Kopfschmerzen.«

»Und dein Versprechen, Erich?«, fragte die Mutter drängend.

»Keine Sorge, Mama, das Problem ist gelöst.« Erich

lächelte und merkte, wie plötzlich ein Schluchzen in seine Kehle drang. »Du musst dir wirklich keine Sorgen mehr machen, ich werde mein Versprechen halten.«

Leise ging Melanie aus dem Zimmer. Erich ließ sich auf sein Bett fallen und vergrub den Kopf im Kissen. Es würde ihm wirklich nichts anderes übrig bleiben, als dieses Versprechen zu halten. Er würde sie nie mehr wiedersehen, nie mehr! Diese Erkenntnis schüttelte seinen Körper und er wühlte den Kopf noch tiefer in das Kissen, damit man sein lautes Schluchzen draußen nicht hören konnte.

Als er am Montagmorgen zur Schule ging, fühlte er sich wie ein Delinquent auf dem Weg zur Hinrichtung. Er war sicher, gleich auf das Rektorat zitiert zu werden. Er wartete geradezu gottergeben auf die Angriffe von Kampmann, Grimminger und den anderen, obwohl er sich nicht sicher war, wie viel sie wussten. Gremm würde bestimmt nicht herumerzählen, dass seine Nichte mit einem Juden …

In der ersten Stunde hatten sie Biologie bei Eisele, der sich lang und breit über einen Vortrag ausließ, der am Samstagabend in der Turnhalle gehalten worden war. Es handelte sich um jenen Vortrag, den Gremm angeblich unbedingt besuchen wollte. Ein Parteigenosse namens Stähle aus Stuttgart hatte sich über die »Reinheit der Rasse als oberstes Gebot unseres Volkes« verbreitet und dabei ausführlich auch über so genannte »Rassenschänder« gesprochen. Eisele nahm dieses Wort auf, um sich dann genüsslich darüber zu verbreiten, dass die »Scheidung der Rassen auf biologischen Naturgesetzen« beruhe und dass die Mischung der Rassen, vor allem die von minder- und höherwertigen sich schon deshalb verbiete, weil diese »Rassenmischlinge« eine echte Gefahr für den »gesunden Volkskörper« darstellen und sowieso zu Grunde gehen müssten.

An dieser Stelle meldete sich Helmut, der sichtlich erbost fragte, wo es denn einen wissenschaftlichen Beweis für diese Theorien gebe, und letztlich Eisele in eine Diskussion verwickelte, in der der Lehrer immer mehr in die Defensive geriet. Er wusste sich schließlich nicht mehr anders zu helfen, als Helmut einen Eintrag in das Klassenbuch zu verpassen, verbunden mit der Auflage, am Nachmittag einen dreistündigen Aufenthalt im Karzer abzusitzen.

»Noll ist obstinat und stört den Unterricht«, diktierte Eisele dem Klassensprecher, der zögerlich diese Worte ins Klassenbuch schrieb, offenbar zu zögerlich nach Eiseles Geschmack, denn er ließ kurz darauf einige zynische Bemerkungen gegen Reger und einige andere in der Klasse los, von denen man wusste, dass sie noch in der katholischen Jugend engagiert waren. Eisele wetterte gegen die, wie er es nannte, »Patentchristen«, die sich vor allem auch dem Problem des erbkranken Nachwuchses immer noch zu entziehen versuchten, und warf dabei giftige Blicke in die Runde.

Erich hörte nur mit halbem Ohr zu. Er konnte immer nur daran denken, welche Ironie des Schicksals es war, dass gerade dieser Vortrag am Samstagabend gehalten worden war. Auch er war dann ein »Rasseschänder«! Vielleicht wusste Eisele sogar schon etwas davon und hatte sich mit Gremm abgesprochen. Aber auch die Deutschstunde bei Gremm ging vorüber, ohne dass etwas von dem geschah, was er befürchtet hatte. Gremm schien zwar noch schlechterer Laune zu sein als gewöhnlich, aber merkwürdigerweise ließ er ihn in Ruhe.

Von Gertraud war in der Pause nichts zu sehen gewesen und auch Lotte konnte er nirgends entdecken, so weit er das in seiner Ecke, wo er mit Erwin und Max alleine stand, überblicken konnte. Am Mittag flüchtete er sich hinauf in die Benzenruhe, suchte die Plätze auf, wo sie immer zusammen gesessen hatten. Er konnte einfach keine Ruhe finden, die Gedanken überstürzten sich. Was war mit Gertraud? Was hatte Gremm vor? Es war so furchtbar, auf etwas zu warten, von dem man wusste, dass es sicher kommen würde. Man wusste allerdings nicht, wann und was genau geschehen würde. Immer wieder schoss ihm der gleiche Gedanke durch den Kopf: Gremm spielt mit mir, wie die Katze mit der Maus. Er hält mich fest, lässt mich scheinbar ein wenig entkommen, um dann umso schneller wieder zuzupacken, genau so, wie es die Katzen machen. Die Frage ist nur, wann holt er zum letzten entscheidenden, zerstörenden Schlag aus?

Julius war davon ausgegangen, dass er und Max wie jedes Jahr in den Sommerferien nach Oedheim fahren würden. »Oma Babette freut sich schon sehr, euch wiederzusehen«, verkündete er am Mittagstisch und faltete den Brief von Tante Mina zusammen, den er gerade vorgelesen hatte. Die Großmutter war jetzt ganz zu ihrer ältesten Tochter gezogen, die Wohnung in der Adolf-Hitler-Straße hatte man aufgegeben und den Haushalt aufgelöst. Einige Sachen waren nach Oedheim geschafft worden, ihr Lieblingssessel, die Bilder und einige andere Dinge, an denen ihr Herz hing, der Rest war auf die Kinder verteilt worden. Erich hatte Großvater Elias' altmodische Uhr bekommen, die ihm als Kind immer so gefallen hatte, weil der Deckel aufschnappte, wenn man auf eine kleine Feder drückte. Da der älteste Enkelsohn, Siegfried, schon lange in Amerika war, hatte die Großmutter verfügt, dass der Zweitälteste, Erich, der sowieso ihr Liebling war, diese sorgsam gehütete Kostbarkeit erhalten sollte. Sie lag nun drüben auf seiner Kommode und er nahm sie manchmal gedankenverloren in die Hand, ließ sie auf- und zuschnappen und dachte daran, wie viel er wohl dafür bekäme, wenn er sie verkaufte. Denn dass einige weitere Dinge nach Würzburg gewandert waren, das wusste er gut, obwohl Vater und Mutter es sorgsam vor ihm und Max zu verheimlichen suchten. Zu Julius' Erstaunen erklärte er an diesem Mittag, in diesem Sommer nicht nach Oedheim fahren zu wollen.

»Und warum nicht?«, wollte Julius wissen. In seiner Stimme lag bereits ein grollender Unterton.

»Weil ich keine Lust habe«, antwortete Erich und sah dem Vater fest ins Gesicht. »Ich bin bald vierzehn und irgendwelche Spiele am Fluss machen mir keinen Spaß mehr. Außerdem will sowieso keiner mehr mit uns zu tun haben. Dort ist es auch nicht anders als hier!«

Julius sah ihn für einen Moment kampfeslustig an, senkte dann aber den Blick. Seit dieser Sache damals, als er vor der Turnhalle im Dreck lag, beschimpft von den pöbelnden SA-Leuten, war ihr Verhältnis befangener geworden. Oft schien es Erich, als ob der Vater nur noch deshalb schimpfte und polterte, weil man es eben von ihm erwartete. Es gehörte zu der Rolle, die er immer gespielt hatte. In Wirklichkeit war er müde und krank vor Sorgen. Deshalb wunderte sich Erich nicht, dass Julius unerwartet rasch einlenkte. »Zwingen können wir dich natürlich nicht. Aber Tante Mina und Onkel Louis werden enttäuscht sein. Du musst ihnen schreiben und es ihnen erklären.«

Erich nickte. Irgendetwas würde ihm schon einfallen.

»Und du, Max?«, fragte der Vater vorsichtig weiter.

»Ich fahre auf jeden Fall«, verkündete der und murmelte in Erichs Richtung halblaut: »Spielverderber.«

Wenige Tage später begannen die großen Ferien. Max

packte sein Köfferchen und marschierte mit dem Vater zum Bahnhof. Julius wollte in zwei Tagen wiederkommen.

Erich schien es manchmal, als wolle die Mutter ihm etwas sagen, etwas, das ihr sehr auf dem Herzen lag, aber sie schien sich dann doch nicht zu trauen. Und so blieb es bei einem geflüsterten »Erich, wie geht es dir?« am Morgen und am Abend, auf das er stets mechanisch antwortete: »Gut, Mama, mach dir keine Sorgen.«

Dann kam Julius zurück, finster und verdrossen. Der Großmutter gehe es besser, ließ er sie wissen. Sie sei enttäuscht, dass Erich nicht mitgekommen war. Und im Übrigen stünden die Geschäfte von Onkel Louis schlecht, fast so schlecht wie seine eigenen.

»Und Ilse und Martin?«, fragte Erich gespannt, aber Julius zuckte nur mit den Schultern.

»Sie reden davon, zu den anderen nach Barcelona zu gehen, obwohl da die politische Lage auch immer schlechter wird. Trudel schreibt sogar, dass sie daran denken, nach Südamerika auszuwandern.«

»Und was machen Tante Mina und Onkel Louis?«, fragte Erich weiter und wieder zuckte Julius mit den Schultern.

»Wollen auf jeden Fall hier bleiben. Vor allem Mina. Obwohl Siegfried sehr drängt, sie sollen in die USA kommen. Er will ihnen sogar die Schiffspassage zahlen.«

Kurz darauf traf ein neuer Brief von Tante Betti ein. Heinz-Viktor, der nun in die zweite Klasse ging, würde ständig gehänselt und verprügelt. Und merkwürdige Sachen müsse er lernen. Was das genau war, schrieb sie nicht, aber Erich konnte es sich denken. Nazi-Lieder muss er singen, dachte er grimmig, und wahrscheinlich bringen sie sogar schon den Kleinen diesen Rassenquatsch bei. Was hatte Max neulich im Heft stehen gehabt: »Juden sind Blutsauger und

Ausbeuter. Sie sind die Todfeinde unseres Volkstums.« Und das in einem Übungsdiktat zur Rechtschreibung! Stumm hatte der Bruder ihm das Heft gezeigt und Erich hatte es ihm schulterzuckend zurückgegeben.

»Pass auf, dass Mutter es nicht sieht.« Mehr gab es dazu nicht zu sagen.

Quälend und zäh verrannen die Ferientage. Die Ungewissheit war das Schlimmste, die Ungewissheit, was mit Gertraud geschehen war, die Ungewissheit, was ihnen noch bevorstand. Und er hatte niemanden, mit dem er diese Sorgen teilen konnte. Helmut war mit seinen Eltern an eines der Ostseebäder gefahren. Herr Noll wollte dort eine Kur machen, wegen seiner angegriffenen Gesundheit. »Das Herz«, hatte Helmut lakonisch erklärt, als sie sich am letzten Schultag in ihrem Kellerversteck voneinander verabschiedeten. »War wohl alles ein bisschen viel für meinen alten Herrn. Dr. Uhl meint, er muss aufpassen, kürzer treten. Aber das sagt sich leicht. Die Geschäfte laufen auch bei uns nicht mehr so gut, das macht ihn fertig, das und vor allem, nun, das kannst du dir ja denken.« Die beiden Jungen schauten sich wortlos an. Erich wusste genau, wovon der Freund sprach.

Nach der ersten Ferienwoche, in der sich fast unablässig ein bleigrauer Himmel über Ellwangen spannte und der Regen monoton an die Scheiben klopfte, stieg er hinunter in den Laden, um mit den beiden Fräulein Pfisterer zu sprechen. Ob er im Laden aushelfen könne, fragte er schüchtern, und Fräulein Marie sagte ihm nach kurzem Nachdenken zu, er könne dem Lehrmädchen zur Hand gehen, Kisten schleppen und auspacken, den Laden ausfegen, Sachen zur Post tragen – und er würde sogar ein paar Pfennige dabei verdienen. Erich war erleichtert. Das war entschieden besser, als im Zimmer zu hocken und den Regentropfen zuzuschauen, die scheinbar in einem festen Rhythmus an die Scheiben klopften. Es war auch besser, als in den regenfreien Stunden die Plätze aufzusuchen, die ihm so wichtig geworden waren, denn die Erinnerungen überwältigten ihn jedes Mal, sodass er dachte, er könnte ihre Last eines Tages nicht mehr aushalten. Er wollte fleißig arbeiten, um nicht so viel Nachdenken zu müssen.

Im Laufe der Zeit hörte er das eine oder andere Mal eine leise hingezischelte Frage oder Bemerkung, warum der »Judenbengel« in diesem anständigen Geschäft arbeite, aber vor allem Fräulein Auguste fertigte solche Bemerkungen kurz und schneidig ab. Und Fräulein Marie steckte ihm manchmal sogar ein extra Geldstück zu und meinte dann bekümmert, er sehe gar zu traurig aus, wo denn der alte lustige, stets zu Streichen aufgelegte Erich geblieben sei.

Am ersten Donnerstag im August wehten gegen Nachmittag plötzlich alle Fahnen auf Halbmast und im Laden gab es wilde Spekulationen, was denn wohl passiert sei. Erich, der gerade einige Kisten aufstemmte, dachte mit klopfendem Herzen an Gertrauds Bemerkung, sie bete für Hitlers Tod. Aber es war dann doch nicht Adolf Hitler, der gestorben war, sondern der greise Präsident Hindenburg, wie die Schlagzeilen der Zeitungen am nächsten Morgen verkündeten.

»Jetzt hat der Hitler vollends freie Bahn«, meinte Julius an diesem Morgen düster und die Mutter schloss wenig später eilig die Fenster, denn die SS-Kapelle marschierte gerade unten vorbei, in Richtung Turnhalle, wo eine große Trauerparade stattfinden würde.

Erich ließ der Tod des alten Präsidenten kalt, was sollte

sich denn noch zum Schlechteren ändern, und er war auch nicht besonders erstaunt, als der Vater Ende August aus der Zeitung vorlas, über neunzig Prozent der Deutschen hätten für eine Präsidentschaft Hitlers gestimmt, der jetzt »wahrhaft der Führer des deutschen Volkes« sei. Vater und Mutter hatten an dieser so genannten Volksabstimmung nicht teilgenommen, weil das Ganze laut Julius »ein einziger Witz« war. Immerhin hatten aber 616 Ellwanger gegen die Übernahme der Präsidentschaft durch Hitler gestimmt. Das war Rekord in der ganzen Region und gab Familie Levi etwas Hoffnung. Hier war es scheinbar doch noch nicht so schlimm wie anderswo. Viel wichtiger aber als alle diese Ereignisse war der mittägliche Gang zum Briefkasten. Manchmal, wenn er vorne im Laden zu tun hatte, passte er den Briefträger ab, um dann hastig die Briefe durchzugehen. Aber nie war Post von Gertraud dabei. Erich versuchte ab und zu ein Abkommen mit dem Allmächtigen zu treffen, versprach, die neu angekommenen Kisten heute in Rekordzeit auszupacken, den Verkaufstresen am Abend besonders gründlich zu putzen, am Wochenende der Mutter zur Hand zu gehen, aber nichts half.

Bestimmt steht sie unter strenger Beobachtung, dachte Erich bekümmert, und findet keine Gelegenheit, mir zu schreiben oder den Brief irgendwo unauffällig abzuschicken. Von Martha Bieg hatte er erfahren, dass Gremms verreist waren und erst Ende August wiederkommen wollten. Ob mit oder ohne Nichte, wusste sie nicht und Gremms Putzfrau, die Quelle ihrer Informationen, konnte auch nichts dazu sagen, wusste nicht einmal, wohin sie verreist waren. Irgendwohin in den Schwarzwald, hatte es geheißen, und so betrachtete Erich manchmal am Abend gedankenverloren in seinem Atlas die Karte, auf der der Schwarzwald abgebildet war, und überlegte sich, wo Gertraud wohl sein mochte. Von Helmut kam eine Postkarte, kurz und lakonisch, mit herzlichen Grüßen aus dem Ostseebad Zingst. In der letzten Ferienwoche stattete ihnen Onkel Sigmund wie so oft einen kurzen Besuch ab. Tante Lea war mit Erwin noch in Markelsheim, wo sie ihre Eltern besuchte. Der Onkel wirkte noch besorgter als sonst und nahm dankbar den Cognac, den Melanie ihm schweigend reichte.

»Ich war gestern zusammen mit den anderen Gemeindevorständen in Schwäbisch Hall bei Dr. Berlinger«, berichtete er. Der Rabbiner musste ein großes Gebiet betreuen und war deshalb sehr auf die Mitarbeit der Gemeindevorstände angewiesen, mit denen er sich regelmäßig traf. »Von überall kommen dieselben Klagen«, meinte Onkel Sigmund und nahm einen tiefen Schluck. »Beleidigungen, Übergriffe, vor allem auch schwere wirtschaftliche Einbußen, weil die Leute, die bei uns kaufen, große Schwierigkeiten bekommen. Herr Lewkowitz, der Vorbeter in Hall, hat sogar davon berichtet, dass in einem Dorf am Rathaus eine schwarze Tafel aufgehängt wurde, auf der alle Namen von Bürgern, die mit Juden Geschäfte machen, angeprangert werden.«

Melanie ereiferte sich: »Das ist ja wie im Mittelalter!«

»Aber es kommt noch schlimmer.« Onkel Sigmund nahm noch einen großen Schluck und stellte das Glas bedächtig auf den Tisch. Mit den Fingerspitzen fuhr er vorsichtig am Stiel des Glases entlang und sagte dann, ohne seine Zuhörer, die ihn gespannt beobachteten, anzusehen: »Es gibt konkrete Hinweise darauf, dass die jüdischen Gemeinden aufgelöst werden sollen. Und unser Betsaal beispielsweise soll einer anderen Bestimmung zugeführt werden, wie es so schön heißt.« Alle starrten ihn ungläubig an.

Melanie flüsterte: »Aber wo sollen wir dann zum Beten hin? Wo können wir unsere Feiertage begehen? Max feiert übernächstes Jahr seine Bar-Mitzwah! Sollen wir jedes Mal nach Hall fahren? Oder wird die Synagoge dort auch geschlossen? Das geht doch gar nicht!«

Sigmund schwieg. Er fuhr immer noch mit dem Finger am Stiel des Glases auf und ab.

Julius fragte mit schwerer Stimme: »Und *was* soll mit unserem Betsaal geschehen?«

Sigmund hielt immer noch den Blick gesenkt. »Sie wollen ihn der Hitler-Jugend geben. Die haben Raumbedarf, wie es heißt.«

Einen Moment war es totenstill, dann rief Julius empört: »Das wird ja immer schöner! Will man uns auch noch verhöhnen?«

Mit zitternder Hand goss Melanie Cognac nach. Sie achtete nicht darauf, dass einige Tropfen auf den sorgfältig polierten Tisch fielen. »Kann man denn nichts dagegen tun?«, fragte sie mit bebender Stimme.

Onkel Sigmund schüttelte den Kopf. »Dr. Berlinger wird sich natürlich mit aller Macht wehren. Aber was kann er schon tun? Letztlich wird das auf einer anderen Ebene entschieden. Wir hoffen, dass der Centralverein etwas ausrichtet.«

Was der Centralverein war, wusste Erich nur ungefähr. »Die Vertretung der deutschen Juden«, hatte ihm der Vater früher einmal erklärt. Aber was wollten die deutschen Juden denn ausrichten gegen die Nazis?, überlegte Erich, als er sich in der Nacht im Bett wälzte, ohne Schlaf zu finden, weil er über Onkel Sigmunds Worte nachdachte. Und jetzt nehmen sie uns auch noch den Betsaal weg, dachte er. Und Vater und Mutter verkaufen heimlich Stück für Stück vom

Hausrat. Wenn das so weitergeht, gehört uns bald gar nichts mehr. Flüchtig fielen ihm die Worte des Vaters ein, die er einmal zu ihm gesprochen hatte, damals auf dem Weg zum Stall, als der Vater noch so stolz und zuversichtlich war: »... aber unsere Ehre lassen wir uns nicht nehmen!«

Wie viel von der Ehre der Familie Julius Levi ist noch übrig?, dachte Erich bitter. Und wenn sie uns auch die noch vollends genommen haben, was kommt dann? Langsam fiel er in einen unruhigen Schlaf, in dem er von Gertraud träumte, die er vergebens zu erreichen versuchte. Aber er konnte nicht zu ihr gelangen, stand wie festgenagelt, sosehr er sich auch mühte, vorwärts zu kommen.

Der Zorn und die Scham

Am ersten Schultag nach den großen Ferien blickte er mit klopfendem Herzen auf dem Schulhof herum, um Ausschau nach Gertraud zu halten. Er zwängte sich durch die dicht zusammenstehenden Gruppen der Gymnasiasten, rempelte den einen oder anderen dabei an und riskierte so einige Pöbeleien und Beleidigungen. Vor allem von den Schülern, die in der Uniform von Jungvolk oder Hitler-Jugend gekommen waren, musste er sich einiges anhören. Aber das berührte ihn nicht sonderlich, er dachte nur flüchtig, dass das einst so bunte Bild erschreckend eintönig geworden war durch die braune und schwarze Farbe, die nun deutlich dominierte. An der Wand des Schulgebäudes lehnte lässig Kampmann, umringt von seinen Getreuen, und Erich spürte mehr, als dass er es sah, wie sie gehässige Blicke auf ihn warfen. Kampmann schien irgendetwas gesagt zu haben, es galt wohl ihm, denn er meinte seinen Namen gehört zu haben, aber er kümmerte sich nicht weiter darum. Brüllendes Gelächter antwortete Kampmann, aber Erich drängte sich unbeirrt in Richtung des Portals, immer auf der Suche nach Gertraud.

Plötzlich sah er Lotte Richter, die ganz verloren an der Treppe stand. Als sie Erich auf sich zukommen sah, schüttelte sie den Kopf und deutete mit einer fast unmerklichen Kopfbewegung in Richtung Stiftskirche, wo sich neben dem Eingang Grimminger aufgebaut hatte, der, die Hände an die Hüften gelegt, wie ein siegreicher Feldherr das Gewimmel auf dem Platz überblickte. Die Türen des Gymnasiums wurden endlich geöffnet und es bildeten sich lange Schlangen, ungeduldig scharrten die Kleineren mit den Füßen, während es die Großen nicht so eilig hatten. Erich entdeckte Helmut, der ihm zunickte. Er war erst vorgestern aus dem Urlaub gekommen und sie hatten noch keine Gelegenheit gehabt, miteinander zu reden. Erwin zupfte Erich am Ärmel, und sie stellten sich beide ganz hinten am Ende des langen Pulks auf.

Gertraud war nicht da, um diesen Gedanken drehte sich alles. Also hatten sie sie doch fortgebracht, wie sie befürchtet hatte. Er musste nachher unbedingt Lotte sprechen, sie war die Einzige, die ihm etwas sagen konnte. Er hörte kaum hin, als Gremm die Klasse begrüßte und gleich darauf bekannt gab, dass am Donnerstag kein regulärer Unterricht stattfand, da alle Schüler der Übertragung der Führerrede auf dem Reichsparteitag in Nürnberg lauschen müssten. Einige besonders verdiente Mitglieder von Jungvolk und HJ, an dieser Stelle nickte er Kampmann und auch Kurt zu, dürften sogar nach Nürnberg fahren, um am Parteitag teilzunehmen.

Erich kräuselte verächtlich die Lippen und drehte verstohlen den Kopf nach hinten, um Kurt in diesem Moment ansehen zu können. Wie schnell sich ein Mensch doch ändern konnte!

»Levi, blicke nach vorne«, kam es scharf aus der Ecke, in der Gremm stand, und Erich fuhr zusammen. Aufpassen, ermahnte er sich, aufpassen. Er hörte hinter sich Gremms Stimme, schneidend, jede Silbe hervorstoßend, Worte, die wie Messer in den Raum flogen. Er sprach auf einmal von den »Todfeinden unseres Volkstums«, redete von der »Macht Alljudas«, und Erich lauschte verwundert. Er konnte sich unter diesem »Alljuda« nichts vorstellen, was war das für ein merkwürdiges Wort? Dann forderte Gremm die Klasse unvermittelt auf, sofort die Deutschhefte herauszunehmen und mitzuschreiben, was er ihnen jetzt diktierte. Man hörte das Geraschel von Papier, Pultdeckel klappten und Erich kramte nervös nach seinem Federhalter, tauchte ihn zu fest in das Tintenfass und produzierte prompt einen großen Klecks auf der Umschlagseite seines Heftes. Verstohlen sah er nach oben, zum erhöhten Pult, an dem Gremm Platz genommen hatte, aber gottlob, er hatte nichts bemerkt und Erich versuchte vorsichtig mit dem Löschblatt die Tinte aufzusaugen. Gleich heute Mittag würde er das Heft neu einbinden.

Gremm begann mit monotoner Stimme zu diktieren: »Aus einer Schrift von Benjamin Franklin aus dem Jahre 1789.«

Erich atmete auf, das konnte nichts Schlimmes sein, auf jeden Fall nicht das, was er erwartet hatte nach dieser Rede über das merkwürdige »Alljuda«. Dieser Benjamin Franklin war ja Amerikaner, so viel wusste er, irgendwie hatte er etwas mit der Gründung der Vereinigten Staaten zu tun gehabt. Aber dann prasselten die Sätze auf ihn ein, Sätze, die er unmöglich schreiben konnte.

Er ließ die Feder sinken und hörte ungläubig, was Gremm diktierte: »Überall, wo Juden sind, wird das moralische Niveau herabgedrückt, die Redlichkeit im Handel geschwächt. Sie bilden einen Staat im Staate …«

Erich hörte das Geräusch der eilig über das Papier kritzelnden Federhalter, ein Geräusch, das fast unerträglich in den Ohren hallte. Er drehte sich um und sah, dass alle schrieben, alle Köpfe waren über die Hefte gebeugt und schrieben, auch Helmut! »… weil die Juden Vampire sind«, beendete Gremm sein Zitat und wies dann die Schüler an, sich den Text noch einmal gut durchzulesen und eventuelle Fehler zu verbessern.

»Levi, warum hast du nicht mitgeschrieben?« Gremm stand plötzlich vor Erich, der immer noch wie erstarrt dasaß, den Federhalter in der Hand. Er beugte sich etwas hinüber und sah auch in Erwins Heft. Und da war auch nur der Anfang aufgeschrieben!

»Erhebt euch ihr beiden, wenn ich mit euch rede!« Die anfänglich ruhige, fast weiche Stimme kippte plötzlich um, zum ersten Mal hörten sie Gremm brüllen.

Blitzartig schoss Erwin hoch, gefolgt von Erich, dem es erst allmählich gelang, sich aus seiner Erstarrung zu lösen. In der Klasse war es totenstill.

»Na, wird's bald! Warum habt ihr nicht mitgeschrieben? Ich will eine Antwort hören!«

Erich spürte, wie ihn Erwin von der Seite ansah. Er schluckte mehrmals und flüsterte dann heiser: »Wir … wir können das nicht schreiben.«

»Lauter bitte!«, brüllte Gremm.

Erich räusperte sich und sagte dann mit festerer Stimme: »Wir können das nicht schreiben.«

»Du hast das ›Herr Studienrat‹ vergessen! Noch einmal!«

Erich hielt sich krampfhaft mit beiden Händen an der Kante des Pultes fest. Wut kroch in ihm hoch, diese wilde Wut, gegen die er nichts ausrichten konnte und die ihn in diesem Moment überflutete. Er sagte sehr laut, ähnlich wie Gremm jede Silbe betonend: »Wir können das nicht schreiben, Herr Studienrat.« Die beiden letzten Worte schleuderte er Gremm förmlich entgegen. Es klang wie eine Kampfansage.

Gremm blieb so dicht vor ihm stehen, dass er wieder sein Rasierwasser riechen konnte, es roch seifig und sehr sauber. »Und warum nicht?«

»Weil das eine Beleidigung ist, für Erwin und mich, und für alle anderen.«

»Alle anderen?« Gremm lächelte. Es war ein kleines Lächeln, aber ein kaltes, böses Lächeln. »Du meinst euresgleichen?«

Erich sagte nichts mehr. Er wartete. Das Ganze war eine Falle, so viel war klar. Sie standen sich beide gegenüber, Gremm und er, und er versuchte seinem Blick standzuhalten und diesem kleinen bösen Lächeln, in dem der Triumph des Siegers lag.

»Nun, ihr beiden werdet heute Nachmittag diesen Text zwanzig Mal abschreiben und dann werdet ihr den Text auswendig lernen. Morgen dürft ihr ihn dann der Klasse vortragen. Das ist eure Strafarbeit, weil ihr es an Gehorsam und Disziplin mangeln lasst. Falls ihr dieser Aufgabe nicht nachkommt …« Gremm machte eine lange Pause und blickte sich in der Klasse um, sein Lächeln wurde dabei breiter. »… nun, dann werden wir sehen.«

Es war einen Moment still, dann begannen sie in der Klasse zu lachen. Sie lachten und klatschten. Natürlich nicht alle, Reger und ein paar andere saßen mit gesenkten Köpfen da und Helmut hatte die Fäuste geballt und starrte auf Gremm, als wolle er gleich auf ihn losgehen. Aber die meisten lachten, und am lautesten Kampmann und Kurt, der sich gar nicht mehr beruhigen konnte. Das tat am meisten weh.

Plötzlich fuhr in dieses Lachen das Pausenklingeln, beendete es abrupt und in den anschwellenden Lärm hinein hörte Erich, wie sein Vetter flüsterte: »Was sollen wir nur machen, Erich? Ich kann das nicht.«

Erich würgte immer noch an seiner Wut, die ihm in der Kehle saß und die ihn fast zu ersticken drohte. Wenn jetzt Kampmann auf ihn zugekommen wäre oder irgendein anderer etwas gesagt hätte! Aber alle drängelten sich an ihnen vorbei, nur Helmut blieb noch zögernd am Fenster stehen.

»Das machen wir auch nicht. Komm!« Er zog Erwin nach draußen und nickte kurz Helmut zu, der ihm mit einer entsprechenden Handbewegung signalisierte, dass er ihn heute noch unbedingt sprechen musste.

Am Nachmittag kam Onkel Sigmund kurz vorbei, um zu berichten, dass er einen Besprechungstermin bei Dr. Kaiser bekommen habe. Er hatte mit Julius ausgemacht, dass er alleine zum Direktor gehen werde, nicht nur in seiner Eigenschaft als Vater, sondern als Vertreter der kleinen jüdischen Gemeinde Ellwangen, deren Vorstand er immerhin war. »Denn dieser Text beleidigt uns alle!«, hatte er gemeint und mit der flachen Hand auf den Tisch gehauen, dass Mutters Kristallvase bedenklich wackelte.

Nachdem er gegangen war, schlüpfte Erich in sein Zimmer. Er mochte nicht in das Gesicht der Mutter sehen, das immer noch Spuren heftigen Weinens trug. Sie hatte einen regelrechten Weinkrampf bekommen, nachdem Erich in der Küche mit fliegendem Atem von dem Vorkommnis in der Schule erzählt hatte. Nicht auffallen, wegducken, war bis dahin seine Devise gewesen. Aber das konnte er nicht hinnehmen. Diese Demütigung konnten sie sich nicht gefallen lassen, egal, welche Konsequenzen das hatte. Er war es gewohnt, beleidigt zu werden, hatte in Biologie und auch in den anderen Fächern immer wieder von der Minderwertigkeit seiner Rasse hören müssen. All das hatte er geschluckt, so schwer es ihm gefallen war. Aber jetzt dazu gezwungen zu werden, selbst diese Urteile zu sprechen, sich selbst zu erniedrigen und zu verhöhnen, das war zu viel! Julius hatte das genauso gesehen und so etwas wie sein alter Kampfgeist war wieder erwacht, als er gleich nach dem Mittagessen hinübereilte in das Haus des Bruders, um ihr Vorgehen in dieser Sache zu besprechen. Sie waren übereingekommen, sich auf jeden Fall beim Direktor zu beschweren.

Erich trat ans Fenster und konnte gerade noch Onkel Sigmund sehen, der über den Platz eilte und dann hinter dem großen Portal des Gymnasiums verschwand. Er setzte sich an den Tisch, um seine Hausaufgaben zu machen. Das Englischbuch lag aufgeschlagen vor ihm, aber er konnte den Sinn des Textes nicht erfassen. Immer wieder schob sich zwischen ihn und das Buch das Bild von Gremm, des höhnisch lächelnden Gremm.

Nach einer Weile warf er den Federhalter weg und lief hinüber zur Kommode, auf der ein kleiner Handspiegel lag, mit dem er morgens den Sitz seines Scheitels überprüfte. Wie hatte Fanny immer gesagt? »Du bist der eitelste Junge, den ich kenne …« Er schaute in den Spiegel. Ein schmales Gesicht starrte ihm entgegen, mit großen braunen Augen, die Fanny immer als »Dackelaugen« bezeichnet hatte. »Zum Steinerweichen kannst du gucken, Erich Levi«, waren ihre Worte gewesen und auch Gertraud hatte manchmal gemeint: »Schau mich nicht so an, mir wird ganz anders.« Sein Herz hatte damals wild geklopft bei solchen Bemerkungen. Sein Haar, dicht und dunkelbraun, war wie immer exakt gescheitelt. Er musterte sich lange kritisch und dachte dann: Was ist anders an mir? Ich sehe doch nicht aus wie die krummnasigen Männer da unten im Kasten von Schusters Haus. Und Max sieht auch nicht so aus, und Mutter schon gar nicht. Julius vielleicht ein bisschen, wenn man ganz genau hinschaut. Was ist denn so anders an uns?

Ihm fiel plötzlich eine Episode ein, die sich vor langer Zeit zugetragen hatte, als er noch ein kleiner Junge war, der gerade in die erste Klasse der Volksschule ging. Vater und Mutter hatten damals alle paar Wochen ein großes Essen für Geschäftspartner und Bekannte gegeben. Eine große Sache war das jedes Mal gewesen. Der Tisch war mit Damasttüchern, funkelnden Kristallgläsern und dem alten Silberbesteck geschmückt gewesen, dem Silber, das jetzt in Würzburg bei der Mittelstandshilfe lag oder vielleicht schon einen anderen Tisch zierte. Schon Tage vorher hatte Mutter mit dem Dienstmädchen angefangen zu backen, den Braten einzulegen und das Geschirr zu polieren. Am bewussten Abend hatten Max und er dann mit glänzenden Augen aus dem Kinderzimmer gespäht und die Ankunft der Gäste beobachtet. Mutter hatte immer so elegant ausgesehen damals und auch der Vater wirkte stattlich und sehr vornehm. Am nächsten Tag gab es dann für jeden den Rest des Nachtischs, den Mutter immer für sie aufhob.

Einige Male hatte Melanie auch Familien eingeladen, zu denen man nur in lockerer Verbindung stand. Das waren Leute, die sie besonders nett fand, wie zum Beispiel Max' und Erichs Kinderarzt oder die Besitzer der Apotheke, wo sie ihre Medizin einzukaufen pflegte. Alteingesessene, vornehme Familien waren das. Julius hatte ihr über die Schulter geschaut, als sie die Einladungen geschrieben hatte, und lakonisch bemerkt: »Aber die kommen doch nicht, Melanie.«

Und er hatte Recht behalten. Jedes Mal kam eine Absage, höflich formuliert auf feinem, steifem Papier, und nach einiger Zeit hörte Mutter auf an bestimmte Adressen Einladungen zu versenden. Sie hatte sich dann zunächst auch gesträubt, als Erich sie immer wieder bedrängte Nolls einzuladen. Es war die Zeit gewesen, in der die Freundschaft mit Helmut begann. Schließlich hatte sie seufzend nachgegeben und Erich selbst hatte freudestrahlend den Brief bei Familie Noll abgegeben. Und dann war die Absage gekommen, höflich formuliert auf feinem, steifem Papier und auch an Nolls war nie wieder eine Einladung ergangen.

»Aber warum kommen sie denn nicht?«, hatte er von der Mutter wissen wollen. »Es ist doch so schön bei uns. Warum kommen Nolls nicht, sie sind doch immer so freundlich zu mir? Und warum kommen Gudruns Eltern nicht, mit der wir spielen, und die anderen …?«

Die Mutter hatte für einen Moment ganz eigenartig dreingeschaut, dann hatte sie gedankenverloren seine Wange gestreichelt und gemeint: »Das sind alles sehr nette und respektable Leute. Aber sie leben in ihren Kreisen, und wir in den unseren. Ich muss das auch immer wieder neu lernen.«

Diese Erklärung hatte ihn damals nicht zufrieden gestellt, aber jetzt verstand er. Wahrscheinlich haben wir nie richtig dazugehört, dachte er, wir nicht und Onkel Sigmund nicht und auch nicht die Neuburgers und die Heinrichs nicht. Ich habe es damals bloß nicht gemerkt. Es war schon immer so gewesen. Wenn Benjamin Franklin so etwas schon vor fast zweihundert Jahren geschrieben hatte! Und das war doch eigentlich ein gescheiter Mann gewesen. Er schaute sich noch einmal kurz im Spiegel an. Wenn ich nur wüsste, warum, dachte er.

Gegen Abend kam Onkel Sigmund zurück. Er wirkte erleichtert, aber auch beunruhigt. »Die Sache mit dem Abschreiben und Auswendiglernen ist vom Tisch«, berichtete er der Familie, die sich im Wohnzimmer versammelt hatte.

»Dr. Kaiser hat auch gemeint, das sei den Jungen nicht zuzumuten. Er hat diesen Gremm sogar regelrecht gerüffelt, obwohl der sich natürlich ganz raffiniert gewehrt hat. Der Text sei immerhin von Benjamin Franklin, aber das hat der Direktor nicht gelten lassen. Allerdings sollt ihr jeweils zwei Stunden Karzer absitzen.«

»Warum?«, fiel ihm Erich empört ins Wort. »Warum werden wir bestraft? Wir haben doch nichts getan!«

Onkel Sigmund zuckte mit den Schultern. »Immerhin habt ihr die Anweisungen des Lehrers nicht befolgt. Ich vermute, dass Kaiser diese Anordnung getroffen hat, damit Gremm das Gesicht wahren kann. Dagegen konnte ich nichts sagen.«

»Es ist trotzdem nicht gerecht«, murrte Erich, der aber insgeheim ganz erleichtert war. »Trotzdem, danke, Onkel Sigmund.«

»Es ist aber noch etwas …« Sigmund Levi zögerte einen Moment. »Ich … es fällt mir schwer, darüber zu sprechen, aber es hat auch keinen Sinn, den Kopf in den Sand zu stecken: Dr. Kaiser hat mich beim Hinausgehen noch einmal kurz aufgehalten, als dieser Gremm schon weg war. Am Ende des Schuljahres geht er in den Ruhestand, hat er mir erzählt. Ich glaube, er ist sehr froh darüber, denn was um ihn herum passiert, scheint ihm nicht zu gefallen. ›Dann muss ich nicht mehr mit den Wölfen heulen‹, hat er zu mir gesagt. Aber …«, Onkel Sigmunds Stimme wurde etwas leiser, »… aber er hat mir auch anvertraut, dass er dann nichts mehr für uns tun kann. ›Ich habe bisher, so gut es ging, meine schützende Hand über die Buben gehalten, Herr Levi, über ihren Sohn und seinen Vetter. Ich weiß noch nicht, wer mein Nachfolger wird, aber Sie können davon ausgehen, dass das jemand sein wird, der mehr auf der neuen, offiziellen Linie liegt‹, das hat er wörtlich gesagt.«

»Und was will er uns damit sagen?« Julius' Stimme war ganz heiser. »Soll das heißen, dass sie dann noch mehr schikaniert und verprügelt werden?«

Sigmund sah dem Bruder fest ins Gesicht. »Ich denke, er wollte damit andeuten, dass sie die Schule verlassen müssen, irgendwann, aber in vielleicht nicht mehr allzu langer Ferne. Beim Treffen der Gemeindevorstände wurde offen darüber geredet, dass es ganz konkrete Pläne gibt, die jüdischen Schüler aus den öffentlichen Schulen auszuschließen. Sie sollen dann ausschließlich jüdische Schulen besuchen.«

»Aber wie soll das funktionieren, hier bei uns, mit drei jüdischen Kindern? Das mag in den großen Städten angehen, aber hier bei uns ...?«

Wieder zuckte Sigmund mit den Schultern. »Ich weiß es nicht, Julius. Vielleicht wird es ja nicht so weit kommen. Aber trotzdem denke ich, wir müssen uns auf alles Mögliche einstellen!«

Erich saß da wie betäubt. Er dachte an seine Unterhaltung mit Helmut vor einigen Wochen. Jetzt war diese Angst sehr konkret geworden. Wenn Dr. Kaiser sogar davon sprach ... und im Hintergrund lauerte Gremm, abwartend und siegessicher. Wenn er von der Schule musste! Er wollte lieber gar nicht daran denken.

In dieser Nacht betete Erich zum ersten Mal wieder seit langer Zeit. Es war ein sehr kindliches Gebet und fast schämte er sich dafür. Er betete zum Allmächtigen, dass er Hitler sterben lassen sollte. Und er bat darum, dass er auf der Schule bleiben durfte und dass er Gertraud einmal wiedersehen konnte. Aber vor allem musste dieser Hitler weg!

Am nächsten Tag wartete die Klasse vergeblich auf das

Ereignis, dass die »beiden Judenbengel vorgeführt« werden sollten, wie Kampmann sich ausdrückte. Gremm wies in kurzen, knappen Worten darauf hin, dass diese »unerhörte Insubordination« nach Rücksprache mit Dr. Kaiser auf anderem Wege geahndet werden würde. Das klingt ja unerhört dramatisch, dachte Erich ironisch. Gerade so, als ob wir noch schlimmer bestraft würden. Damit wollte er wohl verschleiern, dass er einen Rückzieher machen musste.

Am Samstag mussten sie wieder zu einer großen Kundgebung in die Turnhalle marschieren. Es sollte eine Gedenkfeier für den verstorbenen Reichspräsidenten Hindenburg abgehalten werden. Wieder stand er mit Erwin ganz hinten in der langen Schlange, die sich langsam auf die Hindenburgstraße wälzte. Die Blätter der alten Kastanienbäume, die den Marktplatz säumten, färbten sich schon langsam gelb und auf dem Boden lagen schon etliche aufgeplatzte Kastanien, kleine, stachelige grüne Igel, unter denen matt glänzend die dunkelbraunen Früchte hervorschauten. Erich dachte mit Sehnsucht daran, wie sie sich in den früheren Jahren immer zum »Bengeln« getroffen hatten. Mit Hilfe großer Prügel hatten sie die Kastanien heruntergeschlagen und dann hastig aufgeklaubt, denn man durfte sich nicht vom Feldjäger erwischen lassen. Zugegebenermaßen war das eine sehr rüde Methode, aber es hatte Spaß gemacht, wenn sie hinterher mit erhitzten Gesichtern an einem ihrer geheimen Plätze zusammengekommen waren, um zu vergleichen, wer die meisten Kastanien gesammelt hatte.

In der Turnhalle angekommen, verdrückte er sich mit Erwin und Max in die unmittelbare Nähe des Eingangs. Nach den üblichen Reden und Sprechchören vereidigte Dr. Kaiser die Lehrer auf Adolf Hitler. Nicht mehr der Verfassung sollten sie treu dienen, sondern der Person des

Führers, der das Volk verkörpere. Dies sei eine »Einheit höchster Eigenart«, wie es der Direktor formulierte. Und Erich, der das Ganze mit Schaudern hörte, dachte bei sich, dass der alte Direktor wenigstens versteckt sein Befremden ausgedrückt hatte. Er betrachtete die Gestalt im altmodischen schwarzen Gehrock mit einer Mischung aus Respekt und Zuneigung. Früher hatte er ihm oft gegrollt wegen seiner Reden im »Nazi-Original-Ton«, wie es Helmut einmal sarkastisch ausgedrückt hatte. Aber trotzdem hatte er seine Hand schützend über seine jüdischen Schüler gehalten, um vielleicht noch Schlimmeres zu verhindern. Wie lange noch?, dachte Erich und spürte wieder den Kloß in der Kehle. Als einer der Ersten rannte er hinaus ins Freie, als die Türen geöffnet wurden, er wollte nur noch hinaus in die frische Luft, drinnen musste man ja ersticken.

Zu Hause angekommen roch er den Duft des frisch gebackenen Brotes. Die Challoth lagen schon fertig auf dem Tisch, knusprig braun und mit Mohn bestreut. Melanie bat ihren Ältesten, hinüber zur »Kreuz-Metzgerei« zu gehen, um das bestellte Hammelfleisch zu holen. Erich verzog das Gesicht. In der letzten Zeit gab es ständig Hammel und er mochte das grobfaserige Fleisch, das immer diesen bestimmten Eigengeschmack hatte, trotz Mutters guter Zubereitung überhaupt nicht. Aber er verkniff sich einen Kommentar, nahm das Einkaufsnetz vom Haken und marschierte hinüber zur Metzgerei, wo ihm der Kreuz-Wirt ein großes Stück Fleisch aushändigte. Er lief an der rückwärtigen Seite der »Krone« vorbei, um zum Hintereingang zu kommen, denn vorne an der Hindenburgstraße trollten sich noch viele Schüler.

Plötzlich hörte er ein leise gezischtes »Erich«, und er sah Lotte an der Ecke des Hauses stehen. Erich bedeutete ihr mit der Bewegung seines Kopfes, ihm zu folgen und zerrte sie dann am Ärmel in die hintere Haustür, wo sie vor der Kellertür leise keuchend stehen blieben. »Hierher kommt niemand, nur ab und zu das Lehrmädchen, und dann tun wir so, als suchtest du den Haupteingang. Und die Fräulein Pfisterer erzählen nichts.«

Lotte warf gehetzte Blicke um sich und flüsterte dann: »Ich soll dich von Gertraud grüßen.«

Erich packte sie so fest am Arm, dass sie leise aufschrie. »Was ist mit ihr, wo ist sie? Geht es ihr gut?«

Unwillig wand Lotte den Arm aus seinem Griff und sagte vorwurfsvoll: »Du tust mir weh!« Aber als sie sein bleiches Gesicht sah und die angstvoll auf sie gerichteten Augen bemerkte, sagte sie etwas versöhnlicher: »Ja, es geht ihr gut, soweit man das unter diesen Umständen sagen kann. Sie haben sie in ein Internat im Schwarzwald gebracht.«

»Wer sind ›sie‹?«

»Gremm und ihr Vater. Gremm hat ihm die Hölle heiß gemacht und von bösen Einflüssen auf Gertraud gesprochen, die sie völlig verdorben hätten.«

»Und ihr Vater hat diesen Blödsinn geglaubt?«

»Nun ja, was soll er machen? Gremm will sie nicht mehr hier haben und allein in Stuttgart soll sie auch nicht bleiben. Also hat man sie ins Internat gesteckt. Es geht dort ziemlich streng zu. Die Briefwechsel werden genau kontrolliert. Deshalb hat sie dir auch noch nicht geschrieben. Sie hat Angst, dass Gremm etwas gesagt hat, und dass sie Briefe an dich gleich konfiszieren und es dann melden. Und dass du dann Schwierigkeiten bekommst.«

»Du meinst, sie lesen die Briefe dort?«, fragte Erich ungläubig.

Statt einer Antwort zuckte Lotte nur mit den Schultern.

»Wir haben eine Art Geheimsprache vereinbart«, sagte sie schließlich nach einem kurzen Moment des Schweigens, in dem Erich mühsam diese neuen Informationen verdaute. »So kann ich wenigstens herauslesen, wie es ihr wirklich geht. Also, ich soll dich grüßen und sie denkt an dich. Weihnachten ist sie bei ihrem Vater in Stuttgart und dann wird sie sich bestimmt melden.« Ungeduldig strebte Lotte zur Tür. »Ich gehe jetzt sicherheitshalber. Man kann nie wissen. Mein Vater passt seit einiger Zeit auf wie ein Schießhund, du kannst dir ja denken, warum. ›Es geht um meinen guten Ruf, Lotte‹, sagt er immer. Ade, Erich!«

»Ade Lotte. Und danke!«

»Schon gut.« Sie schlüpfte durch die Tür und sah ihn noch einmal kurz an. »Pass auf dich auf, Erich. Hörst du!«

Er nickte gedankenverloren und stieg langsam die Treppe hinauf. Das Netz mit dem Hammelfleisch wog plötzlich tonnenschwer. Also im Internat war sie! Und in einem besonders strengen, wie es schien. Bestimmt war sie todunglücklich. Und er konnte nichts tun. Aber wenigstens wusste er jetzt, wo sie war. Und Weihnachten kam sicher ein Brief und er konnte ihr zurückschreiben.

Als er die Tür zur Küche aufmachte, sah er die Mutter am Tisch sitzen und in einem Brief lesen. »Tante Betti und Onkel Samson kommen zu Neujahr«, sagte sie ohne aufzusehen. »Sie übernachten bei Onkel Sigmund. Sie müssen mir viel erzählen, schreibt sie.«

Missmutig warf Erich das Einkaufsnetz auf den Tisch. Er mochte Betti ganz gut leiden, obwohl ihm Tante Mina lieber war. Aber was ihn jetzt in Unmut versetzte, war die Tatsache, dass die hohen Feiertage bevorstanden. Rosch Haschana* und kurz darauf Jom Kippur* waren schwere, ernste Feste. Und wer feiert schon im September Neujahr, dachte er und war plötzlich auf unerklärliche Weise zornig. Das christliche Neujahr ist viel schöner, es ist lustig, es gibt Knallerei und Feuerwerk, Sekt und Bowle, und alle freuen sich auf das kommende Jahr. Und bei uns? Buße sollen wir tun, an den Tod denken und ewig hockt man im Betsaal. Und an Jom Kippur muss man sogar einen ganzen Tag fasten.

Die Mutter schien seine Gedanken zu ahnen, denn sie musterte ihn prüfend. Er wandte seinen Blick ab und machte sich am Küchenschrank zu schaffen, um sich ein Stück Brot abzuschneiden.

»Erich, wir feiern aber zusammen, wie all die Jahre zuvor«, hörte er die Mutter hinter seinem Rücken zögernd sagen. »Ich möchte nichts hören von ›Ich bin woanders eingeladen‹ oder so.«

»Wer soll mich denn einladen?« Erich drehte sich abrupt um. »Wer soll mich einladen?, frage ich dich. Keiner will doch mehr etwas zu tun haben mit uns. Und eines sage ich dir: Gut, dieses Mal bin ich noch dabei, aber irgendwann mache ich den ganzen Quatsch nicht mehr mit!«

»Erich!« Die Mutter schrie entsetzt auf. »Erich, wie kannst du so etwas sagen? Es ist deine Religion. Es ist das Wichtigste, was wir haben. Es ist …« Sie rang nach Worten und Erich ergänzte ihren Satz in einem sehr gehässigen Ton, wie er selbst insgeheim erschrocken feststellte: »… es ist rückschrittlich und völlig überholt. Wir feiern nächste Woche das Jahr 5695* – das ist doch völlig lachhaft. Kein Wunder, dass die anderen auf uns herabschauen.«

»Aber Erich …« Melanie schien völlig fassungslos.

»Und wofür soll ich büßen?« Erich spürte plötzlich so etwas wie einen wilden Triumph. »Wofür soll ich büßen?, frage ich mich. Etwa dafür, dass ich verprügelt und schikaniert werde und ungerechterweise schlechte Noten bekomme? Dafür, dass ich keine Freunde mehr habe? Und wo ist denn nun unser Gott, der Erhabene und Allmächtige? Ganz schön im Stich lässt er uns, das muss ich schon sagen!«

Er biss wütend von seinem Brot ab und kaute, ohne darauf zu achten, wie es schmeckte.

»Erich«, die Mutter war plötzlich ganz ruhig geworden, »muss ich dir wirklich sagen, was uns wichtig und heilig ist, gerade in dieser Zeit? Du bist furchtbar selbstgerecht. Allein für diesen Auftritt, der deine Mutter sehr betrübt hat, solltest du Buße tun. Und ich möchte dich daran erinnern, was wir an Jom Kippur beten: ›Besonders aber erinnern wir uns der Leiden des Hauses Israel, eines Volkes der Qualen, dem Kummer vertraut.‹ Wenn wir von unserer Religion und unseren Sitten ablassen, werden all jene triumphieren, die uns verachten und verfolgen. Dann haben sie gesiegt. Das möchtest du doch nicht, oder?«

Erich marschierte zur Tür. Im Hinausgehen schleuderte er der Mutter entgegen: »Vor allem möchte ich nicht leiden, mich nicht quälen lassen und keinen Kummer haben. Kannst du das nicht verstehen?«

Er knallte die Tür hinter sich zu und rannte in sein Zimmer. Der Zorn war verraucht und insgeheim schämte er sich, aber diese Scham wollte er nicht zulassen.

Das neue Jahr

Am Tag vor Rosch Haschana kamen Tante Betti und Onkel Samson an. Julius und Onkel Sigmund holten sie vom Bahnhof ab. Erich traf sie am Abend im Betsaal, wohin er dem Vater, wenn auch innerlich widerstrebend, gefolgt war. Der kleine Betsaal war gut gefüllt, denn die Heinrichs und die Neuburgers hatten ebenfalls auswärtigen Besuch bekommen. Dr. Berlinger, der Rabbiner, war nicht eigens aus Hall herübergekommen, da er viele Gemeinden zu betreuen hatte, stattdessen sprachen Herr Silbermann, ihr ehemaliger Religionslehrer, und Onkel Sigmund die Gebete. Erich, als das jüngste Gemeindemitglied, wurde zur Thora gerufen, um den entsprechenden Wochenabschnitt zu lesen. Vor ziemlich genau einem Jahr, am Tag seiner Bar-Mitzwah, hatte er zum ersten Mal aus der Thora lesen dürfen, und als er langsam nach vorne zum Pult ging, dachte er daran, wie stolz er damals gewesen war. Herr Silbermann nickte ihm freundlich zu. Erich las schnell, als wolle er das Ganze möglichst schnell hinter sich bringen, verhaspelte sich auch das eine oder andere Mal, aber die anderen Gemeindemitglieder schien das nicht weiter zu stören. Er war eben aufgeregt, das konnte man gut verstehen.

Nach dem Ende des Gottesdienstes, als die kleine Gemeinde noch kurz zusammenstand, um sich »Schana Tova«* zu wünschen, strich ihm der alte Herr Neuburger kurz über den Kopf und steckte ihm ein Geldstück in die Hand. »Alles Gute, Erich!«, rief er. »Möge es wirklich ein besseres Jahr werden. Vor allem für euch Junge wünsche ich mir das.«

»Auch Ihnen ein gutes neues Jahr, Herr Neuburger. Und danke.« Erich zwinkerte ihm verschwörerisch zu und der alte Neuburger musste lachen und gab ihm einen liebevollen Stups. »Wirst ja ein richtig stattlicher junger Mann. Schade, dass keine Mädchen in deinem Alter hier in der Gemeinde sind.«

Erich dachte bei sich, dass es genügend junge Mädchen hier in Ellwangen gab, aber der alte Herr Neuburger hatte Recht – die waren alle nichts für ihn, den Juden. Außerdem gab es sowieso nur eine Einzige, an die er immer denken musste, und die war noch unerreichbarer für ihn.

Beim Abendessen führte vor allem Tante Betti das Wort. Mutter hatte sich große Mühe gegeben und der Tisch sah auch sehr festlich aus, wenngleich ein großer Teil des Silbers durch das normale Alltagsbesteck ersetzt worden war. Auf das Essen an Rosch Haschana hatten sich die Kinder früher immer sehr gefreut, denn nach alter Tradition gab es am Anfang Äpfel und Honig. »Das gibt es, weil wir uns wünschen, dass das neue Jahr genauso süß wird«, hatte die Mutter ihnen früher erklärt.

Jetzt sprach vor allem Heinz-Viktor der süßen Vorspeise kräftig zu. Er steckte sich pausenlos die mit Honig getränkten Apfelscheiben in den Mund, der schon ganz klebrig und verschmiert war, und Erich musste innerlich grinsen, als er daran dachte, dass Tante und Onkel höchstwahrscheinlich eine unruhige Neujahrsnacht bevorstand.

Der Kleine war ein so genanntes »spätes Kind«, wie die Mutter es nannte. Tante Betti hatte jede Hoffnung auf eigene Kinder bereits aufgegeben gehabt, aber dann war doch noch

Heinz-Viktor gekommen, ihr verhätschelter und verwöhnter Einziger, der Gegenstand ihrer Sorgen und Ängste. Um ihn kreisten nun auch ständig ihre Gespräche und sie erzählte fast pausenlos davon, wie er in der Schule gehänselt und schikaniert wurde. »Und er muss die ganzen Lieder auswendig lernen, die jetzt gesungen werden, und letzte Woche hat er ein Blatt nach Hause gebracht, darauf war ein … ein Mann abgebildet, eine Karikatur, ihr könnt euch schon denken, was für eine, die musste er ausmalen und den Vers lernen, der darunter stand. Ein lächerlicher Vers, ich kann ihn gar nicht wiederholen.« Plötzlich standen ihr Tränen in den Augen und Onkel Samson legte tröstend seine Hand auf die ihre. Sie hatte unablässig an der Stickerei der Tischdecke gezupft, sodass schon einige Fäden herausgerissen waren.

Erich, dem ihr ständiges Reden auf die Nerven gegangen war, merkte, wie aufgewühlt und beunruhigt sie war, und sie tat ihm plötzlich sehr Leid.

Melanie sagte begütigend: »Jetzt iss erst einmal, Betti«, und deutete mit einem leichten Kopfnicken hinüber zu Max und Heinz-Viktor, die scheinbar unbeteiligt dasaßen und begonnen hatten, den Karpfen und die Kartoffeln in sich hineinzuschaufeln. Mutters Einwurf half, Tante Betti schwieg und stocherte zögerlich in ihrem Essen herum. Onkel Samson begann mit dem Vater über geschäftliche Dinge zu reden, aber Julius schien keine rechte Lust zu einer solchen Unterhaltung zu haben.

Plötzlich sagte der Onkel in das Schweigen hinein, das nur vom Geklapper der Gabeln und Messer unterbrochen wurde: »Unser Gemeindevorstand meint, dass es Bestrebungen gibt, die jüdischen Schüler aus den öffentlichen Schulen herauszunehmen und auf spezielle jüdische Schulen zu schicken. Der alte Goldberg hat mir erzählt, dass schon angefragt wurde, in welchen Räumen man eine jüdische Volksschule unterbringen könnte.«

Onkel Samson drückt sich so geschwollen aus, dachte Erich, vielleicht will er nicht, dass die Kleineren richtig mitbekommen, um was es geht.

Julius sagte heftig: »Das ist es, was sie wollen, uns herausdrängen aus allem. Ein Rückschritt, einer von den vielen, aber ein ganz gewaltiger.«

Onkel Samson fuhr zögernd fort: »Unter den Umständen bin ich ganz froh, dass Heinz-Viktor …«

Julius fiel ihm aufgeregt ins Wort: »… ein Rückschritt sage ich …« Er hätte sich noch weiter hineingesteigert, und die beiden Buben, Max und Heinz-Viktor hatten mit dem Essen aufgehört und starrten ihn an. Da begann Melanie hastig über den Gottesdienst zu sprechen, aber damit brachte sie Tante Betti wieder in Fahrt. »Der Gottesdienst in unserer Synagoge in Ulm ist viel feierlicher und schöner. Der Betsaal hier wirkt doch recht ärmlich. Nicht einmal ein Schofar* wird geblasen …« Und so ging es fort, bis die Mutter sie schließlich in die Küche zog, nachdem der Nachtisch glücklich überstanden war, um mit ihr den Abwasch zu machen.

Erich verschwand unauffällig in seinem Zimmer, nachdem Max und sein Vetter zum Spielen in das ehemalige gemeinsame Kinderzimmer gegangen waren. Im Vorbeigehen hörte Erich Bettis hohe klagende Stimme und bedauerte die Mutter. Im Zimmer machte er die Fenster weit auf und zog die kühle Herbstluft tief ein. Sie roch schon ein wenig nach Holz und Kohle, weil viele Leute in den letzten Tagen kräftig geheizt hatten, die Nächte waren ungewöhnlich kühl gewesen.

Da war es nun, das Jahr 5695, an das sich so viele Hoffnungen und Wünsche für die Juden hier knüpften, wahrscheinlich mehr als in all den Jahren zuvor. Erich hörte flüchtig Herrn Neuburgers Worte: »… möge es ein besseres Jahr werden …«, dachte an Tante Bettis Ängste und Onkel Samsons sorgenvollen Blick. Der bedächtige, ernst wirkende Mann war Frontkämpfer im Weltkrieg gewesen und hatte auch etliche Granatsplitter in die Schulter abbekommen, die ihm manchmal zu schaffen machten, sodass er ganz schief ging. Er hat seine Gesundheit für sein Vaterland geopfert, dachte Erich und presste den Kopf an die kühle Scheibe, und jetzt muss er erleben, dass sein Sohn verprügelt und schikaniert wird, der sorgsam gehütete Augapfel der Familie. Ich möchte wissen, ob es allen jüdischen Kindern so geht, dachte er. Und jetzt kam das Jahr 5695, in wenigen Wochen dann das christliche Jahr 1935, was würde es bringen?

Jud, verschwinde!

Erich bahnte sich den Weg durch die dampfenden Leiber der Pferde, die dicht gedrängt auf dem Platz vor dem Gymnasium und der Stiftskirche standen und ein Durchkommen fast unmöglich machten. Aus ihren Nüstern stieg feiner, weißer Nebel auf, genauso wie aus den Mündern ihrer Besitzer, die den Platz säumten, die Arme fröstelnd untergeschlagen und ab und zu auf den Boden stampfend, um die Füße etwas zu wärmen. Es war kalt an diesem Januarmorgen des Jahres 1935, ein »Kalter Markt, der diesen Namen wahrhaft verdient«, hatte heute Morgen in der Zeitung gestanden. In der Nacht zuvor hatte es sogar geschneit und die spitz zulaufenden Türme der Stiftskirche waren weiß gepudert, genauso wie die Zwiebeltürme der Stadtkirche und die schrägen Dächer der ehemaligen Domherrenhäuser, aus deren Schornsteinen sich dünner Rauch kräuselte. Die Pferde waren schön aufgeputzt, einige hatten sogar zu Zöpfchen geflochtene Mähnen, denn am Mittag sollte der große Umzug stattfinden, und anschließend gab es die traditionelle Prämierung. Erich liebte das geschäftige Treiben in der Stadt, das Rufen und Rennen, die Gerüche und auch die Unruhe zu Hause, wo die Mutter schon in der Frühe begonnen hatte Aufschnittplatten zu richten, denn man erwartete wieder Gäste, Kunden und Kollegen des Vaters.

Auch mit Julius schien in den letzten Tagen eine Veränderung vorgegangen zu sein, seine Gestalt wirkte straffer aufgerichtet, und die Augen blickten wach und energisch und nicht mehr so müde wie in den letzten Monaten. Der »Kalte Markt« und Julius Levi, das gehörte irgendwie zusammen, dachte Erich und fühlte gleichzeitig eine tiefe Beklommenheit bei dem Gedanken, dass die Hoffnungen des Vaters auf gute Geschäfte sich auch dieses Jahr vielleicht nicht erfüllen würden. Händereibend hatte er heute Morgen beim Frühstückstisch gesessen und aufgezählt, mit wem er sich treffen würde. Die Geschäfte auf dem »Kalten Markt«, die Kontakte, die man dort knüpfte oder vertiefte, das konnte über ein gutes oder schlechtes Jahr entscheiden. Erich war es einfach schleierhaft, woher der Vater den Optimismus bezog, dieses Jahr könnte besser werden als das letzte. Es gab viele Bauern, die in der Schuld des Vaters standen, das wusste er. Julius hatte vor allem in den schlechten Jahren nach der Weltwirtschaftskrise so manchem geholfen, hatte Kredite gewährt oder unentgeltlich eine junge Kuh zur Aufzucht untergestellt, sodass der Bauer dann vom Ertrag der Milch zumindest teilweise sein Leben fristen konnte. Aber jetzt ließen ihn die meisten im Stich, entweder, weil sie Angst hatten, oder weil sie sogar selber schon an das dumme Zeug von den »blutsaugerischen Juden« glaubten, allem besseren Wissen zum Trotz.

Immerhin wirkt der Markt auf Julius wie ein belebendes Elixier und tut ihm gut, dachte Erich, als er die Stufen zum Portal hinaufging und noch einmal einen Blick über die braun und schwarz glänzenden, dicht gedrängten Pferdeleiber warf. Auch Melanie hatte fröhlich gewirkt, sogar leise gesummt, als sie heute Morgen am Küchentisch stand und Gurken hauchfein aufschnitt, um damit die belegten Brote zu garnieren.

Unwillkürlich glitt Erichs Hand nach hinten an die Gesäßtasche, denn beim Gehen glaubte er, Papier leise knistern zu hören. Das war *sein* Elixier, *seine* Hoffnung, zwei eng beschriebene Briefbögen von Gertraud, die nun endlich am letzten Samstag mit der Post gekommen waren. Immer und immer wieder hatte er den Brief aufgefaltet und gelesen, sodass an manchen Stellen die Tinte schon fast unleserlich verwischt war. Er konnte ihn jetzt auswendig, diesen Brief. Sie sei mit ihrem Vater in Österreich beim Skifahren, hatte sie geschrieben, und traue sich nun endlich, ihm einen Brief zu schicken. Das Internat sei sehr streng, von Nonnen geführt, die ständig den Postausgang und -eingang kontrollierten. Sie sei nicht sicher, ob Gremm vielleicht hinterlassen hatte, dass Briefe an ihn, Erich Levi, zu melden seien, und sie wolle ihn nicht in Schwierigkeiten bringen.

»Dass ich in ein kirchliches Haus komme, hat Gremm gar nicht geschmeckt, aber in diesem Punkt hat sich mein Vater durchgesetzt. Auf jeden Fall ist es Gremm immer noch lieber, dass ich hier bin, als dass ich weiter Kontakt zu dir habe. Irgendwie ist es ihm gelungen, meinen Vater zu überzeugen, dass ich ›sittlich gefährdet‹ bin, wie er es genannt hat. Papa findet es nämlich nicht schlimm, dass ich mit einem Juden befreundet bin, deshalb ist Gremm auf diese Masche verfallen. Hoffentlich kann ich Papa im Laufe der Zeit davon überzeugen, dass ich auch alleine in Stuttgart gut zurechtkomme, leider ist er momentan auf diesem Ohr taub. Aber ich bin froh, dass ich nicht mehr bei Gremm sein muss, obwohl meine Tante mir sehr Leid tut, und, das ist das Schlimmste, dass ich dich nicht mehr sehen kann.« An dieser Stelle des Briefes hatte Erichs Herz einen großen Hüpfer gemacht.

Sie schrieb weiter, dass es ihr bei den Nonnen nicht so gut

gefalle, aber immerhin dürfe sie ihr Abitur machen, das habe ihr Vater ihr zugesagt. »Wenn ich am Nachmittag im Studierzimmer mit den anderen Mädchen sitze, um die Hausaufgaben zu machen, juckt es mich immerzu in den Füßen und ich möchte hinausrennen, ganz weit fort. Am liebsten würde ich zu dir rennen, Erich, damit wir wieder gemeinsam zur Benzenruhe gehen können oder zum Schönenberg, um Wolken zu zählen oder uns Geschichten auszudenken. Aber ich glaube ganz fest daran, dass wir uns eines Tages wiedersehen, so wie ich auch fest daran glaube, dass alle unsere Träume wahr werden.« Diese Stelle liebte Erich besonders, wieder und wieder hatte er sie gelesen und ihre Worte hallten noch nach, bis er am Klassenzimmer angekommen war und sich seufzend auf einen langen Morgen einstellte.

Nach der Schule ging er mit Max und Erwin nicht sofort nach Hause, sondern sie schlenderten hinüber zum Fuchseck, wo der Viehmarkt stattfand und ein kleiner Jahrmarkt mit Schießbuden und anderen Belustigungen aufgebaut war. An den Kalter-Markt-Tagen gab es sowieso kein vernünftiges Mittagessen und vielleicht konnte man dem Vater einige Groschen abschwatzen, um sich an einem der Stände eine rote Wurst und einen Wecken zu kaufen. Sie schlitterten auf dem Bürgersteig den Marktplatz hinunter, »schleifen« nannten es die Jungen, was ihnen prompt empörte Rufe einiger Passanten eintrug, denn dieses »Schleifen« war auf den öffentlichen Straßen verboten. Aber die Jungen kümmerte das wenig, vergnügt bahnten sie sich ihren Weg durch die dichten Menschentrauben, die sich um die Stiere, Kühe und Kälber gebildet hatten. Erich erkannte Isidor Schlossberger, der mit einigen anderen Viehhändlern zusammenstand, und sah auch den jungen Bamberger, der wild mit den

Händen gestikulierte, um eine seiner Milchkühe anzupreisen. Gottlob gab es noch einige Bauern, die sich trauten, mit den jüdischen Händlern Geschäfte zu machen, was umso mutiger war, als sie misstrauisch beobachtet wurden von den allgegenwärtigen Uniformen, schwarzen und braunen. Direkt am Fuchseck hatte die SA-Kapelle Aufstellung genommen, wahrscheinlich würde es gleich ein Platzkonzert geben.

Der junge Bamberger hatte Erich und die beiden anderen Jungen gesehen und rief ihnen etwas zu, was aber im Lärm der gerade einsetzenden Marschmusik unterging. Er formte mit den Händen einen Trichter und endlich konnten sie einige Wortfetzen verstehen. Der Vater sei im »Goldenen Lamm«, teilte ihm der junge Bamberger mit und Erich bedeutete Max und Erwin mit einer Kopfbewegung, ihm zu folgen.

Im »Goldenen Lamm« herrschte Hochbetrieb. Die Kellnerinnen schleppten mit hochroten Köpfen Bierkrüge und tiefe Teller mit Kutteln und Bratkartoffeln, der traditionellen Kalte-Markt-Speise, und dicke Rauschschwaden zogen durch den Raum, dass man die dunkle Holztäfelung kaum erkennen konnte. Julius saß in der Ecke beim Kachelofen, zusammen mit einigen anderen Viehhändlern, und auch zwei Bauern aus der Umgebung waren dabei, die Erich kannte.

Es waren der alte Schlosser und ein Bauer aus Dinkelsbühl, der seinen Viehhandel ausschließlich mit Julius Levi tätigte. »Sie sind ein reeller und ehrlicher Mann, Herr Levi«, pflegte er zu sagen und Julius hatte das seiner Familie immer wieder voller Stolz erzählt.

Gut, dass ein paar wenige dem Vater doch noch die Treue halten, dachte Erich und sah beklommen zu den anderen

Tischen, wo sich viele Uniformierte breit gemacht hatten, die braunen Uniformen der SA und die schwarzen der SS. An einem der Tische saß inmitten seiner Gefolgsleute der Bürgermeister und Kreisleiter Kolbe und führte das große Wort, neben ihm in schwarzer Uniform hockte der Truppführer der hiesigen SS, ein Mann mit dem Allerweltsnamen Müller, der ein vollkommen nichts sagendes Gesicht hatte. Eigentlich besteht er nur aus Uniform, dachte Erich, und eigentlich sahen sie sich alle ähnlich mit ihren Hitlerbärtchen, die wie angeklebt wirkten.

Julius winkte den Jungen zu, die sich kurz neben ihn setzten, und er ließ sich dann tatsächlich auch erweichen und spendierte ihnen einige Groschen. Der Markt tut ihm richtig gut, dachte Erich, heute ist er fast wieder der Alte. Hoffentlich gibt es keinen Ärger mit all den Nazis drum herum.

Am Nachmittag kam der Vater nach Hause, wie immer begleitet von einigen Kollegen. Es waren wieder nur jüdische Geschäftsleute, im Wesentlichen die gleichen wie im letzten Jahr. Erich nahm den Gästen Hüte und Mäntel ab und erschrak, als er das Gesicht des Vaters erblickte. Irgendetwas war passiert, das erkannte er sofort. Julius sah ganz verändert aus und als er seine Gäste ins Wohnzimmer bat, tat er das mit mechanischer Höflichkeit. Er wirkte auf Erich, als sei er mit seinen Gedanken ganz woanders.

Am späten Abend wurden Erichs Befürchtungen bestätigt. Als sich die Tür hinter dem letzten Gast geschlossen hatte und nur noch das feine Aroma der Zigarren an die Besucher erinnerte, kam Julius zu Melanie und den Jungen, die noch aufgeblieben waren, in die Küche. In der Hand hielt er ein Stück Papier, das er vor der Mutter auf den Tisch klatschte. »Da, lies! So weit ist es schon gekommen.«

Erich sprang auf und trat hinter die Mutter, die zögernd

das Papier in die Hand nahm, als fürchte sie, sich daran zu verbrennen. Es war ein amtliches Formular, das konnte Erich nach einem ersten flüchtigen Blick erkennen, ein Formular, mit dem man sich aus der Stadt Ellwangen abmeldete. Aber das war nicht das Schlimmste! Quer über dem amtlichen Briefbogen standen mit großen Buchstaben zwei Worte geschrieben, die sofort ins Auge sprangen: »Jud verschwinde!«

Erich starrte auf diese Buchstaben, ohne zunächst ihren Sinn zu erfassen. »Jud verschwinde!« Sein Blick blieb daran haften, als zöge ihn die schwarze Schrift magnetisch an.

Melanie ließ das Blatt langsam sinken und legte es behutsam zurück auf den Tisch. Dann sah sie Julius mit festem Blick an und fragte: »Woher kommt das?«

Der Vater lachte kurz auf und ließ sich dann schwer auf einen der Küchenstühle sinken. »Woher das kommt? Das kann ich dir genau sagen. Ich war im ›Lamm‹ beim Kuttel-Essen, mit dem Schlosser, dem Helfrich und noch ein paar anderen. An den anderen Tischen saßen überall die Nazis. Ich hab mir schon gedacht, dass es Ärger gibt, aber merkwürdigerweise haben sie sich ganz ruhig verhalten. Das hat mich zwar gewundert, aber ich habe angenommen, dass es wegen dem Toni ist, dass sie wegen *ihm* Ruhe geben.«

Anton Ackermann war der Wirt des »Goldenen Lamm«. Julius hatte früher viele Geschäfte mit ihm gemacht und auch jetzt noch konnte er ab und zu einen Handel mit dem Toni abschließen, obwohl ihm der immer wieder bekümmert versicherte, er bekomme ständig Ärger deswegen. Das war auch der Grund, warum der Vater kaum mehr das »Lamm« besuchte, er wollte dem Toni nicht noch mehr Schwierigkeiten machen. Denn die Orts-Nazis saßen jetzt sehr oft in der altehrwürdigen Gaststube mit den dunklen

Holzwänden, wo Julius das Bier immer so gut geschmeckt hatte wie nirgends sonst.

»Wieso bist du überhaupt da hin?«, fragte die Mutter und ein leiser Anflug von Ungeduld lag in ihrer Stimme.

»Warum ich da hin bin?« Julius schlug mit der Faust auf den Tisch. Der Papierbogen wurde durch den Luftzug kurz angehoben und flog dann in einem sanften Bogen auf den Küchenfußboden. »Warum ich da hin bin«, wiederholte Julius und die Adern an seiner Stirn schwollen bedenklich. »Das kann ich dir sagen. Einen ›Kalten Markt‹ ohne einen Levi, wann hat es das das letzte Mal gegeben? Und dazu gehört auch, dass ich zum Kuttel-Essen in das ›Lamm‹ gehe. Das lasse ich mir von dieser Nazibande doch nicht nehmen.«

»Aber wie bist du zu diesem Papier gekommen?«, fragte Melanie weiter und wirkte plötzlich sehr müde.

»Ich habe bezahlt und mich von den anderen verabschiedet. Dann bin ich noch kurz aufs Klo gegangen und als ich zurückkam, war es plötzlich ganz still. Alle haben sie zu meinem Platz geguckt. Da stand noch mein Teller und darunter schaute ein Stück Papier hervor. Ich hab mir gleich gedacht, dass das nichts Gutes ist. Dann hat einer gebrüllt: ›Levi, Post für dich!‹ Und plötzlich haben alle angefangen zu lachen. Sie haben gelacht … gebrüllt haben sie vor Lachen, alle miteinander.« Julius' Stimme brach und Erich sah mit Schrecken, dass der Vater mühsam ein Weinen zu unterdrücken versuchte.

Es dauerte ein paar Sekunden, dann hatte er sich wieder in der Gewalt. »Ich hab den Wisch genommen, hab ihn sorgfältig eingesteckt und bin hinausgegangen. Den Gefallen tue ich euch nicht, dass ich mich jetzt aufrege, hab ich gedacht. Ganz langsam bin ich hinausgegangen. Der Toni ist noch hinter mir her und hat sich entschuldigt. ›Du kannst ja nichts dafür‹, hab ich ihm gesagt. Und dass ich ab jetzt besser nicht mehr zu ihm komme …« Julius' Schultern begannen zu zucken und er verbarg sein Gesicht in den Händen. Die Mutter erhob sich schwerfällig, trat neben ihn und legte ihren Arm um ihn.

Erich ging zu der Stelle, wo das Blatt lag, hob es auf und trug es hinüber zum Herd. »Jud verschwinde!«, die Buchstaben stachen ihm förmlich ins Gesicht. Hastig öffnete er die Ofentür, stopfte das Papier hinein und sah zu, wie die rötlichen Flammen an ihm emporzüngelten und es rasch zusammenfiel zu einem winzigen Häufchen Asche. Dann packte er Max, der immer noch am Küchentisch saß und Vater und Mutter betrachtete. Der Bruder hatte die Zähne tief in die Unterlippe vergraben und eine nasse Spur zog sich seine rechte Wange hinunter. »Komm, Max«, sagte Erich sanft und führte den Bruder hinüber in ihr ehemaliges gemeinsames Zimmer.

In der Zwischenzeit hatte es wieder zu schneien angefangen, dichte Flocken fielen vom Himmel, die wie magisch angezogen schienen vom Licht der Straßenlaternen, vor denen sie einen dichten Tanz vollführten. Aus der Ferne hörte man die Klänge der Kapelle, die jetzt im »Lamm« aufspielte. Erich starrte zum Fenster hinaus, in das immer dichter werdende Schneetreiben. Die gegenüberliegenden Dächer waren mit weißen Hauben bedeckt und auch auf der Straße lag eine dicke Schneedecke, sodass die Passanten nur mühsam vorankamen. Er dachte an eine ähnliche Episode vor ziemlich genau zwei Jahren, als kurz nach der Machtergreifung Hitlers ein schier endloser Festzug sich zur Turnhalle hinübergewälzt und ebenfalls dichtes Schneetreiben eingesetzt hatte. »Genau wie damals«, flüsterte er, den Kopf an die Scheibe gepresst. »Ganz genauso. Und mir kommt es wieder vor, als würde der Himmel am liebsten alles zudecken. Wie unter einem Leichentuch.«

In den nächsten Tagen zog die Ellwanger Jugend entweder hinauf zum Schönenberg oder zur Neunheimer Steige, um dort Schlitten zu fahren. Der Sohn von Studienrat Eisele, ein Sechstklässler, landete dabei im Graben und brach sich ein Bein, was tagelang Gesprächsstoff war. Es kam sogar eine Notiz in der Zeitung, die dem kleinen Hermann zumindest für kurze Zeit zu einer etwas fragwürdigen Berühmtheit verhalf. Eine besondere Attraktion war auch die neue Eisbahn bei der Jagstbrücke, die den alten Eislaufplatz am Schlossweiher ersetzen sollte, der vor allem in der Zeit des Tauwetters zu gefährlich war. »Eine weitere Errungenschaft, die wir der nationalsozialistischen Bewegung verdanken«, hatte Helmut dazu sarkastisch bemerkt.

An einem dieser Tage im Januar kam Max in Erichs Zimmer. Er zog gerade die Mütze tief in das Gesicht und nestelte erwartungsvoll an seinen Handschuhen. »Ich geh jetzt zum Schlittenfahren hinauf an die Steige. Vielleicht treffe ich dort Willi. Ich will mir ansehen, wo der Eisele in den Graben gefahren ist. Komm doch mit.«

Erich drehte sich nicht um. Er starrte immer noch in Richtung Marktplatz, wo offensichtlich Vorbereitungen für eine große Versammlung in vollem Gange waren, denn man konnte den Lärm bis in sein Zimmer hören. Gleich würde die unvermeidliche SA-Kapelle wieder zu spielen beginnen. Oder war es diesmal die SS-Kapelle? Aber das war ihm ohnehin egal. Es ging bei dieser Feier wohl um das Saarland, das mit neunzigeinhalb Prozent für den Verbleib beim Deutschen Reich gestimmt hatte, wie die Zeitung heute Morgen gemeldet hatte. Bestimmt gab es deswegen auch morgen wieder eine Feier in der Schule. Wieder eine von vielen. Wenn wenigstens die Stunde bei Gremm ausfiele … Laut sagte er zum Bruder, ohne ihn anzusehen: »Nein, ich gehe nicht mit. Und es ist besser, du gehst auch nicht hin.«

»Und warum nicht?« Max' Tonfall war plötzlich sehr aggressiv.

Wie ähnlich sie sich sind, Vater und Max, dachte Erich. Wollen einfach nicht wahrhaben, was um sie herum geschieht. Er sagte sehr bestimmt: »Das weißt du genau. Willi darf nicht mehr mit dir spielen. Und wenn an der Steige ein paar ganz bestimmte Burschen sind, kriegst du garantiert Prügel. Wenn du das riskieren willst, bitte.« Eine Weile herrschte Schweigen. Dann bemerkte Erich, dass Max das Zimmer verließ. Er drehte sich immer noch nicht um. Im Flur hörte er Max' Stiefel auf den Boden plumpsen. Kurz darauf wurde die Tür zu ihrem alten Kinderzimmer heftig ins Schloss geworfen. Er tat ihm Leid, der kleine Bruder, aber es war besser, man sah den Realitäten ins Auge.

In der Kommode bewahrte er eine kleine Schachtel mit allen möglichen Kostbarkeiten aus der Kindheit auf: Der erste ausgefallene Zahn, ein Vogelei, metallisch glitzernde Steine, von denen er einmal gedacht hatte, es seien Edelsteine, und auch ein paar Bilder. Eines davon zeigte ihn und Max mit einer ganzen Schar Kinder. Max und einige andere saßen auf Schlitten, die anderen standen dahinter. Es war damals vom Vater einer ehemaligen Kindergartenfreundin aufgenommen worden. Max war zu der Zeit noch in den Kindergarten gegangen und er selbst in die zweite oder dritte Volksschulklasse. Auf dem Foto war er so abgebildet, wie er damals war: »Ein ziemlich keckes, vorlautes Bürschlein«, so hatte ihn sein alter Lehrer in der Volksschule immer bezeichnet. Herausfordernd hielt er einen Schneeball ins

Bild, dessen Inneres ein besonderes Geheimnis barg: Er enthielt einen Pferdeapfel, einen »Rossbollen«, wie sie es nannten. Diese Schneebälle entfalteten natürlich eine besondere Wirkung, wenn man sie warf. Erich erinnerte sich noch gut daran, wie oft er deswegen Prügel bekommen hatte, einmal sogar von Peter, dem er damit eine Zigarette aus dem Mund geschossen und der dann tagelang kein Wort mehr mit ihm gesprochen hatte. Er musste lächeln, als er sich daran erinnerte, obwohl die Prügel höllisch wehgetan hatten, denn sie waren in gerechtem Zorn verabreicht worden. Trotzdem war es ein Riesenspaß gewesen. Lange betrachtete er das Bild. Vor wie viel Jahren genau war es wohl aufgenommen worden? Es kam ihm so vor, als sei es vor unendlich langer Zeit gewesen, nein, als sei es in einem anderen Leben gewesen.

Reißende Wasser

Als Erich Ende Januar von der Schule nach Hause kam, saß Herr van Wien aus Frankfurt am Esszimmertisch und ließ sich einen Teller von Melanies berühmter Hühnersuppe schmecken. Er war Handelsvertreter und verkaufte Stoffe. Seit vielen Jahren besuchte er Levis, denn Melanie war eine gute Kundin. Er war in Ellwangen und Umgebung kein Unbekannter, denn er hatte einen festen Kundenstamm. »Sehr gute Kundschaft«, betonte Herr van Wien immer sehr stolz, »allerbeste Kreise, sogar die Frau Landgerichtsrat kauft bei mir ein.«

Erich mochte Herrn van Wien gern, er war immer zu einigen Späßchen aufgelegt und verfügte über eine gewisse Weltläufigkeit, die der Junge bewunderte. Er kam viel herum und konnte auch entsprechend viel erzählen.

Heute allerdings wirkte sein Lächeln etwas gezwungen, als er Erich begrüßte und es schien ihm auch nicht recht zu schmecken, denn er schob den Teller, der noch zur Hälfte voll war, nach einer Weile von sich. »Es liegt wirklich nicht an ihrer Suppe, Frau Levi«, beteuerte er, »die ist ausgezeichnet wie immer, aber in diesen Zeiten kann einem wirklich der Appetit vergehen.« Er mache kaum noch Geschäfte, berichtete er, selbst seine treuesten Kunden würden nach und nach abspringen. »Dabei sagen immer alle, wie gut die Qualität meiner Stoffe ist und wie reell meine Preise sind.

Aber der wahre Grund liegt natürlich auf der Hand.« Er zog ein Stück Papier aus der Jackentasche, es handelte sich um einen hastig herausgerissenen Zeitungsabschnitt, der aus der hiesigen »Nationalzeitung« stammte, wie Erich auf den ersten Blick erkannte. »Hier, lesen Sie, Frau Levi. Den hat mir eine Kundin heute Morgen in die Hand gedrückt. Das erklärt wohl alles.«

Melanie griff nach dem Papierfetzten, las ihn und reichte ihn zögernd an Erich weiter.

»Achtung, ein Jude geht um«, stand da und dann wurde der Name des Herrn van Wien genannt. Weiter hieß es: »Wer noch nicht gelernt hat, den Juden als den Schmarotzer am deutschen Volk zu betrachten, soll sich einmal persönlich bei hereingefallenen Volksgenossen erkundigen. Der Jude van Wien wird gut daran tun, möglichst geräuschlos zu verschwinden. Die illustren Kunden dieses dunklen Handelsmannes mögen sich ein ganz klein wenig auf ihr Deutschtum besinnen.«

»Nun ja, es ist hier wie überall«, bemerkte Herr van Wien mit einem melancholischen Lächeln, steckte den Zeitungsartikel wieder in die Jackentasche und verabschiedete sich mit einer schwungvollen Verbeugung von Melanie. »Danke für die Gastfreundschaft, gnädige Frau.«

»Wie wird es für Sie weitergehen, was werden Sie machen?«, rief ihm Melanie nach, als er schon halb aus der Tür getreten war.

Herr van Wien drehte sich noch einmal um und strich gedankenverloren über sein schwarzes Bärtchen, als wolle er sich vergewissern, ob es noch am rechten Platz sei. »In der jüdischen Gemeinde bei uns in Frankfurt reden einige davon, dass es besser sei, die Koffer zu packen. Aber ich weiß nicht … Ich gestehe Ihnen offen, Frau Levi, dass ich

Angst habe. Wir werden immer mehr eingeschränkt und die offizielle Sprache wird täglich bösartiger. Aber andererseits, wir sind hier schließlich zu Hause. Was soll ich in Amerika oder gar Palästina, wohin jetzt viele gehen?« Herr van Wien zuckte ratlos mit den Schultern. »Ich gestehe, ich weiß es nicht. In den letzten zwei Jahren habe ich oft gedacht, dass wir einfach die Hoffnung nicht aufgeben dürfen, aber jetzt …« Er machte noch einmal eine Verbeugung und zog dann geräuschlos die Tür hinter sich zu.

Melanie und Erich starrten ihm nach. Sein nicht beendeter Satz hing noch im Raum. Herr van Wien hatte Recht! Man glaubte immer, jetzt könne es nicht mehr schlimmer kommen, aber es ging weiter, immer weiter. Und wir ziehen die Köpfe ein, als sei es ein Unwetter, das vorbeigeht, dachte Erich beklommen. Was kommt als Nächstes?

Anfang Februar führte die Jagst Hochwasser, sie sei ein »reißender Strom« geworden, schrieb die Zeitung und der Vater hatte am Samstagabend laut vorgelesen, dass es in Ellwangen und Umgebung seit 1882 kein solches Hochwasser mehr gegeben habe. Tagelang war Schnee gefallen, ein nasser Schnee, der nur kurz auf der Straße liegen blieb und dann zu grauem Matsch zerfiel.

Trotz des unwirtlichen Wetters beschloss Erich an einem Montagnachmittag Peter und dem Stall einen Besuch abzustatten. Er war in letzter Zeit nicht mehr oft dort gewesen. Der Vater hatte auf dem »Kalten Markt« ein Kälbchen und eine Milchkuh gekauft, die wollte er sich unbedingt ansehen. Erich zog den Wollschal fester um den Hals und stapfte dann durch den Matsch hinüber zur Jagstbrücke.

Wo der Vater nur immer wieder das Geld für neue Viehkäufe hernimmt?, dachte er unterwegs. Und woraus schöpft er immer wieder neue Hoffnung, dass es weitergeht? Eigentlich ist er ja zu bewundern, auch dafür, dass er nicht aufgibt. Und irgendwie ging es ja weiter, wenn auch sehr schlecht, das konnte er am sorgenvollen Gesicht der Mutter ablesen, wenn sie am Wochenanfang das Haushaltsgeld für die kommende Woche abzählte. Max braucht dringend einen neuen Mantel, er trug die alte Lodenjacke von Erich, die ihm an den Ärmeln schon viel zu kurz war. Und gegen neue Schuhe hätte ich auch nichts einzuwenden, dachte Erich, als er verbissen durch den Schnee stapfte und merkte, wie die kühle Nässe in seine Stiefel drang.

Peter war gerade beim Ausmisten und freute sich sichtlich Erich zu sehen. »Warst ja lange nicht mehr hier«, begrüßte er ihn und beschrieb mit dem Stiel der Mistgabel einen weiten Kreis. »Hast wohl viel in der Schule zu tun?«

Erich antwortete ausweichend, bewunderte dann aber ausgiebig die Neuerwerbungen. Er kraulte zärtlich den Hals des Kälbchens, das seinen Kopf vertrauensvoll an seinem Ärmel rieb. Peter hatte sich in der Zwischenzeit eine Zigarette angezündet, er schien Erichs Besuch als willkommene Abwechslung zu betrachten. Eine Weile schwiegen beide, dann deutete Peter nach draußen, durch die geöffnete Stalltür. »Gefällt mir gar nicht, hoffentlich steigt das Wasser nicht weiter, sonst säuft uns noch der ganze Stall ab.«

Gemeinsam traten sie beide in die Tür und betrachteten die Jagst, die tückisch gurgelnd und schäumend an ihnen vorbeischoss. Im brackigen, braunen Wasser trieben Holzstücke und sogar losgerissene Baumstämme. An den herabhängenden Zweigen eines Weidenbusches hatte sich Treibgut verfangen und Erich konnte sogar den Kadaver einer riesigen Wasserratte erkennen. Angeekelt wandte er sich ab und ging in den Stall zurück, gefolgt von Peter, der nachdenklich an seiner Zigarette zog.

»Und was machen wir, wenn es weiter steigt?«, fragte Erich beklommen.

Peter warf den Zigarettenstummel in einen Wassereimer und fischte ihn dann sorgfältig wieder heraus. Der Chef sah es nicht gerne, wenn er im Stall rauchte, und angesichts des vielen Heus war auch Vorsicht geboten. Zu Erich gewandt sagte er dann lapidar: »Was weiß ich. Hoffen und beten. Sonst müssen wir das Vieh woanders unterbringen.«

»Und wo?«, fragte Erich zurück, bekam als Antwort aber nur ein Schulterzucken.

In der Nacht schlief er sehr schlecht. Das gurgelnde Wasser hatte wieder die Erinnerung an das Bündel Mensch in jenem Sommer geweckt und er träumte wirr und unzusammenhängend zum ersten Mal seit langer Zeit wieder davon. Plötzlich aber war es der Vater, der in den reißenden Fluten davongeschwemmt wurde. Erich klammerte sich an ihn, erfüllt von tiefer Angst, das Wasser könnte auch ihn verschlingen, dann hörte er plötzlich angstvolle Schreie von Tieren und träumte, dass der Stall von den Wasserfluten mitgerissen wurde.

Plötzlich schreckte er auf. Für einen Moment war ihm nicht bewusst, wo er war, er befand sich in jenem merkwürdigen Dämmerzustand zwischen Traum und Erwachen. Dann hörte er plötzlich das Pochen und Rufen, das sich in seine Träume gestohlen und ihn dann geweckt hatte. Das war ja gar kein Traum, irgendetwas war passiert. Wieder hörte er Lärm von unten, jemand schlug gegen die vordere Haustür und dann hörte er noch einmal dieses angstvolle Schreien. »Herr Levi, kommen Sie schnell, um Himmels willen, Chef, hören Sie …!« Das war Peter. Von ferne hörte Erich jetzt deutlich Geschrei und Gegröle und dazwischen das angstvolle Muhen der Tiere. Irgendetwas geschah dort am Stall.

Erich sprang aus dem Bett, angelte sich seine Hose vom Stuhl und versuchte hineinzuschlüpfen, während er in den Flur rannte. Jetzt konnte er das Rufen und Pochen ganz deutlich hören. Die Tür zum elterlichen Schlafzimmer wurde aufgerissen und Julius erschien. Er hatte das lange Nachthemd notdürftig in die Hose gestopft und riss im Vorbeilaufen den Mantel vom Haken. Erich hatte inzwischen seine Hose angezogen und griff ebenfalls nach der Jacke.

»Mama, bleib du hier«, bat er verzweifelt die Mutter, die im Nachthemd in der Tür stand, die Hände auf die linke Brust gepresst. Sie schüttelte heftig den Kopf und griff ebenfalls nach ihrem Mantel.

Erich überlegte für einen Moment völlig verwirrt, was nun wichtiger war, die Mutter zu beruhigen, oder dem Vater zu helfen. Nach kurzem Zögern rannte er Julius hinterher, der schon draußen auf der Straße lief. Peter hastete keuchend vor ihm her und presste einige Wörter hervor, deren Sinn Erich zunächst gar nicht erfassen konnte. Aber irgendetwas war passiert, etwas Schlimmes, so viel war klar. Als er bei den Bahngleisen angelangt war, sah er zuckenden Fackelschein, und hörte die Schreie der Tiere und das Grölen der Menschen ganz genau. Er hatte unterwegs den Vater und Peter überholt, die unmittelbar hinter ihm waren.

Auf der Höhe der Jagstbrücke angelangt, blieben sie wie gelähmt stehen. Erich meinte für einen Moment, er sei noch in einem besonders schlimmen Traum gefangen, gleich musste er aufwachen, geborgen in der Wärme seines Bettes. Er schloss für eine Sekunde die Augen, als könnte er so das Bild verscheuchen, das sich ihm bot, aber es blieb da und plötzlich war ihm, als seien die Geräusche so intensiv, dass er sie nicht mehr ertragen konnte. Und das Bild brannte sich in die Tiefen seiner Seele ein und er würde es nie wieder vergessen können.

Vor dem Stall hatten sich ungefähr zwanzig Männer versammelt, alle in SA- oder in SS-Uniform. Es gab auch einige Personen, die zivil gekleidet waren, aber das waren lediglich Gaffer, die allerdings die anderen anfeuerten oder lachend Kommentare abgaben. Die Uniformierten hatten offensichtlich die Stalltür aufgebrochen und trieben mit rüden Stockschlägen das Vieh heraus. Die zwei Milchkühe, die besten Tiere im Stall, standen angstvoll muhend an der Uferböschung, wo sie nur noch wenige Zentimeter vom Wasser trennten. Ein SA-Mann schlug auf die vorne stehende Kuh ein und sie rutschte mit den Vorderläufen in das Wasser hinein und wurde von den reißenden Fluten fortgerissen. Die Menge brüllte »Zugabe« und begann zu klatschen, dann zerrte ein Mann in SS-Uniform das neu gekaufte Kälbchen nach vorne, um es ebenfalls in das Wasser zu stoßen. Das Kalb muhte kläglich und zerrte wild an seinem Strick, aber es wurde erbarmungslos zum Fluss gezogen, zur anderen Milchkuh, die man ebenfalls ins Wasser trieb.

In diesem Moment hörte Erich einen Schrei. Es war ein Schrei so voller Wut und Qual, wie ihn Erich noch nie gehört hatte. Es war der Vater, der schrie. Julius rannte nach vorne, kämpfte sich durch die Uniformierten durch, stieß einige beiseite und griff schließlich nach dem Strick des Kälbchens, das er im letzten Augenblick wieder zurückzog. Die zweite Milchkuh war in der Zwischenzeit ebenfalls von den Fluten fortgetrieben worden.

Die Männer standen für einen Moment verblüfft, als Julius so plötzlich unter ihnen auftauchte, und dieses Überraschungsmoment kam dem Vater zugute.

Aber jetzt schloss sich der Kreis der Uniformen bedrohlich um ihn, und die zwei, die Julius am nächsten standen, packten ihn und rissen ihm den Kälberstrick aus den Händen.

»Sieh da, der Jud persönlich! Willst sehen, was mit deinem Vieh passiert? Komm, wir helfen dir nachsehen!«, schrie einer der Umstehenden und nahm einen tiefen Zug aus der Schnapsflasche, die er dann an seine Nachbarn weitergab. Brüllendes Gelächter begleitete seine Worte und tatsächlich begannen einige Männer Julius an das Ufer zu zerren. Erich sprang mitten in sie hinein, trat gegen Schienbeine, schlug wild um sich und bekam schließlich den Arm des Vaters zu fassen.

»He, der kleine Jude ist auch da«, schrie einer der Männer, die unmittelbar neben dem Vater standen, und versuchte Erich zu packen. Im nächsten Moment spürte der Junge, wie der Griff sich lockerte und die Umstehenden zurückwichen. Peter war hergerannt und hatte Erichs Angreifer eine gewaltige Ohrfeige verpasst, dass der zu Boden gefallen war.

»Wenn ihr euch an dem Jungen vergreift, oder an Herrn Levi, bekommt ihr es mit mir zu tun!«, brüllte Peter und blickte wild um sich. Eigentlich war sein Verhalten lächerlich, die andern waren deutlich in der Überzahl und es konnte nur noch wenige Minuten dauern, bis sie alle in der Jagst lagen, zusammen mit dem restlichen Vieh. Aber Peter ließ sich nicht beirren. »Kommt nur her. Probiert es, euch an anständigen Leuten zu vergreifen. Kommt nur her! Die meisten hier kenne ich schon lange, und sie kennen mich. Ich habe keine Angst vor euch!«

Für einen Moment war es totenstill. Erich beobachtete mit angehaltenem Atem die Menschen rings um ihn. Zum ersten Mal sah er ihre Gesichter. Im zuckenden Schein der

Fackeln nahm er wahr, dass diese Uniformen Gesichter hatten. Sie hatten die Gesichter der Nachbarn, Gesichter von Menschen, die er kannte. Es waren Gesichter darunter, die einst freundlich zu ihm gewesen waren, die ihm zugelächelt hatten. Jetzt schauten sie böse und tückisch und verdrossen.

Aber Peters Worte schienen gewirkt zu haben, die Gaffer scharrten plötzlich unruhig mit den Füßen. Man hörte einige leise hingemurrte Sätze, die Besonneneren rieten zum Gehen. Nur bei den Uniformierten schienen nicht alle gewillt, sich den Spaß entgehen zu lassen und den Jud und sein Vieh zu »taufen«, wie einer aufmunternd in die Runde rief. Julius hatte den Kälberstrick fest in die Hand genommen, ungeachtet der Männer, die wieder eine bedrohlichere Haltung einnahmen. Peter versuchte unterdessen, das restliche Vieh in den Stall zurückzutreiben und wurde nur halbherzig daran gehindert.

»Bitte, meine Herren«, sagte Julius leise und, wie Erich fand, zu unterwürfig. »Ich bitte Sie, ich habe noch etwas Geld, ich könnte mein Vieh damit auslösen. Das Geld ist zu Hause, ich müsste es nur holen. Bitte lassen Sie meinen Sohn gehen, ich hole Ihnen dann das Geld.«

In diesem Moment merkte Erich mit Schrecken, dass er den Vater dafür hasste, was er tat. Er erniedrigt sich, dachte er böse, vor diesem Gesindel erniedrigt er sich, nennt sie »Herren« … Aber das Wort »Geld« schien eine gewisse Zauberkraft zu haben, denn die Männer ließen Julius los und berieten sich leise. »Und wie viel kannst du uns geben?«, brüllte schließlich einer.

»Fünfhundert Reichsmark könnte ich Ihnen geben, es ist der Notgroschen, aber wenn Sie uns dafür in Ruhe lassen …« Julius beendete den Satz nicht, er blickte flehend in die Runde.

Erich wurde es ganz heiß, fünfhundert Mark, wie lange konnten sie davon leben! Und nicht eingerechnet war der Verlust, den der Vater durch das ersäufte Vieh erlitten hatte. Er hatte gesehen, dass alle Kälber ertränkt worden waren, bis auf das kleine, das immer noch ungeduldig zum Stall zurückstrebte und das von Julius festgehalten wurde.

Die Uniformierten hatten sich in der Zwischenzeit beraten. »In Ordnung, Jude. Ein paar von uns gehen mit dir und du gibst uns das Geld, so lange bleibt der Junge hier.« Julius übergab Erich den Strick mit dem Kälbchen. In der Zwischenzeit war Peter hinzugetreten und legte Erich eine alte Decke um die Schultern. Ihm war gar nicht bewusst geworden, dass er unkontrolliert zu zittern begonnen hatte. Seine Zähne schlugen aufeinander und er merkte plötzlich, dass seine Knie nachgaben. Er presste sich an das Kalb, das immer noch ängstlich muhte, und spürte, wie etwas von der Wärme des Tierkörpers auf ihn abstrahlte. Die Zuschauer hatten sich größtenteils verzogen, der Spaß war vorbei. Die Uniformierten standen rauchend beisammen und ließen wieder die Schnapsflasche kreisen.

Plötzlich tauchte die Mutter leise aus der Dunkelheit auf und legte Erich den Arm um die Schultern. So standen sie schweigend da.

»Wo ist Max?«, flüsterte Erich nach einer Weile mit krächzender Stimme.

»Zu Hause. Ich habe ihm gesagt, er muss auf die Wohnung aufpassen. Tante Lea und Onkel Sigmund sind bei ihm.«

Nach endlosen Minuten kam der Vater zurück, umringt von den Männern, die ihn begleitet hatten. Einer von ihnen schwenkte triumphierend ein Bündel Geldscheine, was von den Wartenden mit beifälligem Gegröle quittiert wurde.

Der Vater eilte ihnen entgegen und Erich nahm ihn zum ersten Mal an diesem Abend bewusst wahr. Eigentlich sieht er lächerlich aus, dachte Erich erbittert. Die nackten Beine in den Pantoffeln, den Mantel eilig über das Nachthemd geworfen und die Haare standen ihm wirr vom Kopf ab. Es war ungerecht, dessen war sich Erich bewusst, trotzdem war dieses Gefühl der Beschämung und Demütigung übermächtig.

Oben an der Jagstbrücke hatten sich flüsternd und tuschelnd ein paar Leute versammelt, die vom Lärm geweckt worden waren. Einige Nachbarn lehnten sich trotz der nächtlichen Kälte weit aus den Fenstern, um das Spektakel genau beobachten zu können. An ihnen ging Erich jetzt vorbei, noch immer in die Decke gewickelt, die die Mutter sorgfältig an seinen Schultern festhielt. Er wäre lieber alleine gegangen, aber er wollte die Mutter nicht vor den Kopf stoßen. Der Vater hatte sie schwer atmend nach Hause geschickt. »Ich schaue mit Peter noch nach dem Rechten und versuche dann den Stall zuzuschließen«, sagte er. »Geht ihr jetzt nach Hause, ihr könnt euch ja kaum noch auf den Beinen halten.«

Erich ging mit der Mutter vorbei an den Nachbarn, an Bekannten, die ihre Köpfe alle senkten, niemand schaute sie an. Vielleicht wollte keiner die Frage in Erichs Augen sehen, die Frage: »Warum habt ihr uns nicht geholfen?«

Als sie die Wohnung betraten, eilte ihnen Onkel Sigmund entgegen. In seinem besorgten Blick lag eine stumme Frage, die Melanie beantwortete. »Zwei Milchkühe und die Kälber bis auf eines haben sie ersäuft. Julius hat ihnen Geld gegeben und sie haben uns dann gehen lassen.« Die Stimme der Mutter brach. Der Onkel fasste sie am Arm und führte sie sanft ins Wohnzimmer, wo Tante Lea mit Erwin und Max saß.

Der Bruder heulte immer noch laut und Melanie schloss ihn fest in die Arme.

»Ich gehe zu Julius, vielleicht kann man noch was helfen. Und ich will auch nach meinem Vieh schauen«, sagte der Onkel. Erich nickte. Gottlob war der Stall von Onkel Sigmund verschont geblieben, obwohl er direkt neben Julius' Stall lag. Wahrscheinlich waren die Uniformierten zu früh gestört worden. Aber vielleicht kamen sie wieder, irgendwann. Erich legte den Kopf auf die Lehne des Sofas und schloss die Augen. Die Tränen liefen ihm über die Wangen. Es war nicht nur die Trauer über die Kühe und Kälber, die so elend getötet worden waren, und der Schock über diesen überraschenden nächtlichen Übergriff, sondern ihm machte auch die jähe Erkenntnis zu schaffen, dass man sie zerstören wollte. Man wollte die Viehhändlerfamilie Julius Levi zerstören, die vom Vieh lebte und es deshalb auch achtete und gut behandelte. Die Botschaft war unmissverständlich klar. Sie waren hier nicht mehr sicher und es gab hier keinen Platz mehr für sie. Irgendwann werden sie uns vernichten, dachte der Junge, kurz bevor er in einen unruhigen Schlaf der Erschöpfung hinüberglitt.

Der Brief

Am ersten Freitag im März wurde den Schülern nach der zweiten Stunde mitgeteilt, sie hätten sich in geordneten Reihen hinüber zur Turnhalle zu begeben. Es sollte eine »Saarfeier« stattfinden, um die »Rückkehr des Saarlandes in das Deutsche Reich« würdig zu feiern. Erich ging mit Erwin als Letzter aus dem Klassenzimmer und beide überlegten gerade, wie sie sich am besten vor der Teilnahme drücken könnten, als der Pedell auf sie zutrat und ihnen zwei Briefumschläge aushändigte. »An Sigmund Levi und an Julius Levi, das sind doch eure Väter?«

Beide nickten beklommen. Erich war es, als fasse er glühendes Eisen an, aber er hielt den Brief fest in der Hand und brachte auch so etwas wie ein »Dankeschön« heraus.

Erschrocken starrte Erwin ihn an. »Was das wohl ist?«

Erich lachte bitter. »Kannst du dir das nicht denken?« Erwin schlug die Augen nieder. »Doch. Ich glaube schon.« Wortlos traten sie miteinander den Heimweg an. Es war nicht mehr wichtig, ob sie an dieser Feier teilnahmen, und es war auch nicht mehr wichtig, ob sie für ihr Schwänzen bestraft würden.

»Bringen wir es hinter uns«, sagte Erich mit einem schiefen Lächeln und nickte Erwin zu. Er sah ihm noch einen Augenblick nach, bis der Vetter seinem Blick entschwunden war. Er war ein schmächtiger Kerl, kleiner als Erich und auch nicht so gut in der Schule wie er. Früher hatte er sich oft über ihn lustig gemacht, über das Hätschelkind seiner Mutter, den behüteten und verwöhnten einzigen Sohn von Tante Lea und Onkel Sigmund. Komisch, viel hatten sie nie miteinander geredet. Er wusste beispielsweise gar nicht, was Erwin einmal werden wollte. Er wusste gar nichts von seinen Wünschen und Träumen. Und jetzt waren sie Schicksalsgenossen.

Er schlug den Weg zur elterlichen Wohnung ein, ging ganz langsam, denn der Schulranzen mit dem Brief hing tonnenschwer auf dem Rücken. Er fand Vater und Mutter im Wohnzimmer, wo sie gerade am Schreibtisch über die Rechnungsbücher gebeugt saßen. Sie rechneten viel in diesen Tagen, denn der Verlust von vier Kälbern und zwei Milchkühen wog viel, ganz abgesehen von den fünfhundert Mark, die Julius geopfert hatte, um das restliche Vieh, seinen Sohn und sich selbst auszulösen. Er war am nächsten Morgen zur Polizei gegangen, um Anzeige zu erstatten. Wenig später teilte man ihm mit, die von ihm genannten Personen hätten mit der Sache nichts zu tun, sie stritten alles ab und hätten auch Zeugen. Dabei wusste die ganze Stadt, wer an dem nächtlichen Überfall beteiligt war. Aber mit einer Bestrafung oder gar mit Schadenersatz hatte die Familie Levi ernstlich sowieso nicht gerechnet.

Nun legte Erich wortlos den Brief auf den Schreibtisch. Ohne Erich anzusehen, öffnete der Vater ihn und überflog die wenigen Zeilen.

Schließlich richtete er sich auf und sagte zu Melanie gewandt: »Mutter, lege mir bitte den guten grauen Anzug heraus und ein frisches Hemd, ich muss zum Direktor. Heute Mittag um zwei bin ich einbestellt.« Im Vorbeigehen strich er Erich sanft über den Kopf, eine Geste, die er sich in der letzten Zeit nicht mehr getraut hatte. Normalerweise hätte sich Erich diese Liebkosung auch verbeten, jetzt aber war er dankbar dafür, war es doch gut gemeint und das Einzige, was sie noch füreinander tun konnten, diese kleinen Beweise einer hilflosen Zärtlichkeit und eines engen Zusammenhalts als letztes Bollwerk gegen das Böse.

Nach dem Essen hielt es Erich nicht mehr in der Wohnung. Der Vater hatte sich ohne Abschiedsgruß auf den Weg zum Gymnasium gemacht. Wenig später schlüpfte Erich aus dem Haus, denn es war ihm unmöglich, jetzt untätig in seinem Zimmer zu bleiben. Kurz dachte er daran, hinauf zur Benzenruhe zu gehen, aber dann überlegte er es sich anders. Zum Schönenberg wollte er wieder hinauf, das entsprach seiner Stimmung eher. Dort konnte er auch noch einmal ungestört Gertrauds neuen Brief lesen, den ihm Lotte am Morgen gegeben hatte. Gertraud hatte ihn in den Briefumschlag gesteckt, der an Lotte adressiert war.

Sie habe von Lotte gehört, was passiert war, es sei so furchtbar, wenn sie ihn nur trösten könnte! Und warum er ihr denn nicht schreibe, er solle den Brief Lotte geben, die würde ihn mit ihrem zusammen in einen Umschlag stecken und Lotte würde den Brief auch nicht lesen, ganz bestimmt nicht.

Als er auf »ihrer Bank« sitzend die Zeilen noch einmal las, wusste er plötzlich, dass er Gertraud nicht schreiben würde. Er würde ihr nie mehr schreiben. Diese Gewissheit war in ihm, auch wenn ihm die Gründe noch unklar waren. Es würde gewiss wehtun, aber es war besser so. Es war sinnlos, etwas fortzusetzen, was schon zu Ende war. Und es war zu Ende, das wusste er seit dieser Februarnacht jetzt ganz genau. Es war besser, den Schmerz nicht zu verlängern. Auf dem Rückweg in die Stadt dachte er noch darüber nach, ob es so richtig war, und was er Gertraud sagen sollte. Es war sehr schwierig, die richtigen Worte zu finden, damit sie ihn verstehen konnte.

Als er am Marktplatz angelangt war und ihn überqueren wollte, sah er plötzlich schräg vor sich am Eingang der großen Papierwarenhandlung Fanny stehen. Sie war in ein Gespräch mit einer älteren Dame vertieft, die Erich kannte, deren Name ihm aber nicht einfiel. Er verlangsamte seine Schritte und duckte sich hinter einen der mächtigen Kastanienbäume, um sie zu beobachten. Es war ganz unverändert noch die alte Fanny, ihre Fanny. Nur die Haare trug sie anders, irgendwie waren sie kürzer. Nach einer für Erich fast endlosen Weile verabschiedete sie sich von der Dame und ging direkt auf Erich zu. Er sah sich um, auf dem Marktplatz waren keine Passanten zu sehen, nur einige Kinder spielten und lärmten in der Mitte des Platzes. Sie hatte ihn bislang nicht bemerkt und als sie genau auf seiner Höhe war, trat er plötzlich aus dem Schatten des Baumes heraus und sagte leise: »Guten Tag, Fanny.«

Sie stieß einen leisen Schrei aus und fuhr sich mit der Hand ans Herz. »Erich, du …? Mein Gott, hast du mich erschreckt!«

»Das wollte ich nicht, Fanny, ehrlich. Aber ich habe mich so gefreut, dich zu sehen. Wie geht es dir denn?«

»Erich, hör zu«, sie warf gehetzte Blicke um sich wie ein Tier, das nach seinem Verfolger Ausschau hält, »es tut mir Leid, Erich, aber wir sollten hier nicht miteinander sprechen. Gerade hier nicht. Wir … wir bekommen sonst Schwierigkeiten.« Dabei musterte sie besorgt aus den Augenwinkeln eines der stattlichsten Häuser am Marktplatz, das schräg gegenüber stand. Erich wusste warum. Hier wohnte er, der Ober-Nazi, der gefürchtete Kolbe.

»Was für Schwierigkeiten, Fanny? Warum hast du denn solche Angst? Und warum hast du dich nicht mehr gemeldet? Wir haben dir so oft geschrieben«, sagte Erich drängend und tat so, als habe er ihren letzten Einwand gar nicht gehört.

»Erich, versteh doch.« Sie trat ein paar Schritte zur Seite und Erich fürchtete schon, dass sie gleich weglaufen würde. Aber dann sah Fanny ihn noch einmal an, sah den bittenden Blick des Jungen, dem sie früher schon nicht widerstehen konnte, und kam wieder näher. Sie drückte sich an den rissigen Baumstamm, der sie vor Blicken halbwegs schützte, und erzählte dann mit fliegendem Atem: »Ich wollte euch ja immer schreiben und auch besuchen, aber mein Vater hat es verboten. Sie haben ihm gedroht und auch meinen Brüdern ...« Sie brach ab und sah ihn flehend an. »Versteh doch, der Vater hat solche Angst, ich war halt nun einmal die ›Juden-Fanny‹ ...«

»Aber womit drohen sie euch denn?«

Sie zuckte mit den Schultern. »So halt. Nichts Genaues. Man soll sich in Acht nehmen. Der Vater hat sogar gemeint, dass sie ihm vielleicht den Hof abbrennen.« Sie schluckte ein paar Mal und sagte dann hastig: »Glaub mir, für mich ist es auch schlimm. Wenn ich in Ellwangen bin und gehe am Haus meiner Levis vorbei, ich ... ich muss jedes Mal heulen. Ich gehe dann immer auf die andere Straßenseite, ich kann gar nicht hinschauen.«

Erich sah, dass ihre Augen nass wurden. Sie kramte in ihrer Handtasche nach einem Taschentuch und tupfte sich damit die Tränen ab. »Von den Wolfs bin ich auch weg. Ich bin jetzt bei einer christlichen Familie. Da gefällt es mir gar nicht. Letzthin haben sie sogar behauptet, ich hätte Geld gestohlen. Kannst du dir das vorstellen? Aber ... aber bald komme ich nach Ellwangen zurück.« Sie versuchte unter Tränen ein Lächeln, das allerdings ziemlich schief ausfiel. »Ich heirate nämlich bald.«

Plötzlich musste Erich ebenfalls lächeln. »Aber das geht doch nicht, Fanny.«

Verblüfft schaute sie ihn an. »Und warum nicht?«

»Weil *ich* dich heiraten werde. Oder Max. Jedenfalls soll es in der Familie bleiben. Weißt du nicht mehr?«

Sie nickte und für einen Moment schauten sie sich sprachlos an. So viele Erinnerungen verband sie, eine gute, gemeinsame Zeit, die jäh und endgültig beendet worden war. Und es blieb ihnen nicht einmal der Trost einer Verbundenheit über diese Trennung hinaus. Etwas war unwiederbringlich zerstört worden. Fanny schien das auch so zu empfinden. Ohne ihn noch einmal anzusehen, sagte sie: »Ich muss jetzt gehen, Erich. Sage deinen Eltern und Max einen schönen Gruß. Ich denke wirklich oft an euch.«

Erich nickte. »Danke. Dir auch alles Gute. Und herzlichen Glückwunsch! Wer ist denn der Glückliche?«

Schon im Weggehen sagte sie: »Du kennst ihn nicht. Und jetzt zum letzten Mal, ade Erich.« Sie drehte sich um und ging schnellen Schritts über den Platz.

Erich schloss für einen Moment die Augen und sah sie mit Julius auf dem Weg zum Bahnhof gehen, als sie damals nach Stuttgart fuhr, um ihre neue Stelle anzutreten. Jetzt geht auch Fanny aus unserem Leben hinaus, hatte er noch ganz kindlich gedacht. Und er hatte Recht gehabt.

Als er die Wohnungstür aufschloss, hörte er Julius und Onkel Sigmund gedämpft reden, überlagert von der hohen, aufgeregten Stimme Tante Leas. Also waren Vater und Onkel zurück und der Familienrat hatte bereits begonnen.

Die Entscheidung war gefallen. Er drückte vorsichtig die Tür zum Wohnzimmer auf und plötzlich wurde es still. Alle verstummten und sahen ihn an. Er bemühte sich ganz ruhig zu wirken, obwohl seine Knie zitterten. Tante Lea saß auf dem Sofa mit Erwin, der verheulte Augen hatte. Julius stand am Fenster, die brennende Zigarre in der Hand. Onkel Sigmund und Melanie hatten jeweils in einem der schweren Ledersessel Platz genommen. Er ging hinüber zur Mutter und setzte sich auf die Lehne. Melanie legte den Arm um ihn und er drückte für einen Moment den Kopf gegen ihr Haar. Ihr wohlvertrauter Duft stieg ihm in die Nase und sein Herz schlug plötzlich etwas ruhiger.

»Wo hast du denn gesteckt, Erich?«, fragte der Vater. »Wir haben uns schon große Sorgen gemacht.« Julius bemühte sich seiner Stimme einen festen Klang zu geben, aber Erich hörte die brüchigen Untertöne, hörte die Angst und die verzweifelte Ohnmacht dahinter.

»Ich war spazieren«, sagte er knapp und blickte den Vater auffordernd an. »Nun sag es schon. Ich weiß ja, was kommt. Also sag es bitte, damit wir es hinter uns bringen.«

Julius räusperte sich. »Wie du weißt, sind Sigmund und ich bei Dr. Kaiser gewesen. Er war sehr freundlich und zuvorkommend, aber er hat uns auch sehr deutlich gesagt, dass ... nun ja, du kannst es dir wohl denken, Erich – wir sollen euch aus der Schule nehmen, dich und Erwin. Wir sollen damit einem Ausschluss aus der Schule zuvorkommen und euch so vor weiteren Schikanen bewahren, die unweigerlich auf euch zukommen werden. Das hat Dr. Kaiser unmissverständlich gesagt.«

Julius' Worte standen im Raum. Die Botschaft war klar. Dennoch fragte Erich nach. Obwohl er mit all dem gerechnet hatte, gab es dennoch eine Stimme, tief in seinem Innern, die ihm zuflüsterte, gespeist von der ohnmächtigen Wut, Opfer einer himmelschreienden Ungerechtigkeit zu sein.

Ständig werden Urteile über mich gesprochen und ich habe doch nichts getan, dachte er und ballte die Fäuste. Trotzig stieß er hervor: »Wie können wir aus der Schule ausgeschlossen werden, Erwin und ich, obwohl wir gar nichts getan haben? Wir sind ordentliche Schüler, benehmen uns anständig, warum also kann man uns einfach ausschließen?«

Für einen Moment wusste niemand etwas zu sagen. Julius starrte seine Zigarre an, als finde er in den emporsteigenden Rauchkringeln eine Antwort. Schließlich begann Onkel Sigmund zu sprechen. Er wirkte müde und dehnte seine Worte, als bedeute jedes einzelne eine unendliche Anstrengung. »Das haben wir den Direktor natürlich auch gefragt, Erich. Aber es gibt wohl ein neues Gesetz, das jetzt gerade in Kraft tritt. Es besagt im Prinzip, dass jüdische Schüler jederzeit ausgeschlossen werden können. Einen so genannten Gummiparagraphen nannte es Dr. Kaiser, aber es gibt den Schulleitungen eben die Möglichkeit, jüdische Schüler vor die Tür zu setzen.«

»Und was genau steht in diesem Gesetz?«, fragte Erich und bemühte sich ruhig zu bleiben.

»Nun, einmal heißt es, dass arische Schüler hinter nichtarischen Schülern nicht zurückgesetzt werden dürfen, was immer das auch heißt. Und dann – ich hoffe, ich bringe es noch richtig zusammen – ist davon die Rede, dass Schüler, die die ›Volksgemeinschaft schädigen‹, von der Schule zu verweisen sind.«

»Aber …« Erich fuhr empor.

»Kein ›Aber‹«, fiel ihm Onkel Sigmund ins Wort. »Kein

›Aber‹, Erich. Das nützt gar nichts. Du weißt doch selbst, dass Juden in der Sicht der Nazis automatisch Schädlinge sind. Und es kommt noch etwas anderes hinzu.« Er machte eine kurze Pause und schaute seinen Neffen an, voller Mitleid, wie Erich fand, den dieses Mitleid noch wütender machte. »Auch das hat uns Dr. Kaiser erklärt. Dieser letzte Paragraph kann sich ebenfalls auf die arischen Schüler beziehen. Dann nämlich, wenn sie Kontakte zu jüdischen Schülern unterhalten. Das heißt also, dass praktisch jeder, der sich mit euch abgibt, mit euch spricht, von der Schule verwiesen werden kann. Was das bedeutet, brauche ich dir wohl nicht zu erklären.«

Erich starrte den Onkel an. Erst langsam begriff er den Sinn der Worte. Das bedeutete dann auch, dass Helmut riskierte hinausgeworfen zu werden. Irgendwann würde sicher jemand bemerken, wie er abends vor seinem Fenster stand und sie dann gemeinsam am hinteren Eingang verschwanden. Es war nur noch eine Frage der Zeit … und Gertraud? Falls der Briefwechsel doch entdeckt wurde? Und was würde mit Lotte geschehen? Instinktiv hatte er es geahnt. Nicht nur er war in Gefahr, sondern er war auch eine Gefahr für alle, die ihn gern hatten, ihm helfen wollten, ihn liebten. Wie grausam das war, grausam und raffiniert! Wie betäubt hörte er Julius' Worte.

»Glaub mir, Erich, wenn Onkel Sigmund und ich irgendeine Möglichkeit gesehen hätten … aber Dr. Kaiser hat Recht. Sein Nachfolger ist zwar noch nicht ernannt, aber es ist sicher jemand, der ganz auf der Nazi-Linie liegt. Höchstwahrscheinlich sogar ein Parteigenosse, denn im katholischen Ellwangen achtet man besonders darauf, dass jetzt alle wichtigen Stellen nach und nach von Nazis besetzt werden. Das meint jedenfalls Dr. Kaiser und ich muss ihm da zustimmen. Sogar Gremm ist im Gespräch als Nachfolger. Jedenfalls …« Er stockte kurz und fuhr dann mit festerer Stimme fort: »… jedenfalls haben wir euch abgemeldet von der Schule, dich und Erwin, gleich heute Nachmittag noch. In drei Wochen, am Ende des Schuljahres, werdet ihr das Gymnasium verlassen!«

Erich sprang auf. »Ihr habt uns schon abgemeldet?« Er trat dicht vor den Vater, der ganz bleich geworden war. »Warum habt ihr das getan? Warum?« Am liebsten hätte er Julius am Revers seines Jacketts gepackt und ihn geschüttelt.

»Erich!« Onkel Sigmund sprang auf und trat dicht neben ihn. Erich spürte, wie er ihm begütigend die Hand auf die Schulter legte. »Erich, ich denke, wir haben euch klar gemacht, dass es keinen anderen Weg gab. Erwin sieht das auch so und …«

»Aber ich nicht«, fiel ihm Erich ins Wort. »Natürlich ist mir klar, dass sie uns jederzeit hinauswerfen können, aber wir gehen doch nicht freiwillig! Wir haben nichts getan. Dann sollen sie uns eben rausschmeißen, aber wir gehen nicht freiwillig. Ich lasse mich von denen nicht einschüchtern.«

»Aber denke doch daran, was Dr. Kaiser gesagt hat. Denk an die Schikanen, die noch auf euch zukommen werden, ihr seid doch jetzt schon völlig isoliert.«

Erich hörte die Stimme der Mutter hinter sich, sanft und doch beschwörend. Aber ihre Worte erreichten ihn nicht, er schüttelte wild den Kopf.

Julius räusperte sich mehrmals und sah dabei über Erich hinweg Onkel Sigmund an, der ihm wohl zunickte, denn er richtete den Blick jetzt fest auf seinen Ältesten. »Es ist noch etwas anderes, Erich. Es geht ja auch um Max.«

Natürlich, auch Max war betroffen. Benommen wischte sich Erich über die Stirn. Was für das Gymnasium galt, musste logischerweise auch für die anderen Schulen gelten.

»Was ist mit Max?«, fragte er unsicher.

»Nun, Dr. Kaiser hat uns fest zugesagt, dass er dafür sorgen wird, dass Max bis zur achten Klasse bleiben darf. Er will sich bei der Behörde ausdrücklich dafür verwenden. Max kann so die reguläre Schulzeit durchlaufen und hat dann auch einen Schulabschluss. Allerdings …«, Julius zögerte und senkte den Blick zu Boden, »… allerdings hat uns Dr. Kaiser klar gemacht, dass wir quasi als Gegenleistung dich und Erwin freiwillig aus der Schule nehmen und kein Aufhebens wegen der Sache machen. Irgendwie wollen sie nicht, dass Unruhe entsteht. Und da über kurz oder lang euer Schulausschluss sowieso angestanden hätte, haben wir uns entschlossen …«

»Also zieht ihr den Schwanz ein, damit Max bleiben darf!«

»Erich, bitte nicht diesen Ton«, hörte er die Mutter im Hintergrund flüstern. Julius versuchte, seinen Arm um die Schultern seines Sohnes zu legen, aber Erich schüttelte ihn unwillig ab. Er blickte sich für einen Moment tränenblind im Zimmer um, sah Tante Lea, die sich die Augen tupfte, und Erwin, der ihn mit offenem Mund anstarrte. Er sah den Vater, der von ihm weggetreten war und heftig an seiner Zigarre zog. Onkel Sigmund stand mit gesenktem Kopf da, und die Mutter erhob sich aus ihrem Sessel und wollte auf ihn zugehen. Erich machte eine abwehrende Handbewegung und stürzte aus dem Zimmer.

Die Wanduhr tat sieben Schläge, als Erich zum ersten Mal wieder seine Umgebung bewusst wahrnahm. Er musste

Stunden wie in Trance an seinem Tisch gesessen haben. Zuerst hatte er mechanisch den Ranzen ausgepackt und seine Schulsachen akkurat aufgebaut. Dann hatte er mit den Lateinhausaufgaben begonnen, wie ein Automat tunkte er die Feder in die Tinte und wollte beginnen die Buchstaben auf das Papier zu malen, da bemerkte er, dass er den Federhalter so fest aufsetzte, dass die Tinte in großen Klecksen heruntertropfte. Dann hatte er zu zittern angefangen, die Feder weggeworfen und auf den Text gestarrt, bis die Wörter zu tanzen begannen. Was tue ich da?, hatte er sich gefragt. Er würde nie mehr in seinem Leben Latein können müssen, er musste auch keine Hausaufgaben mehr machen.

Es war vorbei. Er saß da, saß einfach nur da und wartete auf das Weinen, aber es kam nicht. Ein leises Klopfen an der Tür brachte ihn jetzt vollends in die Realität zurück. Vorsichtig ging die Tür auf und Max schob sich langsam herein.

»Erich«, begann er unsicher, »Erich, ich soll dir sagen, dass wir gleich Abendbrot essen und …«

»Verschwinde!«, schrie Erich plötzlich wie von Sinnen. »Verschwinde und lass mich in Ruhe!«

Max schnappte nach Luft und warf die Tür hörbar hinter sich ins Schloss.

Was mache ich denn da?, dachte Erich müde. Er kann doch gar nichts dafür. Aber es war da, dieses hässliche Gefühl des Neides und der Eifersucht. Max durfte auf der Schule bleiben und ihn hatte man dafür geopfert. Im gleichen Moment schalt er sich selbst, dass das blühender Unsinn war, aber er bekam es einfach nicht mehr aus dem Kopf, dieses hässliche, nagende Gefühl der Eifersucht.

Später ging er doch hinüber in die Küche, wo bedrücktes Schweigen herrschte. Die Mutter stellte ihm wortlos einen Teller Suppe hin, den er aber gleich wieder wegschob.

»Ich habe noch eine Frage«, sein Tonfall erschreckte ihn selber, er klang gehässig und aggressiv.

Aber Julius schien froh zu sein, dass er überhaupt redete, und versuchte sogar ein kleines Lächeln. »Ich nehme an, du hast noch viele Fragen und wir haben ja auch einiges zu besprechen.«

»Was soll ich denn jetzt machen? In drei Wochen ist das Schuljahr zu Ende und irgendetwas muss ich dann tun. Soll ich anschließend bei den Fräulein Pfisterer Kisten schleppen oder Peter beim Stallausmisten helfen?«

»Erich, bitte.« Die Mutter schaute ihn flehend an.

»Lass nur.« Julius legte seine Hand auf ihren Arm. »Erich hat Recht. Onkel Sigmund, deine Mutter und ich haben heute Mittag noch lange darüber gesprochen«, sagte er wieder zu Erich gewandt. »Wir sind übereingekommen, dass ihr am besten eine Lehre macht, du und Erwin. Wir denken an eine große und angesehene Firma, wo ihr eine solide kaufmännische Ausbildung bekommt. Dann stehen euch später viele Wege offen.«

Was für Wege? Von welchen Wegen redete der Vater? Er wollte studieren, Jura studieren und Richter werden. Oder vielleicht doch Rechtsanwalt, wenn es nicht anders ging. Alle diese Gedanken schossen ihm durch den Kopf. Laut fragte er: »Und wo soll es diese alte und angesehene Firma geben, die einen jüdischen Schüler aufnimmt? Kannst du mir das einmal sagen?« Plötzlich fiel der aufgesetzte Optimismus vom Vater ab. Erich sah erschreckt, dass die Mutter lautlos zu weinen begonnen hatte.

»Hier in der Gegend natürlich nicht, das ist klar«, sagte Julius schließlich zögernd. »Es gibt eigentlich nur eine Möglichkeit, die aber gleichzeitig viele Vorteile bietet.«

»Und die wäre?«

»Onkel Ludwig«, sagte Julius knapp. »Onkel Ludwig in Pirmasens. Dort gibt es viele jüdische Unternehmen und er selber arbeitet bei einer großen jüdischen Firma. Du wärst dann auch in seiner Familie gut aufgehoben. Ich habe vorhin schon mit ihm telefoniert. Er ist einverstanden und erkundigt sich gleich morgen nach einer möglichen Lehrstelle für dich.«

»Erich soll weg?« Max sprang so heftig von seinem Stuhl auf, dass er polternd nach hinten fiel. »Erich kann nicht fort! Das geht doch nicht!«

»Max, beruhige dich und stelle deinen Stuhl wieder hin. Es ist zu Erichs Bestem«, sagte Julius missbilligend.

Erich war wie vor den Kopf geschlagen. Daran hatte er noch gar nicht gedacht. Er musste fort, aus Ellwangen, von zu Hause … fort! Wo lag denn dieses Pirmasens? Als kleiner Junge war er einmal dort gewesen, mit Vater und Mutter, um Onkel Ludwig zu besuchen. Das war kurz nach dessen Heirat gewesen. Sie waren endlos lange mit dem Zug gefahren, aber ansonsten konnte er sich an nichts mehr erinnern. Plötzlich durchzuckte ihn ein neuer Gedanke. »Wenn ich schon fortmuss, könnte ich auch in eine der großen Städte gehen, wo es jüdische Schulen gibt, und dort mein Abitur machen.«

Entschieden winkte Julius ab. »Unmöglich, Erich. Das geht nicht. Die nächste größere Stadt mit einem jüdischen Gymnasium wäre Frankfurt. Du kannst mit knapp fünfzehn Jahren nicht mutterseelenallein dorthin gehen. Ganz abgesehen davon, dass wir uns das finanziell einfach nicht leisten können.«

Erich sprang auf. In seinem Kopf dröhnte es unablässig: Lehre … Pirmasens … Schule abgemeldet … Onkel Ludwig … Und diese Gedankenfetzen wurden immer stärker überlagert von der Erkenntnis, die sich ihm erst jetzt in seiner ganzen Bedeutung erschloss: Ich muss fort!

Müde schlurfte er hinüber in sein Zimmer, sah noch, dass die Mutter ihm folgen wollte, vom Vater aber zurückgeholt wurde und hörte durch die geschlossene Tür seines Zimmers noch lange Max weinen. »Erich darf nicht fort! Ich will nicht, dass er geht. Ich will, dass Erich hier bleibt ...«

Einige Tage später rief Onkel Ludwig an. Erich konnte Anfang Mai bei der Firma »Adler & Oppenheimer« als kaufmännischer Lehrling anfangen. Das war die Firma, in der er selbst beschäftigt war, als rechte Hand des Direktors, wie ihm Julius erzählte.

»Das ist eine gute Nachricht, mein Junge!« Julius schien richtig erleichtert. »Wir sind froh, Mutter und ich, dass fürs Erste deine Zukunft gesichert ist und dass du auch versorgt und aufgehoben bist. Onkel Ludwig und Tante Ruth werden dich herzlich aufnehmen.«

Eine gute Nachricht, was sind bei uns bloß gute Nachrichten geworden?, dachte Erich. Ich muss fort, in eine fremde Stadt und mit einer Arbeit beginnen, die ich nicht will. Muss alles zurücklassen, was mir etwas bedeutet, die Familie, Helmut, all die Plätze und Straßen, in denen ich aufgewachsen bin, und auch meine Träume und meine Hoffnungen. Flüchtig schoss ihm noch einmal ein Bild durch den Kopf, ein ganz bestimmtes Bild, das sich dort festgesetzt hatte. Er saß mit Gertraud am Neckar in Tübingen, zwei junge Studenten voller Erwartungen an die Zukunft. Das würde jetzt ein Traum bleiben, eine zerstörte Hoffnung, die nur noch schmerzte und die man besser vergaß.

Die Mutter hatte ihm vorgeschlagen, die letzten drei Wochen nicht mehr in die Schule zu gehen. »Vater und ich haben dafür Verständnis und ich denke, Dr. Kaiser auch«, hatte sie noch am gleichen Abend gesagt. Sie war doch noch spät in sein Zimmer gekommen und hatte lange auf der Bettkante gesessen, seine Hand in der ihren haltend, so wie sie es früher gemacht hatte, wenn er krank war. Er wollte ihr erst die Hand entziehen, doch sie hatte sie festgehalten. Und irgendwie tat es gut, diese vertraute Berührung aus Kindertagen. Sie wussten beide nicht viel zu sagen, aber hinter dem Schweigen spürte er die tiefe Verzweiflung der Mutter. Ihren Vorschlag allerdings, der sicher gut gemeint war, wies er zurück. »Ich muss dahin, Mama. Sie sollen nicht sagen, dass ich kneife. Bitte versteh mich.«

Sie hatte überlegt und dann genickt: »Das darfst ganz allein du entscheiden, Erich.« Und so war er in die Schule gegangen, als ob nichts vorgefallen sei. Die anderen wussten es noch nicht, das merkte er an ihrem Verhalten. Auch Helmut war ahnungslos. Bei einem ihrer abendlichen Treffen spekulierte der Freund, wen sie wohl nächstes Jahr als Klassenlehrer bekommen würden. »Gremm sind wir bestimmt los, zwei Jahre reichen auch wirklich«, meinte er. »Wenn er uns dann auch noch als Direktor erspart bleibt ... andererseits, man soll sich nie zu früh freuen, wer weiß, was noch alles kommt.«

Erich hatte bei diesen Überlegungen den Kopf gesenkt, damit Helmut die Tränen nicht sah, die ihm in die Augen gestiegen waren. Für ihn würde es kein nächstes Jahr mehr geben, aber das konnte er dem Freund noch nicht sagen.

So ging er also weiter in die Schule, beteiligte sich aber kaum mehr am Unterricht, sondern saß meist teilnahmslos da. Die Lehrer ließen ihn in Ruhe, sogar Gremm ignorierte ihn. Sie wussten bestimmt schon, dass er die Schule verlassen würde. Manchmal musterte er heimlich Gremm, ob er dieses überlegene Lächeln des Siegers zeigen würde, so wie früher, wenn er ihn erfolgreich schikaniert hatte. Aber Gremm schaute ihn nicht an, tat, als sei er Luft und trug seine übliche undurchdringliche Miene zur Schau. In diesen Tagen kam es Erich manchmal so vor, als handle er wie ein aufgezogener Automat, der genau vorgezeichnete Arbeiten verrichtete. Denken und Fühlen schienen ausgeschaltet und es kam ihm so vor, als sitze er unter einer riesigen Glasglocke. Was passiert war und was passieren würde, hatte noch nicht vollständig sein Bewusstsein erreicht. Es schien ihm undenkbar, dass er in wenigen Tagen zum letzten Mal durch das mächtige Portal des Gymnasiums in sein Klassenzimmer gehen würde.

Aber dann rückte er doch heran, dieser letzte Tag, unerbittlich und unausweichlich. Er packte nach dem Klingeln zum letzten Mal Bücher und Hefte in seinen Schulranzen, verstaute besonders sorgfältig das Zeugnisheft, das ihm Gremm wortlos ausgehändigt hatte, zwischen die Seiten des Lateinbuchs, und steckte Erwins Zeugnis daneben. Der Vetter war in der letzten Woche nicht mehr in die Schule gekommen. Er sei krank und das Ganze rege ihn auch zu sehr auf, hatte Tante Lea erklärt. Seine Mitschüler drängten sich an ihm vorbei, lärmten und jubelten, ohne ihn zu beachten, einige andere aber drückten sich verlegen an der Tür herum und warfen ihm neugierige und auch mitleidige Blicke zu. Es hatte sich in den letzten Tagen herumgesprochen, dass die beiden Levis die Schule verlassen würden, und Gremm hatte es vor dem Austeilen der Zeugnisse verkündet. »Auf eigenen Wunsch«, hatte er betont und dabei hatte noch einmal dieses kleine, kalte und böse Lächeln seine Lippen umspielt. Helmut blieb beim Hinausgehen kurz neben Erich stehen und flüsterte ihm zu: »Ich komme heute Abend vorbei. Gegen neun. Ist dir das recht?« Erich nickte. Ohne auf Kampmann zu achten, der feixend in Erichs Richtung gestikulierte und ihm giftige Blicke zuwarf, sagte er plötzlich heiser: »Mensch, warum hast du mir denn nichts davon gesagt?«

»Was hätte das genützt?«, flüsterte Erich zurück.

Und dann kamen doch tatsächlich Reger und noch ein paar andere und drückten ihm die Hand. »Auf Wiedersehen, Levi. Mach's gut.« Hilflos und betreten standen sie für einen Moment vor ihm. Dann war auch das vorbei und er hatte es überstanden, ohne loszuheulen. Er wartete, bis alle draußen waren, und ging dann als Letzter ganz langsam die mächtige Treppe hinunter. Langsam und bedächtig ließ er die Finger am Handlauf hinuntergleiten. Wie viele Hände hatten schon dieses Eichenholz umfasst, zitternde, aufgeregte, schwitzende, fröhliche, erwartungsvolle – und jetzt fuhr seine Hand zum letzten Mal liebevoll über das blank polierte Holz des Geländers. Ja, es war eine liebevolle Geste, denn er hatte es geliebt, dieses Haus, in dem er einen Teil seines Lebens verbracht und so viel gelernt hatte. Er hatte Dinge gelernt, die wichtig und wertvoll waren, auch wenn sie jetzt nichts mehr galten. Und er hätte so gern mehr davon gewusst. Aber es war zu Ende. Unten angekommen, ließ er noch einmal seinen Blick über den langen Flur schweifen, der ihm mit seiner gewölbten Decke immer wie das Innere einer Kirche vorgekommen war. Er wusste, dies war ein Abschied für immer.

Fortmüssen

Am Samstag, dem vierten Mai 1935, rumpelte der Leiterwagen der Levis über das Kopfsteinpflaster in Richtung Bahnhof. Julius zog ihn, Erich und die Mutter gingen hinten drein, ganz bewusst diese letzten Augenblicke des Abschieds auskostend. Auf dem Wagen stand Erichs Koffer, der große alte Familienkoffer, randvoll mit Hemden, Socken, Unterwäsche, zum Teil ganz neu angeschafft, obwohl das Geld doch weiß Gott knapp war. Mutter hatte auch zwei noch nicht so oft getragene Anzüge von Julius für ihn umarbeiten lassen und der alte Herr Kugler hatte versucht die Säume an Erichs Bar-Mitzwah-Anzug herauszulassen. Allerdings hatte er sich vergeblich bemüht. »Da ist nichts mehr zu machen, Frau Levi«, hatte Herr Kugler bedauernd gesagt. »Ihr Erich ist einfach zu groß geworden.«

Jetzt sollte ihn Max für seine Bar-Mitzwah bekommen, auch wenn er lieber einen neuen gehabt hätte. Aber Vaters Anzüge passten Erich jetzt tadellos, richtig elegant und erwachsen sah er darin aus. »Du musst ordentlich aussehen an deinem Arbeitsplatz«, hatte die Mutter ein ums andere Mal gesagt und liebevoll die blütenweißen Taschentücher und die frisch gestärkten Oberhemden in den Koffer gepackt. Sie hatte ihn auch gefragt, welche Bilder und welche Andenken er mitnehmen wolle. Schließlich sollte er in Pirmasens ein Zimmer ganz für sich alleine bekommen. Eine kleine

Kammer zwar nur, hatte Onkel Ludwig geschrieben, denn vor ein paar Monaten war das zweite Kind gekommen, ein kleiner Sohn, und sie brauchten das Kinderzimmer für ihn und die kleine Lucie. Aber das Dienstmädchen hatte letzthin gekündigt und so konnte er deren Zimmer haben.

»Du richtest es dir ein bisschen nett und gemütlich ein«, hatte die Mutter gesagt und ihm einige Bilder gezeigt, die er mitnehmen sollte, Bilder von der Familie, von Ellwangen, aber Erich hatte alles zurückgewiesen. Er wollte dieses Zimmer nicht »nett und gemütlich« einrichten. Es war ein Ort, an dem er vorübergehend leben würde, eine Durchgangsstation. Besser, man fing gar nicht erst an, sich noch irgendwo heimisch zu fühlen. Die einzigen Andenken, die er mitgenommen hatte, waren ein Bild der Mutter und sein altes Deutschbuch mit dem Gedicht vom schlafenden Deutschland, das sie damals bei Professor Wagner gelesen hatten, und außerdem noch das schmale Reclam-Bändchen mit dem »Don Carlos«, denn das erinnerte ihn an Gertraud.

Der Wagen rumpelte durch die Hindenburgstraße, auf der Passanten rasch von Geschäft zu Geschäft eilten. Einige warfen verstohlen neugierige Blicke auf diese merkwürdige kleine Prozession. Die Fräulein Pfisterer hatten ihm gestern Abend eine Tafel Schokolade und zehn Reichsmark in die Hand gedrückt, Fräulein Marie hatte sogar geweint. Jetzt standen sie beide am Schaufenster und winkten ihm mit ihren weißen Taschentüchern nach.

Vom Kreuz-Wirt war auch noch ein Geschenk gekommen und Helmut hatte ihm an ihrem letzten Abend verlegen ein rechteckiges Päckchen in die Hand gedrückt. »Hier, für dich. Es sind die Gedichte von Heine, sogar eine recht alte Ausgabe. Vater hat sie mir extra für dich mitgegeben.

Mit einem schönen Gruß von ihm.« Dann hatten sie sich noch einmal stumm die Hand gedrückt. »Schreib mir, Erich«, hatte Helmut noch im Hinausgehen gebeten, dann fiel die Tür hinter ihm ins Schloss. Der Heine-Band lag jetzt sorgfältig verpackt im Innern seines Rucksacks. Nachher im Zug wollte er anfangen, darin zu lesen. Er wusste schon, warum ihm Helmut und sein Vater gerade dieses Buch geschenkt hatten. Heine war auch ein Jude gewesen, einer, den sie nicht geduldet hatten in Deutschland, und der die Heimat verlassen musste.

Eigentlich bist du in guter Gesellschaft, Erich Levi, dachte er mit grimmigem Spott, als sie das große Tor durchschritten, das unter dem Gymnasium hindurchführte. Das große Gebäude stand still und abweisend da, die vielen Fenster blickten stumpf auf ihn herunter wie blinde Augen.

Für einen Moment dachte er noch an Dr. Kaiser, den Rex, von seinen Schülern respektiert und geliebt. Zur großen Schlussfeier in der Turnhalle am Tag nach der Zeugnisausgabe, die auch gleichzeitig die Abschiedsfeier für Herrn Dr. Kaiser sein sollte, hatte er auf keinen Fall mehr gehen wollen. »Keine zehn Pferde bringen mich da hin, ich will keinen mehr sehen«, hatte er der Mutter gesagt, aber als er dann am Samstagmorgen den anschwellenden Lärm der vielen Passanten hörte, die hinüber zur Turnhalle strömten, hatte es ihn doch nicht mehr gehalten. Er musste hinüber, irgendwie war er das seinem alten Direktor schuldig, bei seiner Abschiedsfeier musste er dabei sein.

Die Halle war überfüllt. An den Wänden drängten sich viele Besucher, die keinen Platz mehr bekommen hatten. Erich zwängte sich durch die Menschentrauben, die am Eingang standen, und hatte so wenigstens einen Blick auf die Bühne, die in ein blutrotes Fahnenmeer getaucht war.

Armer Rex, dachte er und dann sprach tatsächlich der Obernazi Kolbe, der eigens für diesen Anlass gekommen war. Erich hörte kaum hin. Kolbe faselte irgendetwas vom »Eintreten für vaterländische Belange« und von »nationaler Gesinnung«. Erich wartete gespannt auf den Rex, auf seine Rede, obwohl er sich nicht so viel davon versprach. Unten saßen die ganzen bekannten Orts-Nazis und er musste wieder »mit den Wölfen heulen«, wie er es genannt hatte.

Dann trat Dr. Kaiser an das Rednerpult und mit jedem Wort, das er sprach, verblüffte er Erich und die Zuhörer mehr. Diese Rede wolle er unter das Motto eines Horaz-Zitats stellen: »Fass dir ein Herz und sei weise.« Und dann kamen Sätze, unerhörte Sätze, wie sie diese Halle in den letzten Jahren nicht mehr gehört hatte. Er habe seine Schüler immer zur Freiheit und zu größerer Selbstständigkeit erziehen wollen, sagte Dr. Kaiser. Er habe ihnen vermitteln wollen, dass sie »kein Recht auf Zügellosigkeit, auf Ausleben eines Kraftmeiertums oder eines rücksichtslosen Herrenmenschentums« hätten. »Ich wollte meinen Schülern die Freiheit zum eigenen Lernen auf den Weg geben«, hörte Erich den Rex sagen. Dann war die Rede zu Ende. Die gedrungene Gestalt im üblichen schwarzen Gehrock und den etwas wirr abstehenden weißen Haaren ging zum Platz zurück und dann setzte der Beifall ein, zunächst noch verhalten und zögerlich, dann aber immer lauter werdend. Einige Zuhörer klatschten nicht.

Was wohl der Kolbe für ein Gesicht macht, ob er wohl auch klatscht?, hatte sich Erich noch gedacht und stahl sich dann bei den Klängen des Horst-Wessel-Liedes hinaus.

Jetzt, auf dem Weg zum Bahnhof, erinnerte er sich noch einmal an diese Worte zurück. Er würde sie nicht vergessen. Ihm war es so vorgekommen, als habe der Rex diese Rede auch ganz speziell für ihn gehalten. Natürlich war es sehr unwahrscheinlich, dass der Oberstudiendirektor des Gymnasiums Ellwangen in diesem Moment an seinen ehemaligen Schüler Erich Levi gedacht hatte, trotzdem ging Erich diese Idee nicht aus dem Kopf. Er wollte so gerne daran glauben und er wollte diesen Satz wie ein Geschenk bei sich behalten: »Fass dir ein Herz und sei weise.«

Als sie am Bahnhof angekommen waren, hatten sie noch etwas Zeit. Sie waren zu früh von zu Hause weggegangen. Erich vermied es, ins Gesicht der Mutter zu sehen, er wusste auch so, dass sie sich tapfer bemühte, das Weinen zu unterdrücken. Hätte er sie angesehen, wäre es auch um seine Fassung geschehen gewesen. Max hatte erst gar nicht mitgewollt. Er hatte sich im Zimmer eingeschlossen und sich nicht von Erich verabschiedet.

Julius redete pausenlos, es war seine Art, mit dem Kummer fertig zu werden, indem er sich den Anschein hektischer Betriebsamkeit gab. »Onkel Ludwig holt dich am Bahnhof in Pirmasens ab, für alle Fälle habe ich dir aber seine Adresse in den Rucksack gesteckt. Und benimm dich anständig, vor allem gegenüber Tante Ruth. Halte dein Zimmer sauber und sei pünktlich ...« So ging es endlos weiter.

Erich hörte kaum hin. Er sah vom Bahnhof aus noch einmal die Türme der Stiftskirche über dem Gymnasium in den blauen Frühlingshimmel aufragen. So viele Jahre war das sein Zuhause gewesen und nun musste er fort in eine fremde Stadt. Vielleicht konnte er im Herbst zu den hohen Feiertagen wiederkommen, vielleicht bekam er da ein paar Tage Urlaub. Das musste er mit Onkel Ludwig besprechen. Der Zug fuhr langsam ein und der Dampf der Lokomotive entwich mit einem lauten Zischen. Julius riss die Tür auf und schob den Koffer in den Waggon. Erich fühlte, wie seine Mutter ihn umklammerte und ihre nasse Wange an seine Stirn drückte. Dann schob ihn der Vater fast grob in den Wagen, die Türen wurden zugeschlagen, und der Zug setzte sich ruckelnd in Bewegung. Er sah Mutter und Vater am Bahnsteig stehen, immer kleiner werdend, die Häuser der Stadt flogen an ihm vorbei und er streckte für einen Moment die Arme aus, als wolle er sie festhalten, diese vertrauten Bilder seiner Kindheit.

Pirmasens oder Der Blick zurück

Erich saß oben in der Dachkammer und versuchte das Fenster zu öffnen, um noch einmal einen Blick auf die gegenüberliegenden Häuser und die Straße tief unten werfen zu können. Der vertraute Blick seiner Kindheit, und mit einem leisen Lächeln erinnerte er sich daran, dass er damals als Kind hier stehen konnte, ohne den Kopf einzuziehen. Als er sich gegen die Dachschräge gelehnt hinsetzte, berührte er mit seinen Füßen fast die andere Wand. Von unten drang der Lärm der Straße durch das nun offene kleine Dachfenster und er konnte die Schwalben beobachten, die sich scheinbar vom strahlend blauen Himmel fallen ließen, um dann in einem weiten Bogen über den Dächern wieder aufzutauchen. Vor einer Stunde war er angekommen aus Pirmasens, der Koffer stand noch unausgepackt unten im Flur und er hatte auch das Mittagessen, das die Mutter extra für ihn aufgewärmt hatte, nicht angerührt. Er war durch die Zimmer gegangen, die nun leer geräumt waren, und hatte auf die bleichen Vierecke an den Wänden gestarrt, wo einstmals die Bilder hingen. Angestrengt dachte er nach und versuchte sich zu erinnern, wie es hier einmal ausgesehen hatte.

Da hatte die schwere Vitrine gestanden, dort das Ledersofa und die tiefen Sessel, jetzt enthielt das ehemalige Wohnzimmer der Familie Levi nur noch ein wackeliges Tischchen, auf das die Mutter die silbernen Leuchter und den

Sabbat-Teller gestellt hatte. Wahrscheinlich wollte sie diese Gegenstände noch unbedingt in den Koffer packen, der aufgeklappt auf dem Boden stand und der fast voll war. Dabei hatte Erich seine Sachen noch gar nicht verstaut. Es war klar, dass er einiges hier lassen müsste. Der Koffer, ein Meter zwanzig lang, ein Meter hoch und achtzig Zentimeter tief, enthielt alles, was der Familie des Viehhändlers Julius Levi geblieben war. Nur diesen Koffer konnten sie mitnehmen auf ihre große Reise, der letzten, die sie aus diesem Land führen würde, das einmal das ihre gewesen war und in dem sie jetzt Fremde geworden waren, verhasste Fremde, ausgestoßen, vertrieben und verjagt.

Er angelte in der Hosentasche nach einer zerknautschten Packung Zigaretten und zündete sich eine an. Natürlich war es verrückt, an diesem heißen Julitag im alten Dachgebälk zu rauchen, aber er würde vorsichtig sein. Die Mutter regte sich immer gleich auf, wenn sie ihn mit einer Zigarette sah. Sie musste sich schonen, ihres hohen Blutdrucks wegen, der schlimmer geworden war. Die bevorstehende Ausreise nach Amerika war eigentlich eine viel zu große Belastung für sie.

Er streckte sich vorsichtig aus und inhalierte in tiefen Zügen den Rauch. Nachdenklich musterte er den dunklen, engen Raum, der so viel von den Geheimnissen seiner Kindheit wusste. Es war ein weiter Weg gewesen bis hierher zurück und er war an diesem heißen Julitag des Jahres 1938 gekommen, um endgültig Abschied zu nehmen von den vertrauten Plätzen, dem Haus, in dem er die meisten Jahre seines Lebens verbracht hatte, und von seiner Vaterstadt. In wenigen Tagen ging der Dampfer von Bremen aus nach Amerika, diesem fernen unbekannten Land, das nun ihre neue Heimat sein würde. Es war ein großes Glück für sie, das hatte auch Onkel Karl, der andere Bruder der Mutter, im letzten Brief geschrieben. »Seid froh, dass ihr noch rechtzeitig herauskommt!«

So ähnlich hatte sich auch Herr Wenzel ausgedrückt, der Ratschreiber bei der Ellwanger Stadtverwaltung war. Julius hatte ihn im letzten Jahr wutentbrannt aufgesucht, als ein Schreiben von der Gemeinde gekommen war, dass ab dem zehnten März 1937 den jüdischen Händlern der Zugang auf die Ellwanger Märkte verwehrt sei. Die Mutter hatte Erich davon geschrieben. Der Vater habe sich so aufgeregt, dass sie ihn gar nicht mehr beruhigen konnte.

»Und dann ist er auf das Rathaus gerannt und ich konnte ihn nicht zurückhalten, du kennst ja deinen Vater. Zum Herrn Wenzel ist er gegangen, der als einer der Wenigen dort immer noch nett und anständig zu uns war. ›Meine Existenz ist jetzt vollends ruiniert‹, hat Vater gebrüllt. Aber Herr Wenzel ist ganz ruhig geblieben und hat nur gesagt: ›Das ist damit auch beabsichtigt, Herr Levi.‹ Vater war sprachlos. Dann hat ihn Herr Wenzel in eine Ecke des Zimmers gezogen und mit ihm geflüstert. ›Merken Sie denn immer noch nicht, was hier los ist?‹, hat er zu ihm gesagt. ›Herr Levi, ich gebe Ihnen einen guten Rat, das ist das Einzige, was ich noch für Sie tun kann. Kratzen Sie alles Geld zusammen, das Sie haben, bevor man es Ihnen wegnimmt. Und dann fahren Sie mit Ihrer Familie weg aus diesem Land, bevor es zu spät ist. Es kommen noch andere, schlimmere Dinge auf Sie zu, Herr Levi. Gehen Sie, ehe es zu spät ist.‹« Der Vater sei kalkweiß nach Hause gekommen, hatte die Mutter weiter berichtet. Aber ein Gutes hatte diese Geschichte gehabt, der Vater betrieb von da an energisch ihre Ausreise. »Er sieht nun ein, dass es für uns hier kein Bleiben mehr gibt. Wovon sollen wir auch leben? Über die Sache mit Vitus Bieg kommt er sowieso nicht hinweg. Genauso wenig wie über die Tatsache, dass die Nazis sein Vieh in der Jagst ersäuft haben«, stand in einem der nächsten Briefe der Mutter.

Die Sache mit Vitus Bieg war in der Tat ein furchtbarer Schlag gewesen. Kurz vor der Episode mit Herrn Wenzel war der Vater wie immer auf den Markt gegangen, obwohl die Geschäfte praktisch gar nicht mehr liefen und im Stall nur noch eine Kuh mit ihrem Kälbchen stand. Peter hatte man entlassen müssen, er war bei einem Bauern in der Umgebung untergekommen. Die Leute redeten auch nicht mehr mit Julius und Sigmund Levi, alle hatten Angst, zusammen mit den Juden gesehen zu werden. An diesem besagten Dienstag aber war der Kreuz-Wirt Vitus Bieg zum Vater hingegangen, der ganz verloren auf dem großen Platz stand, und hatte mit dem alten Freund einige Worte gewechselt.

»Am Abend kam dann die Lore ganz bleich und zitternd zu uns in die Wohnung. Seit Stunden suchten sie den Kreuz-Wirt, keiner wisse, wo er sei. Martha Bieg ist überall herumgerannt, war sogar auf dem Rathaus und auf der Polizei, aber man hat sie nur ausgelacht und dumme Witze gemacht«, hatte ihm die Mutter damals berichtet. Nach drei endlosen Tagen kam der Kreuz-Wirt wieder nach Hause, blass und wortkarg. Man hatte ihn verhaftet, weil er mit dem Juden Levi geredet hatte. Mehr war nicht aus ihm herauszubekommen. Er erzählte nie, wo er gewesen war und was man mit ihm gemacht hatte. Martha Bieg vermutete, dass er in der SS-Kaserne eingesperrt gewesen war, wo seit 1935 ein SS-Trupp stationiert war. Der Kreuz-Wirt war von diesem Tag an ein anderer geworden, stiller und in sich gekehrt.

Seit diesem Zeitpunkt waren die Levis völlig isoliert gewesen und Melanie hatte eines Tages dann sogar die kleine

Lore nach Hause geschickt, als sie ihr heimlich ein paar Eier von der Mutter bringen wollte. »›Wenn man dich sieht, Kind. Geh und komm nie mehr zu uns! Es ist besser so!‹ Und die Lore hat zu weinen angefangen, und ich musste auch weinen, aber es ging doch nicht anders«, hatte es weiter im Brief geheißen. Und dann stand noch ein Satz da, der für Erich keine neue Botschaft enthielt: »Es ist zwar schmerzlich, aber man muss es deutlich aussprechen, dass wir für unsere Freunde eine Gefahr darstellen.«

Das hatte letzthin auch Onkel Sigmund erleben müssen. Er hatte sich in einem kleinen Nachbarort, wo er mit etlichen Bauern in geschäftlicher Verbindung stand, ein Viertel Wein und ein Vesper gegönnt und war auch freundlich vom Wirt als alter Bekannter bedient worden. Etliche Bauern waren zu ihm an den Tisch gekommen und hatten wie in alten Zeiten ein Schwätzchen gehalten. Wenige Tage später war in einer Zeitung mit dem Namen »Flammenzeichen«, einem besonders gehässigen Nazi-Blatt, das seit einiger Zeit auch im Raum Ellwangen gelesen wurde, ein Bericht darüber erschienen, mit unverhohlenen Drohungen gegen den Wirt, der »Volksschädlinge« bediene, und die Bauern, die »sich in solche Gesellschaft« begeben, wurden sogar namentlich benannt.

Es ist wirklich höchste Zeit, dass wir gehen, dachte Erich, drückte die Zigarette an der steinernen Fensterumrandung aus und warf sie auf die Straße hinunter. Das ist kein Leben mehr hier. Er schloss das kleine Fenster und stieg über die schmale Leiter hinunter in die Wohnung, wo die Mutter in der Küche am Spülstein stand.

»Wo hast du gesteckt, Erich?«, fragte sie und rümpfte dann die Nase. »Du hast wieder geraucht, stimmt's?«

Erich nickte und deutete auf das Geschirr, das sie abzutrocknen begonnen hatte. »Das war doch alles sauber. Warum spülst du es noch einmal?«

»Ich will es in den nächsten Tagen an die Nachbarn verschenken. Wir kriegen es nicht mehr unter. Und keiner soll sagen, er habe von Melanie Levi schmutziges Geschirr bekommen.«

Statt einer Antwort zog Erich sie an sich und hauchte einen Kuss auf ihre Haare. Dünn war sie geworden und die Haare schimmerten an vielen Stellen schon silbergrau. Er machte sich große Sorgen um ihre Gesundheit. Sie war in der letzten Zeit auch nicht mehr zum Doktor gegangen, weil ihr das abendliche Hinschleichen und die Heimlichtuerei zuwider waren. Er musste unbedingt mit Julius darüber reden. Aber wie sie so am Spülstein stand, energisch und kampfeslustig, war sie ganz die Alte, ihre fürsorgliche Mutter und vorbildliche Hausfrau, die sich auf ihren Ruf etwas zugute hielt. Und wenn es nur um ein paar Teller oder Schüsseln ging, ihre letzten Habseligkeiten in der kahlen Wohnung.

Praktisch alles hatten sie verkaufen müssen, in der Not zum Teil weit unter Wert, um das Geld für die Schiffspassage zusammenzubekommen. Kurz nach der Unterredung mit Herrn Wenzel, die Julius so aufgeschreckt hatte, war Julius mit dem letzten Sparbuch zur Bank gegangen. Es war der allerletzte Notgroschen, für außergewöhnliche Fälle sorgsam aufgehoben. Der Vater hatte sich erkundigt, wie viel die Überfahrt nach Amerika für sie kosten würde. Das Notgeld hätte zusammen mit dem Verkaufserlös der Möbel und des Hausrats gerade gereicht. Mitnehmen konnten sie sowieso nichts, an größere Gepäckstücke oder gar eine Möbelkiste war wegen der hohen Kosten nicht zu denken.

Und dann hatte er in der Bank gestanden, zunächst von keinem beachtet, bis schließlich einer der älteren Angestellten, der ihn schon lange kannte, sich seiner erbarmte und nach seinem Wunsch fragte. Auf Julius' Bitte, das Sparbuch aufzulösen, und das Geld ausbezahlt zu bekommen, reagierte er mit bedenklicher Miene und verschwand schließlich wortlos in einem der hinteren Räume. Nach einer Weile kam der Filialleiter, ein junger Schnösel, wie ihn Julius später beschrieb, mit dem Sparbuch zurück. Quer über die letzte Seite hatte er einen Strich gezogen und »ungültig« darüber geschrieben. Mit den Worten: »Bei uns haben Juden keine Sparguthaben«, hatte er Julius das Buch überreicht und sich auf dem Absatz umgedreht. Und Julius stand da, das Sparbuch, der letzte Besitz der Familie Levi, in der Hand. Er war beraubt und bestohlen worden und er konnte nichts dagegen tun. Juden hatten in diesem Land keine Rechte mehr, das wusste er gut.

»Wir haben das Gefühl, wir sitzen jetzt in der Falle«, hatte Mutter geschrieben. »Wir müssen hier heraus, solange es noch geht, und jetzt haben wir kein Geld mehr.«

Erich verdiente als Lehrling nur wenige Groschen. Im April 1938 war dann sein Lehrjahr beendet gewesen und er hatte sich zunächst Hoffnungen gemacht, als kaufmännischer Angestellter mit festem Gehalt weiterarbeiten zu können und den Lohn für die Reise anzusparen. Aber Herr Kahn, der Direktor der Pirmasenser Zweigstelle der Firma Adler & Oppenheimer hatte seinen Arbeitern und Angestellten im Frühjahr des Jahres 1938 wenig Hoffnung gemacht. Die Firma werde in der nächsten Zeit aufgelöst, die Geschäfte gingen immer schlechter. Man hoffe, den Betriebsangehörigen noch eine kleine Abfindung bezahlen zu können. Wie viel, sei aber ungewiss. Also war auch diese Hoffnung zerschlagen. Und man wusste sowieso nicht, wie viel Zeit sie noch hatten. Vielleicht würde alles jüdische Geld beschlagnahmt werden, so wie man es mit dem Sparbuch der Familie Levi gemacht hatte.

»Man munkelt schon lange, dass die Nazis etwas in dieser Richtung vorhaben«, hatte ihm Onkel Ludwig anvertraut, als sie am Abend nach der Betriebsversammlung gemeinsam die Lemberger Straße hinauf nach Hause gegangen waren. Onkel Ludwig war es noch gelungen, seine Konten aufzulösen, das Geld lag in einer Blechschachtel im Wohnzimmerschrank und war ein beständiger Quell der Sorge für Tante Ruth, die sich vor Einbrechern fürchtete.

»Wir müssen schauen, dass wir herauskommen, je eher, desto besser«, hatte der Onkel mit ernster Miene gesagt. Dieses Bild der Falle, in der sie steckten, setzte sich in diesen Tagen in Erichs Kopf fest und immer öfter überkam ihn ein Gefühl der Panik, wenn er daran dachte, dass sie vielleicht schon Gefangene waren und dass um sie herum unsichtbare Mauern und Gitter errichtet wurden.

Aber dann war für die Familie Julius Levi doch noch die Rettung gekommen und zwar in Gestalt der Fräulein Pfisterer – wie hätte es auch anders sein können. Die letzte Hoffnung war der Stall an der Jagst gewesen, der ab dem Frühjahr 1937 leer stand, aber doch einen gewissen Wert darstellte, denn er war fest und solide gebaut und verfügte sogar über eine Wohnung im oberen Stockwerk, die von Peter bewohnt worden war.

Julius war skeptisch gewesen. Überall hörte man, wie die Juden ausgeplündert und übers Ohr gehauen würden. »Jüdischen Besitz bekommt man heutzutage für ein paar Pfennige und man kann froh sein, wenn man überhaupt noch etwas dafür erhält. Ich mag gar nicht daran denken, was wir für den Stall noch kriegen.«

Er hatte dann aber doch einen angemessenen Preis dafür erzielt und das lag an Marie und Auguste, die eines schönen Tages Interesse für das Haus bekundet hatten. Lagerräume für das Geschäft wollten sie dort einrichten und die Wohnung könnte man an einen der Angestellten vermieten. Achttausend Reichsmark hatten sie bezahlt und das war die Rettung gewesen. Zusammen mit dem Erlös des Hausrats reichte es für die Schiffspassage und ein winziges Startkapital drüben in der Neuen Welt. Und so hatten Marie und Auguste Pfisterer ihnen noch einmal geholfen, zum letzten Mal.

Am späten Nachmittag kam der Vater nach Hause, er hatte Erich bei seiner Ankunft am Mittag nur kurz begrüßt und war dann sofort wieder auf das Rathaus geeilt. Sie hatten fast alle Papiere zusammen, die man für die Auswanderung benötigte, nur noch das polizeiliche Führungszeugnis fehlte, das aus unerklärlichen Gründen nicht ausgestellt werden konnte. »Reine Schikane«, hatte Julius bemerkt, aber als er jetzt zur Tür hereinkam, schwenkte er ein amtliches Formular und rief erleichtert: »Geschafft!«

»Mir fällt ein Stein vom Herzen!« Melanie war aus der Küche getreten. »Ich hatte schon solche Angst, dass sie uns in letzter Minute noch irgendwelche Schwierigkeiten machen.« Julius ging ins Wohnzimmer und legte das Blatt auf das wacklige Tischchen zu den anderen Papieren, die so mühselig zusammengetragen und erworben worden waren: Die Bestätigung des amerikanischen Konsulats, dass ihre Auswanderung in die Vereinigten Staaten von Amerika bewilligt worden war. Das »Affidavit«, die Bürgschaft von

Onkel Karl, zusammen mit seinem Vermögensnachweis und der Bestätigung, dass er eine so genannte Sicherheitssumme bei der Bank in New York deponiert hatte. Ihre neue Heimat nahm sie zwar auf, wollte aber gleichzeitig sicherstellen, dass die neuen Bürger dem Staat nicht zur Last fallen würden. Deshalb hatte Onkel Karl für sie bürgen müssen. Die Schiffskarten lagen fein säuberlich aufeinander gestapelt da und Julius legte neben die Pässe mit dem Ausreisestempel feierlich das Führungszeugnis, das letzte der erforderlichen Dokumente, das ihnen bescheinigte, unbescholtene Bürger zu sein.

Was da auf dem Tisch liegt, ist unsere Rettung, dachte Erich in diesem Moment und beobachtete den Vater, der ganz in sich zusammengesunken eine Weile vor dem Tisch stand. So müssen wir es sehen. Keine Trauer und keine Verzweiflung mehr, sondern wir müssen froh sein, dass wir es geschafft haben. Aber als er am Abend mit den Eltern in der Küche saß, die nur noch mit drei alten Stühlen und einem Tisch aus dem Keller der Fräulein Pfisterer möbliert war, merkte er mit einem Mal, wie unendlich traurig er war. Jeder Winkel in dieser Wohnung war ihm vertraut.

So viele Erinnerungen verband er damit und nun konnte er an den Fingern einer Hand abzählen, wie oft er noch hier sitzen würde. Es wurde dunkel, ganz langsam fielen dunkle Schatten in das Zimmer, aber die Mutter machte kein Licht. Sie saßen einfach da, schweigend, horchten auf das vertraute Knarren der Dielenbretter, den Straßenlärm, der von unten heraufdrang und langsam verebbte.

Erich zündete sich trotz des missbilligenden Blicks der Mutter eine Zigarette an und schließlich holte auch Julius eine Zigarre und sie schauten den bläulichen Kringeln nach, die zum offenen Fenster zogen.

Schwerfällig erhob sich die Mutter und reichte ihnen eine alte, angeschlagene Untertasse für die Asche, dabei brachte sie eine Postkarte mit, auf der der Londoner Tower abgebildet war. »Hier, von Max. Sie ist vorgestern gekommen.«

Erich nahm die Karte und drehte sie um. »Liebe Mama, lieber Papa! Mir geht es gut. Nur das Essen im Heim ist immer noch so schlecht. Wann fahrt ihr genau nach Amerika? Schreibt mir gleich, wenn ihr angekommen seid. Wie geht es Erich? Viele Grüße, euer Max«, stand da in den runden, immer noch kindlichen Buchstaben, die so typisch für Max waren.

»Er scheint es ganz gut zu packen«, meinte Erich und reichte die Karte wieder an Melanie zurück.

Julius nickte. »Deine Mutter hat es beinahe umgebracht, im Februar, als er weggefahren ist. Aber ich habe immer gesagt, dass Max zäh ist. Auf jeden Fall ist er jetzt in Sicherheit, das ist das Wichtigste.«

Max war mit einem der so genannten Kindertransporte nach England gebracht worden. Onkel Sigmund kam eines Tages mit der Nachricht, dass jüdische Hilfsorganisationen seit einiger Zeit die Möglichkeit anboten, jüdische Kinder außer Landes zu bringen. »Und es kostet fast nichts«, hatte er damals zu Julius gesagt, der mit Daumen und Zeigefinger die symbolische Geste des Geldzählens angedeutet hatte. »Sie finanzieren sich vor allem über Spenden, ich finde, wir sollten es bei Max probieren, er ist noch keine sechzehn und damit im richtigen Alter.«

Onkel Sigmund hatte sich mit Julius in einen sehr aufwändigen Briefwechsel gestürzt und dann war ganz kurzfristig die Zusage eingetroffen. Max hatte einen Platz bekommen und konnte im Februar nach London reisen, wo er in einem Kinderheim untergebracht wurde. Die Mutter hatte sich lange gesträubt. »Er ist noch so kindlich und unselbstständig«, hatte sie Erich geschrieben. Aber schließlich musste sich Melanie der Macht der Argumente beugen, denn die Tatsache, dass Max aus Deutschland herauskam, wog mehr als ihre mütterlichen Bedenken.

»Er hat damals keine einzige Träne vergossen, als wir mit ihm zum Bahnhof gegangen sind«, erzählte ihm der Vater stolz zum wiederholten Mal. »Im Gegenteil, er hat sogar noch die Mutter getröstet.«

Erich hatte sich manchmal überlegt, wie oft wohl der Bruder nachts in die Kissen geweint hatte und wie es ihm wohl erging in diesem Land, dessen Sprache er gerade erst begonnen hatte in der Schule zu lernen, denn in der Realschule fingen sie mit Französisch an.

»Wie habt ihr es eigentlich mit der Schule gemacht?«, fragte er an diesem Abend, denn darüber hatten sie nie richtig gesprochen. Julius berichtete ihm, dass Max sogar ein Zeugnis für die achte Klasse bekommen hatte, obwohl er zwei Monate vor Schuljahresende ausgeschieden war.

Die Schule – Erich erinnerte sich in diesem Moment an seinen vorletzten Besuch in Ellwangen im März 1936 anlässlich der Bar-Mitzwah von Max. Mit wie viel Herzklopfen war er damals den Weg vom Bahnhof nach Hause gegangen, vorbei an »seiner Schule«, dem alten Pennal. Fast ein Jahr war er nicht mehr nach Ellwangen gekommen, als Lehrling im ersten Jahr bekam man keinen Urlaub und für die Fahrkarte hatte auch das Geld gefehlt, aber wegen dieser außergewöhnlichen Familienfeier hatte er ein paar Tage Urlaub nehmen können. Gleich am nächsten Morgen wollte er dann wie zufällig über den Marktplatz schlendern, genau zur Zeit der großen Pause. Aus Helmuts Briefen wusste er, was sich in der Schule in der Zwischenzeit ereignet hatte. Einige Monate nach Dr. Kaisers Ausscheiden war ein neuer Direktor gekommen, ein ganz »strammer Parteigenosse«, wie Helmut spöttisch angemerkt hatte. Gremm war es nun doch nicht geworden, allen Unkenrufen zum Trotz. »Seitdem ist er noch unausstehlicher«, hatte Helmut geschrieben. »Wir haben ihn jetzt in Englisch und anscheinend verfolgt mich der Mann bis zu meinem Abitur. Über die Gründe, warum er nicht Direktor wurde, spekuliert man heftig hier. Aber Genaueres weiß letztlich keiner.«

Er hatte es also nicht geschafft und diese Nachricht hatte Erich mit grimmiger Freude erfüllt. Der Briefwechsel mit Helmut war nur sehr sporadisch, sie lebten jetzt in verschiedenen Welten, das spürten beide deutlich, trotzdem hatte sich Erich die ganze Zeit darauf gefreut, den Freund wiederzusehen. Deshalb war er aufgeregt und froh zugleich gewesen, als er an jenem sonnigen Märztag, dem Tag nach seiner Ankunft, betont lässig über den Platz seiner alten Schule schlenderte. Wie oft hatte er sich diese Szene ausgemalt. Er trug Onkel Ludwigs besten Mantel. Ludwig, der von ähnlicher Statur war, hatte ihm das gute Stück extra für die Bar-Mitzwah ausgeliehen.

Er war stehen geblieben und hatte sich umgeschaut, viel hatte sich nicht geändert. Die Primaner mit ihren weißen Mützen schlenderten gemessen auf und ab, die Kleineren sprangen wild durcheinander, spielten Fangen oder Verstecken. Schülergruppen standen locker verteilt, steckten die Köpfe zusammen, es gab Geschrei, Rufen und Lachen, drüben stolzierte die Pausenaufsicht auf und ab, es musste ein neuer Lehrer sein, denn Erich hatte ihn noch nie gesehen. In einer Ecke hatte er dann Reger mit ein paar Schulkameraden stehen sehen, auch Helmut war dabei. Sie waren schließlich auf ihn aufmerksam geworden, auch einige der älteren Schüler hatten ihn bemerkt. Er erkannte es an der Art, wie sie zu ihm herübersahen und tuschelten.

Schließlich hatte sich Helmut aus der Gruppe gelöst und war zu ihm hergekommen, zögernd gefolgt von ein paar anderen, die immer wieder scheue Blicke zur Pausenaufsicht hinüberwarfen.

»Grüß dich, Alter«, hatte ihn Helmut etwas befangen begrüßt, »gut siehst du aus.«

»Es geht mir auch prima.« Mit geübter Geste hatte Erich eine Zigarette herausgenommen und sie sich angesteckt und dabei die Schachtel den ehemaligen Kameraden angeboten, die aber alle dankend ablehnten und ihn mit einer Mischung aus Bewunderung und Verlegenheit ansahen. Er begann zu erzählen, berichtete von der Firma, bei der er angestellt sei, er hatte tatsächlich »angestellt« gesagt, es sei eine große Firma, mit internationalem Ruf …

So ging es weiter und plötzlich bemerkte er, dass er selbst entsetzt war über das, was er erzählte. Das war gar nicht er, der da stand, das war ein Fremder, ein Aufschneider und Angeber. Aber er konnte nicht damit aufhören, obwohl ihn immer stärker das Gefühl beschlichen hatte, dass er neben sich stand, er, Erich Levi, stand neben einem Fremden, der das alles erzählte.

»Richtig elegant siehst du aus«, hatte Reger schließlich bemerkt, und da ging es dann weiter. Er hatte ihnen seine neuen Handschuhe gezeigt, neue schweinslederne Handschuhe, die er sich extra für diesen Anlass von seinem bisschen Ersparten gekauft hatte. Von diesem Kauf hatte er berichtet. »Ich bin also in das Warenhaus hineingegangen, es ist viel größer als die Läden hier bei uns, drei Stockwerke hoch, und habe mir alles Mögliche zeigen lassen. Dann habe ich mir die Handschuhe ausgesucht und habe dann zu dem Fräulein gesagt, dass die mir gefallen, aber sie hätten einen Kratzer. Sie hat mich dann gefragt, wo der Kratzer sei, und ich habe ihr irgendeine Stelle gezeigt und immer wieder gesagt, sehen sie ihn denn nicht? Am Schluss war sie so durcheinander, dass sie mir die Handschuhe zum halben Preis überlassen hat.«

Sie hatten alle pflichtschuldig gelacht, aber es war ein gezwungenes Lachen gewesen und er hatte Helmuts Befremden gesehen und die Abneigung in Regers Augen und auch die fast zufrieden wirkenden Gesichter einiger anderer.

Was tue ich denn?, hatte er verzweifelt gedacht. Ich bin genauso, wie sie mich haben wollen, bin der schmierige, geldgierige Jude und jetzt brauchen sie auch kein schlechtes Gewissen mehr zu haben. Sie hatten sich dann hastig verabschiedet, die Pause war zu Ende. »Toll, Erich! War schön, dich zu sehen. Melde dich einmal wieder.« – Dann waren sie auseinander gegangen. Die Briefe von Helmut wurden seltener. Und Erich antwortete ihm eines Tages nicht mehr. Er schämte sich. Und es gab keine Gemeinsamkeiten mehr zwischen ihnen.

All das fiel ihm wieder ein an diesem warmen Juliabend in der elterlichen Küche. Er schämte sich immer noch, gleichzeitig dachte er in wildem Trotz, umso besser, dass wir von hier weggehen. Aber ganz hinten lauerte diese tiefe Traurigkeit, von der er dunkel ahnte, dass sie ihn nie mehr verlassen würde, dass sie nun Teil seines Lebens war.

Die Bar-Mitzwah von Max war ein kleines, bescheidenes Fest gewesen, sie hatten nach Schwäbisch Hall in die Synagoge fahren müssen, denn der Betsaal war ihnen schon im Jahr zuvor weggenommen worden, wie ihnen Onkel Sigmund prophezeit hatte. Der BDM hielt dort jetzt seine Versammlungen ab. Von den Verwandten waren nur die Großmutter mit Tante Mina und Onkel Louis gekommen. Tante Betti aus Ulm ging es gesundheitlich nicht gut und Onkel Karl bereitete gerade die Emigration vor. Onkel Ludwig und Tante Ruth erwarteten in Kürze ihr drittes Kind und scheuten die weite Reise. Es würde noch enger werden in der Pirmasenser Wohnung, hatte er damals gedacht, das Zusammenleben mit einer jungen Familie und ihren zwei kleinen Kindern war keine einfache Sache für die Beteiligten. Die Mutter hatte ihn damals besorgt gefragt, wie es denn gehe, und er hatte ihr wahrheitsgemäß geantwortet, dass Onkel Ludwig und Tante Ruth sehr lieb zu ihm seien und auch sehr geduldig. Von seinen Ängsten und Sorgen erzählte er ihr nichts.

Oft musste er daran zurückdenken, wie es damals gewesen war bei seiner Ankunft am Bahnhof in Pirmasens. Der Onkel hatte ihn abgeholt und sie waren gemeinsam auf den Vorplatz gegangen, um auf die Straßenbahn zu warten, die »Elektrische«, wie sie der Onkel nannte. Erich war erstaunt und erschrocken zugleich gewesen über diese Stadt, die so viel größer war als Ellwangen, die laut war und hektisch und, wie er kritisch feststellte, auch viel hässlicher und schmutziger. Zum ersten Mal war er bewusst mit einer Straßenbahn gefahren. Sie waren an der Lemberger Straße ausgestiegen und zu einem Wohnhaus mit vielen Mietwohnungen gegangen, das aus dem rötlichen Stein gebaut war, der typisch für die Gegend war. Die Wohnung, die Onkel und Tante bewohnten, war groß und auch sehr schön mit hohen Stuckdecken und einer breiten Flügeltür zwischen Wohn- und Esszimmer. Erichs Kammer war schmal, wie der Onkel gleich entschuldigend bemerkte, aber er hatte immerhin ein

Reich für sich, in das er sich zurückziehen konnte. Tante Ruth hatte ihm angeboten, es nach seinem Geschmack noch etwas gemütlicher einzurichten. Aber er hatte alles abgelehnt, nur das Bild der Mutter hatte er aufgestellt. Er wollte nirgends mehr zu Hause sein.

Mit Herzklopfen hatte er dann am nächsten Morgen die große Eingangshalle der Firma Adler & Oppenheimer betreten und sofort den süßlichen Geruch nach Leder wahrgenommen, der ihm entgegenschlug. Jeden Morgen in den nächsten Jahren nahm er ihn bewusst auf, diesen ganz speziellen Geruch, und er wurde bald ein vertrauter Bestandteil seines Lebens. Die verschiedenen Arbeiten, die er als Lehrling zu verrichten hatte, machten ihm keine Mühe, er lernte leicht und schnell. Aber jenseits der Stunden in den Büros plagten ihn das Heimweh und ein tiefes Gefühl des Verlustes. Und dazu kam noch die Angst, die geradezu panische Angst, was mit ihnen geschehen würde. Diese Angst bekam im September des Jahres 1935 eine konkretere Gestalt.

Er hatte mit den Lohnlisten das Büro von August Kahn, Direktor der Zweigstelle Pirmasens von Adler & Oppenheimer, betreten. Herr Hofmann, der Oberbuchhalter der Firma und sein derzeitiger unmittelbarer Vorgesetzter, hatte ihn beauftragt die Unterlagen unverzüglich dem Herrn Direktor zu bringen. Jedermann wusste, dass die Geschäfte schlecht gingen und dass aus der Zentrale in Berlin deutliche Signale kamen, die Belegschaft zu verkleinern. Herr Kahn hatte damals am Fenster gestanden, die Finger der rechten Hand eingehakt in eine kleine Tasche seiner Weste, mit der Linken unablässig gegen die Scheibe klopfend. Er drehte sich nur kurz um, als Erich eintrat. »Ach, Sie sind es, Erich. Legen Sie die Listen in den Eingangskorb.«

Erich blieb noch einen Moment stehen und wartete auf seine Anweisungen. Schließlich drehte sich Herr Kahn um und zwängte seine stattliche Körperfülle hinter seinen Schreibtisch. Nachdenklich sah er Erich an und sagte dann unvermittelt: »Um euch Junge tut es mir am meisten Leid.«

Erich erinnerte sich dunkel, ähnliche Worte schon einmal gehört zu haben, er wusste nur nicht mehr wann und von wem. »Wie meinen Sie, Herr Direktor?«

August Kahn fuhr sich über den runden, schon fast kahlen Schädel und sagte dann mehr zu sich selbst: »Ich habe gerade eine Übertragung vom Parteitag in Nürnberg gehört.« Er deutete mit einer leichten Kopfbewegung zum Volksempfänger, der in einer Ecke des Büros stand. »Widerliches Zeug, was da verzapft wird, aber man muss ja auf dem Laufenden sein. Es gibt ein neues Gesetz.« Er machte eine Pause und sagte dann leise: »Wir sind keine vollwertigen Bürger mehr in diesem Land. Aus der Gemeinschaft der Staatsbürger ausgeschlossen, Menschen zweiter Klasse.«

Erich sagte spontan: »Aber das sind wir doch schon lange.«

»Ja, aber jetzt ist es Gesetz. Sozusagen amtlich.«

Sie schwiegen beide, Direktor und Lehrling. Was gab es schließlich noch zu sagen? Sie verstanden sich auch so. Dann hatte ihn Herr Kahn mit einer Handbewegung entlassen. »Danke, Erich. Sie können gehen.«

Langsam war er hinausgegangen, immer noch die letzten Worte des Direktors im Ohr: »… aber jetzt ist es Gesetz!«

In den nächsten Tagen und Wochen war es ihm immer wieder passiert, dass er bei einem seiner abendlichen Spaziergänge nicht mehr den Weg zurück fand. Er hatte es sich angewöhnt, nach dem Abendessen ziellos durch die Stadt zu streifen, denn er wollte für sich allein sein, um seinen Gedanken nachhängen zu können. Außerdem hatte er immer das Gefühl, ein Eindringling bei Onkel und Tante zu sein, obwohl sie ihm keinen Anlass dazu gaben. Sie sollten sich wenigstens für kurze Zeit ungestört fühlen können. Dann hatte er sich plötzlich hoffnungslos in den steilen Straßen und Gässchen verirrt. Irgendwie sahen sie auch alle gleich aus. Er fragte sich dann zur Lemberger Straße durch und kam schließlich auch glücklich dort wieder an, aber das Gefühl des Verlorenseins und die Angst, nicht mehr zurückzufinden, saß in ihm fest.

Aber all das konnte er der Mutter nicht erzählen, damals nicht und auch heute nicht, obwohl es überstanden war. Stattdessen hatte er immer wieder betont, wie gut es ihm gefiele und wie interessant die Arbeit war. Und er hatte auch ein gutes Zeugnis bekommen, ein sehr gutes sogar, das ihm Herr Kahn mit einem festen Händedruck überreicht hatte. Die Firma war jetzt im Juli 1938 aufgelöst worden, »abgewickelt«, wie es im Nazi-Jargon hieß. Er hatte zu den Letzten in der vorwiegend jüdischen Belegschaft gehört. Viele hatten ebenfalls die Auswanderung beantragt, manche aber wollten auch noch abwarten und versuchen, sich mit der kleinen Abfindung, die Adler & Oppenheimer ihnen zahlte, so gut es ging über Wasser zu halten. Die einstmals große Pirmasenser Gemeinde, die über sechshundert Personen umfasst hatte, war zusehends geschrumpft und als er mit dem Onkel am Sabbat, vor seiner endgültigen Abreise nach Ellwangen, die Synagoge betrat, saßen nur noch wenige Gemeindemitglieder in den Bänken.

Die Mutter hatte ihn bei seiner Ankunft in Ellwangen gleich an diesem ersten Abend forschend angesehen und gefragt: »Gibt es niemanden, den du zurückgelassen hast in Pirmasens und der dir fehlen wird?«

Julius hatte gerade für einen Moment die Küche verlassen und das wollte sie ausnutzen. Er wusste natürlich, was sie meinte, und hatte zögerlich den Kopf geschüttelt. »Nein, Mutter. Niemand.« Das war nicht ganz die Wahrheit gewesen. Aber seine Beziehung zu Flora war schwierig zu beschreiben und nicht von der Art, wie es Mutter wahrscheinlich gern gehabt hätte.

Sie war Kontoristin bei Adler & Oppenheimer gewesen, ein schmales, mageres Mädchen mit wirren schwarzen Locken. Ihr Vater stammte aus Polen, er war Vertreter für Schuhe und schon in den Zwanzigerjahren nach Pirmasens gekommen, allerdings kurz nach seiner Einreise gestorben. Flora war damals noch ein kleines Mädchen gewesen. Das alles hatte sie ihm nach der Chanukka-Feier im Dezember des Jahres 1936 erzählt. Sie hatten mit den anderen Mitgliedern der Deutsch-Jüdischen und der Zionistischen Jugend nach der Aufführung eines Festspiels, dessen Höhepunkt der Auftritt des Chanukka-Manns gewesen war, noch zusammengesessen und Punsch getrunken. Die beiden Jugendorganisationen lagen in einem mehr oder minder friedlichen Wettstreit untereinander, trafen sich aber gelegentlich zu gemeinsamen Veranstaltungen in den Gemeinderäumen in der Dankelsbach-Straße. Flora war aktives Mitglied bei den Zionisten, wie sie ihm an diesem Abend ebenfalls erzählte. Ihre Wege hatten sich in der Firma nicht oft gekreuzt, sie war kein Lehrling mehr und auch drei Jahre älter.

An diesem Abend aber unterhielten sie sich sehr lange und Erich war fasziniert von ihrem Witz und ihrer Direktheit. Sie versuchte ihn für die Ziele der Zionisten zu begeistern und schleppte ihn in den nächsten Wochen unablässig zu irgendwelchen Treffen. Es gab Vorträge, Lesungen, sogar eine Filmvorführung mit dem Titel »Land der Verheißung«, die allesamt nur um ein Thema kreisten, dass nämlich der einzige Ort für die Juden auf der ganzen Welt nur das Land Palästina sein konnte. Erich gingen nach einiger Zeit die Volkstänze und Volkslieder, der ganze in seinen Augen weltferne Idealismus der Gruppe auf die Nerven und als sich der zionistische Jugendbund gar eine Fahne anschaffte, die geweiht werden sollte, wurde es ihm zu viel.

»Ihr habt einen Vogel, alle miteinander«, hatte er daraufhin eines Abends zu Flora gesagt, als sie im koscheren Restaurant Mayer saßen, dem einzigen Lokal, in dem noch Juden geduldet wurden.

»Was wollt ihr denn in der Wüste? Außerdem haben da die Engländer wohl etwas dagegen! Und die Araber auch!«

Es begann eines der üblichen Streitgespräche, in dem Flora hitzköpfig wie immer darauf beharrte, der einzige richtige Ort für Juden sei ihr angestammtes Land und das sei nun einmal Palästina.

An einem dieser Abende hatte sie ihn mitgenommen, in das windschiefe Häuschen in der Horeb-Straße, in dem sie mit ihrer Mutter und ihrem Bruder wohnte. Es war ein karges Zuhause, das Haus der Familie Slodki, mit schief getretenen Dielenbrettern und dünnen, feuchten Wänden, an denen sich die Tapeten kräuselten und wellten. Ihre Kammer, ein enger Raum mit einem schmalen Bett, lag hinten und hatte einen Blick in den kleinen Garten, in dem ein paar vergessene Beerensträucher ein kümmerliches Dasein fristeten und langsam den alles überwuchernden Brennnesseln Platz machten.

Dort hatten sie zum ersten Mal miteinander geschlafen und sie war ihm eine geduldige und erfahrene Lehrmeisterin gewesen. Er hatte sie nicht geliebt, hatte nie diese Gefühle empfunden wie Gertraud gegenüber, aber er war ihr dankbar für die Wärme und die Zärtlichkeit, die sie ihm schenkte.

Sie waren zwei Verlorene, die sich aneinander festhielten und sich das gaben, was sie zu geben imstande waren. Zu Beginn war er gehemmt gewesen und besorgt, die Mutter oder der Bruder könnten etwas mitbekommen von seinen nächtlichen Besuchen, aber Frau Slodki, aufgeschwemmt und übergewichtig, saß meist teilnahmslos in ihrem Sessel in der so genannten Wohnstube und starrte durch das Fenster. Nach dem frühen Tod ihres Mannes hatte sie sich aus dem Leben zurückgezogen. Erich wunderte sich nur, dass diese dicke, apathische Frau mit der zierlichen, quirligen Flora blutsverwandt sein konnte. Ihr älterer Bruder, ebenfalls dünn und hoch gewachsen, war meist unterwegs, weil er wie sein Vater als Handelsvertreter arbeitete. Er war ein schweigsamer junger Mann und hatte Erich nach einer kurzen Weile wortlos akzeptiert.

Falls Onkel Ludwig sein nächtliches Fehlen bemerkte, sagte er jedenfalls nichts davon. Als er sechzehn geworden war, hatte ihm der Onkel einen Wohnungsschlüssel ausgehändigt und lakonisch bemerkt, er habe jetzt sicher seine eigenen Pläne zur Abendgestaltung und solle das Leben in diesen schweren Zeiten so gut es ging genießen. Gut, dass die Mutter nichts davon wusste, hatte Erich leise lächelnd gedacht. Sie hätte ihrem jüngeren Bruder sicher auf ewig gezürnt.

In ihrer letzten gemeinsamen Nacht hatten Flora und er eng aneinander geschmiegt auf dem schmalen Bett gelegen und sich eine Zigarette geteilt. Die Rede war natürlich auf seine bevorstehende Emigration in die USA gekommen.

»Ich weiß wirklich nicht, was du da willst«, hatte sie wie

so oft gemurrt. »Denk doch bloß an Benjamin Franklin. Wie oft hast du mir davon erzählt. Was glaubst du, wie viele Antisemiten es dort gibt!«

»Die gibt es überall«, hatte er beiläufig bemerkt und sich auf die Seite gedreht, um sie besser sehen zu können.

»Im Übrigen will ich ein reicher Mann werden. Und das kann ich am besten in Amerika.«

»Das wird dir was nützen. Schau sie dir doch an, die reichen deutschen Juden. Denen geht es genauso an den Kragen. Die haben bloß mehr zu verlieren.«

Er schüttelte den Kopf und blies ihr sanft eine Locke aus der Stirn. »Amerika ist ein großes Land, da gibt es Platz für alle. Und dort kann ich das tun, was ich gelernt habe. Man hat mich gezwungen von der Schule zu gehen, und ich musste Kaufmann werden. Ich will ein sehr guter Kaufmann sein. In dem, was ich tue, will ich der Beste sein. Ich will reich werden! Ich möchte ein Haus haben, ein komfortables, ein eigenes, aus dem man mich nicht vertreiben kann. Ich möchte eine Frau heiraten, die die Schönste weit und breit ist. Nein, lach mich nicht aus! Es ist mir ernst damit! Und natürlich werde ich Kinder haben. Ich werde sie auf gute Schulen schicken, teure Schulen, die besten, aus denen sie niemand hinauswerfen kann. Ich werde dafür bezahlen, dass niemand sie quält und demütigt.«

Sie hatte ihm sanft über die Wange gestreichelt und ihn forschend angesehen. »Ich fürchte fast, dir ist es wirklich ernst damit. Und was ist mit dem Spruch, der von deinem ehemaligen Direktor stammt? Was hast du mir nicht alles erzählt, wie wichtig und kostbar dieser Spruch für dich sei, mein kleiner Jidd! Wie hieß er noch mal?«

Er wusste genau, was sie meinte. »Fass dir ein Herz und sei weise.«

»Nun, wo ist die Weisheit geblieben in deinem Lebensplan? Die kommt nirgends vor.«

Er nahm ihr die Zigarette aus den Fingern und inhalierte tief einige Züge. Dann ließ er sich wieder auf den Rücken fallen und starrte auf die fleckige Zimmerdecke.

»Da hast du Recht, der kommt nirgends mehr vor! Aber ich werde ihn trotzdem nicht vergessen! Er wird immer bei mir sein, als eine wunderschöne Erinnerung. Er wird mich an das Leben erinnern, das ich gerne gelebt hätte. Und an den Menschen, der ich hätte sein können.«

Nach einer Weile hatte er sich angezogen und Lebewohl gesagt. Es war das letzte Mal gewesen, das wussten sie beide, und als sie sich nach einem langen Kuss voneinander lösten, sagte sie leise: »Leb wohl, mein kleiner Jidd. Werd ein reicher Mann. Und werde glücklich, zumindest ein kleines bisschen.«

»Ich werd's versuchen.« Tränen waren ihm damals in die Augen gestiegen. »Und dir viel Glück in deiner Wüste. Beeile dich, dass du noch rechtzeitig herauskommst.«

»Das Geld habe ich bald zusammen. Es ist nur wegen Mutter. Sie will nirgends mehr hin. Und allein lassen kann ich sie auch nicht. Roman würde sich nicht richtig um sie kümmern.«

In den letzten Tagen in Ellwangen musste er oft an diesen Abschied denken. Leb wohl, Flora, und beeile dich, dass du es noch schaffst in das Gelobte Land, dein Land der Verheißung! Er dachte auch viel an Gertraud, der er nie mehr geschrieben hatte. Ob sie ihn wohl jemals verstehen würde?

Abschied

Dann kam der letzte Abend heran, es war Sabbat und sie saßen zusammen am wackligen Küchentisch. Sie aßen von angeschlagenem Geschirr, es waren ihre letzten drei Teller, und sie tranken den Wein aus Wassergläsern. Peter würde morgen, nach der Abreise, diese letzten Reste des Levi'schen Haushaltes abholen. Aber die Leuchter brannten wie immer und auf dem Sabbat-Teller lagen die Weißbrote, allerdings gekaufte und nicht die selbst gebackenen wie sonst. Der Vater sprach zum letzten Mal den Segen in diesen Räumen: »Gelobt seist du Ewiger, unser Gott, König der Welt …«

Als es dunkel wurde, löschte die Mutter die Kerzen und machte das elektrische Licht an. Julius deutete auf Leuchter und Teller. »Was willst du damit machen? Das kannst du nicht mitnehmen. Der Teller geht kaputt und die Leuchter sind kostbar, die hätten wir angeben müssen.«

Erich nahm den Sabbat-Teller in die Hand und betrachtete ihn. Er dachte daran, was er mit den Augen des Kindes gesehen hatte. Diese merkwürdigen Zeichen am Rand des Tellers waren die Augen Gottes gewesen. Später hatte er darüber lachen müssen, es war ja nur ein graublauer Teller, nicht besonders kostbar und nicht besonders schön. Aber plötzlich verstand er das Kind wieder und sah die Symbole und die Buchstaben mit kindlichen Augen. Er war etwas

Besonderes, gehörte zu ihnen, war Teil ihrer Religion, ihrer Tradition, die sie mehr verband, als er damals zugeben wollte. Er war ein Teil von ihm selbst.

Die Mutter hatte in der Zwischenzeit eine Strickjacke übergezogen. »Die Leuchter verstecke ich in meiner Handtasche«, sagte sie entschlossen zum Vater. »Etwas von unseren Sachen will ich dabeihaben. Und der Teller …« Sie wischte sorgfältig die Krümel von der Glasur und schlug ein Papier um ihn, dann schlüpfte sie durch die Tür. »Ich bin gleich wieder zurück.«

Nach einer kurzen Weile kam sie wieder und Julius fragte unwirsch, wo sie denn gesteckt habe. Melanie antwortete ausweichend: »Etwas von uns muss hier bleiben, ich habe den Teller weggebracht.«

»Von uns bleibt einiges hier«, knurrte Julius. »Die Möbel, das Silber …«

Die Mutter schüttelte den Kopf.

»Das meine ich nicht. Es muss etwas dableiben, was uns wirklich wichtig war. Etwas, das daran erinnert, dass hier einmal eine jüdische Familie gelebt hat. Der Teller ist gut aufgehoben.«

Am nächsten Morgen kam der kleine Lastwagen, den Julius gemietet hatte. Ein junger Bursche würde sie nach Stuttgart fahren, von dort aus ging es mit dem Zug nach Bremen. Gemeinsam hievte er mit Erich den schweren Koffer auf die Ladefläche. Nur wenige Menschen waren auf der Hindenburgstraße, es war Sonntag und außerdem ließ man sich besser nicht sehen beim Abschied der Familie Levi. Man wusste nie, wer einen beobachtete und es dann meldete.

Am Hauseingang standen die Fräulein Pfisterer, Marie hielt ein Taschentuch vor die Lippen gepresst. An eine

Hausecke drückte sich Martha Bieg mit der kleinen Lore und winkte grüßend. Auf der anderen Seite hatte sich der alte Schuster postiert und feixte unverhohlen. Tante Lea und Onkel Sigmund waren gekommen und nahmen sie noch einmal in die Arme. Sie wollten im September nachkommen. »Auf Wiedersehen in New York«, flüsterte Lea und winkte dann mit dem Taschentuch, als sich der Wagen ruckelnd in Bewegung setzte. Vom Marktplatz her kam Helmut gerannt und blieb bewegungslos stehen, als der Wagen an ihm vorbeifuhr.

Erich saß neben dem Koffer hinten auf der Pritsche. Er sah noch einmal Helmut an, dachte an all die Dinge, die sie miteinander erlebt hatten, die Erinnerungen, die sie miteinander teilten, und nickte dem Freund Abschied nehmend zu. Die Fräulein Pfisterer winkten, dann bog der Wagen um die Ecke und er schloss die Augen.

Es war zu Ende. Aber all die Bilder, die ihm wichtig waren, trug er in seiner Seele. Es bedurfte keines letzten Blicks. Und er würde wiederkommen, irgendwann. Irgendwann, um eine einzige Frage zu stellen: Warum?

Epilog

Der alte Herr ist enttäuscht. Erichs Sohn, der Professor aus Amerika, hat den Teller nicht mitgenommen. Er hat sich herzlich bedankt, aber gemeint, er wolle ihn hier lassen, das sei besser. So bliebe eine Erinnerung an die letzten Juden in Ellwangen zurück, einer Stadt, in der es seit 1938 keine Juden mehr gibt.

Ich versuche den alten Herrn zu trösten, als er vorsichtig den Teller wieder in das Packpapier wickelt.

»Bewahren Sie ihn gut auf«, sage ich zu ihm und schaue zu dem Jungen, der neben Michael Levi steht. Es ist sein Sohn Jacob, Erichs Enkel, und sein Vater hat ihn mitgebracht, damit er etwas von der Geschichte seiner Familie erfährt. Es ist eine Geschichte, die Vater und Sohn bis zu diesem Abend nur bruchstückhaft kannten. Mir ist ganz merkwürdig zumute, denn der Junge schaut uns mit Erichs Augen an. Ich deute also unmerklich auf Jacob Levi und sage zu dem alten Herrn, der sich gerade zum Gehen anschickt: »Vielleicht kommt ja eines Tages jemand und will ihn zurückhaben. Und er steht dann wieder auf dem Tisch einer jüdischen Familie, mit den frisch gebackenen Challoth, und ein Vater spricht den uralten Segen darüber.«

Wichtig ist, dass wenigstens etwas bleibt.

Erinnerungen, die mehr geworden sind und mehr werden sollen, und ein Teller mit den Augen Gottes.

Worterklärungen

* *Sabbat-Feier:* Siebter Tag der Woche, in der jüdischen Tradition mit der Ruhe Gottes nach der Schöpfung verbunden. An diesem Tag gelten die Gebote der Sabbat-Ruhe, man geht in die Synagoge und sitzt beim feierlichen Mahl zusammen. Der Sabbat beginnt immer am Freitagabend mit dem Sonnenuntergang und dauert bis Samstagabend.

* *Challoth* (Einzahl: Challa): Sabbat-Brot, geflochtene Hefezöpfe, die speziell für den Sabbat gebacken werden. Es gibt immer zwei davon, in Erinnerung an die zweifache Menge Manna, die das Volk Israel in der Wüste fand.

* *Kiddusch-Becher:* Der Kiddusch ist der Segen zur Heiligung des Sabbat. Der Hausvater füllt dazu einen oft reich verzierten Becher mit Wein und spricht dazu den Segen. Anschließend darf die Familie reihum trinken.

* *Leuchter:* Am Sabbat-Beginn entzündet die Hausfrau die beiden Sabbat-Kerzen, die meist auf Silberleuchtern befestigt sind.

* *Pessach:* Eines der ältesten und bekanntesten jüdischen Feste, das im März/April meist parallel zum christlichen Osterfest gefeiert wird. Es erinnert an den Auszug des Vol-

kes Israel aus Ägypten. In jüdischen Häusern erfolgt vor dem Fest eine Reinigung des Hauses von allem Gesäuerten, d.h. von allen fermentierten und gärenden Nahrungsmitteln wie z.B. Brot aus Hefe.

* *Mazzen:* Da in Erinnerung an die Eile des Auszugs aus Ägypten kein mit Hefe zubereitetes Brot aufbewahrt oder gegessen werden darf, verzehrt man an Pessach Mazzen, aus Mehl und Wasser zubereitete Brotfladen.

* *Chanukka:* Jüdisches Lichterfest zur Erinnerung an die Rückgewinnung des Tempels in Jerusalem im Jahr 164 vor Christus. Wird ungefähr zeitgleich zum christlichen Weihnachtsfest gefeiert.

* *Braune Uniformen:* Gemeint sind die Uniformen der SA (»Sturmabteilung«), zunächst als »Saalschutztruppe« gegründet und im Straßenkampf eingesetzt, wurde sie später als Großverband der NSDAP zu einem gefürchteten und berüchtigten Instrument der Drohung und Einschüchterung.

* *Bar-Mitzwah:* Mit dem Erreichen des dreizehnten Lebensjahres wird ein jüdisches Kind religionsmündig. Dieses Ereignis wird mit der Bar-Mitzwah (wörtlich: Sohn des Gebots) gefeiert. Während eines auf den dreizehnten Geburtstag folgenden Gottesdienstes, meist am Sabbat, darf der Junge den Wochenabschnitt lesen. Anschließend findet eine Feier statt, bei der die Jugendlichen auch Geschenke erhalten. In der neueren Zeit gibt es in den liberalen Gemeinden eine solche Feier auch für die Töchter (»Bat-Mitzwah«).

* *Zentrumspartei:* 1870 gegründete demokratische Partei, die vor allem der Katholischen Kirche nahe stand.

* *Volksgemeinschaft:* Begriff aus der NS-Ideologie. »Ideal« einer Verschmelzung aller sozialen Gegensätze durch den Ausschluss aller Gegner des Nationalsozialismus und vor allem der nach der Vorstellung der Nationalsozialisten »minderwertigen Rassen«.

* *»Die Fahne hoch …«:* So genanntes »Horst-Wessel-Lied«, Kampflied der SA.

* *HJ:* »Hitler-Jugend«. Jugendorganisation der Nationalsozialisten, die vor allem der Erziehung gegen Eltern und Kirche diente und außerdem zur vormilitärischen Ausbildung beitrug. Die HJ wurde 1936 zur Staatsjugend erklärt. Vom 10. bis 14. Lebensjahr waren die Jugendlichen im »Jungvolk« organisiert, mit 14 wurde man in die Hitlerjugend übernommen.

* *Seder-Abend:* Der Abend vor Beginn des Pessach-Festes, an dem ein feierliches Mahl mit bestimmten Ritualen stattfindet.

* *Zeitung:* Gemeint ist der »Stürmer«, ein antisemitisches Hetzblatt.

* *Haggada:* Die Erzählung vom Auszug aus Ägypten.

* *Minjan:* Die für den Gemeinschaftsgottesdienst erforderliche Zahl von zehn Männern.

* *»Volk ohne Raum«*: Dramatisierung des gleichnamigen Romans von Hans Grimm (1875–1959). Der Roman war im Nationalsozialismus äußerst populär, denn er warb für den deutschen Kolonialismus.

* *Koscher:* Bedeutet »tauglich«, »rituell rein«. Fachbegriff für Speisevorschriften, der Nahrungsmittel und Gegenstände bezeichnet, die für einen jüdischen Haushalt tauglich sind. Es ist beispielsweise untersagt, »unreine Tiere«, wie Schwein, zu essen oder Milch und Fleisch gleichzeitig zu verzehren.

* *Bima:* Lesepult in der Synagoge.

* *Chanukka-Leuchter:* Leuchter mit acht Kerzen und einem »Diener«, der zum Anzünden der anderen Kerzen während des Festes benutzt wird. An jedem Tag des acht Tage dauernden Chanukka-Festes wird ein neues Licht angezündet.

* *Vierte Klasse:* Früher galt eine andere Zählweise für die Schuljahre. Mit dem Eintritt ins Gymnasium befand sich ein Schüler wieder in der ersten Klasse und nicht wie heute in der fünften. An vielen Gymnasien galt auch die lateinische Zählweise.

* *BDM:* »Bund Deutscher Mädchen«, Organisation der Mädchen in der HJ.

* *KdF:* »Kraft durch Freude«. Nationalsozialistische Organisation in der »Deutschen Arbeitsfront«, die für Freizeit- und Urlaubsgestaltung verantwortlich war. Die »Deut-

sche Arbeitsfront« war die Einheitsorganisation für Arbeitnehmer und Arbeitgeber als »Ersatz« für die verbotenen Gewerkschaften.

* *Havdala:* Zeremonie zur Verabschiedung des Sabbat.

* *Putsch gegen Hitler:* Gemeint ist der »Röhm-Putsch«, benannt nach Ernst Röhm (1887–1934), dem SA-Stabschef. Hitler erfand eine angebliche Verschwörung seines alten Kampfgefährten, um die SA politisch auszuschalten. Röhm und andere hohe SA-Führer wurden verhaftet und ohne Verfahren erschossen.

* *Rosch Haschana:* Jüdisches Neujahrsfest, das im Monat Tischri (September/Oktober) gefeiert wird. An diesem Fest wird das Urteil über die Taten des vergangenen Jahres gesprochen, bis zum Versöhnungstag hat man dann noch Gelegenheit, seine Sünden zu bereuen.

* *Jom Kippur:* Versöhnungstag, wird im Anschluss an Rosch Haschana gefeiert und ist der höchste jüdische Feiertag. Er dient der Sühne und Buße in der Hoffnung auf Gottes Vergebung und ist ein absoluter Fastentag.

* *Das Jahr 5695:* Die jüdische Jahreszählung unterscheidet sich von der christlichen. Ab dem neunten Jahrhundert setzte sich im Judentum eine Zeitrechnung durch, die sich auf die Schöpfung der Welt bezog. Diese wurde auf das Jahr 3761 vor unserer Zeit datiert.

* *Schana Tova:* »Ein gutes Jahr«, traditioneller Neujahrsgruß.

* *Schofar:* Widderhorn, das in der Synagoge bei festlichen Gottesdiensten, vor allem an Rosch Haschana und Jom Kippur, geblasen wird.

Etwas bleibt

Es gibt seit dem Jahr 2002 noch eine andere Erinnerung, eine Erinnerung aus Bronze und Stahl, eine Skulptur, die vor dem Eingang des Peutinger-Gymnasiums in Ellwangen errichtet wurde und die der Ellwanger Künstler Josef Kieninger entwarf. Sie erinnert an die letzten jüdischen Schüler, wie auch an die über siebenundsiebzig jüdischen Absolventen, die seit dem Jahr 1823 das Gymnasium besucht haben.

Auf Wunsch der Familie Levi wurde auf Deutsch und Hebräisch folgender Vers aus Sprüche III, 13 eingraviert:

»Wohl dem Menschen, der Weisheit findet,
und dem Menschen, der Verstand bekommt.«

Diese Worte erinnern an das Motto der Rede, die der damalige Direktor des Gymnasiums, Dr. Josef Fürst, anlässlich seiner Pensionierung im Jahr 1935 gehalten hatte.

Es ist ein merkwürdiger und berührender Zufall, dass sich auf diese Art sein Vermächtnis wiederfindet.

Erich Levi kehrte im Jahre 1945 als Soldat der US-Streitkräfte in der 399. Infanterie-Division nach Ellwangen zurück.

Er ordnete den Wiederaufbau des zerstörten jüdischen Friedhofs an, der 1944 auf Betreiben des damaligen NSDAP-Bürgermeisters abgetragen worden war.

Von großem Vorteil waren seine lokalen und sprachlichen Kenntnisse, insbesondere die Beherrschung des schwäbischen Dialekts. Die hiesigen Nazi-Ortsgrößen kannte er alle sehr gut.

Es gibt Menschen in Ellwangen und Umgebung, die sich an seine Ankunft damals im April 1945 erinnern oder Augenzeugenberichte darüber gehört haben. Einige sind sich sicher, dass es vor allem ihm zu verdanken war, dass Ellwangen nicht bombardiert wurde, wie es offenbar von seinen Vorgesetzten geplant war, da die SS erbitterten Widerstand leistete.

In einem Fall erinnern sich die Nachkommen einer renommierten und bekannten Gastronomenfamilie aus einer Nachbargemeinde ganz konkret daran, dass der junge US-Soldat beim Durchmarsch ihr Haus vor der Zerstörung bewahrt habe.

Nach dem Krieg gründete Erich Levi in den USA eine Import- und Export-Firma, die sich vor allem im Handel mit südamerikanischen Ländern engagierte. Er wurde ein wohlhabender Mann und die Fotos jener Tage zeigen ihn mit den Attributen des Reichtums und des wirtschaftlichen Erfolgs.

Er starb bei einem Verkehrsunfall in Venezuela im April 1966.

Er hinterließ eine Ehefrau, Inge, die heute hochbetagt in New York lebt, eine Tochter Barbara, geboren 1950, und einen Sohn Michael, geboren 1952.

Erich Levi hat mit seiner Familie nie über seine Zeit in Ellwangen und die Traumata der Vertreibung geredet. Nur von seiner schulischen Ausbildung im Gymnasium hat er des Öfteren mit Stolz und Wehmut berichtet. Sein Sohn hat ihn als verschlossen und wenig mitteilsam erlebt. Er sei eigentlich ein unglücklicher Mann gewesen, ein seltsam ferner Vater, einer, der in der neuen Heimat immer fremd geblieben war. Nur die »Spaetzle-Machine« in der Küche der Levis erinnerte an die schwäbische Heimat.

Max Levi kam von England nach Australien und er kämpfte bei einer australischen Einheit ebenfalls im Zweiten Weltkrieg. Mit Erichs Hilfe fand er nach dem Krieg in New York eine Anstellung als Manager in einer Eisen- und Stahlfirma. Er starb im Februar 1977 an einem Herzinfarkt.

Melanie Levi starb 1950 an einem Schlaganfall. Sie hatte nach der Emigration als Dienstmädchen in einem New Yorker Hotel gearbeitet.

Julius Levi hatte eine Anstellung als eine Art Laufbursche in einem großen Apartmenthotel in New York gefunden. Seine Familie berichtet, man habe ihm nach der Einwanderung keine Arbeit anvertrauen können, in der selbstständiges Handeln und Vorgehen notwendig gewesen wären. Er war ein gebrochener Mann. Es existieren einige Briefe von ihm, die an die beiden Damen gerichtet waren, die im Buch den Namen Pfisterer tragen. Sie zeigen rührende und hilflose Versuche, sein Heimweh und seine Trauer zu überdecken, mit Schilderungen des Wohlstands in seiner neuen Heimat, an dem auch seine Söhne Erich und Max teilhatten.

Sigmund Levi und seine Frau Lea konnten ebenfalls rechtzeitig mit ihrem Sohn Erwin emigrieren.

Babette Levi, die Großmutter, starb 1950 hochbetagt im Alter von 95 Jahren. Sie lebte bis zuletzt bei ihrer Tochter Mina Straus und ihrem Schwiegersohn Louis in New York. Bei ihrer Emigration war sie die älteste Passagierin auf der »Queen Mary« gewesen. In ihrer Todesanzeige und der ihrer Schwiegertochter Melanie wird als letzter Wohnort Ellwangen (Jagst) angegeben.

Auch den anderen Mitgliedern der Familien Levi und Süssel gelang die Emigration.

Die beiden Damen, die im Roman den Namen Pfisterer tragen, mussten erleben, wie zwei Stunden vor der Übergabe der Stadt an die amerikanischen Truppen ihr Wohn- und Geschäftshaus beschossen wurde und abbrannte.

Erich hatte sie 1945 in die Wohnung des ehemaligen NSDAP-Bürgermeisters einquartieren wollen, aber sie lehnten ab und zogen in die Wohnung im Stall an der Jagst, der früher Julius gehört hatte. Dieser bestätigte ihnen nach 1945 mehrfach die Rechtmäßigkeit des Verkaufs. Sie beklagen sich in einem Brief an die Familie Levi, der vom Jahre 1947 datiert, dass sich der Wiederaufbau des Ladens verzögere, weil sie kein Baumaterial bekämen. Sie hätten viele Sorgen deswegen und zudem bedanken sie sich für das Paket mit Lebensmitteln, das sie von Levis bekommen haben. Am Schluss des Briefes aus dem Jahre 1947 heißt es noch, dass alle hier »so friedlich weiterleben (können) wie vor dem Krieg.«

Der Junge, der zu einem gewissen Teil das Vorbild für Helmut war, ist in den Weiten Russlands verblutet.

Ein Dank

Der vorliegende Roman ist eine Mischung aus Fiktion und historischer Realität. Die großen nationalen Ereignisse wurden ebenso wie die lokal- und schulgeschichtlichen so genau wie möglich recherchiert. Was sich in Klassenzimmern und im Privatleben der beteiligten Personen abgespielt hat, folgt gezwungenermaßen einem dichterischen Drehbuch, wurde aber von den äußeren Ereignissen, Zeitzeugenberichten und Erfahrungen anderer jüdischer Kinder und Jugendlicher aus dieser Zeit in der Darstellung beeinflusst.

Die Namen der Menschen wurden nicht im Original verwendet. Diese Maßnahme trägt der Tatsache Rechnung, dass die Stadt, in der diese Ereignisse spielen, beliebig austauschbar mit anderen Städten jener Zeit sein könnte. Zudem war es der Autorin aus nahe liegenden Gründen nicht möglich, Personen mit ihren Biografien historisch exakt zu übernehmen. Bei einigen schimmert das historische Vorbild sicher genauer durch, manche sind nicht mehr als Produkte der dichterischen Fantasie.

Die Namen der jüdischen Familien, insbesondere der Hauptfiguren, wurden so belassen. Damit sollte ihr Andenken geehrt werden und auch darauf hingewiesen werden, dass ihr Leidensweg analog zu dem vieler anderer deutscher Juden verlief. Die Annäherung an sie ist so genau wie möglich erfolgt.

Um diese Arbeit durchführen zu können, war ich auf die Mitarbeit vieler anderer Menschen angewiesen.

Mein Dank gilt zunächst den Zeitzeugen, von denen jeder in seinem Maße die oft schmerzlichen Erinnerungen mit mir teilte.

Ein Dank auch an die Mitarbeiter und Schülerinnen und Schüler des Peutinger-Gymnasiums, die an der Durchführung des Seminarkurses »Spurensuche« und der Ausstellung beteiligt waren. Diese Arbeit lieferte den Grundstock für den Roman. In diesem Zusammenhang ein herzliches Dankeschön an Peter Maile, der mit seinen regionalgeschichtlichen Recherchen wichtige Hinweise geben konnte.

Der Dank geht auch an Sonja Zink, die den ersten Telefonkontakt mit der Familie Levi hergestellt hat.

Den Mitarbeiterinnen und Mitarbeitern der Archive in Ellwangen, Pirmasens, Speyer und Ulm gilt für ihr Entgegenkommen und ihre Hilfsbereitschaft ein herzliches Dankeschön.

Danke auch an Herrn Eberhard Frick von der Firma Kicherer in Ellwangen, für die Überlassung des Briefwechsels.

Der jüdischen Gemeinde Stuttgart danke ich für wichtige Informationen.

Ein besonderer Dank geht an meinen Verleger Klaus Willberg und meinen Lektor Stefan Wendel, die von Anfang an dieses Buchprojekt gefördert haben. Dieser Dank schließt auch Kristin Weigand mit ein.

Es fällt mir schwer, Worte zu finden, um die Gefühle gegenüber den Menschen auszudrücken, die diesen Roman vom Zeitpunkt seines Entstehens an mit besonderer Aufmerksamkeit und außerordentlicher Sympathie begleitet haben und denen ich auch wertvolle Informationen verdanke – Familie Dr. Michael Levi aus New York.

Seit unserem ersten Zusammentreffen in der Schule ist eine tiefe und ganz besondere Freundschaft entstanden. Es kommt mir manchmal wie ein Wunder vor, dass wir uns über den Gräben einer so furchtbaren und schmerzlichen Geschichte zusammengefunden haben.

Der größte Dank aber gilt meiner Familie und meinem Mann Hans-Ulrich Grözinger, meinem unermüdlichen Mitstreiter und Helfer.